英文法

ビフォー&アフター【改訂新版】

関 西 大 学 名 誉 教 授
豊 永 彰

南雲堂

【英文法ビフォー＆アフター音声・例文データのご案内】

著者が選定した、この本に掲載の珠玉の 100 の例文を収録した音声
（日本語 → 英語）・例文集（PDF）がストリーミング／ダウンロード
できます。
以下の案内より活用してくだい。

＊収録箇所は、(((◀ マークが付けられている部分です。

このテキストの音声を無料で視聴（ストリーミング）・ダウンロード
できます。自習用音声としてご活用ください。
以下のサイトにアクセスしてテキスト番号で検索してください。

https://nanun-do.com テキスト番号 [**075670**]

※ 無線 LAN（WiFi）に接続してのご利用を推奨いたします。

※ 音声ダウンロードは Zip ファイルでの提供になります。
　お使いの機器によっては別途ソフトウェア（アプリケーション）
　の導入が必要となります。

英文法ビフォー＆アフター音声ダウンロードページは
左記の QR コードからもご利用になれます。

改訂新版への序

　本書が産声をあげたのは，2003年3月14日であった。2023年には20歳の節目を迎えることになる。本書の初版が刊行された年に生まれた子どもは，すでに大学生にまでなっていると想うと長い期間，毎年多くの英語学習者が本書を携え，学習に取り組んできてくれていたことに感慨無量の思いがする。

　長きにわたり多くの人々に受け入れられてきた本書ではあるが，著者自身，40年にわたって英語教師をしながら，〈不定詞 (infinitive)〉に関する内外の英語文法書のその説明には，懇切丁寧であっても，その本質とされることにどこか不明瞭さが残るものとなっていた。杉山忠一東京大学名誉教授の「英文法詳解」の説明の中にその解決に至るヒントが示されている感触を得てはいたのであるが，OEDで何の気なしに"infinitive"の項目を引いたところ，まさにズバリ，その本質が定義されており，積年の暗雲が一気に取り払われたのである。そこで英語を学んでいる人たちにも〈不定詞〉の本質を早く理解してもらいたい一心から，出版社の方に改訂版の刊行を打診したところ，幸いにも快諾をいただき，この改訂新版の発刊に至った次第である。

　人には，それぞれその人の人生があるように，書籍にもその本生があるように思う。どうか本書の長所を見つけていただき，ご自身の学生時代だけではなく，そのお子さんや，お孫さんにまで代々愛されるようになってもらえれば，著者としてこんなにも嬉しいことはない。

※ OED Oxford English Dictionary

は　じ　め　に

　筆者が英語を職業として教えるようになってから40年以上がすぎた。大阪府立東住吉高等学校教諭を振出しに，専任校であった関西大学の学生はもちろんのこと，今日まで高津高校［定時制］，ＮＨＫ学園，龍谷大学，大阪経済大学，大阪市立大学，大阪大学，近畿大学，奈良教育大学，同志社大学，成蹊女子短期大学，帝塚山学院大学で教えた学生の総数は何万という数になる。その間私の頭をずっと占めていたことは，どう教えれば早く英語がマスターできるかということであった。いわゆる英語ができないとか，英語が嫌いという学生達は，当然のことだが基本文法を知らない。つまり英語のルールを知らないのである。これはルールを知らないで野球を見たり，将棋を指そうとするようなもので，分かるはずもなければ面白いはずもない。まず，野球や将棋を自分でしたり，見て楽しむためにはそのルールを知らなければならない。そして基本ルールだけでなく，どのピッチャーの得意球は何だとか，どのバッターはどの球に弱いとか，どのチームの監督はどういう性格でどんな手を打つとかいったように，野球についての知識が深くなればなるほど面白味がふえてくる。英語もまったく同じことである。

　それでは，英語の最も基本となるルールとは何か。それは 8 品詞 (Eight Parts of Speech) である。英語の語句は，それぞれ文中では 8 種類の働きをする。たったの 8 種類である。中学・高校で 6 年間，日数にして延べ2190日をかけてもなお，この 8 種類の働きをキチンと頭に入れないで英語をやっている人の方がずっと多いのである。何と驚くべきことではないか。それで英語が分かるはずがないではないか。近頃の実用英語重視の流れに乗って，文法を軽視し生徒に出発点となる 8 品詞の定義を徹底的にたたき込まないで，つまり基本ルールを教え込まないでどうして生徒に英語を理解させることができるだろうか。8 種類の働きというのは偶然，将棋の駒の種類と同数なのである。つまり，王将・金将・銀将・桂馬・香車・飛車・角・歩である。これらの各駒の働きを知らないでは将棋を指せないの

は当然のことである。したがって英語をマスターしようとする者は，まず出発点となるこの8品詞の定義をしっかり頭にたたき込むことである。

　先にも述べたように，本書はいかに早く，しかも分かりやすく英語のルールをマスターするかという観点から書いている。それでルールもできるだけ覚えやすくするために，駄じゃれや語呂合わせを活用したり，色々表現を工夫している。しかし，そういうものは単なる便法であるから，自分にもっと記憶しやすい方法があれば，自分流の覚え方でやってもらえばよい。また，文法事項の配列も筆者の経験に基づいて最善と思われるようにしてある。そのために学校で使う教科書とは順序が違うかも知れないが，まず第1章と第2章をキチンと修得すれば，後は教科書で習う順番にしたがって各項目をやってもらって結構である。

⑴　**文法用語の説明**：'品詞'，'分詞'，'直説法'，'副詞的目的格' など，日本語でありながらその意味がよくわからない文法用語についての説明を加えた。「名は体を表す」という諺があるように，名称の意味を知ることがその文法事項の本質を知る上で極めて重要だと考えるからである。

⑵　**記憶法**：「はじめに」のところでも述べたように，是非記憶をしておいた方がよい事柄は，記憶法として筆者自身が若い頃に工夫した方法を参考として示してある。歴史の年号や電話番号などと同じで何の工夫もせずに記憶することは労多くして功少なしである。何か覚え易い形にして記憶すると忘れにくい。しかし，人間はそれぞれ経験や趣味が違うからAにとっては覚え易くてもBにとってはそうでない場合もあると思われる。そういうときは自分で工夫して自分にとって一番よい方法を考えればよい。

⑶　**口語体と文章体**：日常の会話などでよく用いられる平易な表現は＜口語体＞として，また形式ばった，堅苦しい表現で，普通書き言葉にしか用いられないような表現は＜文章体＞として示してある。特にどちらの表示もしていない表現は，口語でも文語でも用いるということである。

⑷　**＜英＞と＜米＞**：イギリスに特有の語や表現とされているものは＜英＞で，アメリカに特有の表現は＜米＞で示した。しかし，'特有' といっても他方の国では '絶対' に使わないということではない。

⑸　**勉強法**：ある科目をマスターしようとするとき，書かれてあることをやみくもに暗記しようとする人がいる。これは一番まずいやり方で，面白くもなければ理解も進まない。まず書かれてあることがはたして本当だろうかと疑ってかかることが大事なのだ。例えば，英語の＜文＞の定義として「２つ以上の語が集まって一つのまとまった思想（考え）を表すもの」と書かれているとする。そうするとそれをお経のように丸暗記しようとすると，退屈だし何も根本的なことが理解されない。そうではなく，「なぜ２つ以上なければいけないのか，Yes.（はい），No.（いいえ），Go（行け）というような１語だけでは＜文＞でないのかというふうに疑問をもって考えていく。そうすると，その考えている過程で＜文＞が２つ以上の語が必要だということは，理解はともかくとして自然に記憶されることになる。そう考えながら次に進むと，＜文＞は主題になる部分と，それについて述べる部分からなると書いてある。そうすると主部に最低１語，述部に最低１語が必要だから，なるほど２つ以上の語がなければいけないのだということが理解される。後段の「まとまった思想（考え）を表すもの」は，これは疑問の持ちようがないほど当然のことであるが，一応「まとまっていなかったらどうなる」と疑っても決して悪いことではない。「は太郎を犬せ

た走ら」ではまったく意味をなさないから，こんなものが＜文＞とは言えないことは明らかである。そこまでは比較的簡単に理解できても，Yes., No., Go.,の1語が＜文＞の定義に照らして＜文＞と言えるのかどうかわからないかも知れない。わからなくても常にその疑問を持ち続けて学習していくと，主部の中心は名詞であり，述部の中心が動詞であること，そして辞書を引けば「はい」「いいえ」というときのYes., No. は副詞であることがわかると，ああこれは主語と動詞が省かれてYes,(it is).,No,(he did not). のような括弧の部分が省略されているということが理解できる。最後にGoであるがこれも命令文であること，命令は普通話し相手にするものだから主語の（You）が省かれていることがわかれば，腹の底から＜文＞の定義を理解したことになり，そのときは本当に嬉しくなる。下らぬテレビ番組などでは得られない知的な喜びとなる。

　また，各文法事項には例文が必ず挙げられているから，比較的覚え易い短い例文を最低一つは覚えること。そうすると実際の英文を読んでいるときにすぐその応用がきくからである。

　最後に，各品詞ごとに正確な意味を覚えること。英語ができないという人はいい加減な意味で覚えている。beautyも beautifulも beautifullyも全部‘美しい’と思っている。beautyは名詞で「美」「美人」という意味であり，beautifulは形容詞で「美しい」という意味であり，beautifullyは副詞で「美しく」「見事に」という意味である。いくら文法事項を学んでも各単語の品詞とそれに対応する意味を正確に知らなければ本当の役には立たないのである。

(6)　注意事項

◎**本書の対象**：本書は英文法の知識が十分でない人を念頭において作成した。英文法の基本となる部分を扱っている。すべての学問は基礎が最も重要であり，基礎がしっかりしていないとその上に大建造物を構築することはできない。仮に毎日3ページずつ読むとして，単純計算で半年で読み終えることができる。しかし，1回読むだけでは不十分であって，すべての基本図書は真剣に最低3回は徹底的に読む必要がある。

　2回目・3回目は1回目ほど時間がかからないから大体1年見ておけばほぼ完全にマスターできる。

◎**例　文**：本書の例文は筆者が集めたものの他に，どの参考書にも見られるような代表的な例文を国内・国外の参考書からも引用している。本書は研究書ではなく参考書であるから，ごく一部を除いて一々引用箇書を示していないが，この場を借りてお礼を申し上げておきたい。

目　次

改訂版への序 ………………………………………………………… 3

はじめに ……………………………………………………………… 5

本書の特色と使い方 ………………………………………………… 7

第 1 章　8 品詞 ……………………………………………………… 10

第 2 章　文とその構成要素 ………………………………………… 16

第 3 章　文型と文の種類 …………………………………………… 27

第 4 章　句と節 ……………………………………………………… 37

第 5 章　動詞と動詞の活用 ………………………………………… 44

第 6 章　時　制（完了形・進行形を含む）……………………… 61

第 7 章　(受動)態 …………………………………………………… 88

第 8 章　助動詞 …………………………………………………… 104

第 9 章　(叙)法 …………………………………………………… 135

第10章　否　定 …………………………………………………… 149

第11章　名　詞 …………………………………………………… 158

第12章　代名詞 …………………………………………………… 187

第13章　疑問詞 …………………………………………………… 220

第14章　関係詞 …………………………………………………… 233

第15章　形容詞 …………………………………………………… 254

第16章　限定詞 …………………………………………………… 274

第17章　副　詞 …………………………………………………… 294

第18章　比　較 …………………………………………………… 314

第19章　不定詞 …………………………………………………… 332

第20章　分　詞 …………………………………………………… 359

第21章　動名詞 …………………………………………………… 374

第22章　前置詞 …………………………………………………… 391

第23章　接続詞と節 ……………………………………………… 408

第24章　呼　応 …………………………………………………… 434

第25章　時制の一致と話法 ……………………………………… 442

第26章　倒置・省略・強調 ……………………………………… 458

第27章　文の転換 ………………………………………………… 471

解答編 ……………………………………………………………… 483

索引 ………………………………………………………………… 500

1 8 品詞 (Eight Parts of Speech)

<品詞>の'品'とは昔の日本語で「種類・たぐい」という意味を持っていた。'詞'は「ことば・語」という意味であるから，8品詞とは「8種類の語」という意味になる。

品詞

語（word）は文中における**役割**によって次の**8品詞**に分類される。

1. 名詞
(Noun)

人または事物の名称を表す語。文中で主語・目的語・補語になる。

John made his *son* a *pilot*.（ジョンは息子を操縦士にした）

2. 代名詞
(Pronoun)

名詞の代わりをする語（したがって名詞と同じく文中で，主語・目的語・補語となる）。

He made *her* happy.（彼は彼女を幸せにした）

3. 形容詞
(Adjective)

名詞・代名詞を限定・修飾する語。

This is a *good* watch.（これはいい時計だ）

He is *honest*.（彼は正直だ）

4. 副詞
(Adverb)

動詞・形容詞・他の副詞を限定・修飾する語。

The student works *hard*.（あの学生はよく勉強する）

He speaks English *very well*.（彼はとても上手に英語を話す）

The girl is *very* pretty.（あの娘はとても綺麗だ）

5. 動詞
(Verb)

動作・状態を表す語。

They *learn* English.（彼等は英語を学ぶ）

He *is* honest.（彼は正直だ）

6. 前置詞
(Preposition)

名詞・代名詞の前に置いて，それらと共に全体として1つの品詞の働きをする語。

【形容詞相当】

The book *on the desk* is mine.（机の上の本は僕のだ）

【副詞相当】

He spoke *about it*.（彼はそのことについて話した）

〔**注意**〕英文法で目的語という場合，他動詞の目的語と前置詞の目的語との両方が含まれることに注意。前置詞の後にくる名詞，代名詞をその前置詞の**目的語**という。例文の the desk や it がそれぞれ on，about の目的語である。

7. 接続詞
(Conjunction)

語と語・句と句・節と節を接続する。

Jane *and* Mary are sisters.（ジェーンとメアリーは姉妹だ）

Which do you like better, tea *or* coffee?

（お茶とコーヒーのどちらが好きですか）

To be *or* not to be, that is the question.（Shakespeare）

（あるべきか，あらざるべきか，それが問題だ）

I know *that* he is honest.

（彼が正直だということを知っています）

8. 間投詞
(Interjection)

文中の他の語句から独立して，さまざまな感情を表したり，呼びかけたりする語句。

Oh, I am so sorry.（まあ，とても残念だわ）

Hello, how are you?（やあ，お元気？）

Do you want to go, *John*?（ジョン，行きたいかい）

【注】8 品詞に分類する場合，助動詞は動詞に，冠詞は形容詞に含まれる。これらを独立させて 10 品詞に分類する学者もいるが，本書では全般的な傾向にしたがって 8 品詞とする。

（注意）品詞というものは初めから決まっているものではなく，語が発話（speech）の中で，どういう役割（part）をするかによって決まる。したがって，1 つの語が用いられる役割によっていろいろな品詞になる。

They all went *but* I didn't.　（接続詞）

（彼等は皆行ったが私は行かなかった）

They are all gone *but* me.　（前置詞）

（私のほかは，皆行ってしまった）

She spoke *but* in jest.　（副詞）

（彼女はほんの冗談で言っただけだった）

But me no *buts*.　(1) 動詞　(2) 名詞

(1)　　　(2)

（「しかし」「しかし」の連発をするのはよしてくれ）

(2)　　　　　(1)

◆ **相当語句**（Equivalents）

文中で名詞・形容詞・副詞と同じ働きをする語や語群のことを相当語句という。

(a) **名詞相当語句**(Noun-Equivalents)

名詞と同じように文中で主語・目的語・補語の働きをする。

1. 代名詞

He is an excellent team leader.

（彼は優秀なチームリーダーです）

2. 動名詞

Laughing is a key to good health.　◀▶01

（笑いは健康の秘訣です）

3. 不定詞

To read is to cultivate the mind.　◀▶02

（読書をすることは知を練ることです）

4. the+形容詞

We should not despise the weak.

（私たちは弱者を軽蔑してはいけない）

5. 名詞節

I know that he is a double-dealer.

（私は彼が裏表のある人間だということを知っています）

6. 引用語句

'Chou' is a favorite word of young Japanese.

（'超'というのは日本の若者のお気に入りの言葉だ）

(b) **形容詞相当語句**(Adjective-Equivalents)

p.254 参照。

(c) **副詞相当語句**(Adverb-Equivalents)

副詞と同じように動詞・形容詞・他の副詞を修飾・限定する。

1. 名　詞
（副詞的目的格）

She will come home **tomorrow**.
（彼女は明日帰宅するでしょう）

2. 名　詞
（属格副詞）

He **sometimes** goes to the seaside to refresh himself.
（彼は時々気晴らしに海岸へ出かけます）

【注】属格とは今日の所有格に相当する。sometimes, always などの -s は複数の -s ではなく，今日の 's に相当する。

3. 前置詞の導く句

My villa faces **on the sea**.
（私の別荘は海に面している）

4. 不定詞
（副詞的用法）

She went to the beautyshop **to have her hair cut**.
（彼女は髪をカットしに美容院へ行った）

5. 分　詞
（分詞構文）

Not knowing what to do, Mary asked her mother's advice.　◀️▶03
（どうしてよいか分からなかったので，メアリーは母の助言を求めた）

6. 副詞節

When she was young, she was called 'Marilyn Monroe of Japan'.
（彼女は若い頃 '日本のマリリン・モンロー' と呼ばれた）

以上は異なる品詞や文法単位が**相当語句**になる場合を挙げた。次に同じ1つの語が中心になった相当語句の場合である。

Women are tender-hearted.（**女性**は気立てが優しい）
（名　詞）

All the young women in the office are tender-hearted.
　　（名　　　詞　　　句）

（この職場の若い**女性**は皆気立てが優しい）

All the young women who come to work in the office
　　　（名　　　詞　　　節）

are tender-hearted.

（この職場に働きにくる若い**女性**は皆気立てが優しい）

最初の文は名詞 *women* 1語が主語の働きをしている。第2，第3の文では *women* を限定・修飾する語句が次第に多くなっているが，全体では *women* が中心となった名詞相当語句で，すべて主部（語）となっている。このような相当語句は中心の品詞の性質を示す。

13

練習問題 1

A 次の文中の下線を引いた語の品詞を言いなさい。

(1) He did his <u>work</u> very <u>well</u>.

(2) John worked hard in digging a <u>well</u>.

(3) It is <u>five</u> minutes from here <u>to</u> the station.

(4) <u>No</u> one trusts Tom, <u>because</u> he often tells lies.

(5) <u>After</u> two weeks, he broke a long <u>fast</u>.

(6) He caught the fast train at 9:00 p.m. <u>after</u> he ran twenty minutes.

(7) Bill got <u>up</u> late in the morning, so he ran to school as <u>fast</u> as he could.

(8) When we were taking a <u>walk</u>, we saw a cat sleeping up on a tree.

(9) I had <u>hardly</u> spoken to her <u>when</u> she ran out of the house.

(10) <u>Why</u>, of course, they arrived <u>there</u> safely.

B 下線の語に注意しながら日本文に訳しなさい。

(1) It is nothing <u>but</u> a dream.

(2) He said so <u>but</u> in jest.

(3) She didn't go out <u>because</u> of the snow.

(4) John found the book <u>easy</u>.

(5) John found the book <u>easily</u>.

(6) They went <u>in</u> to dinner.

(7) The cat was <u>in</u> the basket.

(8) He sat up <u>late</u> at night.

(9) She was <u>late</u> for school.

(10) Mary stayed up till <u>late</u>.

C 主語には（は，が），目的語には（を，に），補語には（で，と，に）と，助詞に注意して次の英文を日本語に直しなさい。

(1) People elected him Mayor.

(2) I have never heard her sing.

(3) She was reading a book when I visited her.

(4) I will give you one of these two books.

(5) There is someone at the door.

(6) Who wanted the key of the room?

(7) How happy they seemed to me!

(8) She opened the letter as soon as she received it.

(9) She was named Catherine after her aunt.　《▶04

(10) I asked him what he was doing.

D 次の文中の文法・語法上の誤りを正しなさい。

(1) I saw him attended at the meeting.

(2) What a kind instructor is she!

(3) I have lost my umbrella; I think I must buy it.

(4) I apologize you for forgetting our appointment.

(5) I am pleasant to hear that he has succeeded the examination.

(6) Comparing with his brother, he is not so smart.

(7) You can build as large house as you like.

2 文 (Sentence) とその構成要素

<家>が成り立つためには，玄関（入口）・台所・食堂・居間・寝室・トイレが絶対に必要である。英語の<文>が成り立つためには絶対必要な要素は何だろうか？

文 (Sentence)

２つ以上の語が集まって，まとまった１つの思考内容を表すものを
文という。

　　Dogs bark. （犬は吠える）
　　This is a lovely view. （これは美しい眺めだ）
　　He made a large box. （彼は大きな箱を作った）
　　John gave me a good book. （ジョンは僕にいい本をくれた）
　　The man called me a coward. （あの男は僕を臆病者呼ばわりした）

質問 何故２つ以上の語が必要なのか考えてみよ。Yes, No, Certainly のように１語で
終わる場合は文ではないのか。

01　主部 (Subject) と述部 (Predicate)

文はある人や事物を主題とし，それについて何かを述べるのが普通である。
主題となる部分を**主部**，それについて述べる部分を**述部**という。つまり文は
２部分からなる。

　　　　文 ＝ 主部 ＋ 述部

上の英文を主部と述部に分けると次のようになる。

主　部	述　部
Dogs	bark.
This	is a lovely view.
He	made a large box.
John	gave me a good book.
The man	called me a coward.

02　主語 (Subject Word) と述語動詞 (Predicate Verb)

主部の中心となる語を**主語**といい，述部の中心となる語を**述語動詞**という。
01 の例文で言うと，Dogs, This, He, John, man が主語であり，bark,

16

is, made, gave, called がそれぞれ述語動詞である。主語には，第１章品詞のところで述べた**名詞**と**代名詞**，その他の**名詞相当語句**(Noun Equivalents) がなり，述語動詞には**動詞**がなる。主語を日本語に直す時には，「〜は」，または「〜が」をつける。

03 目的語 (Object)

動詞の表す行為の対象（目的）となるものを目的語 (object) という。目的語になるのも，**名詞・代名詞・その他の名詞相当語句**である。日本語に直す時には「〜を」か「〜に」をつける。

  He opened *the window*. （彼は窓を開けた）

  We hope *world peace*. （我々は世界平和を望む）

  I met *him* in the street. （私は通りで彼に出会った）

open（開ける），hope（希望する），meet（出会う）という動詞の行為の対象となっているのがそれぞれ the window, world peace, him で，これらを目的語 (object) という。対象となるものは具体的なものだけでなく抽象的なものも含まれる。このように行為が他のものに及んでいく動詞を**他動詞** (transitive verb) といい，sleep（眠る），is（…である）のように行為が他に及んでいかず，自分だけにとどまって目的語をとらない動詞を**自動詞** (intransitive verb) という。

【注】辞書では，他動詞 (transitive verb) は vt，自動詞 (intransitive verb) は vi と省略して表される。

(注意) ①主語を **S**，動詞を **V**，目的語を **O** とすると，世界の言語は英語のように **SVO** となるか，日本語のように **SOV** となるかのどちらかである。英語と日本語のこの基本的な語順の違いをしっかりと頭にいれておくこと。しかも英語の文ではこの文型（P.27 01 参照）が一番多いから，動詞（be 動詞を除いて）の後に名詞や代名詞その他の名詞相当語句があれば目的語と見てよい場合がきわめて多いということになる。

②lay（横たえる），set（据える），raise（上げる）という行為は必ず対象を必要とする他動詞である。例えば，「からだを横たえる」「机を据える」「賃金を上げる」というようにである。一方，lie（横たわる），sit（座る），rise（上がる）という動詞は行為の対象が必要でなく，本来自分のみにとどまる。「私は横たわった（横になった）」，「私は座った」，「物価が上がった」というのはそれだけで意味がわかる。しかし「私は横たえた」，「私は据えた」，「私は上げた」ではそれらの行為の対象である何をという目的語がなければ意味が不十分でまとまった意味にならない。したがって英語を学ぶ

時には，常にその**動詞が他動詞か自動詞か**という区別を強く意識すること
が必要である。英語が分からないという学生にはこの他動詞，自動詞の区
別がつかない人が大変多い。また，学びはじめの者は I lay on the grass.
（芝生に横になった），I sat on the chair.（椅子に座った）という場合に，
「横になった」とか「座った」という行為が芝生や椅子に及んでいるから
他動詞ではないのかというふうに考えがちである。しかし上に述べたよう
にこれらの動詞は，「私は横になった」「私は座った」だけで「芝生に」とか
か「椅子に」といった前置詞以下の語句がなくても文型の意味としては完
全であって，必ず必要とするものではない。この点が他動詞の場合と基本
的に違うのである。また形の上では，他動詞の場合と違って動詞と名詞の
間に前置詞が入っていることに留意すること。

04 直接目的語（Direct Object）と間接目的語（Indirect Object）

動詞には，同時に目的語を2つとる**授与動詞**（dative verb）というのがある。
2つの目的語の1つを**直接目的語**（direct object），もう1つを**間接目的語**
（indirect object）という。だいたい日本語に直して「〜を」となるのが直接
目的語，「〜に」となるのが間接目的語である。例えば，I gave him a book.
（僕は彼に本を1冊やった）という場合に，「やる」という行為は先に本を手
に取り，次ぎに彼に手渡すから，彼は2番目——つまり間接的に行為の対
象になる。したがって「物」が直接，「人」が間接になる場合が多い。

He lent her his car.（彼は彼女に車を貸した）

She paid me ten pounds.（彼女は私に10ポンドを支払った）

記憶法

直接目的語と間接目的語の順序は，間接目的語が先で，直接目的語が後にな
る。つまり，「動詞＋カンセツ＋チョクセツ」になるから，授与動詞の目的
語の語順は"どうし（動詞）てもカチ（勝ち）"と覚えておく（I gave him a
book.）。ただし，この語順は**焦点**（下記参照）の置き方によって変わること
がある。間接目的語を直接目的語の後へまわす場合は，間接目的語の前に適
当な前置詞（to, for など）を必要とする。（I gave a book **to** him.）

（文末）焦点：文は何らかの情報を伝えるために用いられるのが普通であり，その場
合一般的に，文は**旧情報**（話し手と聞き手が既に知っている情報）と新情報（聞き手が
まだ知らない情報）とから成っている。そのうち相手に伝えたい新情報のことを**焦点**
（focus）という。英語ではこの新情報は文末にくることが多い。この文末に来る焦点の
ことを特に文末焦点と呼ぶ。例えば，

(A) Who(m) did you give the book?（君は誰にその本をあげたの）

という疑問文では you gave (**someone**) the book が旧情報で, 話し手は '誰に' という情報を求めている。そこで聞かれた方は,

　(B) I gave it *to John*.

と答え, 焦点である新情報は文末に置かれる。

　もし, 旧情報が you gave John (**something**) であって, 話し手が '何を' という情報を求めている場合は,

　(A) What did you give John?

と問い, 聞き手は

　(B) I gave him *a book*.

と答えて, a book が新情報となり, 文末にくる。このように授与動詞は目的語を２つ取るが, S＋V＋IO＋DO となるか S＋V＋DO＋to (for)＋IO となるかは焦点が何かによってその語順が決まるのである。

05　補　語（Complement）

1.　主格補語

Dogs bark.（犬は吠える）というような文は, それだけで完全なまとまった意味を表している。しかし, I am …（私は…です）とか He became…（彼は…になった）というような文は, このままではまとまった意味を表さず,「…」部に適当な語が来て初めて完全な意味になる。

　I am **a nurse**.（私は看護師です）

　He became **a teacher**.（彼は先生になった）

このように, 動詞の意味の足らないところを満たして完全な文にするために補う語を**補語**（Complement）という。補語になる語は, 名詞, 代名詞, 形容詞, およびそれらに相当する語句である。日本語に直すときは原則として「～で」「～と」「～に」を付ける。

　She is **a secretary**.（彼女は秘書です）

　He is **cheerful**.（彼は快活です）

これらの補語は, 主語の職業, 内容, 性質など, 主語について説明しているから**主格補語**（subjective complement）という。そして, 主格補語を必要とする動詞を**不完全自動詞**という。不完全自動詞には be (am, are, is, was, were), appear, become, get, grow, look, seem などがある。主格補語は主語と広い意味でイコールの関係に立つ。

　She ＝ secretary；He ＝ pleasant

この点で, 完全他動詞 **P.45**, 02 (1) の場合と区別がつく。

　He became a soldier.（彼は軍人になった）

　［He ＝ soldier（同一人物）→ 主格補語］

He met a soldier. （彼は軍人に出会った）

　　　［He ≠ soldier（別人）→ 目的語］

2. 目的格補語

He made his son .... （彼は息子を…にした），We elected him .... （我々
は彼を…に選んだ）。主格補語の場合と同じように，これらの動詞は目的
語について説明する適当な語を補わないと，まとまった意味を成さない。
その働きをする語を目的格補語（objective complement）という。

　　　He made his son **a soldier**. （彼は息子を軍人にした）

　　　We elected him **chairman**. （我々は彼を議長に選んだ）

　　　They called him **Billy**. （彼らは彼をビリーと呼んだ）

そして，目的格補語を必要とする動詞を**不完全他動詞**といい，appoint,
call, elect, find, get, have, hear, make, name, see などの動詞が
用いられる。

目的格補語は目的語と広い意味でイコールの関係に立つ。

　　　his son = soldier ; him = chairman ; him = Billy

これによって，授与動詞の目的語2つの場合と区別がつく。

　　　She gave me a book. ［me ≠ book］

3. 準主格補語と準目的格補語

He went **an enemy** and returned **a friend**.

　　　（彼は敵として去り，味方として帰ってきた）

この文の went '去った'，returned '帰ってきた' は完全自動詞であるか
ら本来補語を必要とするものではない。そうすると enemy や friend と
いう名詞は本来は不要であるけれども，やはり '去った' とき，'帰ってき
た' ときの主語の状態を説明している。このような働きをする補語を，主
格補語に準ずるものとして，**準主格補語**という。

　　　You should drink tea **hot**.

　　　（紅茶は熱くして飲む方がよい）

この文の drink '～を飲む' は完全他動詞であるから本来目的格補語を必
要とするものではない。そうすると hot という形容詞は本来不要である
けれども，やはり飲むときの紅茶の状態を述べている。このような働き
をする補語を**準目的格補語**という。

（注意）以上，主語・目的語・補語について基本的な働きを説明したが，英語を日本語に直す時，主語には「〜は」または「〜が」，目的語には「〜を」または「〜に」，補語には「〜で」，「〜と」，「〜に」の助詞をつけるという原則を厳守してもらいたい。英語のできない人はこの基本事項がグラツイテいて，語順や語の働きに関係なく自分勝手な助詞をつける。例えば，He made his son a soldier. を「彼は軍人さんを息子にした」といったふうに間違うのである。したがって，英文を読んで日本語に直さなくても分かる，つまり直読直解ができるようになるまではこの原則をしっかり守ることである。そのため少し日本語訳が堅くなる場合があっても基礎を確立するためには止むを得ない。つまりまず直訳をして，それから意訳するようにすればよいのである。

> I like apples very much.
> 　（「私はリンゴを大いに好む」→「私はリンゴが大好きだ」）
> Rain prevented me from going there.
> 　（「雨が私をそこに行くことから妨げた」→「雨のために（が降ったので）
> 　私はそこへ行けなかった」）

教師の中には，自分の訳に酔って初級段階の生徒の直訳をヘタな訳だと言って退ける人がいるが，これは生徒の学習を混乱させるだけである。基礎学習の段階では絶対に避けなければいけない。これは体操で基礎の技術を修得していないのに，最初からウルトラCの技術を要求し，かえって再起不能な怪我をさせるようなものである。何事も基礎練習を徹底的にやり，それをマスターしてから順次高度な段階に進んで行けばよい。

06　修飾語（Modifier）

8品詞のところで述べた形容詞・副詞およびそれらの相当語句をまとめて**修飾語**（modifier）という。

> He is an **able** man.（彼は有能な男だ）
> This flower is **very** beautiful.（この花はとても美しい）
> She learns English **hard**.（彼女は一生懸命英語を学習する）

（注意）修飾という言葉のイメージにとらわれてはいけない。この言葉は何か良いプラスイメージを持って飾り立てるような印象を与え，事実 a beautiful girl（美しい少女），She speaks French fluently.（彼女はフランス語を滑らかに話す）というふうな場合ももちろんあるが，a mean fellow（いやらしい奴），He spoke falteringly.（彼はたどたどしく話した）のように良くない印象の時にも用いられる。Modifier という英語の訳語は限定語とでも呼んだ方がより正しい理解につながると思われる。つまり，ただ単に a flower（花）と

か run（走る）という場合は，例えば tulip, pansy, lily などその他すべての花，また色も白い花，黄色い花，その他‘花’と呼ばれるものすべてを指す。同様に，run は‘走る’という動作に含まれるすべての走る動作を表す語である。

ところが，a red flower とか He runs fast と modifier がつくと，

に限定される。このように名詞（および名詞相当語句）を限定する働きをするものを形容詞，動詞・形容詞・他の副詞（およびそれらの相当語句）を限定する働きをするものを副詞と呼び，そのような形容詞・副詞の働きをするものを全部まとめて修飾語（modifiers）というのである。したがって，a book on the desk（机の上の本）という場合，on the desk は全体で a book という名詞を限定しているから，a red flower の red と同様に形容詞と同じ修飾語の働きをしていることになる。

文の要素 (Elements of Sentence)

主語・(述語) 動詞・目的語・補語・修飾語という語の文中における主要な文法上の働きの面からではなく，文 (sentence) という構造体の**構成要素** (elements) を重要さの面から見る時，次の３要素がある。

* 主 要 素 (Principal Elements)
* 従 要 素 (Subordinate Elements)
* 独 立 要 素 (Independent Elements)

07　主 要 素

文を構成するのに絶対必要な要素：主語・(述語) 動詞・目的語・補語。これは次章で述べる５文型を考えるとすぐに理解できる。

（主語を S, (述語) 動詞を V, 目的語を O, 補語を C で表す）

第１文型　　S ＋ V
第２文型　　S ＋ V ＋ C
第３文型　　S ＋ V ＋ O
第４文型　　S ＋ V ＋ O ＋ O
第５文型　　S ＋ V ＋ O ＋ C

まず，主語 (S) と動詞 (V) は，すべての文に欠かせないことはすぐわかる。しかし主語と動詞だけでは第１文型しかできない。第２文型以下の文を構成するためには目的語 (O) と補語 (C) も必要である。

08　従 要 素

絶対に必要な要素ではないが，しばしば２次的に使用される要素（文型の構成には関係がないが，主要素を修飾・限定する要素）：**修飾語**（形容詞・副詞・それらの相当語句），および**連結詞**

Birds sing.（第１文型）　　→　Birds sing **merrily**.
He is a soldier.（第２文型）　→　He is a **brave** soldier.

（注意）第15章でも述べるが，**形容詞は補語として主要素になる場合**と，**修飾語として従要素になる場合**があるので注意が必要である。従要素のときはイタリック体で示してある。

She is **tall**.（第2文型）　→　She is a *tall* girl.（第2文型）
　S V C　　　　　　　　　　　　　S V　　　　C
　（彼女は背が高い）　　　　　（彼女は背の高い少女です）

His parents made their son **good**.（第5文型）
　　　　S　　　V　　　O　　C
　（彼の両親は息子を善良な人にした）

→ He will make her *a good* wife.
　 S　　　 V　　 O　　　　C
　（彼は彼女を良妻にしたてるだろう）

09　独 立 要 素

文中の他の語と関係なく，独立して用いられる語句：**間投詞・呼びかけ語**。

Oh! What shall I do?（おお，私はどうしたらよいのか？）

You had better not do that, **John**.（ジョン，そんなことはしない方がいいよ）

◆ 文型の決定

一見長い文章でも，従要素と独立要素を除くと主要素だけが残り，5文型のどれかが分かる。

The president of the United States, Martin Van Buren,
　　S　　　（形 容 詞 句）　　　Sと同格

smiled and waved to the crowd in the small town
　V　　　 V　　（副詞句）　（形 容 詞 句）

that he was passing through.
　（形 容 詞 節）

（合衆国大統領マーチン・バン・ビューレンは彼が通過している小さな町の群衆
に向って，にっこりと笑って手を振った）

この文の従要素は波線を引いた部分であり，*and* を除いて他は全部修飾語句である。残る名詞 *president* が主語であり，*Martin Van Buren* はその主語を説明する同格の固有名詞である。そして *smiled* と *waved* が述語動詞であるから，結局この文はS＋Vの第1文型となる。

練習問題２

A 次の文の主語・（述語）動詞・目的語・補語を指摘しなさい（ただし，前置詞の目的語は除く）。

(1) He suddenly rose from his seat and asked a sharp question.

(2) I met the great man at the end of his life.

(3) Her secretary probably writes all her letters.

(4) The general may become a well-known figure in American history.

(5) He handed her the mysterious letter.

(6) They named the ship 'Queen Mary'.

(7) They found the place a prosperous village.

(8) The right kind of food is important for your health.

(9) He succeeded at last in dyeing the dress in dark blue. 　　◀05

(10) There was no water in the pond.

(11) I have never seen such a wonderful sight.

B 次の下線部の句の種類（名詞句，形容詞句，副詞句）と文中での働き（主語，目的語，補語，修飾語）を言いなさい。修飾語の場合はどの語句を修飾・限定しているかも言いなさい。

(1) He has no house to live in.

(2) We often saw her walk in the park.

(3) To tell the truth, I have no money with me.

(4) Reading in the dark room is not good for the eyes.

(5) To see her is a great pleasure for me.

(6) Would you mind opening the window?

(7) They ran all the way, arriving just in time.

(8) I want you to tell the truth.

(9) The vase on the table is of Italian make.

(10) She was laughed at by her classmates.

C 次の下線部の節の種類（名詞節，形容詞節，副詞節）と文中での働き（主語，目的語，補語，修飾語）を言いなさい。修飾語の場合はどの語句を修飾しているかも言いなさい。

(1) I know <u>that she is diligent</u>.

(2) <u>As it rained</u>, we could not start.

(3) <u>When the man saw a policeman</u>, he ran away.

(4) This is the most difficult problem <u>that I have ever had</u>.

(5) I'll go and see her <u>whether you object to it or not</u>. 《▶06

(6) No one can tell <u>when they will arrive</u>.

(7) Did you understand <u>what he said</u>?

(8) Make hay <u>while the sun shines</u>.

(9) He is the last man <u>that would do such a thing</u>. 《▶07

(10) She ran so fast <u>that she soon overtook them</u>.

D 次の文を指示に従って書き換えなさい。(p.471 以下を参照して)

(1) When I rose the next morning, I found that I was in a spacious room. （単文に）

(2) There is no hope <u>that he will win the race</u>.

（下線部を gerund を用いて）

(3) She is not ashamed <u>that she was very poor when she was young</u>.

（下線部を gerund を用いて）

(4) I assisted him, but he has failed. （単文に）

(5) The beginning of the war made it impossible for her to go abroad.

（複文に）

3 文型と文の種類

地球の陸地は5大陸に分類されていて，オリンピックの5輪に象徴されている。英語の「文型」も5文型といって5つに分けられている。なぜ，3や8でなく5なのだろう。

01 5文型

前節7で簡単に触れたが，英語の文型は，その**述語動詞の種類**によって5つの**基本文型**を持つ。主語・述語動詞・目的語・補語という主要素がどういう組合わせになるかは文型によって決まる。

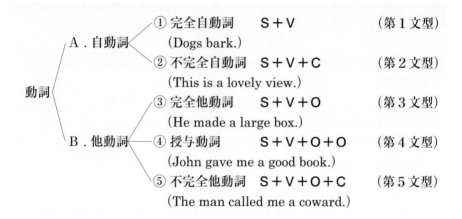

```
                    ① 完全自動詞    S＋V              （第1文型）
        A．自動詞 ┌  (Dogs bark.)
                 │  ② 不完全自動詞  S＋V＋C          （第2文型）
  動詞 ┤           (This is a lovely view.)
                    ③ 完全他動詞    S＋V＋O          （第3文型）
                 │  (He made a large box.)
        B．他動詞 ┤  ④ 授与動詞      S＋V＋O＋O      （第4文型）
                 │  (John gave me a good book.)
                    ⑤ 不完全他動詞  S＋V＋O＋C      （第5文型）
                    (The man called me a coward.)
```

それぞれ自動詞・他動詞とも「**完全**」と「**不完全**」があり，**不完全**が付く場合にはそれを完全にするために補う語である補語（**C**）が必要になる。他動詞には必ず最低1つ目的語（**O**）が必要である。また，他動詞には2つのOを取る授与動詞というものが含まれる。

（注意）英文の型が，7文型とか9文型とかではなく，なぜ5文型になるかというと，英語には動詞の種類が5つしかないからである。したがって英語の学習をする時には，ある動詞を単に動詞としてその意味を覚えるだけでは不十分で，必ずそれが完全自動詞か不完全自動詞かというように意識して覚えてゆくこと。なぜなら，1つの動詞が完全か不完全かによって意味が違ってくるからである。

He **made** a large box.

（彼は大きな箱を作った）［完全他動詞］（〜を作る）

Mother **made** me a new suit.（母は私に新しい服を作ってくれた）［授与動詞］（…（人）に〜を作ってやる）

He **made** her his wife.（彼は彼女を妻にした）［不完全他動詞］（…（人）を〜にする）

参考 英語の動詞の種類が5つしかないから，どんなに長い文でも従要素や独立要素を除くと，結局上の5文型のどれかになってしまう。このことを知っているとどんなに語数の多い文も少しも怖れることはないのである。

02 叙述形式・発話意図から見た文の種類

我々が発話行為をする際に，事実や情報を伝えようとする場合や，分からない事を知ろうとする場合など，様々な場合がある。そのような発話の意図に基づいた文の種類である。

1. 平叙文（Declarative Sentence）

単に事実を述べる文を平叙文という。

Time flies.（光陰矢の如し）［諺］

They are not Americans.（彼等はアメリカ人ではない）

John will be twenty years old next year.（ジョンは来年20歳になります）

Jill's father was not surprised at the news.（ジルの父はその知らせにも驚かなかった）

（注意）①一般動詞の否定の場合は，**do**（の諸変化形）+ not を用いて否定する。

He **does** *not* drink wine.　　　　縮約形 → doesn't
（彼はワインを飲まない）

They **do** *not* play golf.　　　　縮約形 → don't
（彼等はゴルフをしない）

We **did** *not* buy the house.　　　縮約形 → didn't
（我々はその家を買わなかった）

②**be** 動詞や助動詞がある場合は，それらの後に not をつける。

She **is** *not* well.　　　　　　　縮約形 → isn't
（彼女は体の具合がよくない）

You **will** *not* succeed.　　　　　縮約形 → won't
（君は成功しないだろう）

He **can**not sing well.　　　　　　縮約形 → can't
（彼は上手に歌えない）

He **was** *not* respected by his brethren.
（彼は同胞には尊敬されなかった）　　縮約形 → wasn't

She **has** *not* done her homework yet.

（彼女はまだ宿題をしていない）　　　縮約形　→　hasn't

③ have, has が〈持つ〉という意味の場合は，アメリカ英語では一般動詞と同じく，**do**（does）**not** を，イギリス英語では単に not をつける。

He **does** *not* have many friends.　（アメリカ英語）

He **has** *not* many friends.　　　　（イギリス英語）

（彼にはあまり友達がいない）

＊ただし，イギリス英語でも「習慣的・恒常的」な場合は **do** を用い，「一時的」な場合には do を付けない。

She *does not* have colds so often. （彼女はそんなに風邪を引きません）

She *has not* a cold now. （彼女は今風邪をひいていません）

＊have (has) が，〈経験する〉〈食べる〉という意味になったり，また動詞的な意味からきた名詞を目的語とする場合には do を用いる。

She *does not have* much milk. （彼女はあまり牛乳を飲まない）

He *did not have* a good talk with the captain.

（彼は船長と充分に話をしなかった）

2. 疑問文（Interrogative Sentence）

相手に物事を質問する文を疑問文と言う。（助）動詞を主語の前にだし，文末に疑問符（question mark [?]）を付ける。疑問文には次の種類がある。

a) 疑問詞で始まらない疑問文（Yes / No Question）

答えの文は Yes, No を付けて始める。

Are you Mr. Bush?［肯定疑問文］

（あなたがブッシュさんですか？）

→ Yes, I am. (or) No, I am not. （ええ，そうです）（いいえ，そうではありません）

Aren't they boat people from Vietnam?［否定疑問文］

（彼等はベトナム漂流民ではないのですか）

Can you speak English?［肯定疑問文］

（英語を話せますか）

Won't you have a cup of tea?［否定疑問文］

（お茶を１杯召し上がりませんか）

以上はいずれも返答をする時に，Yes または No を必要とするので，イエス・ノー疑問文（Yes-or-no question）と呼ばれ，文末は必ず上昇調（⤴）になる。下降調（⤵）になる疑問文には次のものがある。

b) 特殊疑問文（Special Question）

疑問詞で始まる疑問文で，Yes, No で答えない。普通，下降調（⤵）で終

わる。疑問詞が主語の場合は平叙文と同じ主語＋(助)動詞の語順になる。

> **What** is that?（あれは何ですか）
>
> **How** old are you?（あなたは何歳ですか）
>
> **Where** do you live?（どちらにお住まいですか）
>
> **How** far is it from here to the station?
>
> （ここから駅まで，どれくらい距離がありますか）
>
> **Who** came here?（誰がここに来たのか）

〔注意〕ただし，一度質問したものの，返答の内容がよく分からないためにもう一度質問をくり返す場合は疑問詞があっても上昇調（↗）になる。

> What did you say?（↗）
>
> （何とおっしゃいましたか［もう一度言って下さい］）

c) 選択疑問文（Alternative Question）

普通AとBのどちらであるかを問う疑問文で，〜A or B？という形をとる。Aは上昇調でBは下降調となる。答えの文にはYes, No は用いない。

> Which do you like better, **tennis** or **baseball**?
>
> （テニスと野球とどちらが好きですか）
>
> ——I like tennis better.（テニスの方が好きです）
>
> Is he **John** or **Ben**?（彼はジョンですか，それともベンですか）
>
> ——He is Ben.（ベンです）

〔注意〕時には3つ以上の選択肢が示される場合がある。

> Which do you like best, oranges or apples or bananas?　《▶08
>
> （オレンジとリンゴとバナナではどれが一番好きですか）
>
> その場合，最後の選択肢のみが下降調となり，先行する選択肢はすべて上昇調となる。

d) 付加疑問文（Tag Question）

純粋な疑問ではなく，自分の述べていることについて相手の〈確認〉・〈同意〉を得たいために，平叙文の後に付け加える疑問文。

①　**本文が肯定文の時は付加疑問文は否定**（肯定の答えを期待している），**本文が否定文の時は付加疑問文は肯定**（否定の答えを期待している）と反対になる。

②　本文の内容を正しいと思っている時は下降調で終わり，正しいかどうか確信が持てず Yes, No で返答を求める場合は上昇調になる。

③　本文と付加疑問文との間にはコンマを付ける。

④　付加疑問文の主語は，本文の主語が名詞であっても当然代名詞になる。

［肯定文＋否定付加疑問文］

It is fine today, **isn't it**?（今日はとてもいい天気ですね）

John succeeded in the exam, **didn't he**?（ジョンは試験に受かったんだね）

You will call me up tomorrow, **won't you**?（明日電話をくれるんだね）　《▶09

［否定文＋肯定付加疑問文］

He isn't an English teacher, **is he**?（彼は英語の先生じゃないんだね）

John didn't come back yesterday, **did he**?（ジョンは昨日帰らなかったんだね）

You won't tell my secret to them, **will you?**

（僕の秘密を彼等に言わないだろうね）

＊［特殊な付加疑問文］

（イ）命令文，**will you**?（～してくれないか）

Open the window, will you?（窓を開けてくれるかね）

（ロ）Let's ~, **shall we**?（～しようよ）

Let's go to the zoo, shall we?（動物園へ行こうよ）

上の（イ），（ロ）は共に上昇調で読む。

e）修辞疑問文（Rhetorical Question）

何か分からないことがあって相手に質問するのではなく，形式上疑問の形を取りながら，反語的に自分の言いたいことを強く主張するものである。したがって，**普通は否定の修辞疑問は肯定の平叙文に，肯定の修辞疑問は否定の平叙文に相当する。**下降調で発音する。

①　一般疑問の形式を取るもの

助動詞 can, 副詞 ever（かりにも，そもそも）と共に用いることが多い。

Does she ever tell the truth? = She never tells the truth.

（かりにも，彼女が本当のことを言ったことがあるかい = 彼女が本当のことを言ったためしがない）

Is he ever a loser? = He is never a loser.

（そもそも，あいつが損をすることなどあるかい＝あいつが損をすることなど絶対にない）

②　特殊疑問の形式を取るもの

Who doesn't know Mt. Everest? = Everybody knows Mt. Everest.

（誰がエベレストを知らないか = エベレストは誰だって知っている）

Who could have supposed I should meet you in Paris?

= Nobody could have supposed ....

（パリで君に出会うなんて誰が想像できただろうか ＝ パリで君に出会うなん
て，誰も想像できなかっただろう［まったく思いがけないことだ］）

3. 命令文（Imperative Sentence）

相手に対して，命令・依頼・要求・希望・禁止などを表す文を，命令文
という。直接命令文と間接命令文の2種類がある。動詞の原形を用いる。

a）2人称（話し相手）に対する命令

普通主語 you を省略し，自分と対等または目下の者に対して用いる。

Clean my shoes.（靴を磨いておけ）［使用人などに対して］

Be gentle with old people.（老人たちには優しくしなさい）［子供などに対して］

（注意）2人称に対する命令文は，話し相手に向って言われるのだから，主語は You
に決まっている。したがって省かれるのが普通であるが，次のような場合に
は省かれない。いずれの場合にも You を強く発音する。
1）"いらだち"を感じている場合
You get out of the room at once.（君，すぐに部屋を出て行くんだ）
2）複数の相手の中で，特に誰に対する命令であるかをはっきり示す場合
John, you put away these things, and Mary, you wash these dishes.
（ジョン，お前はここの物を片付けなさい。それからメアリー，お前は
ここのお皿を洗いなさい）

b）1人称・3人称に対する命令文

Let ＋（1・3人称の）目的格代名詞＋動詞の原形という形を取る。これ
は話し相手（2人称）にある特定の行為をさせるのではなく，話してい
る当人（1人称），あるいは話しあっている当人たち以外のもの（3人称）
にある行為をさせるように話し相手に要求する形式である。基本的に
次の種類の用法がある。

（イ）話し手（1人称）にある行為をさせるように話し相手（2人称）に許可
を求める場合。［特定の話し相手（2人称）に頼む。Let に強勢が置か
れる。］

Let me go abroad.（海外に行かせてください）

Let us do it.（私達にそれをさせて下さい）

（ロ）話をしている当人たち以外（3人称）のものにある行為をさせるよう

求める場合。この場合は特定の話し相手（2人称）に頼むのではなく，話し相手を含めてぼんやりとした関係者全体に提案するのである。

　　　Let each man decide for himself.（各人が自ら決定しよう）　　　◀▶10

　【注】これは〈古風〉で〈高尚な〉表現形式とされている。

（ハ）話し手と話し相手を含めて us とし，一緒にある行為をすることを〈提案・勧誘〉する。この場合は **Let's**（= Let us）と縮約され，その後にくる原形動詞に強勢が置かれる。
　　Let's have something to eat.（何か食べよう）
　　Let's enjoy ourselves.（楽しくやろう）

命令文の否定
a）2人称に対する命令文の否定
Don't ~，または **Never** を動詞の前に付ける。平叙文の場合と違って，be 動詞でも **Don't** を用いる。
　　Don't waste your money.（無駄遣いをするな）
　　Don't be careless in speech.（うっかりしたことを言うな）　　◀▶11
　　Never tell a lie.（絶対に嘘をつくな）

b）1・3人称に対する命令文の否定
　1）正式には，否定辞の not を Let's の後に付ける。
　　　Let's not talk about it any more.（もうその話はよそう）
　　　Let us not go to such a dangerous spot.
　　　（そんな危険なところへ行かせないで下さい）
　2）口語やくだけた場合には，**Don't let's**〈英〉や **Let's don't**〈米〉となる。
　　　Don't let's talk of that day.　〈英〉
　　　（あの日のことは話さないことにしよう）
　　　Let's don't be serious, George.　〈米〉
　　　（ジョージ，きまじめになるのはよしましょう）

4. 感嘆文（Exclamatory Sentence）
驚き，喜び，悲しみなどの感情を強く感嘆詞で述べる文。普通次の形式を取り，文末に感嘆符（!）を付ける。
〈**What + Noun + S + V!**〉

What a wonderful view this is!（これはなんとすばらしい眺めだろう！）

$$\langle \textbf{How} + \left\{ \begin{array}{l} \textbf{Adjective} \\ \textbf{Adverb} \end{array} \right\} + \textbf{S} + \textbf{V!} \rangle$$

How wonderful this view is!（この眺めはなんとすばらしいんだろう！）

How fluently he speaks English!（彼はなんとすらすらと英語を話すのだろう！）

〔注意〕簡単で引き締った効果をだすためにS＋Vが省略されることがある。

What an obstinate man（he is）!（なんてがんこな男だ）

How pretty（she is）!（なんて綺麗なんだ）

5. 祈願文（Optative Sentence）

神に祈るような気持で願い事や望みを述べる文。

(a) 普通助動詞 **may** を文頭に置き，文末には感嘆符を付ける。

May God bless you!（あなたに神のみ恵みのあらんことを！）

May he never set foot in this house again!

（彼が2度とこの家に足を踏み入れませんように！）

(b) 叙想法現在を用いる。これは古風（archaic）な祈願文であって現在ではきまり文句以外ほとんど使用されない。

God save the Queen!（イギリス国歌）

（女王万歳！〔神が女王に御加護をたれ賜わんことを〕）

Grammarians be hanged!

（文法家なんかくそくらえだ〔文法家など絞首刑にされんことを〕）

〜・〜・〜・〜・〜 役に立つことわざ 〜・〜・〜・〜・〜

★　Pride goes before a fall.
　　（驕れる者久しからず）← 〔思い上がりが没落に先立つ〕

★　Spare the rod and spoil the child.
　　（可愛いい子には旅をさせよ）← 〔むちを惜しめば子供はだだっ子になる〕

★　Do to others as you would be done by.
　　（己の欲するところを人に施せ）← 〔自分がして欲しいように他の人達にせよ〕

練習問題 3

A 誤りのある文を3つ選びなさい。

(1) What a fast runner is he!

(2) Who doesn't know the correct answer?

(3) May God grant you happy!

(4) She was kind enough to show us the way.

(5) Did you see the movie, didn't you?

B 次の英文の文型を言いなさい。

(1) I taught him what kind of woman she was.

(2) She decided to become a nurse.

(3) We have never heard him speak ill of others.　《▶12

(4) She appears unable to understand his idea.

(5) Mary read her child a fairy tale.

(6) They kept the door closed.

(7) Who were you talking with?

(8) Where does his family live?

(9) The flowers in the vase smelled very sweet.

(10) It is getting warmer day by day.

C 次の各文の動詞の種類（完全自動詞，不完全自動詞，完全他動詞，授与動詞，不完全他動詞）を言い，日本語に直しなさい。

(1) { (a) His face turned pale suddenly.
{ (b) The man turned the corner suddenly.

(2) { (a) This pleasant weather did not hold long.
{ (b) The gentleman held her hand tightly.

(3) { (a) He found his son on the beach.
{ (b) He found his son safe on the beach.

(4)
- (a) We can't stand that woman any more.
- (b) The old church stands on the green hill.

(5)
- (a) The thick overcoat keeps the old man warm.
- (b) These fruits don't keep long in hot weather.

(6)
- (a) I had my purse stolen in the train.
- (b) I had my lunch in the park.

(7)
- (a) He got angry with the drunkard.
- (b) He got a job in a department store.

(8)
- (a) Five years in the country made him duller than ever.
- (b) We made a great many things out of leather.

(9)
- (a) His father ran a girls' school in Boston.
- (b) The thief ran so fast that we failed to catch him.

(10)
- (a) Milk did me a great deal of good.
- (b) This sort of work won't do for me.

D 次の各文が5文型のどれに相当するかを言いなさい。

(1) He has never written such a letter before.

(2) He cut his mother one or two pieces of bread.

(3) I had my watch broken in the crowded train.

(4) What have you come for at this time of night?

(5) He lay awake listening to the strange noises.

(6) The rioters made toward the palace.

(7) At the sound of the explosion he jumped up in alarm.

4 句と節

企業にも個人企業から中小企業，そして大企業もある。品詞にも１語で名詞の働きをするときもあれば，中規模の名詞句，大規模な名詞節になって働くときもある。ここではその規模の違いについて学ぼう。

01 句（Phrase）

２つ以上の語が集まって１つの品詞に相当する働きをするもので，Ｓ＋Ｖの関係を持たないものを句という。

1. 名詞句
（Noun Phrase）

I want **to drink fresh water**. （新鮮な水が飲みたい）
＊太字部分の４語からなる不定詞全体が名詞用法として want の目的語となっている。

2. 形容詞句
（Adjective Phrase）

The cherry trees **in the garden** are all decayed.
（庭の桜の木は全部枯れている）
＊太字部分の３語が全体で「庭にある桜の木」というふうに桜の木という名詞を修飾・限定している。

3. 副詞句
（Adverbial Phrase）

They were very glad **to hear the news**.
（彼等はその知らせを聞いて，とても喜んだ）
＊太字部分の４語からなる不定詞全体が，形容詞 glad の原因を示す副詞相当の働きをしている。

4. 代名詞句
（Pronominal Phrase）

They love **each other**. （彼等はお互いに愛し合っている）
＊each other の２語が全体で love の目的語となっていて，you や us のような１語の代名詞と同じ働きをしている。

5. 動詞句
（Verbal Phrase）

He **caught up with** his friend. （彼は友達に追いついた）
＊太字部分の３語全体で overtook という１語の動詞と同じ働きをしている。

6. 前置詞句
（Prepositional Phrase）

She spoke to the man **in front of** a fine sports car.
（彼女はカッコいいスポーツカーの前にいる男に話しかけた）
＊太字部分の３語全体で前置詞 before １語と同じ働きをしている。

7. 接続詞句
(Conjunctional Phrase)

He told her to go to the scene **in order that** she might see for herself. 🔊13

（自分の目で確かめてもらうために，彼は彼女を現場に行くように言った）

＊太字部分の 3 語全体で接続詞 that 1 語と同じ働きをしている。

8. 間投詞句
(Interjectional Phrase)

Good heavens, how can you talk such nonsense?

（これはこれは，どうしてそんなばかなことが言えるのだ）

＊太字部分の 2 語全体で Oh などのような 1 語の間投詞と同じ働きをしている。

【注】句を名詞句・形容詞句・副詞句の 3 種に限る文法家もいる。本書では句の定義を全品詞に広げる立場に立っている。

---

02 節（Clause）

文中 S ＋ V の関係を持つものを節という。主節と従属節の 2 つがあり，従属節は**名詞節・形容詞節・副詞節**の 3 種に分かれる。

I know that he is a spy.

（私は彼がスパイだということを知っている）

この文は I know という 1 つの S ＋ V の関係を持つものと，he is a spy というもう 1 つの S ＋ V の関係を持った 2 つの節から成り立ち，that はその 2 つの節をつなげる接続詞の働きをしている。I know はこの文全体の主語である I とその述語動詞 know とから成り立っているのに対し，he is a spy という節は，全体が述語動詞 know の目的語であって，文の一部として従属的な働きをしているに過ぎない。したがって前者を主節，後者を従属節という。言い換えれば文中で，全体として 1 つの名詞・形容詞・副詞と同じ働きをする S ＋ V 〜を従属節と言い，そうでないものを主節という。

1. 名詞節
(Noun Clause)

It is natural **that she should get angry with him**.

（彼女が彼に腹を立てるのも当然だ）

＊It が形式上の主語であるのに対して that 以下の節が is の本当の主語になっている。

Do you know **where he was born**?

（彼がどこで生れたのか知っていますか）

＊Where 以下の節全体が動詞 know の目的語となっている。

He is not **what he used to be**.　　((▶14

（彼は昔の彼ではない）

＊What 以下の節全体が is の補語となっている。

2. 形容詞節
（Adjective
Clause）

I danced with a gentleman **who had a very kind manner**.

（私はとても優しい物腰の紳士と踊った）

She is the greatest actress **that has ever lived in the world**.

（彼女こそ世にまれな大女優である）

It was a time **when cars were rare**.

（それは自動車が珍しい時代であった）

【注】形容詞節になるものは大部分が制限用法の関係詞節であることに注意。

3. 副詞節
（Adverbial
Clause）

He turned pale **when he saw the policeman**.

（その警官を見たとき彼の顔は青くなった）

He talks **as if he knew everything**.

（彼はまるで何でも知っているかのような口をきく）

However tired you are, you must do it.

（どんなに疲れていようとも，君はそれをしなければいけない）

03　文を構造面から見た場合の種類

文が1つの節からできているか，あるいは幾つかの節がさまざまな関係を持ちながら文を構成しているか，という構造面から見た文の種類を**単文・複文・重文・混文**といい，4種類に分かれる。

1. 単文 (Simple Sentence)

ただ1つのS＋Vから成立する文を単文という。

Man is mortal.（人間はいつかは死ぬ）

The most violent **tornado** in these fifty years attacked several States in the Middle West.　((▶15

（この50年間で最も激しい龍巻が中西部の諸州を襲った）

上に挙げた2文は，長さに違いはあるがいずれも1つのSと1つのVと

から成立している。したがってこれらの２文はいずれも**単文**である。

2. 複文 (Complex Sentence)
　１つの主節と１つ以上の従属節から成る文を**複文**という。
a）名詞節を含む文
　I think **that the depression will soon be over.**　　《▶16
　（不景気は間もなく終わると思います）
　I wonder **what I should do.**
　（僕はどうしたらいいのかなあ）
b）形容詞節を含む文
　The man **whose car we borrowed from** lives at the corner.
　（私達が車を借りた人はあの角に住んでいます）
　A great earthquake ruined the town **where I had lived for ten years**.
　（大地震が私が10年間住んでいた町を壊滅させた）
c）副詞節を含む文
　As soon as he had finished his work, he fell asleep.
　（仕事を終わったとたん，彼は眠りに落ちた）
　He did not come **because he was ill**.
　（彼は病気だったので来なかった）
d）２つ以上の従属節を含む場合
　When he came home, he found **that his wife was dead.**
　（家に帰ると，彼は妻が死んでいるのを知った）
　She noticed **that the letter on the table which had been sent to**　《▶17
　her was gone.
　（テーブルの上に置いてあった彼女宛ての手紙が無くなっているのに彼女は気付いた）

3. 重文 (Compound Sentence)
　２つ以上のＳ＋Ｖ ... が等位接続詞によって結合されている文。英語の等位接続詞は and, but, or (nor), for, so, yet のわずか６語である。
a）and
　I bought a house **and** my son sold it.
　（私が家を買い，そして息子がそれを売った）

b) but

   I loved her **but** she hated me.（私は彼女を愛したが，彼女は私を嫌った）

c) or

   Were you there, **or** was she?

   （君がそこにいたのか，それとも彼女がいたのか）

d) for

   He felt no fear, **for** he was very brave.

   （彼はまったく怖がらなかった，だって彼はとても勇敢だったから）

e) so

   The manager was out, **so** I left a message with his secretary.

   （支配人は外出中だった，それで僕は秘書に伝言を渡しておいた）

f) yet

   He is still young, **yet** he is well up in his profession.

   （彼はまだ年は若いが，職務には明るい）

4. 混文 (Mixed Sentence)

従属節と等位節の両方を含む文を混文と言う。

   She knew <u>what he kept secret</u>, but <u>she never told it</u>.
   　　　　　　（従属節）　　　　　　　　　（等位節）

（彼女は彼が秘密にしていることを知っていたが，絶対にそれを口に出さなかった）

練習問題 4

A 次の文は単文，複文，重文，混文のどれであるかを言いなさい。

(1) Judging from the sky, we can expect no rain for some time. ((▶18

(2) This is the only ship that has returned safely.

(3) They built the walls strongly and kept their weapons ready.

(4) If you would know the value of money, go and try to borrow some. ((▶19

(5) An Englishman's home is his castle; but I also believe that he should not have the right to annoy his neighbours.

(6) New York and vicinity was suffering from a strike of postmen.

(7) Do you know who is the author of this book?

(8) I saw the gentleman again in the park whom I had seen last week.

(9) I cannot help thinking there was something wrong about the advice you gave me.

(10) While he was digging a well, he came upon a vessel containing gold coins.

B 次の文中の従属節が，名詞節か形容詞節か副詞節かを言いなさい。

(1) At your age you ought to have all the experience that you can get.

(2) Tell me exactly what you have made up your mind to do.

(3) No one can deny the fact that things fall down.

(4) I don't ask you to say what isn't true.

(5) Though the restaurant was crowded, we managed to find a table.

(6) Thank you for the Christmas card that you sent me.

(7) I'm glad to hear that you have passed the entrance exam.

(8) However diligently they may work, they will be unable to finish the task in a week.

(9) I will lend you the book when I have done with it.

(10) She will have finished cooking by the time you call on her.

C　次の各文の下線部を句（phrase）に書き換えなさい。

(1) He insisted that I should tell him my plans.

(2) The man whose hands are in his pockets is my father.

(3) Though her knock was not answered, she stepped in.

(4) The captain ordered that we should not leave that room.

(5) Young men and women who are accustomed to living in towns usually do not prefer to living in the country.

(6) It is necessary that you should work hard.

(7) She was surprised that her daughter should visit such a place.

5 動詞と動詞の活用 (Verb)

（述語)動詞は文の＜心臓＞のようなものである。この心臓から5つの血液型（＝文型）をきめる血が送り出される。そして，＜活用＞＜時制＞＜態＞＜叙法＞という動詞特有の活動に係わる。

動詞の種類

動詞は人を含む生物や，無生物などさまざまな事物の動き・状態を述べる語である。述部の中心となるため語順を決める大きな要素である。活用・時制・態・準動詞など文法上重要な働きを持つので，特に注意して学習する必要がある。

01 本動詞と助動詞

主語の動作・状態を述べる述語動詞として用いられるものを**本動詞**（main verb）という。本動詞はまた不定詞・分詞・動名詞として他の品詞にも用いられる。これに対し，本動詞に補助的な意味を加えたり，時制・態・法を示すのに用いられるものを**助動詞**（auxiliary verb）という。8品詞に分類する場合，助動詞は本動詞と共に全体として動詞の中に含まれる。しかし，この章では本動詞のみを取り上げる。

02 自動詞と他動詞

目的語を取らない動詞を自動詞（intransitive verb）といい，目的語を取る**動詞を他動詞**（transitive verb）という。さらに自動詞には完全自動詞と不完全自動詞の2種があり，他動詞には完全他動詞・不完全他動詞と更に授与動詞の3種があり，全体で5種になる。5文型はこのそれぞれに対応したものである。

$$
\text{動詞}\begin{cases}
\text{自動詞}\begin{cases}\text{完全自動詞} & \rightarrow \quad \text{第1文型}（S + V）\\ \text{不完全自動詞} & \rightarrow \quad \text{第2文型}（S + V + C）\end{cases}\\
\text{他動詞}\begin{cases}\text{完全他動詞} & \rightarrow \quad \text{第3文型}（S + V + O）\\ \text{授与動詞} & \rightarrow \quad \text{第4文型}（S + V + O + O）\\ \text{不完全他動詞} & \rightarrow \quad \text{第5文型}（S + V + O + C）\end{cases}
\end{cases}
$$

第1文型　　Birds **sing**.（鳥はさえずる）

第2文型　　John **is** an artist.（ジョンは芸術家です）

第3文型　　John **loves** Mary.（ジョンはメアリーを愛している）

第 4 文型　　John **sent** <u>her</u> a <u>letter</u>.（ジョンは彼女に手紙を送った）

第 5 文型　　John **made** <u>her</u> happy.（ジョンは彼女を幸せにした）

以上のように英語では動詞の種類によって文型や意味が決まるので常に自動詞か他動詞か，完全か不完全か，または授与動詞かということに注意する必要がある。例を挙げると，to make は（1）完全他動詞（2）授与動詞（3）不完全他動詞（4）不完全自動詞の働きをし，そのそれぞれに応じて意味が変わる。

（1）完全他動詞：「作る，製造する」

　　He *made* a boat. ……………………… 　第 3 文型

　　（彼はボートを作った）

（2）授与動詞：「（人）に（物）を作ってやる」

　　Mother *made* me a new suit. …………　第 4 文型

　　（母は私に新しい服を作ってくれた）

（3）不完全他動詞：「（…）を ～ にする」

　　He *made* her his wife. ………………　第 5 文型

　　（彼は彼女を妻にした）

（4）不完全自動詞：「（特定の様態に）振舞う，…する」

　　　　　　　　　　　　　　　（補語として形容詞を伴う）

　　He *made* merry. ……………………… 　第 2 文型

　　（彼は浮かれ騒いだ）

03　自動詞と他動詞の区別

自動詞や他動詞は初めから決まっているのではない。文中でどういう意味や働きをするかによって決まってくる。実際，英語の動詞は自動詞にも他動詞にも用いられるものが多い。原則的に言って，動作が自分自身だけにとどまって他の物や人に及んでいかなければ自動詞，動作が自分自身だけにとどまらず他の物や人に及んでいく時は他動詞となる。

　　① The door **opened** from within.（ドアは内側からあいた）

　　② John **opened** the door from within.（ジョンは内側からドアをあけた）

①では open は「あく」という意味で用いられている。「あく」という動作は，ドア自身の動きにとどまって他に及んでいかない。したがって自動詞である。

②では open は「あける」という意味で用いられている。ジョンの「あける」という動作はジョン自身にとどまらず，'ドア' という他の物に及んでいく。

つまり「あける」という意味の動詞は‘何を’「あける」のか，ドアか，窓か，本か，という「あける」対象（＝目的語）を示さなければ意味が完結しないのである。つまり，動作の対象となる目的語を必要とする動詞であるからこの open は他動詞として用いられていることになる。同様に「起きる」は自動詞，「起こす」は他動詞。「横たわる」は自動詞，「横たえる」は他動詞。「泣く」は自動詞，「泣かす」は他動詞。「立つ」は自動詞，「立てる」は他動詞である。要するに「何を」「何に」という動作の対象（目的語）がなければ意味をなさないものが他動詞である。

参考 これは1つの便法であって，決して声を大にして言うことではないかも知れないが，be 動詞および受動態以外の動詞の直後に名詞・代名詞があれば取りあえずそれらの(代)名詞に「～を，～に」という格助詞を付けて訳をつければ大抵うまくいく。うまくいかない場合は次に補語として「～で，～と，～に」になる場合が多い。それでも意味が通じない時は特殊な意味の動詞として辞書でよく調べればよい。ただし，これはあくまでも初学者に対する便法である。

04 複合動詞（句動詞）

英語の動詞には1語だけでなく，前置詞や副詞などと共に2つ以上の語句が集まって全体で1つの動詞となるものがある。このような動詞を**複合動詞**（complex verb），または**句動詞**（phrasal verb）という。中心となるのは英語の基本動詞（catch, come, do, get, go, let, look, make, push, put, run, see, set, take, turn, work, etc.）で，それに前置詞や副詞が付く。もちろん自動詞の場合もあるし，他動詞の場合もある。大体次の4つの型がある。

1. 自動詞＋副詞　get up（起きる）.

I **got up** at seven this morning.

（私は今朝7時に**起きた**）

The roses will **come out** next week.

（そのバラの花は来週**咲く**だろう）

＊この型は常に自動詞として用いられる。

2.　自動詞＋前置詞　look at（〜を見る）

He **looked at** the picture on the wall.（彼は壁にかかっている絵を見た）

The postman **called at** my house this afternoon.

（郵便配達人が今日の午後私の家に来ました）

＊この型は普通他動詞として用いられるが，受身にできるものと，できないものがあるので注意すること。

3.　自動詞＋副詞＋前置詞　catch up with（〜に追いつく）

I ran so hard to **catch up with** Mary.

（私はメアリーに追いつこうとして一生懸命走った）

I can't **put up with** the insults any more.

（私はこれ以上その無礼に耐えることができない）

＊この型も普通他動詞として用いられるが，(2)型と同様受身にできるものと，できないものがある。

4.　他動詞＋副詞　take up（［仕事などを］始める）

He has **taken up** golf as a hobby.（彼は趣味としてゴルフを始めた）

She **carried out** all her aims.（彼女は自分の目的のすべてを達成した）

＊この型は常に他動詞として用いられ，一般的に受身にできる。

(注意)　【2 型と 4 型の見分け方】

2 型の場合は目的語を前置詞の前に置くことができない。

The postman called at my house.　　（○）

The postman called my house at.　　（×）

　一方，4 型の場合は目的語を副詞の後にも，また前にも置くことができるが，目的語が代名詞の時は常に副詞の前に置く。

She carried out all her aims.　（○）

She carried all her aims out.　（○）

She carried them out.　（○）

She carried out them.　（×）

05 同族目的語を取る動詞

動詞と同じ語源の名詞，または動詞とほぼ同じ意味の名詞が目的語になる場合，その名詞を**同族目的語**（cognate object）という。動詞が同族目的語を取る場合は普通〈動詞＋形容詞＋同族目的語〉という形式になるが，意味の上では大体〈動詞＋同族目的語〉で1つの自動詞，形容詞がその自動詞を限定・修飾する副詞に相当する。この形式は〈文章体〉である。

> She **lived** a happy life.　（＝ She lived happily.）
>
> （彼女は幸せに暮らした）
>
> They **fought** a fierce battle.　（＝ They fought fiercely.）
>
> （彼等は猛烈に戦った）

〔注意〕この構文で，形容詞の最上級で終わるものがある。それは同族目的語が省略されているのである。

> > My father **breathed** his last (breath).
> >
> > （私の父は最後の息を引きとった）

06 再帰動詞

慣用的に再帰代名詞（P.193, 06 参照）を必要とする動詞。つまり，述語動詞の動作が主語そのものを対象にするような動詞のことを**再帰動詞**（reflexive verb）という。

> Why did you **absent** *yourself* from school yesterday?
>
> （どうして昨日学校を休みましたか）
>
> She **availed** *herself* of every opportunity.
>
> （彼女はあらゆる機会を利用した）

07 能動態で受動・可能の意味を表す動詞

形は能動態でありながら，「〜れる」「〜られる」と受動・可能の意味を表す動詞がある。

> Her novels **sell** very well.（彼女の小説はとてもよく売れる）
>
> This material **washes** well.（この生地はよく洗える → 洗濯がきく）
>
> This essay **reads** interesting.（この随筆は面白く読める）

08 使役動詞

文の主語である人や物が，他の人や物にある行為をさせるような動詞を使

役動詞（causative verb）という。代表的なものに let, make, have があるが，それぞれ使役の様態や意味が異なる。

1. let：〈 let ＋ O ＋原形不定詞 〉

let は「邪魔をしないで自由に〜させておく」という容認や許可を表す。

John **let** *her talk* freely.（ジョンは彼女に好きなように話させた）

Visa or no visa, they won't **let** *you* pass into the country.

（ビザが有ろうが無かろうが，彼等は君が入国することを断じて許さない）

（注意）「さあ〜しましょう」と勧誘を表す場合に，us が話し相手を含む時は let's [lets] となるが，話し相手を含めないで let が本来の to permit の意味である時は let's とはならない。

Let us hear you sing.（あなたが歌うのを聞かせて下さい）
Let's go and play baseball.（野球をしに行こう）

2. make：〈 make ＋ O ＋原形不定詞 〉

make は「無理矢理〜させる」という強制的使役を表す。

Mama made me clean up the plate.（ママは私に大皿をきれいにさせた）

They made me drink a mug of beer.（彼等は私にジョッキ1杯のビールを飲ませた）

（注意）①この形式は受動態になると原形不定詞が to 不定詞に変わる。（P.95, 09 (3) 参照）

I **was made to** clean up the plate by Mama.
（私はママに大皿をきれいにさせられた）

②使役の意味の make が常に‘強制的’であると理解してはならない。単なる使役「〜の状態を生じさせる，〜のようにならせる」という意味の場合もある。

I couldn't **make** myself understood in Japanese.
（私は日本語で自分の言うことを理解してもらえなかった → 私の日本語は通じなかった）

3. have ＋ O ＋過去分詞

a) 使役：「〜させる，〜してもらう」

この have は「（専門家・職人・あるいは一般的に他人にお金を払ったり，説得したりという手順を踏んだ上で）〜させる，〜してもらう」と

いう意味なのである。したがって同じ〈使役〉でも，〈容認による使役〉の let や〈強制的使役〉の make のように，主語の意思が表面に直接働くのではなく，〈納得〉や〈合意〉の上で「～させる，～してもらう」わけだから，主語の意思は間接的に，他人を通して実現される。だから〈合意的使役〉と言えよう。have には強勢がある。

  let …………〈容認による使役〉

  make ………〈強制による使役〉

  have ………〈合意による使役〉

   John **had** *some cherry trees* **planted** in his garden.

   （ジョンは庭に桜の木を何本か［植木職人に］植えさせた）

   Mary **had** *her hair* **done** by her sister.

   （メアリーは姉さんに髪を整えてもらった）

b) 経験・被害：「～される，（たまたま）～されるという経験をする」

 この場合 have はもちろん a）の have と違い「（あるものを）特定の状態にさせる」という意味で，普通は偶然不快な状態におかれる場合に用いる。主語は人・物いずれでもよい。強勢は have にはなく，過去分詞の方にある。これは過去の事実を記述するというよりも，過去を回想的に述べる言い方である。口語では get を用いることが多い。

   Mary **had** *all her jewelry* **stolen**.

   （メアリーは宝石類を全部盗まれるということがあった）

   The theater **had** *its roof* **blown** off in yesterday's storm.

   （その劇場は昨日の暴風で屋根を吹き飛ばされた）

   She **got** *her leg* **broken** in the accident.

   （彼女は事故で足を折るということがあった）

〔注意〕 ①：have のこの a），b）の用法は，自分にとって利益になる場合は a），不利になる場合は b）という見分け方をしてもよい。

   ②：次のように〈使役〉か〈経験・被害〉かはっきりしない場合がある。

    John **had** *his lawn* **dug** up.

   （イ）（ジョンは庭の芝生を掘り返してもらった）

   （ロ）（ジョンは庭の芝生を掘り返された）

   会話では強勢のある位置によって（イ）か（ロ）かはすぐ分かるが，書き言葉ではそれは分からない。そういう時は前後の文脈によって判断すればよい。

参考 この〈使役〉の目的格補語には，過去分詞だけではなく，形容詞・副詞・副詞句もくることがある。

They said they'd have the car **ready** by Tuesday.

（彼等は火曜日までに車を使えるようにしておくと言った）

4. 〈have ＋ O ＋原形不定詞〉

a) 使役：「～させる，～してもらう」

have は **3. a)** と同じ意味である。この形式の受動態が **3.** になる。相違は **4.** が '誰に～させる' かに重点があり，**3.** は '何を～どういう状態にさせるか' に重点がある。**3. a)** と同様 have に強勢がある。

〈英〉では 〈**get** ＋ O ＋ to 不定詞〉を用いるのが普通。

I had my sister clean the room. 〈米〉

（私は妹に部屋を掃除してもらった）

I got my sister to clean the room. 〈英〉

If you happen to talk to him, have him call me.

（ひょっとして彼と話すことがあれば，私に電話をするように言って下さい）

b) 経験・被害：「～される，（たまたま）～されるという経験をする」

have は **3. b)** に準ずるが，「～が生ずることに係わる，～に巻きこまれる」という意味が強い。使用されることは少ない。

I **had** *an extraordinary thing* **happen** to me.

（異様なことが私の身に起こった）

c) 容認（強要・否認）

① **I will** が先行する場合：「ぜひ～させる」

② **I won't** が先行する場合：「断じて～させない」

have は本来否定文に用いられる '容認する'（permit）の意味で，決して make や force のように強い使役ではない。「…が～することをよしと認める」というのが本意である。ただ強い意志を表す I will ~，I won't ~が前にくるために日本語訳では上のようになるのである。

I **will have** *my children* **show** respect for their elders.

（自分の子にはぜひ目上の人をうやまわせます）

I **won't have** *my servants* **answer** me back like that.

（私は召使い達にあんなふうに口答えをすることを断じて許さない）

〔注意〕① 〈米〉では **I will have** ~が〈使役〉に用いられることがある。

I'll have *Hudson* **show** you to your room.

（ハドソンにお部屋を案内させましょう）── LDCE

② **I will have** ~，**I would have** ~が願望を表すこともある。これは〈文章体〉である

I would have *you* **make** an essay to accomplish it.
（あなたにそれを完成するための小論を書いてもらいたい）

5.〈have ＋ O ＋現在分詞〉

a) 使役：「（独特なやり方で）〜させる」

3. a），**4.** a）の have とは少し違って，説得・合意による〈使役〉ではなく，独特のやり方でうまく O にある行為をさせるという意味になる。原形不定詞ではなく現在分詞形が用いられるところに O の行為に対する話者の感情的な強調が感じられる。

She **had** *her audience* **listening** attentively.
（彼女は聴衆に耳を傾けさせた）── OALD

Mr. William **had** *us all* **working** so hard.
（ウイリアム氏は私達皆を猛烈に働かせた）

b) 否認：「〜するのを許さない」

I won't 〜，**I can't** 〜，**I wouldn't** 〜が前にくると，「〜するのを許さない」という意味になる。やはり現在分詞形には話者の感情的な強調が感じられる。have は **4.** c）と同じである。

I will not have *the likes of you* **dragging** down my reputation.
（お前みたいな奴等が私の評判を落させることなど絶対許さないぞ）── CCED

I won't have *my daughter* **dyeing** her hair red.
（娘が髪を赤く染めるなど絶対に許さない）

c) 経験・被害：「（たまたま）〜されるという経験をする」

have は **3.** b），**4.** b）の have と同じである。やはり現在分詞形に話者の感情的強調が感じられる。

We **had** *a distant relative* **visiting** us at that time.
（その時たまたま遠縁の親戚がうちに来ていた）

Do you realize we **have** *the sword of Damocles* **hanging** over our heads?
（我々の頭上にはダモクレスの剣が吊るされていることが分かっているのか
→ 我々の身に危険が迫っていることが分かっているのか）── ACDGE

＊ the sword of Damocles：［ギリシア神話］常に身に迫る危険のことをいう。

d)〈have it coming〉：「それは当然の報いだ」

これはアメリカ英語の口語で用いられる慣用句である。この have は

5. c) の経験・被害ともとられるが，主語の積極的・能動的な係り合いから考えると〈使役〉ととる方がよいようである。

> I'm not surprised his wife left him. He's **had** it **coming** for years.
> （彼が妻に逃げられたことは驚くにあたらんよ。彼は何年もそうされて当然のことをやってきたんだから）—— LDCE

6.〈 have ＋ O ＋過去分詞 〉＝完了形＋ O

have (get) ＋ O ＋ 過去分詞 ＝ have ＋ 過去分詞 ＋ O になる場合がある。おもに〈米〉用法である。

> I **have** *my diary* **written up**.（日記をつけてしまった）
> They **have** *their work* **done**.（彼等はその仕事を終わった）
> I **got** *it* **finished** myself.（私はそれを自分でやり遂げた）

7. get

get も使役動詞として用いられる。

a)〈get ＋ someone ＋ to 不定詞〉:「(人) に～させる，～するようにする」
get は「(人を説得したり，勧めたり，言いつけたりして) ～させる」という意味である。**4.** a) の have と違い，to 不定詞がくることに注意する。get には強勢があり，おもに〈英〉の用法である。

> She **got** *her brother* **to help her** with her homework.
> （彼女は兄さんに宿題を手伝ってもらった）

b)〈get ＋ something ＋ to 不定詞〉:「(物を) ～する」

> I couldn't **get** *the engine* **to start**.
> （エンジンを動かすことができなかった）

c)〈get ＋ O ＋過去分詞〉（**3.** b) 参照)

8. help

〈help ＋ someone ＋ to 不定詞 (原形不定詞)〉:「(人) が～するのを助ける」

> He **helped** *me* **to dig** a hole.（彼は私が穴を掘るのを手伝ってくれた）

(注意)【to 不定詞か原形不定詞か】
原形不定詞は主語がその不定詞の行為に直接参加するのに対して，to 不定詞の場合は間接的に参加するという意味が暗示されていると言われている。したがって上の例文で言えば to 不定詞になっているので ‘彼は’ dig という行為

には間接的に係っている訳で，例えばよく掘れるショベルを持って来てくれるとか，力の強い若者をよこしてくれるとかという形で助けてくれることになる。そこで一緒に穴を掘るという直接参加になれば原形不定詞を使って，

  He helped me *dig* a hole.

と言わなければならない。それゆえ主語が無生物名詞の場合には to 不定詞になるのが普通である。

  His advice **helped** *her* **to escape** from the claws of the gang.

  （彼の忠告のおかげで，彼女はギャングの魔手から逃れることができた）

09　知覚動詞

feel，hear，see など人間の知覚を表す動詞を**知覚動詞**という。知覚動詞もまた使役動詞と同じように目的語の後に原形不定詞や分詞を取ることができる。さらに受動態になると原形不定詞が to 不定詞に変わるのでこの点も使役動詞と同じである。他にも look at，observe，watch，listen to などがある。

1. see, look at, watch など

  I **saw** *him* **run** across the street.

  （彼が通りを走って渡るのを見た）〈完了〉

  I **saw** *him* **running** across the street.

  （彼が通りを走って渡るところを見た）〈進行〉

  ＊走って渡る途中を見た

  He **was seen** *to run* across the street（by me）.

  He **was seen** *to be running* across the street（by me）.

2. hear, listen to など

  I **heard** *Mary* **sing** a song.

  （メアリーが歌をうたうのが聞えた）

  I **heard** *Mary* **singing** a song.

  （メアリーが歌をうたっているのが聞えた）

（注意）①知覚動詞の場合は，原形不定詞がくると〈**直接的知覚**〉を表し，to 不定詞がくると〈**推測**〉を表すと言われている。

  He *felt* his hair **stand** on end.　〈**直接的知覚**〉

  （彼は髪の毛が逆立つのを感じた）

> 'Come, come', cried Emma, *feeling* this **to be** an unsafe subject.〈推測〉
> （これは危険な話題だと感じて［思って］エマは「これ，これ，よし
> なさい」と叫んだ）
> ② watch は to 不定詞とともに用いられることはない。

10 動詞の活用

動詞には**原形・過去形・過去分詞形**という基本的な語形変化がある。これ
を**活用**（conjugation）という。過去形と過去分詞形が〈原形＋(e)d〉とい
う形になるものを規則動詞，それ以外の形になるものを不規則動詞と呼ぶ。

種類　　　　　活用	原　形	過去形	過去分詞形
規則動詞	walk	walked	walked
不規則動詞	take	took	taken

1．規則動詞

a)〈原形＋ ed〉

（原形）	（過去形）	（過去分詞形）
look	looked	looked
help	helped	helped
work	worked	worked

b) 注意が必要な -ed 形

番号	原形の語尾	-(e)d のつけ方	例
1	〈-e〉で終わる語	〈-e〉＋d	hope → hoped move → moved
2	〈子音字＋y〉	〈子音字＋i＋ed〉	dry → dried cry → cried
3	〈母音字＋y〉	＋ed	play → played stay → stayed
4	〈短母音字＋ １子音字〉	〈短母音字＋子音字を 重ねて＋ed〉	beg → begged stop → stopped
5	〈-ic〉	〈-ic〉＋k＋ed	mimic → mimicked picnic → picnicked

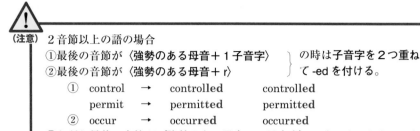

(注意) 2音節以上の語の場合

①最後の音節が〈強勢のある母音＋1子音字〉 ⎱ の時は子音字を2つ重ね
②最後の音節が〈強勢のある母音＋r〉 ⎰ て -ed を付ける。

①	control	→	control**led**	control**led**
	permit	→	permit**ted**	permit**ted**
②	occur	→	occur**red**	occur**red**

③ただし最後の音節が〈強勢のない母音＋1子音字〉の時はそのまま -ed を付ける。

| | limit | → | limit**ed** | limit**ed** |
| | offer | → | offer**ed** | offer**ed** |

c) -ed の発音

① 原形語尾が[t]または[d]の時 →[id]と発音する。

| repeat | → | repeated [ripíːtid] |
| offend | → | offended [əféndid] |

② 原形語尾が [d] 以外の有声音の時 → [d] と発音する。

| believe | → | believed [bilíːvd] |
| kill | → | killed [kild] |

③ [t] 以外の無声音の時 → [t] と発音する。

| laugh | → | laughed [lǽːft] |
| pass | → | passed [pǽːst] |

2. 不規則動詞

a) A ── A ── A 型（無変化型）

cost	― cost	― cost	let	― let	― let
cut	― cut	― cut	put	― put	― put
hit	― hit	― hit	set	― set	― set
hurt	― hurt	― hurt	shut	― shut	― shut

b) A ── B ── A 型（原形と過去分詞形が同じ）

| become | ― became | ― become | run | ― ran | ― run |
| come | ― came | ― come | | | |

c) A ── B ── B 型（過去形と過去分詞形が同じ）

bring	― brought	― brought	make	― made	― made
buy	― bought	― bought	sell	― sold	― sold
feel	― felt	― felt	teach	― taught	― taught

find	— found	— found	think	— thought	— thought

d)　A ── B ── C 型（すべての形が異なる）

begin	— began	— begun	rise	— rose	— risen
drink	— drank	— drunk	sing	— sang	— sung
know	— knew	— known	swim	— swam	— swum
ring	— rang	— rung	write	— wrote	— written

e)　まぎらわしくて注意を要する活用形

① 　bind 　　（しばる）　　　— bound 　　— bound
　　 bound 　（はね飛ぶ）　　— bounded 　— bounded

② 　bear 　　（運ぶ）　　　　— bore 　　　— borne
　　 bear 　　（生む）　　　　— bore 　　　— born

③ 　fall 　　（倒れる）　　　— fell 　　　— fallen
　　 fell 　　（切り倒す）　　— felled 　　— felled

④ 　find 　　（見つける）　　— found 　　— found
　　 found 　（設立する）　　— founded 　— founded

⑤ 　hang 　　（吊るす）　　　— hung 　　　— hung
　　 hang 　（絞首刑にする）— hanged 　　— hanged

⑥ 　lie 　　（横たわる）　　— lay 　　　— lain
　　 lay 　　（横たえる）　　— laid 　　　— laid
　　 lie 　　（うそをつく）　— lied 　　　— lied

⑦ 　see 　　（見る）　　　　　— saw 　　　— seen
　　 saw 　　（のこぎりで引く）— sawed 　　— sawed
　　 sew 　　（縫う）　　　　　— sewed 　　— sewed
　　 sow 　　（種をまく）　　　— sowed 　　— sowed/sown

⑧ 　wind 　　（巻く）　　　　— wound 　　— wound
　　 wound 　（傷つける）　　— wounded 　— wounded

以上のほか，不規則活用にはさまざまな変化形があるので，初めて見る動詞のときは辞書でよく活用形と発音を調べ，それを反復声に出して繰り返すこと，口に慣らすことが大事である。

3.　-ing 形の付け方

現在分詞や動名詞は原則として動詞の原形に－ ing を付ければよいのであるが，動詞の綴り字によっては以下のような点に注意しなければいけない。

〔注意〕 ① dye（染める）→ **dyeing**（-e を省くと dying と同じになるから）

② 語尾が -er, -ir, -ur〔ə:〕で終わる１音節語，あるいは多音節語であっても，その位置に強勢がある時は r を重ねて -ing を付ける。

prefer → prefer**ring**, occur → occur**ring**

ただし，強勢が最後の音節にない時はそのまま -ing を付ける。

offer → offer**ing**

4. ３・単・現の -(e)s の付け方

主語が３人称・単数で，述語動詞が現在時制（P.62 参照）の場合には，その動詞の語尾に **-(e)s** を付けなければいけない。これを一般に３・単・現の **-(e)s** という。付け方については次の点に注意すること。

番号	動詞語尾	-(e)s の付け方	発音	例
1	〈-s, -ch, -sh, -x, -z〉	-esを付ける	[iz]	miss → miss**es**, push → push**es**, teach → teach**es**, fix → fix**es**, buzz → buzz**es**
2	〈子音字 +o〉	-esを付ける	[z]	do → do**es** [dəz], go → go**es**, veto → veto**es**（拒否する）
3	〈母音字 +o〉	-sを付ける	[z]	coo → coo**s**（クークー鳴く） woo → woo**s**（求婚する）
4	〈子音字 +y〉	yをiに変えて -esを付ける	[z]	carry → carr**ies**, cry → cr**ies**, study → stud**ies**
5	〈母音字 +y〉	-sを付ける	[z]	play → play**s**, say → say**s** [sez]
6	その他	-sを付ける	[s] [z] [iz]	think → think**s**, bend → bend**s**, choose → choose**s**

* -(es) の付け方，および発音は名詞の複数に -(e)s を付ける場合と同じである。

〔注意〕 1 の例外には，gas → gasses，quiz → quizzes のように語尾の子音を重ねてから -es を付けるものがある。

練習問題 5

A 次の動詞の過去形，過去分詞形，-ing 形，-(e)s 形を書きなさい。

(1) push　　(2) apply　　(3) stop　　(4) compel　　(5) prefer　　(6) picnic

(7) bring　　(8) feed　　(9) bind　　(10) choose

B 次の各文の（述語）動詞は　a. 完全自動詞，　b. 不完全自動詞，　c. 完全他動詞，　d. 授与動詞，　e. 不完全他動詞のどれかを記号で答えなさい。

(1) Bananas grow in a tropical climate.

(2) People in the tropics grow bananas for their living.

(3) He is going to be like his father.

(4) Mary got her hair done by her sister.

(5) My father-in-law lent me a large sum of money last year.

(6) He made me wait for some time.

(7) You need not explain yourself.

(8) I won't have my son wearing his hair long.　　((▶20

(9) Her latest novel is selling very well.

(10) He apologized to her for his rudeness.

C 次の各文に誤りがあれば正しなさい。

(1) I had him carried my baggage.

(2) The news are very interesting to me.

(3) She hanged a picture on the wall.

(4) She layed on the grass enjoying the sunshine.

(5) Slow and steady win the race.

(6) I couldn't make myself understand in Japanese.

(7) A number of children was playing in the park.

(8) He was binded to pay his father's debt.

(9) Either of these roads lead to the college.

(10) The number of children killed in the accident is very small.

D 次の文中の（　　）内に各選択肢の中から最も適当なものを選び，その番号を書きなさい。

(1) My brother (　　) his friend's sister last year.
　① married to　　② was married to　　③ was married with

(2) The hostess, (　　) at the end of the table, was all smiles.
　① having seated　② sat　　③ seated　　④ seating

(3) We couldn't (　　) his mother out of her decision.
　① speak　　② talk　　③ tell　　④ ask

(4) (　　) Nancy refuse the scholarship?
　① Whatever did　② Whatever made
　③ Whatever caused　　④ Whatever got

(5) A moment's hesitation may (　　) a pilot his life.
　① deprive　　② cost　　③ take　　④ rob　　⑤ lose

(6) I want to see your parents immediately. Now call them and tell them I'm (　　).
　① getting　　② advancing　　③ going　　④ coming

(7) Mr. Johnson left (　　) America yesterday.
　① from Japan for　　② from Japan to
　③ Japan for　　④ Japan to

6 時制 (完了形・進行形を含む) (Tense)

<時制 (Tense)> と<時間 (Time)> とはイコールではない。<時制>とはそれぞれの言語に特有の「ある動作・状態がいつのものかを示す」文法組織に過ぎない。

動詞の動作や状態がいつのものであるかというその時間関係を動詞の語形変化によって示すことを時制 (Tense) という。時制は言語によってまちまちであり，現実の時間 (Time) とは必ずしも一致しない。このことをしっかり頭に入れて学習することが必要である。例えば日本語では今お腹が空いていても「腹がへった」と完了 (または過去) 形で言うし，英語では「もう寝る (床につく) 時間ですよ」と，これからする動作を 'It's time you **went** to bed.' と叙想法 (仮定法) 過去形で言う。時制とはこのようにそれぞれの言語における文法上の仕組み (system) に過ぎないことを理解しておかなければいけない。

I. 3 基本時制

英語の時制でも話している '今' を中心とした現在時制，それ以前のことを中心的に扱う過去時制，それ以後のことを中心的に扱う未来時制という 3 つの基本的な時制があり，そのそれぞれに進行形，完了形，完了進行形という形式があって，合計 12 (1 ダース) の時制形式がある。

3基本時制	進 行 形	完 了 形	完 了 進 行 形
現 在 時 制	現 在 進 行 形	現 在 完 了 形	現在完了進行形
過 去 時 制	過 去 進 行 形	過 去 完 了 形	過去完了進行形
未 来 時 制	未 来 進 行 形	未 来 完 了 形	未来完了進行形

【注】新しい考え方による文法では英語の時制は〈現在〉と〈過去〉の2つとし，未来は時制として扱わないし，進行形・完了形はそれぞれ '相 (aspect)' として分類される。しかし，本書では英文法の初歩を分かりやすく理解してもらうのが主眼であるので，伝統文法の分類法にしたがっている。

　動詞の時制は**叙法**（Mood）と深く結びついている。叙法については　第9章で述べるが，ここでは叙実法（直説法）の動詞の時制を扱っている。本書のほかの部分においても，特に叙法を明示していないときはすべて叙実法（直説法）の動詞の時制のことである。

1. 現在時制

　現在時制の動詞の形は be 動詞を除いて動詞の原形を用いるのが原則である。ただし，3人称・単数・現在の場合は原形に -(e)s を付ける。

人称・数 〳 動詞の種類	3・単・現以外の人称と数	3人称・単数
be	**am**（1人称・単数） **are**（1人称複数と3・単・現以外）	is
have	**have**	has
do	**do**	does
一般動詞	**push, take**	pushes, takes

　＊ -(e)s の付け方については（P.58参照）。

【現在時制の用法】
　基本用法と**拡大用法**に分けて考える。

〈基本用法〉

01　現在の事実

Japan **consists** of four main islands.
（日本は4つの大きな島から成り立っている）
I **am** sixteen years old.（私は16才です）
Mt. Fuji **is** the highest mountain in Japan.
（富士山は日本の最高峰です）

02　現在の習慣（反復的行為）

John **goes** to church every Sunday.
（ジョンは日曜日毎に教会へ行きます）

My mother **works** for a department store.

（私の母は百貨店に勤めています）

03 普遍の真理

The sun **rises** in the east. （太陽は東から昇る）

Two and two **make(s)** four. （２足す２は４である）

参考 以上の現在時制の基本用法には共通の特徴がある。それは現在と言っても今だけのことではなく，〈過去—現在—未来〉という３つの時間帯にわたっている動作・状態なのである。つまり太陽は過去の大昔から現在，そして未来においても常に東から昇るのであり，「私は16才です」というのは×月×日の誕生日を迎えた日から，翌年の誕生日を迎えるまでの１年間の過去・現在・未来にわたって言えることなのである。現在時制の基本用法のこの特質をしっかり頭に入れておくことである。

〈拡大用法〉

04 未来の代用

現在時制の動詞が未来に行われることにも用いられる。これが時制と時間とはイコールでないことの１つの例である。

a) **時または条件を表す**副詞節において

　　We shall (will) wait here ***till she arrives***.

　　（私たちは彼女が着くまでここで待つことにします）

　　What shall I say to her ***when she comes*** home?

　　（彼女が家に帰って来たら彼女にどう言えばいいのだろう）

　　***If* it *is* fine tomorrow**, we will go on a picnic.

　　（もし明日晴れていたら，私達はピクニックに行きます）

（注意）　副詞節でなく名詞節や形容詞節の場合には，未来のことは未来時制を用いる。

　　　　They believe *that it will be fine tomorrow*. 〈名詞節〉

　　　　（彼等は明日は晴れるものと信じている）

　　　　The time will come *when we will live on the moon*. 〈形容詞節〉

　　　　（我々が月で暮らす時が来るだろう）

b) 確定した未来

近い未来のことで変更がないと確信されている事柄は現在時制を用いる。come, go, leave, start のような動詞に多い。近い未来を示す副詞（句）を伴う。

> We **start** at seven *tomorrow morning*.（私達は明朝7時に出発します）
>
> He **leaves** Tokyo for New York *this evening*.
>
> （彼は今晩東京を立ってニューヨークに向います）

05　眼前の瞬間的動作の解説

スポーツの実況放送・実演販売・奇術など目の前で行われている動作を解説する時には現在時制を用いる。これは動作が瞬間的に完結し，それを〈事実〉として報告しようとする心理からである。スポーツでもボート競技のようにゆっくりした経過をとるものは進行形を用いる。

> John **passes** the ball to Bill, who **heads** it straight into the goal!
>
> （ジョンはビルにボールをパスしました。ビルはそれを直接ヘディングでゴールしました）〈サッカーの実況放送〉
>
> Now I **put** the cake-mixture into this bowl and **add** a drop of vanilla essence.（さて，ケーキのもとをこの鉢に入れます。それからバニラエッセンスを一滴加えます）〈実演販売〉
>
> Here **comes** the bus.（ほら，バスが来た）

06　歴史的現在

過去に起こった出来事を，さも今目の前で起こっているかのように生き生きと描写するとき現在時制を用いる。これを歴史的現在（Historic Present）という。小説などでよく用いられる。

> The night went on with no sound. Then, from nowhere **comes** a sort of sobbing.（夜は音もなく更けていった。と，どこからともなく，すすり泣くような声が聞えてくる）
>
> It is not till the close of the Old English period that Scandinavian words **appear**.（古代英語期の終りに至って，初めてスカンジナビア系の語が登場する）
>
> ＊歴史的現在は新聞・雑誌の見出しなどでも使用される。
>
> Typhoon Jane **attacks** Nagoya.（ジェーン台風名古屋を襲う）

07　現在完了の代用

forget, hear, learn, remember, say, see, tell, understand など情報
の受け渡しや，理解・記憶を表す動詞は，その動作が過去に起こったとして
も，その結果としての現在の状態を述べる時，現在時制を用いる。

　　I **hear** Yamada has moved to Sendai.
　　（山田は仙台に引っ越したと聞いている）
　　People **say** John is going to sell his house.（ジョンは家を売るつもりだって
　　　人々は言ってるよ → ジョンは家を売るつもりだそうだ）
　　Yes, I **see**.（ええ，分かりました）
　　Now, I **remember**.（やっと思い出した）
　　I **forget** his name.（彼の名前を忘れた）

2. 過去時制
　　過去時制は過去の事実を表すのに用いられる。

08　過去の動作・状態

　　John **made** a trip to Alaska last year.（ジョンは昨年アラスカに旅行した）
　　Mary **was** not at home when I called on her yesterday.
　　（昨日メアリーを訪ねたら彼女は家にいなかった）

09　過去の習慣的・反復的行為

　　In his youth, he often **climbed** Mont Blanc.
　　（青年時代彼はよくモンブランに登った）
　　Last winter she **went** skiing every week.
　　（去年の冬彼女は毎週スキーに行った）
　　He **used to spend** his time after supper listening to Mozart.
　　（彼は夕食後の時間をモーツァルトを聞きながら過ごすのを常とした）

〈規則的習慣〉

参考 過去の習慣を表す場合に would often ~ は「よく～したものだ」と不規則な習
慣を表し，used to ~ は「常に～したものだ」という規則的な習慣を表す。
　　He **would often** sit for hours doing nothing.〈不規則な習慣〉
　　（彼は何もしないで何時間も座っていることがよくあった）

10 過去完了の代用

過去に連続して起こった事柄を，起こった順に述べていくときはすべて過去形を用いればよいが，順序が逆になった場合，先に起こった方を過去完了にするのが原則である。

He **came** back home, **took** a bath and **had** dinner.

（彼は家に帰り，風呂に入り，夕食をとった）

She lost her watch which she **had bought** in Paris.

（彼女はパリで買った時計をなくした）

しかし，〈口語体〉など形式ばらない文章では過去完了の代わりに過去時制を用いることがある。

He arrived after all the visitors（had）left.

（訪問者が皆帰ってから彼はやって来た）

11 過去における現在

主節の動詞が過去時制になったために時制の一致（第25章参照）で名詞節中の動詞が過去時制である時は，日本語訳をする場合現在時制相当にして訳すこと。

I think that he is honest.（私は彼は正直であると思う）

I think that he was honest.（私は彼は正直であったと思う）

I **thought** that he **was** honest.（私は彼は正直であると思った）

I thought that he had been honest.（私は彼は正直であったと思った）

3. 未来時制

未来のことはおもに助動詞 will, shall を用いて表す。単純未来と意志未来の2つがある。

12 単純未来

〈イギリス英語〉

人称 ＼ 文の種類	平 叙 文	疑 問 文
1 人 称	I shall ...	Shall I ... ?
2 人 称	You will ...	Shall you ... ?
3 人 称	He will ...	Will he ... ?

〈アメリカ英語〉

文の種類 人称	平　叙　文	疑　問　文
1　人　称	I will ...	Shall I ... ?
2　人　称	You will ...	Will you ... ?
3　人　称	He will ...	Will he ... ?

アメリカ英語の場合は1人称疑問文の場合を除けばすべて will を用いるので簡単である。イギリス英語の場合は少し厄介であるが，記憶の仕方については意志未来と一緒に後で述べることにする。

(1) 平叙文

話者の判断による純粋な〈予測・予言〉を表す。will, shall には強勢はない。とくに人称代名詞が主語の場合は will は **'ll** [1] と短縮されることが多い。

One day **I'll** die.（いつの日か私は死ぬだろう）

You**'ll** be president after ten years.（10年後あなたは大統領になるだろう）

She**'ll** be here in a few minutes.（彼女は2・3分もすればここに来ますよ）

The package **will** arrive tomorrow.（小包は明日着くでしょう）

〔注意〕One day I will die. は〈米〉では普通であるが，〈英〉では変な感じを与えるので shall を用いる。また〈米〉でも商用文書などきちんとした言語表現を求められる場合には shall を用いる。

(2) 疑問文

Shall I get to New York tomorrow morning, if I take this bus?

（このバスに乗れば明朝ニューヨークに着くでしょうか）

Shall（**Will**）you be free Saturday this week?

（今週の土曜日はお暇でしょうか）

Will she be at home tomorrow?（明日彼女は家にいるでしょうか）

13　意志未来

〈イギリス英語〉

文の種類 人称	平叙文（話し手の意志）	疑問文（聞き手の意志）
1　人　称	I will ...	Shall I ... ?
2　人　称	You shall ...	Will you ... ?
3　人　称	He shall ...	Shall he ... ?

意志未来については〈英〉は上の表になる。アメリカ英語では You shall ~,
He shall ~はほとんど用いられず I will ~の方を用いるのが普通。疑問文の
場合でも Shall he ~? ではなく Do you want him to ~? を用いるのが普通。
さて，イギリス英語の will，shall と人称の結び付きであるが，1 つ 1 つ覚
えるのはあまり効果的とは言えない。そこで will の分布に注目すると，単
純未来の平叙文のときだけ 2 人称と 3 人称に will がくるだけで，疑問文で
は 3 人称だけが will，意志未来では平叙文の話し手の意志を表す 1 人称と
疑問文の聞き手の意志を問う 2 人称に will がくるだけであるから，**事実上
は単純未来の場合の will の分布のみをしっかり記憶すればよい**わけである。
そこで〈平常（平叙）は兄さん（2 人称・3 人称），疑問さん（疑問 3 人称）〉
［普段の兄さんは疑わしい］と覚えておけばよい。

(1) 平叙文

　　2 人称・3 人称には shall がくるが，これらの形も実は全部 1 人称（話
　　し手）の意志を表しているのである。

a) 話し手の意志（1 人称が主語の場合）

　　　I **will** do my best hereafter.（今後は最善を尽くします）
　　　We **will** win the World Cup next year.
　　　（我々は来年のワールドカップに優勝するのだ）

b) 話し手の意志（2・3 人称が主語の場合）

　① 脅し（不利益な場合）

　　　この用法はおもに〈英〉であるが用いることは少ない。〈米〉では
　　　will を用いるのが普通。

　　　　You **shall** die.（=I will kill you.）（お前を殺してやる）
　　　　No one **shall** escape.（=I will let no one escape.）（誰も逃さないぞ）

　② 恩恵

　　　これは目下の者・子供・ペットなどに恩恵を与えてやる場合に用
　　　いる。したがって偉そうな感じを与える。

　　　　You **shall** stay as long as you like.（ = I will let you stay ....）
　　　　（好きなだけずっと泊らせてやるよ）
　　　　Good dog, you **shall** have a bone when we get home.
　　　　（ = ..., I will let you have a bone ....）
　　　　（でかした，家に帰ったら骨をやるよ）〈飼い犬に向って〉
　　　　She shall be rewarded if she is patient.
　　　　（ = I will let her be rewarded .... → I will give her a reward ....）

（我慢していたら彼女にご褒美をあげるよ）

〔注意〕イギリスでもこの用法はあまり使われなくなってきている。アメリカ英語では I will ～ の形を用いるのが普通。例えば，
You shall have a reward. 〈英〉→ I'll give you a reward. 〈米〉

(2) 疑問文

すべて話し相手（2人称）の意志を聞くのである。依頼・勧誘を表すことが多い。

Shall I ...?「（私は）…しましょうか」〈自分のすることについて相手の意志を聞く〉

Will you ...? 「あなたは…しますか」〈話し相手自身がする行為について聞く〉

Shall he ...? 「彼に…させましょうか」〈第3者がすることについて相手の意志を聞く〉

Shall I open the window? 〈好意的提案〉

（窓を開けましょうか）

Will you support our team? 〈依頼〉

（我々のチームを支援してくれますか）

Won't you have some more wine? 〈勧誘〉

（もう少しワインを飲みませんか）

14 主語の意志

(1) 主節の中で

13 (1) a) の1人称の意志や，(2) の Will(Won't)you ～? は意志と言っても，せいぜい〈自発的意欲〉（進んで～する）という弱い意志，また〈意図〉（～するつもり）という中程度の意志を表すが，ここで扱うのはもっと強い意志である。〈決意〉〈固執〉（～すると言い張ってきかない）という意味である。この用法は人称に関係なく常に主語の意志を表し，will に強勢がある。2人称・3人称が主語の場合はその頑固な行為に対する話者の迷惑な気持ちを表す。

I **will** go my own way no matter what happens. 《▶21

（どんなことがあっても自分のやり方を押し通すのだ）

Mary, why **will** you keep making that awful noise?

（メアリー，どうしてそんなひどい音をたて続けるのだい）

69

John **will** go skiing in dangerous mountains.

（ジョンは危険な山々にスキーに行くと言ってきかない）

(2) if 節の中で

If you **will** give me a financial aid, I shall be much obliged.

（もし私に財政的援助をして下さる気をおもちなら，大変有難いことです）

If she **will** marry him, we can't help it.

（もし彼女がどうしても彼と結婚すると言うのなら，私達にはどうしようもない）

15 be going to ～

近い未来を表す。〈口語体〉であって普通よほどくだけた場合をのぞいて，文章には用いない。２つの用法があり①〈意図・計画〉と②（現在兆候があるものの）〈未来実現〉である。

(1)〈意図・計画〉：「～するつもり」

意識的な意図を表すから主語はおもに人間であり，動詞は行為動詞である。

 I'm going to play tennis this afternoon.

 （午後はテニスをするんだ）

(注意) ①その場で急に生じた〈意図〉には be going to ～ はだめで，will を用いる。

  There seems to be someone on the door.（誰か玄関にいるようだ）

  ── I'll see him.（私が出よう）

②〈意図〉「～するつもり」という場合に I'm going to ～の方が

 I intend to ～よりも話者の実行する気持ちが強い。

 I'm going to punish him. ＞ I intend to punish him.

What **are** you **going to** do next when you finish this?

（これが終わったら次に何をするの）［既定の意図として］

They**'re going to** get married in a Buddhist temple.

（彼等はお寺で結婚式をするんだって）

＊単なる予測ではないから，話者は主語の〈意図〉を知っていることが前提になる。

【注】未来のことを述べている if 節の帰結を示す主節には be going to ～は用いられない。

If you accept his offer, you're never going to regret it. （×）

If you accept his offer, you'll never regret it. （○）

（彼の申し出を受けても，絶対に後悔しないだろう）

(2) 未来実現：「(近いうちに) …しそうだ」

未来に起きる事柄のある前兆をもとにした話者の〈主観的確信・予想〉を表す。動詞は普通無意志動詞である。

> She**'s going to** have twins.（彼女は双子を産むよ）
> ［妊婦の普通の大きさのお腹より２倍くらい大きい］
> It**'s going to** snow.（雪になるよ）
> ［空が濃い灰色の雲におおわれ，シンシンと冷えてきた］
> Cf. It**'ll** snow tonight.（今夜は雪になるだろう）
> 　　　［天気予報などに基づいた客観的な予測］
> I think I**'m going to** faint.（気を失いそうに思う）
> ［すでに頭がグラグラしてボーとしてきた］

16　be ＋ - ing（現在進行形の未来用法）

be going to ～が現在における主語の〈意図・計画〉，及び現在の兆候に基づく〈未来の予測〉であったのに対して，進行形による未来用法は**すでに立てた計画・番組・手はずに基づいた未来の出来事を述べる。したがってそれだけ客観性が強く，実現の可能性が高い**と言えよう。「…する予定である」「…することに決めている」という日本語に相当するであろう。go，come，arrive，leave，start などの運動を表す動詞に多い用法である。

> He**'s getting married** this spring.
> （彼はこの春結婚する予定だ）
> Next, they**'re playing** Beethoven's fifth symphony.
> （次にベートーベンの第５交響曲を演奏するよ）
> She**'s leaving** Osaka tomorrow.（彼女は明日大阪を立つ予定だ）

参考 既に立てられた〈計画・手はず〉に基づくということは，be going to ～のような現在の意図ではなく，過去の意図であるから，現在の意図とは必ずしも一致しない。そこで次のような〈口実〉に使われることがある。

> I**'m going** to take Mary out for dinner this evening.
> （僕は今晩メアリーを食事に連れて行くつもりだ）〈現在の意図〉
> I**'m taking** Mary out for dinner this evening.
> （僕は今晩メアリーを食事に連れて行く予定だ）〈誘いを断る口実〉
> ［現在は君の誘いを受けたい気持ちだけれど，前からの予定で断らざるを得ない］

17 will / shall be ＋ -ing（当然の成り行きとしての未来）

この形は普通未来進行形で，未来のある時点における動作の進行を表すのであるが（P.77, **27** 参照），それとは別に当然の成り行きとしての未来を表すことがある。

 We **will** soon **be making** a brief stop at Nagoya.

 （間もなく名古屋に一時停車致します）〈列車の車内放送〉

 ＊東京×時×分発'ひかり'×号に乗れば，ダイヤにしたがって新横浜の次は×時×分に名古屋に着くのは当然のことであり，誰かの〈意図〉や〈予測〉によるものではない。また，未来進行形の本来の用法のように「〜に一時停車しつつある」という意味でもない。

 I'll **be driving** into New York next week.

 （来週ニューヨークに車で行きます）

 ＊ビジネスか何かで決められた日程にしたがって，アメリカの大都市を車で回っていて，来週は当然ニューヨークに行くことになるというような場合。

 I'll **drive** into New York next week.

 （来週ニューヨークに車で行きます）〈話者の意図〉

 ＊飛行機は嫌い，列車は余計な所に停まって時間がかかる。それでは車で行こう。そこで〈予測〉や〈意図〉を示す表現形式が用いられるのである。

18 叙実法（直説法）現在時制の未来用法（確定的未来）

原則として未来に起こることは，現在や過去の事実ほどの確実性をもたない。しかしカレンダー上の日程や，現在の事実と同じくらい確実性をもった近い未来のことは叙実法現在時制を用いる。

 Tomorrow **is** Sunday.（明日は日曜日です）

 Independence Day this year **falls** on a Friday.

 （今年の独立記念日は金曜日に当たっている）

 Next year our university **celebrates** its centennial.

 （来年私達の大学は 100 年祭を祝います）

 She **starts** for Beijing tomorrow morning.

 （彼女は明朝北京に出発します）

 ＊この形は arrive, come, go, leave, start など出発や到着を表す動

詞が近い未来を示す副詞（句）をともなってよく用いられる。

(注意) 上に述べた以外にも，that に導かれる名詞節あるいは形容詞節にも現在時制が用いられる時がある。

　　　I *hope* you **enjoy** the trip.（ご旅行を楽しまれますように）
　　　Make sure（that）you **get** up early.（間違いなく早起きしなさい）
　　　The woman（whom）he **marries** *will* have to be rich.
　　　（彼が結婚する女性は金持ちでないといけないだろう）

この場合は確定的未来ではなく，主節の動詞が従属節には必ず未来に起こる事柄を前提としていて，時間の前後関係が明らかである場合に用いられる。

Ⅱ．進行形

　動作がある時点において進行中であることを示す動詞の形式を進行形（progressive form）という。〈be ＋現在分詞〉という形によって示される。

　　現在進行形：現在の時点で動作が進行している

　　　He is writing a letter now.（彼は今手紙を書いています）

　　過去進行形：過去のある時点で動作が進行していた

　　　He was writing a letter yesterday evening.

　　　（彼は昨日の晩手紙を書いていた）

　　未来進行形：未来のある時点で動作が進行している

　　　He will be writing a letter this time tomorrow.

　　　（彼は明日の今頃手紙を書いているだろう）

1．現在進行形

19　現在進行中の動作や出来事〈is（am）（are）＋ -ing〉

He **is** now **watching** boxing on television.

（彼は今テレビでボクシングを見ています）

My computer **is working** perfectly.

（私のコンピュータは完璧に作動している）

(注意)【現在形と現在進行形の違い】

現在形はいつもそうしていることを表すのに対して，現在進行形は現在一時的にその行為が成されていることを表す。

I **live** in Liverpool. 〈常に住んでいる〉

（私はリバプールに住んでいます）

I **am living** in Liverpool. 〈一時的仮住まい〉

（私は今のところリバプールに住んでいます）

20 比較的短期間での反復動作

this month［week］（今月［週］），now（今），lately（最近）などの比較的短い期間を表す副詞語句と共に用いられる。

I'm **cycling** to work this month. 〈一時的反復〉

（今月は自転車で通勤しています）

I cycle to work. 〈常習的反復〉（自転車で通勤しています）

21 習性的反復

習性になってしまって，よく反復される行為を表す。always, constantly, continually, for eve などの副詞と共に用いられる。普通〈不快〉な感情を伴う。

He **is always complaining** of his wife.

（彼はしょっちゅう妻のことをこぼしている）

He **is continually smoking** in the office.

（彼は職場でいつも煙草を吸っている）

22 瞬間動詞の進行形：［瞬間的動作の継続］

hiccup, hit, jump, kick, knock, nod, tap, wink, などの瞬間的動詞（momentary verb）は，普通，動作が一瞬で終わり継続性を持たないのであるが，これらの動詞が進行形に用いられると，その動作の反復継続を表す。

Mary **is nodding** on the sofa. （メアリーはソファでコックリコックリしている）

＊「コックリしつつある」という意味ではない。

He **is jumping** up and down on the trampoline.

（彼はトランポリンの上で上下の跳躍運動を繰りかえしている）

＊「跳び上がり（下がり）つつある」という意味ではない。

23 推移動詞の進行形：[推移終了] 直前の状態を表す

arrive［移動 → 到達］，die［生 → 死］，land (着陸する)［飛行 → 着陸］，stop［動き → 停止］のようにある動作から他の状態への移り変わりを表す動詞を推移動詞という。これらの動詞の進行形はその推移が終了する直前の状態を表し，「まさに〜しかけている」という意味になる。

> The train **is arriving** at the station. （列車はまさに駅に着こうとしている）
> The old scientist **is dying**. （その老科学者はまさに死にかけている）

24 動詞に焦点を当てた感情移入用法

進行形は基本的に拡大鏡で動詞に焦点を当てて描写する用法であるため，さまざまな感情が投影される。22 の用法もこの用法に含めてもよい。一種の動詞の強調用法である。〈口語体〉に多い。

> I'm willing to tell you. **I'm wanting** to tell you.
> （喜んでお話し致します。ぜひ申し上げたいのです）
> ＊「〜したいと思いつつある」という意味ではない。普通 want は感情を表す動詞であるから進行形にはならないが，この場合単純形の want では自己の感情の冷静・客観的な記述でしかないから，wanting とすることによって「ぜがひでも〜したいと思っている」と主観的に願望の強さを表しているのである。
> I'm sorry you doubt my words. **I'm telling** the truth.
> （あなたが私の言葉を疑っているのは残念だ。私は心から本当のことを言っているんですよ）
> ＊既に話してしまった後だから，「話しつつある」という意味でないことは明らかである。単純形の tell よりも telling に話者の強い感情が反映されていることがよく分かる。

25 進行形にならない動詞

一般に動作ではなく〈状態〉を表す動詞，例えば，思考作用を表す動詞 (believe, imagine, suppose, think, etc.)，感情を表す動詞 (dislike, hate, like, love, etc.)，知覚を表す動詞 (feel, hear, see, smell, etc.)，所有・所属を表す動詞 (belong, have, own, possess, etc.) は普通進行形にしない。

I **think** Mary is sincere. （メアリーは誠実だと思います）

I **believe** that Mt. Fuji will never erupt.

（富士山は絶対に噴火しないと信じています）

I **see** a cat on the roof. （屋根に猫がいるのが見える）

I **hear** a strange sound. （妙な音が聞える）

She **loves** her son very much. （彼女は息子を大変愛している）

This cottage **belongs** to him. （この別荘は彼のものです）

He **owns** a large pasture. （彼は大きな牧場を所有している）

（注意）ただし〈状態〉を表す動詞が①〈動作〉を表す動詞になる場合，②状態の〈進行的経過〉を表す場合，③一時的状態を表す場合は進行形になる。

① 〈動作〉を表す動詞になる場合

I *see* a white horse over there.

（向こうに白い馬が見える） ＊see［見える］〈状態〉

I'm **seeing** a lot of Mary these days.

（この頃メアリーとよく会っている） ＊see［会う］〈動作〉

She *has* three children.

（彼女には３人の子供がある） ＊have［〜がいる］〈状態〉

She **is having** lunch.

（彼女は昼食をとっている） ＊have［食べる］〈動作〉

②状態の〈進行的経過〉を表す場合

Do you *like* your boss?

（社長が好きですか）

How **are** you **liking** your new boss?

（新しい社長は好きになりそうですか）

＊まだ「好きだ」という感情が固まる前

I *feel* good. （気分がいい）

I'm already **feeling** better.

（もう気分がよくなってきた） ＊薬などを飲んだ後で

＊〈経過〉を表す副詞語句を伴うことが多い。

③一時的状態を表す場合

The church *stands* on the hill.

（教会は丘の上にあります） 〈永続的状態〉

She **is standing** at a microphone.

（彼女はマイクの前に立っている） 〈一時的状態〉

He *is* a fool.

（彼は馬鹿だ） 〈性質・永続的状態〉

He's **being** a fool.

（彼は馬鹿なことをしている） 〈一時的状態〉

2. 過去進行形：〈was（were）＋ -ing〉

26	過去のある時点における動作や出来事の進行

He **was watching** boxing on television then.

（彼はその時テレビでボクシングを見ていた）

My computer **was working** perfectly.

（私のコンピュータは完璧に作動していた）

その他の用法は **21** をのぞいて，すべての時点を過去に移して用いられるので，現在進行形の用法を参照すること。

3. 未来進行形：〈will（shall）be ＋ -ing〉

27	未来のある時点における動作や出来事の進行を表す

I **shall**（**will**）**be traveling** in Africa this time next year.

（来年の今頃はアフリカを旅行しているでしょう）

28	他人の計画を尋ねる丁寧用法

他人の計画を尋ねるときに未来進行形を用いる方が丁寧になる。単なる未来形は単純未来か意志未来か，あるいはその他の叙法（叙実法・叙想法・命令法）的意味を表すのか曖昧になりやすいからである。

Will you **be using** your wheelbarrow this afternoon? If not, could I borrow it?

（今日の午後手押し車をお使いでしょうか。もしそうでなければお借りできるでしょうか）

Will you **be working** in the head-office today?

（今日は本部でお仕事ですか）

29	当然の成り行きとしての未来（**17** 参照）

Ⅲ.（A. 現在）完了形

過去に生じた動作・状態が何らかの意味（完了・経験・結果・継続）で現在にかかわってくることを表す動詞の形式を現在完了形と呼ぶ。〈have の変化形＋過去分詞〉という形をとる。

【完了形の種類】

1. 現在完了形 ： I **have** *just* **finished** my homework.

（ちょうど宿題を終ったところです）

2. 過去完了形 ： I **had written** a letter *by that time*.

（その時までに手紙を書き終っていました）

3. 未来完了形 ： I **shall (will) have arrived** there *by noon tomorrow*.

（明日正午までにそちらに着いてしまっているでしょう）

【注】肯定平叙文の口語体では have → 've に, has → 's に, had → 'd に, will have → 'll have に短縮される。

30 現在における動作・出来事の完了：「～し終えたところです」

I**'ve read** the book now.

（今その本を読み終ったところです）

She's *just* **finished** her lunch.

（彼女はちょうど昼食を食べ終ったところです）

＊already（すでに），just（ちょうど），now（今），yet（まだ，もう）のような副詞をともなうことが多い。

31 現在までの経験：「～したことがある」

Have you *ever* **seen** a UFO?

（ユーフォを見たことがありますか）

I **have** *never* **been** to the Arctic.

（私は一度も北極に行ったことがありません）

＊ever（かつて，今までに），never（1度も～ない），often（よく），once（一度）のような副詞をともなうことが多い。

(注意) ① 「行ったことがある」「来たことがある」という〈経験〉を表す場合に〈米口語〉をのぞいて have (has) gone to ~, have (has) come to ~ とかは用いられない。**have (has) been to** を用いる。to の他に at（狭いところ）や in（広いところ）も用いられることがあるが，我々日本人は have (has) been to ~ を用いておく方が分かりやすくてよい。

② have been to ~には「～に行ってきたところだ」という意味もある。

I **have** *just* **been** to the library.

78

（図書館へ行ってきたところだ）
③ **have (has) gone to** ～「～へ行って今ここにいない」
「今～にいる」という〈結果〉を表す場合には**３人称主語**の時だけ可能であって，１，２人称には用いられない。次の **32** を参照。

32 現在の結果：「～した（その結果）今～である」

My son **has gone** to New York on business.
（息子は商用でニューヨークに行っています［＝今ここにはいません。今ニューヨークにいます］）
He**'s recovered** from his illness.
（彼は病気が治りました。［＝今は健康である］）

33 現在までの状態の継続：「ずっと～している」

be, stay などの〈状態動詞〉，または live, walk, work などの持続を表す動詞の場合に用いられる。

She**'s been** ill for two weeks.
（彼女は２週間ずっと具合が悪い）
How long **have** you **been** in Japan?
（日本に来てどれくらいになりますか）
He**'s lived** here since 1980.
（彼は 1980 年以来ずっとここに住んでいます）

　　　【注】動作の「継続」の場合は現在完了進行形を用いる。

34 現在完了形と過去形との違い

I **have lost** my watch. ……①
（私は時計をなくした［今持っていない］）〈結果〉
I **lost** my watch yesterday. ……②
（私は昨日時計をなくした）〈過去の事実〉

すでに述べたように**現在完了形**は過去の出来事が何らかの意味で現在につながってくる場合に用いる。したがって①の場合は過去のある時点で lost という出来事が起きたのであるが，その状態が現在の発話の時点まで続いており，その〈結果〉として［今持っていない］ということになる。一方**過去形**は単に過去の事実を示すだけであって現在とはまったく無関係である。したがって昨日 lost したという過去の事実は述べられているが，その出来

事は現在とはまったく無関係であるから，誰かがその時計を拾って届けてくれた結果，今手元に持っているかも知れないし，あるいは今もなくしたままであるかも知れない。たとえ出来事が1時間前であろうと，10分前であろうと，また5秒前であろうと，とにかく過去形を用いれば現在とは完全に切り離されているのである。

35 現在完了形における禁止事項

34 で述べたように現在完了形は必ず現在という時点につながってくるので，次の点に注意すること。

(1) 特定の過去を表す副詞語句とは用いられない

She's **lost** her bag *yesterday*. （×）

（彼女は昨日カバンをなくした）

I've **seen** a leopon in the zoo *last year*. （×）

（私は去年動物園でレオポンを見たことがあります）

＊leopon = ヒョウとライオンの混血種

(2) ただし，before（以前に），formerly（以前に），often（しばしば），in one's life（生れてから）〈否定文〉，seldom（めったに〜しない）〈否定文〉，など**現在時までを漠然と含む副詞（句）は現在完了と共に用いることができる。**

I **have seen** a dugong **before**.

（私は以前ジュゴンを見たことがあります）

I **have** never **been** to the Antarctic **in my life**.

（私は生れてこのかた南極に行ったことがありません）

(3) 疑問詞の when と現在完了とは共に用いることはできない

When *have* you *seen* him? （×）

When did you see him? （○）

（いつ彼に会いましたか）

【注】ただし「いつ今まで 〜 したことがあるか」と現在時を含む場合は現在完了と共に用いられることがあるが，きわめて少ない。

(4) **ever**（かつて），**never**（1度も 〜 ない），**always**（いつも），**recently**（近頃），**today**（今日），および **this morning**（今朝），**this week**（今週）など this を含む副詞語（句）は過去形の文にも現在完了形の文にも用いられる。過去形は現在と切り離されていることを意味し，現在完了形は現在時をふくめた意味になる。

時制（完了形・進行形を含む）

Did you ever **touch** a gorilla?　〈過去の経験を問う〉

（かつてゴリラに触ったことがありましたか）

Have you ever **touched** a gorilla?　〈現在までの経験を問う〉

（これまでゴリラに触ったことがありますか）

The postman **did**n't **call at** my house this morning.

（郵便屋さんは今朝家に来なかった）〈午後における発話〉

The postman **hasn't called at** my house this morning.

（郵便屋さんは今朝家に来ていない）〈まだ午前中の発話〉

(5) just（ちょうど今）は現在完了形に，just now（今しがた）は過去形に用いる。

She **has just come** home.（彼女はちょうど今家に帰って来たところだ）

She **came** home **just now**.（彼女はつい今しがた家に帰って来た）

B. 過去完了の用法：〈had ＋過去分詞〉

過去完了の用法は基本的に２つに大きく分けられる。

　　A：現在完了形の用法をそのまま過去のある時点にずらして用いる場合

　　B：大過去

36　過去のある時点までの完了・経験・結果・継続

過去のある時点は時を示す副詞語句によってはっきり示されるときもあるが，多くの場合は主節または従属節の動詞の動作・状態が生じた時点になることが多い。

When he *was born* in *March last year*, his father **had** already **been divorced** from his mother. ……①

（去年の３月に彼が生れた時には，彼の父はすでに母と離婚していた）

＊この文章では過去のある時点が去年の３月であることがはっきり示され，その時点までに離婚が行われた〈結果〉，彼が生れた時に「父はいなかった」ということが示されている。

She **had** never **seen** him before he **came** to the town. ……②

（彼がこの町にやって来る前に彼女は彼に会ったことがなかった）

＊この文章では過去のある時点は①のように明確な副詞句では示されていないが，従属節の「彼が来た (he came)」時点がそれに当たる。そしてその時点より前に「会ったことがない」という〈経験〉が示されているのである。過

去完了形の過去のある時点はこのようにして表されることが多い。

(1) 過去のある時点における完了

My father **had** already **gone** out when I *got* up that morning.
（その朝私が起きた時，父はすでに出かけていた）

When she **had read** his note, she *burned* it.
（彼女は彼のメモを読んでしまうと，それを焼いた）

(2) 過去のある時点までの経験

That *was* the first time our family **had** ever **been** abroad.
（私たちの家族がかりにも海外に出たのはそれが最初だった）

I **had** never **seen** such a terrible earthquake since I *was born*.
（生れてこのかたあんな恐ろしい地震を見たことはなかった）

(3) 過去のある時点までの状態・動作の継続

She **had been** ill in bed for three weeks when the doctor *was sent* for.　　((▶22

（医者が呼ばれた時には，彼女はすでに3週間も病の床についていた）

I **had lived** in this town for five years when I *married* her.
（私が彼女と結婚した時，この町で5年暮らしていた）

【注】〈継続〉になる動詞については（**33**参照）

(4) 過去のある時点における，それ以前の出来事の結果

After taking the train, he *remembered* he **had** not **locked** the door.
（列車に乗ってから彼は玄関に鍵をかけるのを忘れたことを思い出した）
＊［玄関は開けられる状態になっていた］

He *said* he **had heard** of the great fire.
（彼はその大火のことを聞いたことがあると言った）
＊大火のことを［聞いて知っていた］

---

37 大過去（過去以前の過去）

現在完了ならば現在時まで，過去完了ならば過去のある時点まで，それまでに起こった出来事や状態が〈完了〉〈経験〉〈結果〉〈継続〉という意味でつながってくるのが完了形の基本的性質である。それに対し，**大過去**はそのような完了形の基本的性質とは無関係に，ある過去の出来事や状態が他の過去の出来事や状態より前であったという単なる時間的前後関係を示すだけの完了形なのである。そのため「過去以前の過去」とも呼ばれる。普通先行する出来事が後に述べられる時に用いられることが多い。

John *sent* her a scarf which he **had bought** in Milan.

（ジョンはミラノで買ったスカーフを彼女に送った）

＊ 'had bought' には〈完了〉〈経験〉〈結果〉〈継続〉の意味はなく，単に sent 以前の過去であることを示している。

He *said* he **had purchased** an encyclopedia of gardening three days before.（彼は３日前に園芸辞典を購入したと言った）

＊この間接話法（第25章参照）の文を直接話法にすると，He said, 'I **purchased** an encyclopedia of gardening three days ago.' となり，'had purchased' がもともと現在完了とは関係なく，単に過去形が時間関係によって過去完了になっていることが分かる。

(注意)　① 〈過去以前の過去〉が常に過去完了になるわけではない。次のような場合は過去形のままでよい。

(a) 古い出来事から順番に等位接続詞（P.408, 01 参照）で述べていくとき

John **bought** a scarf in Milan and **sent** it to her.

（ジョンはミラノでスカーフを買い，それを彼女に送った）

(b) 前後の時間関係が接続詞などで明らかな時

After he **finished** (had finished) his work, he went out for refreshment.

（彼は仕事を終わってから，気分転換に外出した）

The boy was punished *because* he **played** (had played) truant.

（その少年は学校をずる休みしたために罰を受けた）

②願望や期待が実現しなかったことを示す過去完了形

expect（期待する），hope（希望する），intend（～するつもりである），want（欲する）などの動詞の過去完了形はそれらが実現しなかったことを表す。

I **had intended** to buy a motorboat.

（モーターボートを買うつもりだったんだが［買えなかった］）

I **had hoped** she would come to the party.

（彼女がパーティに来てくれると思っていたのに［来てくれなかった］）

C. 未来完了の用法：〈will / shall have ＋過去分詞〉

未来のある時点までの動作・状態の〈完了〉〈経験〉〈継続〉を表す。ただし，形式ばった表現であるので，口語体では未来形や他の表現形式を用いる。（例　will be through with，などで）

(a) 完了：「～してしまっているだろう」

　　She **will have arrived** in New York by now.

　　（彼女は今頃までにニューヨークに到着してしまっているだろう）

　　He **will have finished** the work by the end of this month.

　　（彼はこの月末までにその仕事を終わってしまっているでしょう）

(b) 経験：「～したことになる」

　　I **shall (will) have been** to Rome three times if I go there again.　　

　　（もう1度ローマへ行くと，3回行ったことになる）

　　I **shall (will) have read** *King Lear* five times if I read it again.

　　（もう1度 'リア王' を読むと，5回読んだことになる）

(c) 継続：「～し続けることになるだろう」

　　He **will have been** in prison for ten years by July this year.

　　　　（彼は今年の7月で10年刑務所にいたことになる）

　　　　【注】〈will ＋ have ＋過去分詞〉が現在の推量を表すことがある。

　　　　　　You'll **have witnessed** the incident.

　　　　　　（あなたはその事件を目撃したでしょう）

　　　　　　＊これは現在完了の事柄についての〈推測〉になる。

Ⅳ. 完 了 進 行 形

　　動作の〈継続〉を表す場合には完了進行形が用いられる。

(a) 現在完了進行形：〈have ＋ been ＋ -ing〉

　　It **has been raining** since yesterday.

　　（昨日からずっと雨が降っている）

　　How long **have** you **been studying** Japanese?

　　（どのくらいの間日本語を勉強してきたのですか）

(b) 過去完了進行形：〈had ＋ been ＋ -ing〉

　　I **had been waiting** for half an hour when she came.

　　（彼女が来た時，私は半時間待っていました）

　　How long **had** she **been studying** French before she went to France?

　　（彼女はフランスに行く前に，どれくらいの間フランス語を勉強していたんですか）

(c) **未来完了進行形**：〈will / shall ＋ have ＋ been ＋ -ing〉

I **will have been learning** German for three years by next April.

（今度の４月で３年間ドイツ語を学んできたことになります）

It **will have been snowing** for a whole week if it goes on snowing
tomorrow.

（明日も雪が降り続くと，まる１週間降っていることになります）

〜○〜○〜○〜 役に立つことわざ 〜○〜○〜○〜○

★ All work and no play makes Jack a dull boy.
（よく学びよく遊べ）←〔勉強ばかりで遊ばないと子供はばかになる〕
★ Two heads are better than one.
（三人よれば文殊の知恵）←〔２つの頭は一つの頭にまさる〕
★ You cannot get blood out of a stone.
（石から血は出ぬ）
←〔石のように無情な者（＝強欲者）から同情（＝金）は得られない〕

練習問題 6

A 次の各文の（　　）内の動詞を適当な形に直しなさい。

(1) He (get) up at seven every morning.

(2) I don't know whether he (visit) us next Saturday.

(3) It is time you (go) to bed.

(4) Mary looked ill when I (see) her last week.

(5) I will give you the book when I (finish) it.

(6) Let us start as soon as she (come).

(7) Scarcely (have) I entered the building before I heard something explode outside.

(8) Can you tell if it (rain) tomorrow?

(9) If it (be) fine tomorrow, we'll go on a picnic.

(10) We (make) a brief stop at Hiroshima.

B 次の各文に誤りがあれば正しなさい。

(1) He has gone to the station to see his aunt off.

(2) What have you been doing yesterday?

(3) Your parents will be glad, if you will succeed.

(4) He told me that the earth was flat.

(5) Hardly have the car started when I heard someone call my name.

(6) This carpet is belonging to my master.

(7) When we were married for two years, a sad accident happened.

(8) She is very kind since I entered the college.

(9) She was reading a book when I visited her.

(10) Her order is that you will do it at once.

C 次の各文の（　　）内の適当な語句を選びなさい。

(1) Three years (passed, have passed) since I (come, came, have come) here.

(2) No one knew what (happens, will happen, would happen).

(3) You (will, shall) have the reward as soon as possible.

(4) I (saw, have seen, had seen) her at the airport three days ago.

(5) I won't have my son (doing, to do, done) such a thing.

D 次の日本文を英文に直しなさい。

(1) 戦争はもはや何の問題も解決しない。

(2) 彼は繰りかえし跳び上がったり，跳び降りたりしていた。

(3) 警察が到着したとき，泥棒たちは逃げてしまっていた。

(4) 気をつけろ！　あの箱積み (pile of boxes) が今にも倒れるぞ。

(5) 来週の今ごろ私たちは北海 (the North Sea) を航行しているでしょう。

E 次の文中の（　　）内に，各選択肢の中から最も適当なものを選び，その番号を書きなさい。

(1) I don't know if he (　　) us next Sunday.

　① visits　　　② will visit　　　③ will have visited

(2) It is time (　　) to study.

　① you begin　　② you began　　③ you had begun

(3) She was appointed last May and she (　　) in charge ever since.

　① was　　　② had been　　③ has been　　　④ has

(4)　Let's get going now in case the train (　　) early.

　① doesn't leave　② leaves　　③ will leave　　④ won't leave

(5) I expect he (　　) his mind by tomorrow.

　① changes　　② has changed　　③ is going to have changed

　④ will have changed

(6) She's alive! She (　　) but her father saved her.

　① drowns　　② has drowned　　③ was drowning　　④ drowned

(7) Look at those black clouds up there. It's (　　) rain.

　① will　　　② going to　　　③ coming to　　　④ to be

7 受動態 (Passive Voice)

他動詞が積極的に動作を'しかける'(例. ほめる) という能動的な形を取っているか,'しかけられる'(例. ほめられる) という受動的な形を取っているかを示す動詞の<姿・格好>を<態>という。

他動詞が「〜する」という動作をしかける形をとるか,「〜される」という動作を受ける形をとっているかという,その形のことを態(Voice) という。態とはそのような動詞の形・恰好・姿という意味である。英語には**能動態**(自分からしかける形)と**受動態**(自分が動作をしかけられ,受ける形)の2種類がある。受動態は〈be＋(他動詞の) 過去分詞〉という形で表す。

　　　能動態　　Jack **loves** Jill. (ジャックはジルを愛している)
　　　受動態　　Jill **is loved** by Jack. (ジルはジャックに愛されている)

受動態は目的語をもつ他動詞の文にしか起こらないから,第3文型(S＋V＋O),第4文型(S＋V＋IO＋DO),第5文型(S＋V＋O＋C) に起こる。第4文型はIO (間接目的語) とDO (直接目的語) の2つの目的語を持っているので,受動態も2通りできる。

〔注意〕①他動詞がすべて受動態になると理解してはいけない。have や let など原則として受動態にならない他動詞もわずかながらある。
　　　　②また,未来進行形・現在完了進行形・過去完了進行形・未来完了進行形の受動態は形の上では作ることは可能であるが,実際にはほとんど使用されることはない。

受動態の作り方

Jack loves Jill. という文を例にして示す。

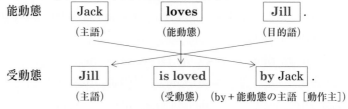

能動態　　[Jack]　　　　[loves]　　　　[Jill] .
　　　　　　(主語)　　　　　(能動態)　　　　(目的語)

受動態　　[Jill]　　[is loved]　　[by Jack] .
　　　　　　(主語)　　　(受動態)　　(by＋能動態の主語 [動作主])

(1) 能動態の目的語を受動態の主語にする。

(2) 動詞を〈be ＋過去分詞〉に変える。

(3) 能動態の主語の前に **by** などの前置詞を付け，動詞の後につける。

【注】常に by が用いられるのではない。意味によっては at，in，with などになる場合がある。(06 参照)

01　受動態助動詞 be の人称・数・時制の変化

be 動詞は受動文の主語の人称・数に一致させる。時制は能動文の動詞の時制と同じにする。

His deeds **pleased** her.　＊時制は過去

（彼の行為は彼女を喜ばせた）

She **was pleased** by his deeds.　＊主語は 3 人称・単数

（彼女は彼の行為に［よって］喜んだ［喜ばされた］）

His deeds **pleased** them.　＊時制は過去

（彼の行為は彼等を喜ばせた）

They **were pleased** by his deeds.　＊主語は 3 人称・複数

（彼等は彼の行為に［よって］喜んだ［喜ばされた］）

02　他の助動詞がある場合

助動詞をそのままにして，そのあとに〈be 動詞＋過去分詞〉を置く。

Jack **may** *love* Jill.

（ジャックはジルを愛しているかも知れない）

Jill **may** *be loved* by Jack.

（ジルはジャックに愛されているかも知れない）

03　by ～の省略

動作主を表す by ~は省略されることがよくある。次のような場合は省略するのが普通である。

(1) 特定の人々ではなく「一般の人々」を表すとき

we，you，they，people，one などが一般の人々を指しているとき。

They *speak* English in Australia.

English *is spoken* in Australia.

（オーストラリアでは英語を話します）

We *make* fleece into wool.

Fleece *is made* into wool.

（羊毛からウールを作ります）

＊例えば３年２組の 'we' とか，ある警察署の 'we' とかは特定の 'we' である。一方人間一般を指していう 'we' もある。

(2) **動作主が誰か明らかでない時**

His son **was killed** in World War II.

（彼の息子は第２次世界大戦で死んだ）

The bridge **was built** in 1930.

（あの橋は 1930 年に建設されました）

(3) **動作主が分かりきっていて，示す必要のない時**

The doctor **was sent for** at once.

（医者がすぐに迎えにやられた）

The fire station must **be informed** immediately.

（消防署にすぐ知らせなければいけない）

04　受動態の種類

受動態には動作受動態と状態受動態の２種がある。

(1) **動作受動態：「～される」**

「～される」という受身の動作を表す場合

The gate **is closed** at 9 p.m. every day.

（門は毎日午後９時に閉められます）

The snow **was cleared** from the pavement.

（雪は舗道から取り除かれた）

＊〈be ＋過去分詞〉が**動作受動態か状態受動態かという区別は，前後の文脈で判断するよりしかたがない**。そこで，動作受動態であることをはっきり示すために，be 動詞の代わりに become，get，grow などが用いられる。

I **got acquainted** with an Indian. 〈口語体〉

（私はあるインド人と知り合いになった）

The roses **became withered** by drought.

（バラは日照り続きで枯れた）

(2) 状態受動態：「～されている」

動作ではなく，動作を受けた結果の状態「～されている」を表す。

The gate **is closed** earlier than usual.

（門はいつもより早く閉められている）

The snow **was** already **cleared** from the pavement.

（雪はすでに舗道から取り除かれていた）

＊状態受動態であることをはっきり示すために，be 動詞の代わりに lie,
remain, rest, stay などが用いられる。

05　受動態が使われる場合

(1) 動作を受ける方に強い関心があり，それを主題にしたい時

My rival **was transferred** to the branch office in Sendai.　((▶24

（私のライバルは仙台支店に転勤になった）

(2) 文章の構成上主語を変えたくない時

The boy is very brilliant and **is expected** to be a great scientist.

（その少年はとても頭が切れるので，大科学者になるものと期待されている）

＊ ... and we expect him （=the boy） to ... と主語を we に変えると，
the boy を主題としている文章では流れが悪くなる。

(3) 論文や公式文書など，客観的記述が好まれる時

このような文章では I や we など自己を表面に出さない方がよい。

This subject **will be dealt** in later chapters.

（この主題は後章で扱うことになる）

(5) その他 03 (2)(3) で挙げられているようなとき

06　by 以外の前置詞が用いられる場合

受動文の動作主は by ～によって示すのが普通であるが，次のように過去分
詞に形容詞的性質が強く感じられる時には by 以外の前置詞も用いられる。
しかし受動であることが強く意識される時には，もちろん by が用いられ
る。

(1) 感情的表現

He *is* deeply *interested* in archaeology.

（彼は考古学に深い関心を持っている）

John *was* very *surprised* at **(by)** her beauty.

（ジョンは彼女の美しさにとても驚いた）

＊much でなく very という副詞によって surprised が形容詞的性質を持っていることが分かる。

She *was* quite *satisfied* with her annual income.

（彼女は自分の年収にとても満足していた）

The girls *were* very *scared* of crossing the suspension bridge.

（その女の子たちは吊り橋を渡るのをとてもこわがった）

(2) その他の例

The top of the mountain *is covered* with snow.

（山頂は雪に覆われている）

Mona Lisa *is* well *known* to the world.

（モナリザは世界中によく知られている）

07 第3文型〈S＋V＋O〉の受動態

第3文型は〈S＋V＋O〉であるから，受動態ではOがその主語となるため〈S＋V〉の第1文型に変わる。受動文の動作主〈by～〉は副詞句として文の主要素でなくなるからである。(P.23, 08 参照)

(1) 目的語が名詞・代名詞の場合

Mary **opens** the window. 〈S＋V＋O〉

（メアリーは窓を開ける）

→ The window **is opened** by Mary. 〈S＋V〉

（窓はメアリーに開けられる）

John **caught** it.

（ジョンはそれを捕えた）

→ It **was caught** by John.

（それはジョンに捕えられた）

(注意) ①第3文型でも**目的語が再帰代名詞**や，相互代名詞の **each other** などは受動文の主語にはできない。

She enjoyed herself → Herself was enjoyed by her. (×)

They hated each other. → Each other was hated by them. (×)

②同族目的語をとる動詞も普通は受動態にできないが，fight, live などは可能である。

She dreamed a sweet dream.

→ A sweet dream was dreamed by her. (×)

受動態

> They fought a fierce battle there.
> → A fierce battle was fought there.　　　　　　（○）

(2) 目的語が名詞節の場合

They **say** that he will be the next mayor.

（彼が次期市長になると人々は言っている）

→ It **is said** that he will be the next mayor.

（彼が次期市長になると言われている）

> 【注】that 節の中の主語を文全体の主語にする場合もある。その時は that 節
> は to 不定詞となる。
>
> *He* **is said** *to be* the next mayor.

08 第4文型〈S＋V＋IO＋DO〉の受動態

第4文型はIOとDOの2つの目的語を持つので，受動態も2通りになるのが原則である。しかし授与動詞には大きく分けて give 型と buy 型があり，give 型の場合は原則どおり2通りの受動態ができるが，buy 型の場合はIOを主語にした受動態だけが可能であり，DOを主語にした受動態は非文法的になる。

(1) give 型の受動態

John gave **Mary** **a ring**.

（ジョンはメアリーに指輪を与えた）

→ { (a) **Mary** was given **a ring** by John.
　　(b) **A ring** was given **Mary** by John.

しかし，実際には (a) の人間を主語にした受動文が普通であり，(b) の物を主語にした受動文はあまり用いられない。また，主語にされないで受動文中に残った目的語のことを保留目的語という。

参考 give 型の授与動詞：allow, give, grant, hand, lend, offer, pay, promise, send, show, teach, tell など。

(2) buy 型の受動態

John bought **Mary** **a new ring**.

（ジョンはメアリーに新しい指輪を買ってやった）

→ { (a) **Mary** was bought a new ring by John.
　　(b) **A new ring** was bought Mary by John. （まれ）

参考 buy 型の動詞：build（作ってやる），choose（選んでやる），cook（料理をしてやる），get（求めてやる），make（作ってやる）など。

（注意）①ただし，(b) でも Mary の前に **for** を付けて，A new ring was bought **for** Mary by John. とすれば文法的に問題のない文になる。
②第4文型の受動態は，give 型の場合はＩＯかＤＯかのいずれか一方，また buy 型の場合はＤＯが保留目的語として残るので〈Ｓ＋Ｖ＋Ｏ〉の第3文型になる。
③ＩＯの前に to や for の前置詞を付けて文末においた場合の受動態はＯが1つであるから，
　　John gave **a ring** to Mary.
　　→ **A ring** was given to Mary by John.
　　John bought **a new ring** for Mary.
　　→ **A new ring** was bought for Mary by John.
となるので，結果として第1文型になる。

09 第5文型〈Ｓ＋Ｖ＋Ｏ＋Ｃ〉の受動態

Ｏが受動態の主語として文頭にでるから，Ｃ（補語）はそのまま〈be ＋過去分詞〉の後に置く。その結果〈Ｓ＋Ｖ＋Ｃ〉の第2文型となる。

(1) Ｃが名詞または形容詞の場合

They named **their son** *Douglas*.

（彼等は息子をダグラスと名付けた）

→ **Their son** was named *Douglas* by them.

（息子は彼等によってダグラスと名付けられた）

Diligence made **him** *successful*.

（勤勉が彼を成功させた）

→ **He** was made *successful* by diligence.

（彼は勤勉によって成功させられた［成功した］）

〔注意〕目的格補語が名詞の場合，第4文型と混同して補語の名詞を受動態にしないこと。目的格補語か目的語かの見分け方については P.20, 05 **2** 参照のこと。

(2) Ｃが不定詞や分詞の場合

上の (1) と同じである。

He told **me** *to help her*.

（彼は私に彼女を手助けするようにと言った）

→ I was told *to help her* by him.

　（私は彼女を手助けするように彼に言われた）

The teacher kept **me** *standing* there for an hour.

（先生は僕を 1 時間そこに立ったままにしました）

→ I was kept *standing* there for an hour by the teacher.

　（僕は先生に 1 時間そこに立ったままにされました）

(3)　動詞が使役動詞や知覚動詞で，C が原形不定詞の場合

受動態にすると to 不定詞になる。

They made **him** *wash* their underwear.

（彼等は彼に自分たちの下着を洗濯させた）

→ **He** was made *to wash* their underwear by them.

　（彼は彼等に自分たちの下着を洗濯させられた）

I saw **a helicopter** *land* in the field.

（私はヘリコプターが野原に着陸するのを見た）

→ **A helicopter** was seen *to land* in the field by me.

　（ヘリコプターが野原に着陸するのを私に見られた［私は見た］）

10　疑問文の受動態

馴れないときは一度平叙文の受動態にし，それから疑問文に変えればよい。

(1)　一般疑問文の場合

Does John love Mary?（ジョンはメアリーを愛していますか）

→ John loves Mary.

→ Mary is loved by John.

→ **Is** *Mary* **loved** by John?（メアリーはジョンに愛されていますか）

　＊能動態の動詞に法助動詞（P.109 ～ 131 参照）が付いていなかったり，
　　完了形でない場合には受動態の疑問文は〈be 動詞＋主語＋過去分詞〉
　　になると考えればよい。

法助動詞や完了形の場合は〈**法助動詞（have の変化形）＋主語＋ be ＋
過去分詞**〉の順になる。

Will he finish the work by the evening?

（彼は夕方までにその仕事を終わりますか）

→ He will finish the work by the evening.

→ <u>The work will</u> be finished by the evening by him.

→ **Will** the work **be finished** by the evening by him?

　（その仕事は彼によって夕方までに終えられますか）

Has anyone found the treasure?

（誰かその宝物を発見したことがありますか）

→ Anyone has found the treasure.

→ <u>The treasure has</u> been found by anyone.

→ **Has** *the treasure* **been found** by anyone?

　（その宝物は誰かに発見されたことがありますか）

(2) 特殊疑問文の受動態

(a) 疑問詞が主語の場合

〈文章体〉では〈by＋疑問詞の目的語〉となるが，〈口語体〉では〈疑問詞… by?〉という形式になる。

Who broke the windowpane?

　（誰が窓ガラスを割ったのか）

→ **By whom** *was* the windowpane *broken*?　〈文章体〉

　（窓ガラスは誰に割られたのか）

Who *was* the windowpane *broken* **by**?　〈口語体〉

What damaged the crop?

　（何が作物に損害を与えたのか）

→ **By what** was the crop *damaged*?　〈文章体〉

→ **What** *was* the crop *damaged* **by**?　〈口語体〉

　（作物は何によって損害を〔与えられた〕受けたのか）

(b) 疑問詞が目的語の場合

疑問詞はそのままの位置で主語に変わるだけである。

Who (Whom) did the police arrest?

　（警察は誰を逮捕したのか）

→ **Who** *was arrested* by the police?

　（誰が警察に逮捕されたのか）

What did John invent?

　（ジョンは何を発明したのか）

→ **What** was invented by John?

（何がジョンによって発明されたのか）

(c) 疑問詞が補語の場合

補語は受動態とは無関係だからそのまま。

What do you call this fish?

（この魚は何と言いますか ← ［この魚を皆さんは何と呼んでいますか］）

→ **What** *is* this fish *called* (by you)?

（この魚は何と言われていますか）

11　命令文の受動態：〈Let ＋目的語＋ be ＋過去分詞〉

〈文章体〉でしか用いない。あまり使用されることはない。

Do the work at once.

（すぐにその仕事をやりなさい）

→ **Let** *the work* **be done** at once.

（すぐにその仕事がなされるべし）

12　複合動詞の受動態

複合動詞（P.46, 04 参照）の中で他動詞の働きをするものは，受動態として用いられることもある。その場合複合動詞全体が１つの他動詞に相当することを忘れてはいけない。

They **laughed at** the tramp.

（彼等はその浮浪者を笑いものにした）

→ The tramp **was laughed at** (by them).

（その浮浪者は笑い者にされた）

Bill **spoke ill of** the artist.

（ビルはその画家の悪口を言った）

→ The artist **was spoken ill of** by Bill.

（その画家はビルに悪口を言われた）

People **looked up to** the mayor as a man of character.　　((▶25

（人々は市長を人格者として尊敬した）

The mayor **was looked up to** as a man of character (by people).

（市長は人格者として尊敬された）

13　特殊な受動表現

(1)〈have ＋目的語＋過去分詞〉:「〜される」

　この形は「(たまたま) 〜されることがあった」という経験を表すので経験受動態と言われることもある。同じ形式で「〜させる，〜してもらう」という使役の場合もあるので注意すること。一般に自分にとって利益のある時は〈使役〉となり，不利益な場合は〈経験受動態〉となる（P.50, 08 **3.** b）参照）。この場合は過去分詞に強勢がある。

　　　I **had** my wallet **stolen**.（私は札入れを盗まれた）

　　　＊〈口語体〉では got を用いるのが普通。

(2) 能動態で受動の意味を表す動詞（能動受動態）

read, sell, wash などの動詞が能動態の形で「読める」,「売れる」,「洗える」という受動的な（実質は〈可能〉）の意味を表すことがある。well や poorly など様態の副詞をともなうか，否定の形で用いられる。

　　　This new type of Mark II **sells** *well*.

　　　（マークⅡのこの新型はよく売れる）

　　　His mystery story **reads** *poorly*.

　　　（彼のミステリーは読んで面白くない）

　　　This material **washes** *well*.

　　　（この生地は洗濯がきく）

　　　＊この種の動詞としては他に, bake（焼ける）, cook（料理される）, cut（切れる）, eat（食べられる）, keep（もつ）, lock（鍵がかかる）, rent（借りられる）, tear（破れる）, wear（長持ちがする）などがある。

14　日本語能動・自動 ⟷ 英語受動の表現

日本語では能動・自動の意味であるのに英語では受動態で表す表現がある。これは英語の方が理屈をより重んじる言語であるからと言えよう。by 以外の前置詞が用いられたり，動作主が省略されることが多い。

(1) 感情・心理表現

　「喜ぶ」「悲しむ」「失望する」など日本語では感情・心理を表す場合に，他動詞の能動態や自動詞で表すのに英語では普通受動態を用いる。これは何の原因や理由もないのに自分からひとりでに喜んだり，悲しんだりするようなことは有りえない。必ず喜んだり，悲しんだりする

原因・理由があり，それによって色々な感情・心理が生ずるのであるから，人間が主語の場合は，その原因・理由によって「喜ばせられ」たり，「悲しませられ」たりするのだと考えるのが英語である。

I **was** very (much) **surprised by** his sudden death.

　（彼の急死にとても驚いた）

I **was** very **surprised at** his success.

　（彼の成功にとても驚いた）

　　＊by 以外の前置詞がくる場合は過去分詞は形容詞的性質が強くなっていると考えられる。

We **are disappointed in** the new maid.

　（私達は新しい女中に失望している）

He **was distressed at** the failure.

　（彼はその失敗に悲観した）

〔注意〕①感情・心理を表す動詞のすべてが受動態になると早合点しないように。英語でも自動詞で表す場合もある。ただ一般的に受動態になる場合が多いということである。

　　　　He **rejoiced** to see me well.

　　　　　（彼は私が達者なのを見て喜んだ）

　　　②人間を主語にせず目的語にすれば，もちろん能動態となる。しかしこの形はあまり用いられない。

　　　　His sudden death **surprised** me.

　　　　　（彼の急死は私を驚かせた）

(2) 死傷・病気・事故などの表現

　(1) と同じように自分からケガや病気をしにいったり，事故に会いにいったりするようなことは正常な人間では考えられない。そこでこのような表現も英語では受動態にすることが多い。

A lot of people **were killed** and **injured** in the accident.

　（たくさんの人達がその事故で死んだり負傷したりした）

She **was taken** ill a week ago.

　（彼女は 1 週間前に病気になった）

We **were wrecked** in our boat last night.

　（私達の船は昨夜難破した）

His head **was hurt** by his fall.

　（彼は倒れて頭にケガをした）

(3) 従事・熱中・その他

He **was engaged** in the various projects.

（彼は色んな事業に従事していた）

He **is absorbed** in solving the murder.

（彼はその殺人事件の解決に熱中している）

She **was compelled** to leave her country.

（彼女はどうしても国を去らなければならなかった）

They **were destined** never to meet.

（彼等は2度と会えない運命だった）

The bus **was packed** with old people.

（バスは老人で満員だった）

---

15 受動態にしない動詞

他動詞であればすべて受動態にできる訳ではない。誰の意志も感じさせない動詞や，動作ではなく事物の関係を示すような動詞の多くは受動態にならない。

(1) 主語の意志が感じられない動作・状態を表す動詞

This camera **cost** me three hundred dollars.

（このカメラは 300 ドルした）

→ I was cost three hundred dollars ....　　（×）

→ Three hundred dollars were cost me ....　　（×）

John **lacks** confidence.（ジョンは自信がない）

→ Confidence is lacked ....（×）

The nest **contains** three eggs.（巣には卵が3つ入っている）

→ Three eggs are contained ....（×）

The public hall holds 2000 people.

（この公会堂は 2000 人を収容できる）

＊（［会などを］催す）という意味の hold は受動態になる。

A reception **was held** yesterday.

（昨日歓迎会が開かれた）

Mary **has** blue eyes.

（メアリーは青い目をしている）

→ Blue eyes are had ....（×）

＊「手に入れる，得る」という意味の have は受動態になる。

All these books may be had at any bookseller.

（これらの本はみなどこの本屋でも買える）

Mary has **caught** a cold.

（メアリーは風邪をひいている）

→ A cold has been caught .... （×）

＊「捕まえる」という意味の catch はもちろん受動態になる。

A thief **was caught** by the guard.

（泥棒が警備員に捕まった）

(2) 相互関係を示す動詞

She **resembles** her grandmother.

（彼女は祖母に似ている）

→ Her grandmother is resembled .... （×）

John **met** Mary in the street.

（ジョンは通りでメアリーに出会った）

→ Mary was met by John .... （×）

＊「出迎える」という意味の meet は受動態になる。

He **was met** by the ambassador at the airport.

（彼は空港で大使の出迎えを受けた）

That pink dress **becomes** her.

（あのピンクのドレスは彼女に似合う）

→ She is become .... （×）

参考 この種の動詞としては他に equal（等しい）, fit（[寸法が]合う）, suit（似合う）などがある。

~○~○~○~ 役に立つことわざ ~○~○~○~

★　No pains, no gains.

（苦は楽の種）←〔苦労なければ利得もなし〕

★　Nothing ventured, nothing gained.

（虎穴に入らずんば虎児を得ず）←〔危険を冒さなければ何も得られない〕

★　None but the brave deserves the fair.

（勇者にあらずんば美女を得ず）

練習問題 **7**

A 次の文を受動態に変えなさい。

(1) Who will look after the orphans?

(2) They sometimes saw him walk in the park.

(3) They say that he is a courageous man.

(4) You should keep all the windows shut.

(5) He will have written his letter by noon.

(6) A foreigner spoke to me in the street.

(7) They were fighting a fierce battle.

(8) We sent for the midwife at once.

(9) Mary took great care of the wounded.

(10) Close the gate at once.

B 次の各文を能動態の文に変えなさい。

(1) A new motorbike has been bought for John by his uncle.

(2) He was made to clean his room by her mother.

(3) Tabacco is sold at that store.

(4) Japanese must not be spoken in this class.

(5) She was believed to be the criminal.

C （　　）内に適当な前置詞を入れなさい。

(1) Willy was laughed (　　) by them all.

(2) John is interested (　　) history.

(3) Mary was pleased (　　) the birthday present from John.

(4) The singer was made much (　　) by her admirers.

(5) Jane was taken (　　) by the gentleman's apparent kindness.

D 次の各文を英語に直しなさい。

(1) 彼女の家に雷が落ちた。

(2) 彼の息子はトラックにひかれた。

(3) 彼は類人猿の研究に熱中している。

(4) その後私たちは彼女のことを聞いていません。

(5) その門は昨日の午後9時にはすでに閉まっていた。

E 次の各文の （　　） 内に，各選択肢から最も適当なものを選び，その番号を書きなさい。

(1) The fun of a novel is (　　) by knowing how it is made.

　① spoilled　　　② spoilt　　　③ spoillt　　　④ spoild

(2) I (　　) at the door for a long time.

　① was kept to waiting　　② kept wait　　③ was kept waiting

　④ was keeping to wait

(3) Not words but action (　　).

　① are needed　　② is needed　　③ need　　　④ needs

(4) She was never heard (　　) ill of others.

　① speak　　　② to speak　　③ of speaking　　④ spoken

(5) Because of the rain, the game was (　　) until next week.

　① put on　　　② put out　　　③ put off　　　④ put up

(6) I was (　　) of my camera.

　① robbed　　　② stolen　　　③ taken　　　④ theft

(7) We are always spoken (　　) Americans on our campus.

　① by　　　② to　　　③ by to　　　④ to by

8 助動詞 （Auxiliary Verb）

それだけで独立した意味を持つ本動詞，例えば "食べる" に付いて，可能 "食べることができる"，推量 "食べるかもしれない" とか，受身 "食べられる" のように話者の判断や受身などの補助的な意味を加える働きをするものを助動詞という。

原形不定詞（本動詞）と結びついて述語動詞を形成し，可能（～することができる），推量（～するかも知れない），義務（～しなければならない）などの発話内容に対する話し手の判断や心理を表す意味を持つ法助動詞と，それ自体は特に意味を持たず現在分詞・過去分詞と結びついて進行形・受動態・完了形などの時制・態を形成する be, have, および一般動詞の疑問文・否定文の標識となる do をまとめて助動詞という。本書では be, have, do を助動詞Ⅰとし，法助動詞を助動詞Ⅱとして述べる。

助動詞の一般的特徴

A. 疑問文では助動詞は主語の前にくる。（ただし，疑問詞が主語の場合は平叙文と同じで主語の後にくる。Who can do it?）

Do *you* like him?（彼が好きですか）

Can *he* play the violin?（彼はバイオリンを弾くことができますか）

Has *he* been to Hongkong?（彼は香港に行ったことがありますか）

B. 否定文では not（n't）を助動詞の直後に付ける。

I **don't** like him.（私は彼が好きではありません）

He **can't** play the violin.（彼はバイオリンを弾くことができません）

He **hasn't** been to Hong Kong.（彼は香港に行ったことがありません）

C. be, have, ought, used 以外の助動詞はすべてその直後に原形不定詞をとる。

You **must be** back by nine o'clock.

　（君たちは9時までにもどっていなければいけません）

If you wish to consult another lawyer, you **may do** so.

　（他の弁護士に相談したいのでしたら，そうしてもらって結構です）

＊ought と used は **to 不定詞**をとる。

You *ought to pay* the debt.（君はその借金を払うべきです）

D. be, have, do 以外の助動詞は, 3 人称・単数・現在でも -(e)s を付けない。

She can go out now.（彼女はもう出ていってよろしい）

［She cans go out now. ────（×）］

E. 同じ動詞（句）を繰りかえすときは助動詞だけで代用するのが普通。

John **can speak** Japanese, and Mary **can** (= can speak Japanese), too.

（ジョンは日本語を話せるし, メアリーもだ）

A: **May** I ask a few questions?

（2・3 質問をしてもよろしいですか）

B: Yes, you **may** (= may ask a few questions).

（ええ, いいですよ）

A: **Have** you **read** the book?

（その本を読みましたか）

B: Yes, I **have** (= have read the book).

（ええ, 読みました）

F. be, have, do 以外の助動詞には, 不定詞・分詞・動名詞がない。

G. 助動詞は弱勢であるのが普通

ただし, 次の場合は強勢になる

① 文末にくる場合

Lend your hand to her, if you **can**.

（できれば彼女に手を貸してやってくれ）

A: Does she smoke?（彼女はタバコを吸いますか）

B: Yes, she **does**.（ええ, 吸います）

② -n't と結合した場合

He **can't** swim.（彼は泳げない）

A: Do you speak German?（あなたはドイツ語を話しますか）

B: No, I **don't**.（いいえ, 話しません）

③ 文頭にくる場合

Do you live in the country?（あなたは田舎に住んでいますか）

Can you swim across the river?（君はあの川を泳いで渡れますか）

H. 助動詞の**否定の短縮形**（赤字の形と発音に注意すること）

are not → aren't, is not → isn't, was not → wasn't, were not → weren't, have not → haven't, has not → hasn't, had not → hadn't, do not → don't, does not → doesn't, did not → didn't, will not → **won't** [wount], would not → wouldn't, shall not → **shan't** [ʃænt], should not → shouldn't, cannot → can't, could not → couldn't, may not → mayn't, might not → mightn't, must not → **mustn't** [mʌsnt], ought not to → oughtn't to, need not → needn't, dare not → daren't, used not to → **use(d)n't** [juːsnt] to

【注】am not の短縮形はない。(ただし,方言には amn't,また俗語には ain't という形が用いられるが,原則として我々は用いない方がよい)

I. be, have, do

助動詞 be

助動詞としての be は進行形と受動態に用いられる。また,まれに特殊な完了形として用いられることもある。

(1) 進行形:be＋現在分詞（P.73 第 6 章Ⅱ参照）

He is **working** in the field now.

（彼は今,畑で働いています）

It **has been raining** since yesterday.

（昨日から雨が降り続いている）

They **will be crossing** the Atlantic Ocean this time tomorrow.

（彼等は明日の今頃大西洋を渡っているだろう）

(2) 受動態:be＋（他動詞）の過去分詞（第 7 章参照）

America **was discovered** by Columbus in 1492.

（アメリカは 1492 年コロンブスによって発見された）

English and French **are used** as the official languages in Canada.

（カナダでは英語とフランス語が公用語として使われています）

He **will be elected** President at the next election.

（彼は次の選挙で大統領に選出されるだろう）

(3) 特殊な完了形:be＋（自動詞の）過去分詞

普通,完了形は have＋過去分詞で表されるが,まれに be＋（自動詞の）過去分詞で完了を表す時がある。この形式は動作の完了よりも完了したあとの状態に重点が置かれている。運動を表す自動詞がこの形式をとるが come と go が圧倒的に多い。

Spring has come.（春が来た）［動作に重点］

Spring is come.（春が来ている → 春になった）［状態に重点］

Take extreme care of my baby while I **am gone**.

（私が離れている間，赤ちゃんには十二分に注意をしてね）

02 助動詞 have

助動詞としての have は完了形に用いられる。

(1) 完了形：have ＋過去分詞（第6章Ⅲ参照）

I **have lived** in Los Angeles for the last five years.

（私はこの5年間ロサンゼルスに住んでいます）

When she **had read** the letter, she burned it.

（彼女はその手紙を読んでしまうと，それを焼きました）

He **will have finished** the work by the end of this month.

（彼はこの月末までにその仕事を終ってしまうでしょう）

(2) have got ＝ have

have got は形は完了形であるが，今日の英語では〈英〉〈米〉ともに現在時制の have と同じ意味で用いられる。特に '所有' の意味を表す場合，〈英〉の〈口語体〉では普通 have got の方が have よりもよく使われる傾向がある。

You **have got** more money than I.

（君は僕よりも多くの金を持っている）

She**'s got** a shapely nose.（彼女は形のよい鼻をしている）

＊このような '半永久的' な所有の場合は have も普通。

03 助動詞 do

助動詞としての do は**一般動詞の否定文・疑問文**に用いられるほか，**動詞の意味を強調**したり，**倒置文**に用いられる。また助動詞ではないが，**動詞の代用**として用いられる場合もここに含める。

(1)（一般動詞の）否定文（P.28 ⚠ ①参照）

He **didn't** understand what she said.

（彼は彼女の言っていることを理解しなかった）

I **don't** want to have lunch today.

（僕は今日昼食を食べたくない）

【注】never など not 以外の否定語を用いる時は do はいらない。
　　　I **never** get up till noon.（私は正午までは決して起きない）

(2)（一般動詞の）疑問文

Do you think he is a Russian?

（彼はロシア人だと思いますか）

Did you buy any souvenirs?

（何かお土産を買いましたか）

＊付加疑問にも用いる。（P.30, **2** d）参照）

　　You *don't* like fishing, **do** you?

　　　（釣りは好きではないんですね）

(3) 動詞の意味の強調

「ぜひ」「本当に」などの意味を表す。

I **do** [dúː] want to go to the Galapagos Islands.　《♪》▶26

（私はぜひガラパゴス諸島に行きたいのです）

She **did** [díd] break her engagement with him.

（彼女は彼との婚約を本当に解消したんです）

(4) 倒置文（P.458, I 参照）

否定語句が文頭に出ると主語と（述語）動詞の順が逆になる。これを**倒置文**という。その時（述語）動詞が一般動詞の時は助動詞 do を借りて主語の前に置く。また否定語句でなくても副詞語句が文頭に出ると倒置されることがよくある。

　　Never **did** I see her again.

　　= I never **saw** her again.

　　　（2度と再び彼女に会うことはなかった）

　　Little **did** I dream that she got married to him.

　　= I little **dreamed** that she got married to him.

　　　（彼女が彼と結婚するなど夢にも思わなかった）

　　In vain **did** he try to salvage the sunken ship.

　　= In vain he **tried** to salvage the sunken ship.

　　　（彼はその沈没船を引き揚げようとしたが，むなしいことであった）

〔注意〕（述語）動詞がすでに do 以外の助動詞をともなっている場合や，be 動詞・have 動詞の場合は do によって代用することはできない。

　　　Hardly **had** he left the room when she burst out crying.

　　　= He **had** hardly **left** the room when she burst out crying.

　　　（彼が部屋を出たとたん，彼女はどっと泣き出した）

　　　Only in this way **can** we explain the miracle.

   = We **can** explain the miracle only in this way.
    （こんなふうにしかその奇跡を説明することはできない）
  A: I **am** quite sure of the fact.（私はその事実をまったく確信している）
  B: So **am** I.（私もまたそうです）

(5) 代動詞（動詞の代わり）

 同じ動詞を繰りかえすのは未熟な言語表現の印象を与えるので，それを避けるために用いる。ただし，この場合の do は助動詞ではなく，本動詞である。

  She speaks English better than I **do** (= speak English).
  （彼女は私より上手に英語を話します）
  A: Do you like apples?（リンゴは好きですか）
  B: Yes, I **do** (= like apples).（はい，好きです）
  A: I like pork.（私は豚肉が好きです）
  B: So **do** (= like it) I.（私も［そう］です）

Ⅱ．法助動詞（modal auxiliary）

 文の内容に対して，話し手がそれを**心理的にどう捉えているかということを示す助動詞を法助動詞**という。例えば，She speaks English.（彼女は英語を話す）という文があって，その内容に対して，そのことを主語の能力の面から考えて，その能力が主語にあると話し手が判断すると She **can** speak English.（彼女は英語を話せます）となるし，またその能力がないと判断すれば She **cannot** speak English.（彼女は英語を話せません）となる。また同じ内容をそれが現実に起こる可能性の面から判断して，可能性があると話し手が判断すると She **may** speak English.（彼女は英語を話すかも知れません），可能性がないと判断すると She **may not** speak English.（彼女は英語を話さないかも知れません）となる。また同じ内容を実現する必要・義務があると話し手が判断すると She **must** speak English.（彼女は英語を話さなければいけません）となるし，必要・義務がないと判断すると She **need not** speak English.（彼女は英語を話す必要がない）となる。英語には上に述べた can，may，must，need 以外にも，will，shall，ought (to)，dare などの法助動詞がある。

can

04 can の意味・用法

(1) 能力：「〜できる」

He **can** speak five languages.

（彼は 5 ヶ国語を話すことができます）

We **can** construct a bridge across the strait.

（私達はこの海峡をわたる橋をかけることができます）

〔注意〕①他の助動詞がある時は can を用いることができない。そのような場合は be able to 〜で代用することが多い。

　　　　You *will* **be able to** speak English better than he next year.
　　　　（君は来年には彼より上手に英語を話せるだろう）

　　　　I *haven't* **been able to** solve the problem.
　　　　（私はその問題を解けずにきた）

②次の例文は何故（×）かと言うと，過去の一時的・一回だけの事例で「〜できた」という場合には could を用いることができない。そんな一時的・一回だけの成功は〈能力〉とは言えないからである。したがって過去でも「常にできる」場合は当然 could を用いることができる。逆に「できなかった」という非実現の場合は一時的・一回だけの事例でも使用できる。学生はこの間違いをよくするので注意すること。

　　　　She **could** speak English very well.　（○）
　　　　（彼女はとても上手に英語が話せました）

　　　　I **couldn't** catch the last train yesterday.　（○）
　　　　（昨日最終列車に乗れなかった）

　　　　I ran so fast and (I) could catch the last train.　（×）
　　　　（僕はとても早く走ったので，最終列車に乗れた）

(2) 可能性：「〜のことがある」「〜することが可能だ」

Children **can** be troublesome.

（子供というものは手に負えないときがある）

If it rains, we **can** hold the meeting indoors.

（もし雨が降れば，室内でミーティングができる）

(3) 許可：「〜してよい」

〈口語体〉では may よりもよく用いられる。

　　You **can** stay here as long as you like.

　　（好きなだけここに泊っていいよ）

　　Can I use your bicycle?（君の自転車を使ってもいい？）

8
助動詞

110

(4)　強い疑い・否定的な推量

　疑問文では強い疑いを表し「いったい〜であろうか」という意味になり，否定文では「〜のはずがない」という意味になる。

> **Can** it be true?（それはいったい本当だろうか）
>
> It **can't** be true.（それは本当のはずがない）

05　could の意味・用法

過去時制として用いられる場合と，現在時に用いられる場合とがある。

(1)　過去時制の場合

　can の過去として〈能力・可能性・許可〉を表す。

(a)　能力：「〜できた」

> He **could** jump ten feet in his youth.
>
> （彼は若い頃 10 フィート跳ぶことができた）
>
> She never **could** swim the backstroke.
>
> （彼女はどうしても背泳ができなかった）

(b)　可能性：「〜することがあった」「〜することが可能だった」

> He **could** be very stupid at times.
>
> （彼は時々とても馬鹿なことをやることがあった）
>
> Though it was raining a little, we **could** set up camp under a large tree.（少し雨が降っていたが，私達は大きな木の下で野営できた）

(c)　許可：「〜してよかった（〜することを許されていた）」

　ただし，常習的な場合に限られる。

> As a child, I **could** only play outside until six o'clock.
>
> （子供の頃，私は 6 時までしか外で遊べなかった）
>
> ＊1 回限りの〈許可〉の場合は be allowed to ... などを用いる。
>
> Yesterday I **was allowed to** play outside until nine o'clock.
>
> （昨日は 9 時まで外で遊ぶのを許された）

　質問　過去時制の could は後で述べる叙想法の could とまぎらわしいので，前後関係でよほど明瞭でない場合を除いて，〈能力・可能性・許可〉という内容にしたがって，be able to ...，manage to ...，succeed in -ing，be allowed to ... などを用いる方がよい。

(2)　現在時を表す場合

　could という過去形でありながら，過去の事実を示すのではなく，現

在のことを指して用いられる場合がある。これは〈叙想法（仮定法）〉で，〈丁寧〉〈婉曲〉などの感じをもつ。

(a) 可能性：「もしかして～ということもあるのでは」

She **couldn't** be telling the truth.

（もしかすると彼女は本当のことを言っていないのでは）

(b) 丁寧な提案：「～しましょうか」

Could I help you? （お手伝いしましょうか）

＊Can I help you? というよりも丁寧な言い方。can は〈可能性〉を表している。

(c) 丁寧な許可・依頼：「～してもよろしいでしょうか」「～していただけますか」

A: **Could** I use your mobile phone?

（あなたの携帯電話を使わせてもらってもいいでしょうか）

B: Yes, of course you **can**.

（ええ，もちろんいいですよ）

＊答える方は can を用いる。could を使うと逆に失礼になる。

06 can を含む慣用表現

(1) as ... as ＋主語＋ can：「できるだけ…」

Run **as** fast **as** you **can**. （できるだけ速く走るんだ）

She saved **as** much money **as** she **could**.

（彼女はできるだけ多くのお金を貯めた）

(2) cannot help ＋ －ing：「～せざるを得ない」〈口語体〉

＝ cannot but ＋原形不定詞 〈文章体〉

I **couldn't help laughing** at his fanciful idea.

＝ I **couldn't but laugh** at his fanciful idea.

（彼の空想を笑わざるを得なかった）

＊〈米〉口語では〈cannot help but ＋原形〉もある。help の代わりにavoid，choose を用いるのは〈文章体〉。

(3) cannot ... too ～：「いくら … しても～し過ぎることはない」

You **cannot** be **too** careful in climbing snow-covered mountains. 🔊▶27

（雪山を登る時にはいくら注意してもし過ぎることはない）

We **cannot** praise his heroic deed **too** much.

（彼の英雄的な行為をいくらほめてもほめ過ぎることはない）

＊次の表現も同じような意味になる。

We **cannot** overpraise his heroic deed.

We **cannot** praise his heroic deed **enough**.

may

may の意味・用法

(1) 許可：「～してもよい」

can よりも丁寧であるが堅苦しい言い方で，話し手の権限によって与える〈許可〉を表す。〈口語体〉では can を用いるのが普通。強勢はない。

> You **may** take a week's holiday.（1週間の休暇を取ってよろしい）
>
> A: **May** I smoke?（ちょっとタバコを吸ってよろしいですか）
>
> B: No, you **must not**.（いいえ，いけません）
>
> ＊must not は〈禁止〉を表す。一方 may not は〈不許可〉を表す。〈禁止〉の方が当たりが強くなる。
>
> No, you *may not*.（いいえ，だめです）

しかし，どちらにしても高飛車な感じを与えるので〈口語体〉では cannot を使うのが普通。許可する場合は〈口語体〉では Yes, of course. とか Sure. あるいは Go ahead などを用いる。

May I (we, he / she) ~? などの疑問文は，聞き手の〈許可〉を求める時に用いる。

> **May we** go out for a change?
>
> （気分転換に外出してもよろしいですか）
>
> **May Sophia** go with us?
>
> （ソフィアは私達と一緒に行ってよろしいですか）

【注】May I (we) ～? が〈許可〉というよりも〈丁寧な提案〉になる場合もある。
May I show the way? —— Yes, please.
（道案内を致しましょうか）——（ええ，お願いします）

(2) 推量（可能性）：「～かも知れない」

この may には強勢があるので，会話の場合には〈許可〉の may と区別できる。肯定文・否定文のみに用いられ，疑問文には用いない。疑問文では can を用いる。（04 (4) 参照）

He **máy** come or he **may** not.

（彼は来るかも知れないし，来ないかもしれない）

He *may* come.（彼は来てもよい）[may は無強勢]

You **máy** lose your way if you don't take a map.

（地図を持って行かなければ，道に迷うかも知れない）

(a) 可能性：「恐らく～だろう」〈文章体〉

この may は〈許可〉と〈推量〉が１つになったようなもので，どちらとも明確に区別できない曖昧な用法である。学術的な文章に多く見られる。

この may の否定は cannot を用いる。

English transitive verbs **may** be active or passive.

（英語の他動詞は，能動態のこともあるし受動態のこともあろう）

You **may** call her a great artist but you **cannot** call her a good wife.

（彼女は大芸術家と言えようが，良き妻とは言えない）

(b) 可能性の can と may の相違

can は論理上の〈可能性〉を表し，may は実際上の〈可能性〉を表す。

This illness **can** be fatal. ——————— (a)

（この病気は命取りになることがあります）

This illness **may** be fatal. ————— (b)

（この病気は命取りになるかも知れません）

can は may のように〈現実にそうなるという可能性〉ではなく，〈理論的にはそうなるという可能性〉を表す。たとえば，健康な若い人が風邪をひいたときには，すぐに薬をのみ，栄養をとって十分休養すれば治ることは間違いない。しかし理論的には，治療もせず冷たい雨の中で長時間労働すれば，肺炎を起こして死ぬ可能性がある。そのような理論上の可能性を指すのが can であるのに対して，胃に悪性の腫瘍ができ，便に血が混ざっているような場合は現実として死の可能性が迫っているわけである。may はそのような現実の可能性を指すのである。よって (a) の場合は別に心配もないが，(b) の場合は顔色が変わることになる。

(3) 祈願：「～であります（～します）ように」〈文章体〉(P.34 **5** 参照)

今日ではほとんど用いられない。文末には感嘆符を付ける。

May he never cross our threshold again!

（彼が２度と我が家の敷居をまたぐことのありませんように）

May God grant you happiness!

（神があなたに幸福をお与えになりますように）

(4) 譲歩：「〜かも知れないが」，「いかに（どこに，etc.）〜しても」

主語＋ may ... but 〜：「…かも知れないが〜である」

However ... may 〜：「いかに〜しても」

Whatever ... may 〜：「何が（を）〜しても」

Wherever ... may 〜：「どこに〜しても」

etc.

He **may** be rich **but** cannot be trusted.

（彼は金持ちかも知れないが，信用できない）

However hard you **may** work, you will not be another Bill Gates.

（どんなに一生懸命勉強しても，君はビル・ゲイツのような人にはならないだろう）

Whatever may happen, I will keep my promise.

（どんなことが起ころうとも，私は約束を守ります）

Wherever he **may** go, he will not succeed.

（どこへ行っても彼は成功しないだろう）

【注】最近の英語では may を用いないで，叙実（直説）法現在を使用する言い方が多くなってきている。

However hard you **work**, you will not be a Bill Gates.

(5) 目的：「〜するように」「〜するために」

that ... may, so that ... may, in order that ... may という形式で目的を表す副詞節になる。in order that … may は目的節であることを明瞭に示したい時に用いるやや堅苦しい言い方である。〈口語体〉では may でなくて can や will を用いる。

He works very hard **so that** he **may** build his own house.

（彼は自分の家を建てるために一生懸命働く）

She wrote down his telephone number **in order that** she **might** remember it.

（彼女は彼の電話番号を忘れないように書きとめた）

He works till late **(so) that** he **can** succeed.

（彼は成功できるように遅くまで働く）

【注】 前記の (3)(4)(5) に用いられる may は，〈許可〉〈推量・可能性〉などの意味を持ったものではなく，単に叙想法（仮定法）の代用として用いられているものである。

08　might の意味・用法

could の場合と同じように〈過去時制〉のときと，〈現在時〉に用いられるときとに分けて述べる。

(1) 過去時制の場合

(a) 許可

主節の中で用いられる might には，may の過去時制としての〈許可〉を表す用法はない。代用形として，was [were] allowed to ～，was (were) permitted to ～，had permission to ～などを用いる。

> He **was allowed to** take a week's holiday.
> （彼は 1 週間の休暇を取ることを許された）

ただし，〈時制の一致〉の法則（第 24 章 01 参照）によって，従属節中には might が用いられる。しかしこの might は直接話法では現在時制である。

> She *said* I **might** smoke if I liked. 〈許可〉
> ＝ She said, "You **may** smoke if you like."
> （彼女はタバコを吸いたければ吸ってよいと言った）
> I *thought* that it **might** rain. 〈推量〉
> （雨が降るかも知れないと思った）

(b) 推量

主節の中で用いられる might には〈推量〉を表す may の過去時制の用法はない。〈may ＋ have ＋過去分詞〉という形式で，「～だったかも知れない」という意味はあるが，これは過去のことについて現在の時点で推量しているだけで，推量そのものが過去に行われているわけではない。

> He **may have said** so.（彼はそう言ったかも知れない）
> She **may have missed** the train.
> （彼女は列車に乗り遅れたのかも知れない）

(2)〈現在時〉を指す場合

(a) 許可

これはいずれも叙想（仮定）法から来た用法で，**丁寧・婉曲**を表す。

A: **Might** I ask you about your family?

(ご家族のことについてお聞きしてもよろしいでしょうか)

B: Yes, of course you **may**.

(ええ，もちろんいいんですよ)

＊ （話し相手の）聞かれた方は may を用いる。might を使うと逆に失礼になる。

(b) 推量

There **might** be stormy weather tonight.

(今夜は荒れ模様になりそうだ)

In this weather they **might** come late.

(この天候では彼等は来るのが遅くなるだろう)

＊ 〈推量〉のこの might は may とほとんど差異がないと言われている。

(c) 叙想（仮定）法の代用

「may の意味・用法」(5) の注意事項で指摘したように，譲歩や目的を表す副詞節中の may は叙想（仮定）法の代わりをしている。それらが〈時制の一致〉の法則で主節の（述語）動詞が過去の場合は might になる。

Whatever they **might** say, we *would have gone* our own way.

〈譲歩〉

(彼等が何を言おうとも，私達は自分達独自のやり方を通しただろう)

The parents spoke in a low voice so that they **might** not wake their baby. 〈目的〉

(両親は赤ちゃんを起こさないように低い声で話した)

(d) 非難：「〜ぐらいしてもいいのに」

〈可能性〉の might は「〜しようと思えばできるのに，なぜしないんだ → 〜ぐらいしてもいいのに」という皮肉まじりの非難の意味で用いられることがある。

You **might** wash the dishes when I am ill in bed.

(私が病気で寝ているときには食器を洗うぐらいしてもいいでしょう)

09　may を用いた慣用表現

(1) may well ＋原形

(a) 原形が意志動詞の場合：「〜するのももっともだ」

117

He **may well** *ask* that.

（彼がそう尋ねるのももっともだ）

(b) 原形が無意志動詞の場合：「多分〜だろう」

What she says **may well** *be* true.

（彼女の言っていることは多分本当だろう）

(2) may as well ＋原形：「（しないよりは）〜する方がよい」

この形式は普通省略されることが多いが，後に as not がある。つまり丁寧に言うと〈may as well ＋原形〜（as not）〉という形なのである。had better ほど積極的でなく控え目な提案になる。(**P.353,**40 参照)

We **may as well** begin at once (as not).

（すぐに始める方がよい）

(3) might as well A as B：「BするくらいならAをした方がましだ」

Aで誰が考えてもできない事柄を挙げることによって，Bのできないことを強める言い方である。

You **might as well** advise me to give up my fortune **as** my argument.

（私に議論をやめろと勧めるくらいなら，財産を捨てろと勧めた方がましだ）

must

10　must の意味・用法

(1) 必要・義務：「〜しなければならない」

話し手が自己の主観によって，自分自身や他の者（物）に求める必要・義務を表す。

I **must** brush up my English.

（英語をもう一度やり直さないといけない）

You **must** train yourself for the game.

（君は試合にそなえて体を鍛えなければいけない）

She **must** take better care of her money.

（彼女は自分のお金の使い方にもっと注意しなければいけない）

＊〈必要・義務〉の must の否定は need not 〜, don't have to 〜を用いる。must not は〈禁止〉になる。

You **need not** go there.（君はそこへ行く必要はない）〈不必要〉

You **must not** go there.（君はそこへ行ってはいけない）〈禁止〉

（注意）【must と have to ~ の違い】

上にも述べたように，must は話し手の主観による必要・義務を表すのに対して，have to ~ は客観的な外部事情による**必要・義務**を表す。

　　I **must** work harder.————①
　　（もっと一生懸命勉強しなければいけない）
　　I **have to** work harder.　————②
　　（もっと一生懸命勉強しなければいけない）

日本語の訳は同じになるが，心理的には違いがある。①は周囲や世間の人から見て十分勉強しているように見えても，本人の目標が高くて，例えばオックスフォードやハーバードに留学して将来世界の指導的な学者になりたいと思っていればまだまだ勉強が足りない。もっと勉強する必要があると本人が主観的に考えている場合になる。②はもっと勉強しなければ落第するとか，大学入試が目前に迫ってきたとかというような客観的な外部事情から生れる〈必要・義務〉を表す。

次に must は文法的には助動詞であるが，have to は文法的には助動詞でなく本動詞である。なぜなら法助動詞は 2 つ続けて用いることができないし，不定詞・分詞・動名詞の形をもたない。

　　I will must go there tomorrow.　　————（×）
　　I **will have to** go there tomorrow.　————（○）
　　（明日そこへ行かなくてはならないだろう）
　　＊to can（×），canning（×），to have to（○），having to（○）

しかし意味的には，have to は must に非常に近いので便宜上助動詞の中に含めて考えるというだけのことである。ただし，must は主節での過去形・未来形・完了形がないため，その時は have to で代用する。したがってその場合は，must と have to の違いは無くなる。

(2) 強い推量：「きっと~にちがいない」

　この否定は cannot で「~のはずがない」という意味になる。must や have to の〈推量〉用法は普通好ましくない事柄や状態に対して用いられる。（12 参照）

　　You **must** be ill, for you look so pale.
　　（君はきっと具合が悪いにちがいない。だって顔色がとても悪いよ）
　　He **must** be a rascal to do such a thing.
　　（そんなことをするとは彼は悪党にちがいない）
　　His report **cannot** be true.（彼の報告は本当のはずがない）
　　＊過去のことについての**強い推量**は〈must have ＋過去分詞〉で表す。「~だったにちがいない」という意味になる。しかし，推量

そのものは現在しているのである。

It **must have rained** heavily upstream yesterday. The river has risen considerably.　◀》▶28

（昨日上流で大雨が降ったにちがいない。川がかなり増水している）

（3）勧誘：「ぜひ～なさい」

親しい間柄では「～するのが義務」だと言うことによって一層親密に勧誘する場合に用いる。

You **must** stay another day.（ぜひもう1日泊んなさい）

You **must** help yourself to the fruits.

（ぜひこの果物を召し上がって下さい）

have to

11 必要・義務の have to と have got to

have to は客観的事情による必要・義務を表す。（10（1）参照）
〈口語体〉では have got to が have to と同じように使われることがある。しかし，have got to は have to のように習慣的な意味に用いられることはない。

Guests **have to** check out of the hotel by 12 noon. ――― ①

（宿泊客は正午12時までにチェック・アウトしていただかなければなりません）

The guests **have got to** check out of the hotel by 12 noon. ――― ②

（〈本日の〉宿泊客は正午12時までにチェック・アウトしていただかなければなりません）

①はそのホテルの習慣的な規則であるが，②は一時的な意味しか持たないので，何か特殊な事情があってのことになる。①の Guests は無冠詞であるが，②では The guests と定冠詞が付いて特定化されていることにも注意すること。

12 have to の強い推量

have to を「～にちがいない」という意味で用いるのは〈米口語〉の用法であって，〈英〉ではほとんど用いない。ただ近年〈米〉の影響で〈英〉でも少しずつ増えて行く傾向にあるそうだ。

There **has to** be some reason for his absurd behavior.

（彼の馬鹿げた行動には何か理由があるにちがいない）

8
助動詞

You **have to** be joking.（きっと冗談だろう）

13　must と過去時制

must には過去形がないので **had to** で代用する。

They **had to** start early in the morning.

（彼等は朝早く出発しなければならなかった）

【注】ただし，間接話法の被伝達部（**P.444**, 01（2）（a）＊参照）では，そのまま must を使ってもよい。

He said, "You **must** go at once."〈直接話法〉

（彼は，「君はすぐに行かなければならない。」と言った）

He said that I **must** (had to) go at once.〈間接話法〉

＊もちろん had to を使ってもよい。なぜ間接話法の従属節の場合だけ must を使ってもよいのかというと，古い英語では must は実は過去形であったからで，その名残りである。その後 must が現在形として使用されるようになった。このようなものを過去現在動詞と言い，他に ought (to) などもそうである。

ought to

14　ought to の意味・用法

（1）義務：「(当然) ～すべきだ」

法律や規則に照らしたり，道徳的に「(当然) ～すべきだ」という意味で，話し手の主観による should よりは要求度が少し強い。ただし「ぜひ～しなければならない」という〈強制〉の must よりは弱い。また「～する方がよい，適当だ」というように〈一般的な適当さ，妥当さ〉を表すまで要求度が弱くなる場合もある。

You **ought to** pay your debts.（君は借金を払うべきだ）

Tea **ought to** be drunk hot.（紅茶は熱いのを飲むのがよい）

＊to be drunk hot は to drink tea hot の受動態で，この hot は準目的格補語（**P.20**, 05 **3** 参照）になっている。

He **ought not (oughtn't) to** drink so much.

（彼はあんなに酒を飲まない方がよい）

（2）当然の推量・強い見込：「～に決まっている，～のはずだ」

You **ought to** get the gold medal if everything goes right.

（万事うまく行けば君が金メダルを取るに決まっている）

She **ought to** be here but she isn't.

（彼女はここに来ているはずなのに，来ていない）

15　ought to と過去時制

(1) 義　務

ought to そのものの過去時制はない。しかし過去に「〜すべきであった」のにしなかった，あるいは「〜すべきでなかった」のにしたと現在の時点から非難する場合は〈ought to have ＋過去分詞〉という形式で表す。

You **ought to have paid** your debts.

（君は借金を払うべきだった［のに払わなかった］）

He **ought to have apologized** to her at that time.

（彼はあのとき彼女に謝っておくべきだった［のに謝らなかった］）

また，過去における〈義務〉そのものを表すには It was one's duty (obligation) to 〜 などで代用する。

It was my duty to help her.（彼女を助けるのが僕の義務だった）

(2) 当然の推量・強い見込

(1) と同じように ought to そのものには過去時制はない。しかし，「〜したはずである」と過去に起こったことを現在の時点から推量する場合は〈ought to have ＋過去分詞〉という形式で表す。この場合は「〜したはずであるのにしなかった」という意味にはならない（意味的にみても矛盾する）。

The 8:15 jumbo jet **ought to have arrived** in Hawaii by now.

（8時15分発のジャンボジェット機はもうハワイに到着したはずである）

また過去における〈当然の推量〉を表すには It was one's conviction (schedule, anticipation) that 〜 などで代用すればよい。

It was his conviction that she was there.

（彼女はそこにいるというのが彼の確信であった）

【注】ただし，間接話法の従属節では ought to をそのまま使ってもよい。13 の【注】参照。

He said, "You *ought to* pay your debts".

→ He *said* that I **ought to** pay my debts.

need

16　need の意味・用法

法助動詞の need は否定文と疑問文にしか用いられない。「～する必要がある」という話し手の主観に基づく〈必要〉を表す。肯定文では本動詞の need (to) が用いられる。また，否定文・疑問文でも本動詞の need が使用される方が多い。

 A: **Need** I attend the meeting tomorrow?
  (= **Do** I **need to** attend the meeting tomorrow?)
  (明日その会合に出席する必要がありますか)
 B: No, you **needn't**.（いいえ，その必要はありません）
  (= No, you **don't**.)
  or　Yes, you **must**.（ええ，あります）
 ＊肯定文では助動詞の need は用いられない。

〔注意〕同じ「不必要」を表す場合でも needn't は話し手の主観による〈不必要〉を表すのに対して，don't have to は〈客観的な外部事情からする必要はない〉という違いがある。
 You needn't go.（行く必要はありません）（話し手の主観）
 You don't have to go.（行くには及びません）（外部事情からの不必要）

will

単なる未来時を示す will（P.66, **3**. 参照）とは違って，法助動詞としての will には次のような用法がある。

17　will の意味・用法

will はもと wish という願望を表す本動詞であった。そこで，各人称の主語の〈固執〉〈拒否〉という強い意志から，〈意図〉〈意欲〉という程度の意志までさまざまなレベルの意志を表すのに用いられる。〈固執〉〈拒否〉という強い意志を示す場合には will に強勢が置かれる。

(1) 主語の強い意志（固執・拒否）を表す

 I **will** do my best to bring peace to my mother country.　◀))▶29
 （私は母国に平和をもたらすために最善を尽くす覚悟です）
 This door **won't** [wóunt] open.
 （このドアはどうしても開こうとしない）

(2) 主語の意欲 (willingness)・意図 (intention)

(1) ほど強い意志でなく，単に主語の '進んで〜する気持ち' という程度の〈意欲〉や，それと (1) との中間的な '〜するつもり，〜する意向である' という意図を表す。強勢はなく 'll と短縮されることが多い。

  I'll lend you some money if you like. 〈意欲〉

  （よければお金を貸してあげるよ）

  Parents often threaten their children by saying that they'll stop their pocket money. 〈意図〉

  （親というものは小遣いをやらないよと言ってよく子供をおどすものだ）

(3) 習性・習慣を表す

する意志や意欲がるあることは繰返し行われることが多い。そこからwill が〈**習性**〉〈**習慣**〉を表すことになる。「**よく〜する**」「**〜するものだ**」という意味で用いられる。3人称の主語について用いられ，often, sometimes をともなうことが多い。

  Boys **will** be boys.（男の子は男の子〈諺〉［男の子は男の子であろうとするため，その習性としてわんぱくなことをするものだ］）

  He **will** *often* sit there doing nothing.

  （彼は何もしないでよくそこに座っていることがある）

  Goats **will** eat paper.（ヤギは紙を食べるものだ）

(4) 現在の推量

これは未来のことについての予測とは違って，現在のことについての推量であることに注意すること。

  Father **will** be upstairs now.（父さんは今2階にいるだろう）

  The man standing over there **will** be John.

  （向こうに立っている男の人はジョンだろう）

  You **will** have heard of the accident, I guess.

  （あの事故のことはお聞きになったでしょう）

  ＊未来完了（P.83, **C**. 参照）と混同しないように。

---

18   **would の意味・用法**

大きく分けて叙実（直説）法過去の用法と，叙想（仮定）法がある。

(1) 叙実（直説）法過去の場合

(a) 過去の不規則な習慣：「よく～したものだった」

習性・習慣を表す will の過去形と考えればよい。often, sometimes をともなうことが多い。

> He **would** *sometimes* drop in to see me and tell what was going on in the political quarters.
>
> （彼は時々ひょっこり私に会いに来て，政界で起こっていることを話したものだ）

(b) 過去の強い意志

〈固執〉〈拒否〉を表す will の過去形と考えればよい。普通 would に強勢がある。〈拒否〉の場合が多い。

> He **wóuld** go hunting in dangerous mountains.
>
> （彼は危険な山にどうしても猟に行くと言ってきかなかった）
>
> She **wóuldn't** do what she was told.
>
> （彼女は言いつけられたことをどうしてもしようとしなかった）

(2) 叙想（仮定）法の場合

(a) 現在時で〈丁寧〉さを表す

> **Would** you shut the window?　〈丁寧な依頼〉
>
> （窓を閉めて頂けますか）
>
> ＊ Will you ~? → Won't you ~? → Would you ~? の順で丁寧さが増す。
>
> **I'd** like to go there alone.　〈控え目な願望〉
>
> （［できれば］1 人でそこに行きたいのですが）
>
> I **would** like a glass of lemonade.　〈控え目な意志〉
>
> （レモネードを 1 杯頂きたいですね）

(b) 弱い推量を表す

> That hammer **would** do.（そのハンマーで間に合うだろう）
>
> Who **would** go to such a party?
>
> （誰がそんなパーティーに行くだろう）

(c) 叙想（仮定）法過去・過去完了の帰結文で

これについては（**P.137, 04, 05** 参照）のこと。

shall

shall の意味・用法

未来の時を示す shall については（P.66 ～ 69 参照）のこと。
shall の本来の意味は to owe（～する義務がある，借りがある）だったということをしっかり記憶しておくことが大事である。

(1) 強い決意を表す場合

1 人称の主語について用いられる。shall には強勢がある [ʃǽl]。

I **shall** never forget your kindness.

（あなたのご親切は決して忘れません）

＊このような場合に will を用いると，「忘れてやらないよ，忘れないようにしてやる」というような感じになりかえって失礼になる。好意・親切などの場合は shall 本来の to owe の意味だから「忘れるようなことは許されない，だから忘れません」というようなニュアンスで結果的に強い決意になるのである。

＊2 人称・3 人称の主語（子供やペットなど）に対する話し手の好意的な約束については（P.68, b）②参照）のこと。

(2) 法律・規則に用いられる場合：「～すること」「～すべし」

2 人称・3 人称の主語について用いられる。

The Emperor **shall** be the symbol of the State.

（天皇は日本国の象徴である）

Members **shall** not introduce more than two guests.

（会員は 2 人以上の客員を紹介することはできない）

Thou **shall** love thy neighbours as thyself. 〈古文体〉

= You **shall** love your neighbours as yourself.

（おのれの如く汝の隣人を愛すべし）

(3) 反語的疑問：「～できるだろうか（いや，できない）」

Who **shall** blame him?

（誰が彼を非難することができようか [いや，できない]）

20 should の意味・用法

(1) 義務・当然を表す場合：「〜すべきだ」

話し手の主観による義務・当然を表す。ought to よりも意味が弱く、「〜する方がよい」という程度の勧告の意味になることがよくある。すべての人称について用いられる。

> We **should** learn Asian as well as European languages.
> （私達はヨーロッパの言語だけでなく、アジアの言語も学ぶべきだ）
> You **should**n't speak so loud; it is bad manners.
> （そんな大声で話してはいけません。それは不作法です）

＊〈should ＋ have ＋過去分詞〉が「〜すべきであったのに（しなかった）」という非難を表すことがある。（15 (1) 参照）

> You **should have handed in** your report by yesterday.
> （君は昨日までにレポートを提出すべきだったのに［提出しなかったね］）

(2) 推量：「〜のはずだ」

ought to の〈当然の推量〉とほぼ同じ意味である。ought to には普通強勢があるが、should の方は強勢がないのが普通である。shall にはこの用法はない。

> Our guests **should** be home by now.（客はもう家に帰り着いているはずだ）

(注意) must, have to の「〜にちがいない」という強い推量の場合は「好ましくない事柄・状態」に対して、should, ought to は「好ましい事柄・状態」に対して用いられるのが普通である。したがって次のような文章は奇妙な感じを与える。

> Their candidate **ought to** lose the election.
> （彼等の候補者はきっと落選するはずだ）

〈should ＋ have ＋過去分詞〉が過去の出来事に対して現在の時点から推量して「〜したはずだ」という意味で用いられる。ought to の時と同じく「〜したはずだ（がしなかった）」とはならない。

> They left at nine, so they **should have arrived** by now.
> （彼等は9時に発ったのだからもう到着したはずだ）

(3) 丁寧・控え目を表す

断定的な言い方を避ける表現である。

> We **should** like to see the villa.　〈丁寧〉〈英〉
> （別荘を拝見したいのですが）

*〈米〉では would になるのが普通。

    I **should** think you would love it.　〈控え目〉

    （それがお気に入ると思いますよ）

  *I should think ~「まあ～だと思いますよ」

    I **should** say (that) he is rather a lazybones.

    （まあ彼は怠け者でしょうね）（断定を避けた言い方）

  *I should say（that）~「まあ～でしょうね」

(4) 叙想（仮定）法の代用

(a) 要求・命令・提案・必要

要求・命令・提案・必要などを表す動詞・形容詞の後に来る that 節の中で用いる。普通主節の動詞の時制と無関係に使用される。〈米〉では should を用いず叙想（仮定）法現在の動詞を用いる。ただし近年〈英〉でも〈米〉式の用法が見られる。

  They **insisted** that I (**should**) attend the conference.

  （彼等は私がその会議に出席するように主張した）

  The doctor **advised** that she (**should**) go to the seaside for a change of air.

  （医者は彼女に転地療養で海辺に行くようにすすめた）

  It was **necessary** that we (**should**) move to Washington for our father's business.

  （私達は父の仕事の都合でワシントンへ引越す必要があった）

上に挙げた動詞以外には command（命令する），decide（決定する），demand（要求する），order（命令する），recommend（薦める），request（依頼する），require（要求する），suggest（提案する）などがあり，また形容詞では anxious（熱望して），desirable（望ましい），essential（不可欠な），imperative（避けられない），proper（適当な），regrettable（悲しむべき）などがある。

(b) 話し手の主観的判断

この形式は that 節中に事実とは関係なく話し手が頭に想い浮かべたことを述べ，そのことが「当然だ（natural）とか「重要だ（important）」とか「残念なことだ（a pity）」というふうに主観的な判断を下す言い方である。that 節中に事実であることを述べる場合には叙実（直説）法の動詞を用い，should は使用されない。よく "natural *should*" と呼ばれることがある。またこの場合には，先の (a) のよ

うに叙想（仮定）法現在を用いることはない。

> It is **natural** that she **should** get angry at [with〈英〉] her husband.
>
> （彼女が夫に腹を立てるとしても当然のことだ）
>
> It is **a pity** that he **should** miss such a capital opportunity.
>
> （彼がこんな絶好の機会を逃すとすれば残念なことだ）
>
> It was **unfortunate** that he **should** be out then.
>
> （彼が外出しているとは運が悪かった）
>
> It is **natural** that she **should** have refused his proposal.
>
> （彼女が彼の求婚を断ったとしても当然だ）

> ＊頭の中に過去のことを想い浮かべた場合は〈should have ＋過去分詞〉という形式になる。

> 〔注意〕that 節中に客観的な事実を述べる場合は叙実（直説）法の動詞を用いる。
>
> > It is **surprising** that he **knows** so much about the history of Africa.
> > （彼がアフリカの歴史についてそんなによく知っていることは驚きだ）
> > It is **a pity** that she **failed** the term examination.
> > （彼女が期末試験に失敗したのは残念だ）
> >
> > 　上に挙げた形容詞の他に lucky（幸運な），normal（正常な），odd（奇妙な），strange（不思議な）などがある。

(c) 疑問詞 ＋ should ...? :「どうして（誰が）…しなければいけないのか」

why, who, how などの疑問詞の後に should を用いて「どうして（誰が）〜しなければいけないのか（そんなことしないでもよいのに）」というような意味で強い感情が示される。

> *Why* **should** I pay him a compliment?
>
> （どうして僕が彼にお世辞を言わなければいけないのか）

(d) lest 〜 should ... :「…しないように」〈文章体〉

すでに古くなった表現で近年の英語ではほとんど用いられない。
so that [for fear] 〜 may [can, will] ＋ not ... などを用いる。

> He works hard *lest* he **should** fail.
>
> ＝ He works hard **so that** he **may not** fail.
>
> （彼は失敗しないように懸命に努力している）

dare

dare の意味・用法

dare は疑問文と否定文においてだけ助動詞として用いられ「あえて〜する，〜する勇気がある」という意味を表す。近年はあまり用いられなくなり，本動詞の dare を用いる傾向が強い。本動詞の dare は to 不定詞と共に用いる。

(1) 疑問文

  Dare you say 'No' to the boss?

   = *Do* you **dare** to say 'No' to the boss?

  （社長に 'いやだ' という勇気があるかい）

(2) 否定文

  She **dare** *not* jump over the ditch.

   = She *does not* **dare** to jump over the ditch.

    （彼女はその溝を跳び越える勇気がない）

  She **dared** *not* jump over the ditch.

   = She *did not* **dare** to jump over the ditch.

    （彼女はその溝を跳び越える勇気がなかった）

(3) dare を用いた慣用表現

  (a) How dare you ... ？：「よくも図々しく…できるな」

    How dare you say such a thing?（よくそんなことが言えるな）

  (b) I dare say ...：「多分…だろう」

    I dare say this is the worst of the kind.

    （多分これはこの種のものでは最悪のものだろう）

used to

used to の意味・用法

助動詞の場合は [júːst] と 's' は無声音になることに注意する。used to は [júːstə] となることが多い。

(1) 過去の規則的習慣：「〜するのを常とした，きまって〜したものだ」

  She **used to** play a piece or two on the piano before going to bed.

  （彼女は就寝前にきまって 1，2 曲ピアノを弾いたものだった）

  Used she **to** touch up her make-up before seeing him?

8
助動詞

= **Did** she **use to** touch up her make-up before seeing him?

（彼女は彼に会う前に化粧を直す習慣でしたか）

(2) 現在と比べた過去の状態：「**以前は〜だった**」

I **used to** smoke two packs of cigarettes a day, but I have given up smoking now.（私は以前 1 日に 2 箱タバコを吸っていましたが，今はもう吸うのをやめました）

I **used not to** like beer, but I'm quite fond of it.

= I **did not use to** like beer, but I'm quite fond of it.

（私は以前ビールは好きでなかったのですが，今ではとても好きです）

＊used not の短縮形は use(d)n't [júːsnt] である。

練習問題 8

A 次の各文の（　）内の適当な語句を選びなさい。

(1) Accidents (will, shall) happen.

(2) It is quite natural that Mary (would, should) get angry.

(3) You (can, must) have left your handbag in the movie theater.

(4) You (can, must) stay here as long as you like.

(5) You (may, must) go out to play, but you (can't, mustn't) learn naughty games.

(6) (Can, May) it be true?

(7) Let's swim in that lake, (can, may, shall) we?

(8) I don't know when she (writes, will write) to me.

(9) Ten years (passed, have passed) since her mother (has died, died, had died).

(10) I would (better, more, rather) die than steal.

B 次の各文の（　）内に適当な1語を入れなさい。

(1) She won't attend the meeting today, (　) she?

(2) You (　) lose your way if you don't take a map.

(3) Don't use unnecessary words if you (　) help it.

(4) He (　) been ill five days when the doctor was sent for.

(5) Good dog, you (　) have a bone when we get home.

(6) I hope you (　) have a good time with them.

(7) How (　) you say such a thing to me?

(8) She (　) often sit in the chair for hours doing nothing.

(9) You (　) have seen *Seven Samurai* by Kurosawa.

(10) Will your brother come to see the game?
No, I don't think he (　).

C 次の各文に誤りがあれば正しなさい。

(1) He is reading a novel since seven in the evening.

(2) I will lend you my glove when I shall have done with it.

(3) I will never forget your kindness.

(4) If he climbs Mt. Everest, he will climb three times.

(5) Your parents will be delighted if you will succeed.

(6) If you accept that job, you're never going to regret it.

(7) They ought to get there by now.

(8) He must have been amazed to hear of her marriage.

D 次の各文を英文に直しなさい。

(1) この薬を飲んだら気分がよくなるよ。

(2) 誰も逃がさないぞ。(No one を主語にして)

(3) 彼女は若いはずがない。きっと 40 歳は越えているよ。

(4) 博物館へ行く道を教えて頂けますか。

(5) 私は病気のときはいつも山田先生に見てもらったものです。

E 次の各文の (　) 内に，各選択肢から最も適当なものを選び，その番号を書きなさい。

(1) Why should he think that he knows better than I (　)?

　① know 　　② knew 　　③ do 　　④ am

(2) You (　) his face when I told him the news yesterday.

　① may see 　　② ought to see 　　③ might see

　④ should have seen 　　⑤ must see

(3) Who are you that you (　) speak thus?

　① dare 　　② may 　　③ would 　　④ should

(4) Never (　) I dream of such happiness.

　① have 　　② little 　　③ did 　　④ had

(5) Linda doesn't dance much now, but I know she (　) a lot.
　　① was used to　　② used to　　③ would　　④ would have

(6) I can't find my glasses. I (　) them behind in the train.
　　① may have left　② may leave　　③ might be leaving
　　④ might leave

(7) If you don't mind, (　). I've got a stomachache.
　　① I'd rather go　② I'd love to go　③ I'd like it very much
　　④ I'd rather not go

~○~○~○~○ 役に立つことわざ ~○~○~○~○

★　It is an ill wind that blows nobody good.
　　(甲の損は乙の得) ←〔だれの得にもならない風は吹かないものだ〕
★　Art is long, life is short.
　　(学芸は長く，人生は短い)
★　It's never too late to learn.
　　(学ぶのに遅過ぎることは決してない)

9 [叙] 法 (Mood)

同じ仮定でも,「もし太陽がなかったら」と,「もし明日雨なら」とは質が違う。前者は事(現)実化できないこと,後者は事実になりうることの仮定である。また「太陽がまぶしい」は事実を述べている。事実か想念か,英語はこの認識上の相違を動詞の形によって表示する。

> 話し手が自分の述べる事柄を〈事実〉と考えているか,〈想像〉上のことと考えているか,また〈命令〉と考えているかという,叙述内容に対する話者の心の状態を表す動詞の形式を法 (Mood) と呼び,叙実法 (**直説法**)・叙想法 (**仮定法**)・命令法の3種類がある。

*今まで伝統的に Mood を単に〈法〉として説明している場合が多いが,この訳語は学ぶ者の理解を難しくしているように思われる。そこで本書では「叙べる内容についての話者の心の状態を表す方法」という意味で**叙法**という語を用いる。

叙法の種類

01 叙実法 (直説法) (Indicative Mood)

事実をあるがままに述べる時の動詞の形式。

She **plays** tennis every Saturday.

(彼女は毎土曜日にテニスをします)

I **was** in the army in 1955. (1955 年には私は陸軍にいた)

　*従来の「直説法」という言葉がどんな意味を表すのか学生に聞いてもほとんどの学生は答えられない。そこで本書では叙実法という用語を使う。[直説法:事実を素直に説明する (述べる) 方法]

動詞の「時制」で述べた 12 の形式 (第6章 I. 参照) が叙実法の動詞の形である。これに助動詞 (第8章参照) の現在形と過去形が加えられる。次に完全な文章になっていないが sleep を例にとり叙実法の形を示す。

① He sleeps ...	(彼は眠る…)	[叙実法現在]
② He slept ...	(彼は眠った…)	[　〃　過去]
③ He will sleep ...	(彼は眠るだろう…)	[　〃　未来]
④ He is sleeping ...	(彼は眠っている…)	[　〃　現在進行形]
⑤ He was sleeping ...	(彼は眠っていた…)	[　〃　過去進行形]

⑥ He will be sleeping ...　　　（彼は眠っているだろう）　　　　　［　〃　未来進行形］

⑦ He has slept ...　　　　　（彼は［今］眠ったところだ）　　　［　〃　現在完了形］

⑧ He had slept ...　　　　　（彼は［過去のある時点で］眠ったところだ）

　　　　　　　　　　　　　　　　　　　　　　　　　　［　〃　過去完了形］

⑨ He will have slept ...　　　（彼は［未来のある時点で］眠ってしまっているだろう）

　　　　　　　　　　　　　　　　　　　　　　　　　　［　〃　未来完了形］

⑩ He has been sleeping ...　　（彼は［今まで］眠り続けている）

　　　　　　　　　　　　　　　　　　　　　　　　　［　〃　現在完了進行形］

⑪ He had been sleeping ...　　（彼は［過去のある時点まで］眠り続けていた）

　　　　　　　　　　　　　　　　　　　　　　　　　［　〃　過去完了進行形］

⑫ He will have been sleeping ...（彼は［未来のある時点まで］眠り続けているだろ

　　　　　　　　　　　　　　　　う）　　　　　　　　［　〃　未来完了進行形］

02　叙想法（仮定法）（Subjunctive Mood）

事実ではなく，事実と反対のことや，ありそうもないことを頭の中で想像して述べる時の動詞の形式。

　　I wish I **were** a member of the Major League.

　　（僕はメジャーリーグの一員であればよいのに）

　　＊「仮定法」とはどういうものか学生に聞くと，if を用いる文章だと
　　　答える者が多い。これは大変な誤解である。その誤解をまねかない
　　　ように本書では叙想法という用語を使う。

叙想法とは頭の中で事実と反対のことや，ありそうもないことを想像する時の動詞の形式であるから，よく if 節の中で用いられる。けれども if 節であれば叙想法だと誤解してはいけない。次の2つの文を比較してみると，

　　If it **is** fine tomorrow, we *will* go on a picnic.　…………… ①

　　（明日もし晴れていたら，私達はピクニックに行くでしょう）

　　If I **were** a bird, I *would* fly to you.　…………………… ②

　　（もし私が鳥だったら，君の所に飛んで行くだろう）

　　I wish Mary **were** here!　………………………………… ③

　　（メアリーがここにいればよいのに）

①では if 節の中で主語の it を is という動詞の形で受けている。これは**叙実法**（3人称・単数・現在・be 動詞）の動詞の形であるから決して**叙想**（仮定）**法**ではないのである。これは単なる「条件」に過ぎない。[tomorrow という未来のことに叙実法現在を用いることについては（**P.63, 04**）参照]

それに対し，②では I という１人称の主語，③では Mary という３人称単数の主語を were という動詞で受けている。これは叙実法であれば複数形の主語について過去のある事実を述べる形である。②③ではいずれも主語は単数であり，その上「（今）私が鳥であれば…」とか「（今）メアリーがここにいてくれたら…」と現在のことを言っているのである。それにもかかわらず，わざと過去で複数形の be 動詞の形を用いるのは，このことは〈事実〉ではなく〈想像〉上のことだということを示しているのである。これが叙想法過去の be 動詞の形なのである。そして③では if はどこにも用いられていない。

> **I am** a student.（私は学生です）
> **Mary is** here.（メアリーはここにいます）　｝［現在の事実］
> **I were** a bird.
> **Mary were** here.　｝［事実と反対のこと］

このことを見ても叙想法と if 節が直接には関係がないことが分かるであろう。叙法というのはあくまでも「**動詞の形**」に示されるものであることを忘れてはいけない。

03　命令法（Imperative Mood）

命令や依頼を表す動詞の形式。動詞の原形を用いる。

> Be quiet.（静かにしなさい）
> Write a letter for me.（私の代わりに手紙を書いて下さい）

A．叙想法の種類

①叙想法過去（Subjunctive Past），②叙想法過去完了（Subjunctive Past Perfect），③叙想法現在（Subjunctive Present）の３種類がある。叙実法が全部で 12 の形式があったのに，叙想法はわずか３つの形式しかない。古い時代の英語ではもっと多くの叙想法の形式があったのだが，ほとんど死に絶えてしまって今でも元気に使われているのは①と②だけで，③はアメリカでやっと生き残っているに過ぎない。イギリスではもう死んでしまった。

04　叙想法（仮定法）過去

現在の事実と反対のことを表す。

(1) 条件節で用いる時

条件を表す if 節の中で用いる時は次のような形になるのが代表的なものである。

<u>If I **were** you</u>, <u>I **would (should)** not do that</u>.
（条件節）　　　　　（帰　結　節）

（もし僕が君なら，そんなことをしないだろう）

＊現在の事実では僕（I）は君（you）ではない。その事実の反対のことを条件として if 節で述べるので，if 節のことを**条件節**という。そしてその条件のもとで，どんなことが帰結するか（結果として起こるか）ということを主節で述べるので，主節のことを**帰結節**という。

<u>If I **had** plenty of money</u>, <u>I **would (should)** buy a villa in Hawaii</u>.
（条件節）　　　　　　　　　（帰　結　節）

（もしたっぷりお金を持っていたら，ハワイに別荘を買うだろう）

＊現在の事実は「私は十分なお金を持っていない。だからハワイに別荘を買えない」のである。

【注】〈口語体〉では were は was になることが多い。

条件節で叙想法過去を用いる場合をまとめると，

[条件節：(今) もし〜ならば]		[帰結節：〜するだろうに]	
if＋主語＋過去形	were / was / did	主語＋	would, should, could, might	＋原形

would, should, could, might などのどの助動詞を選ぶかは主語の人称・助動詞の意味・〈英〉か〈米〉かによって決めればよい。

〔**注意**〕「万一，ひょっとして」というきわめて可能性の少ないことを条件節で仮定する時は if 節に should を用いる。

If ＋主語＋ should ＋原形 〜, 主語＋ { would [will], should [shall] / could [can], might [may] } ＋原形

If he **should** be absent tomorrow, we **would** put off the meeting.
（万一明日彼が来なければ，その集会を延期するだろう）
＊最近ではほとんど用いられない。

(2) 〈純粋な仮定を表す were ＋ to 〜〉

事実の反対とか，きわめて可能性の少ないことを意識して条件にする

のではなく，無色で純粋な仮定をする場合には were ＋ to ～ を用いる。純粋であるだけに実際には起こり得ないことを仮定することが多い。

〈If ＋主語＋ were ＋ to ～,　主語＋ would, should, could, might ＋原形 ～〉

> If the sun **were to** rise in the west, I would never **part** from you.
> （たとえ太陽が西から昇っても，君とは絶対に別れないだろう）

05　叙想法（仮定法）過去完了

過去の事実に反対のことを表す。

［条件節：（あの時）もし～だったら］　　［帰結節：～したであろうに］

If ＋主語＋ had ＋過去分詞 ...,　主語＋ { would, should, could, might } ＋ have ＋過去分詞

> He would not have done that if he had known the fact.
> （もし彼がその事実を知っていたら，そんなことをしなかったろうに）
> If I had worked harder, I should (would) have passed the exam.
> （もしもっと勉強していたら，試験に合格していただろうに）

〔注意〕If 節は過去の事実の反対（つまり叙想法過去完了）で，帰結は現在の場合もある。

> If my son **had** not **been killed** in the traffic accident, he **would be** a good soccer player.（息子が交通事故で死ななかったら，（今頃）サッカーのいい選手になっているだろうに）

＊条件節は過去の事実と反対のことを仮定しているので過去完了形になっているが，その帰結を現在においているので，帰結節は叙想法過去の帰結節と同じ形になる。

06　叙想法（仮定法）現在

次の 2 つの用法がある。

(1) that に導かれる名詞節の中で用いる。動詞は**提案・要求・禁止・願望**（suggest, propose, desire, demand, prohibit）などである。〈米〉の用法であるが最近は〈英〉でもまた使われる傾向がでてきているようである。

> We **suggested** that the new system **be** adopted.
> （私達は新しいシステムが採用されるよう提案した）

＊叙実法現在にはない be という形が用いられていること，また時制の一致の法則（第 25 章参照）にしたがっていないことから叙想法現在

であることがわかる。

I **demand** that the prime minister **resign** at once.

（私は首相が直ちに辞任することを要求する）

＊主語が３人称・単数，動詞が現在であるのに resign に -(e)s が付いていないことから叙想法現在であることが分かる。

〔注意〕① 〈英〉では助動詞 should を用いるのが普通。

　　　　We suggested that the new system **should** *be adopted*.

　　　　I demand that the prime minister **should** *resign* at once.

　　　　② 〈It is ＋形容詞＋ that 節 …〉のなかで

　　　　desirable（望ましい），important（重要な），necessary（必要な）などの判断を示す形容詞を補語とし，その意味上の主語となる that 節の中でも叙想法現在が用いられる。この場合でも〈英〉では普通 should を用いる。

　　　　It is important that the government **meet** the nation's demands.

　　　　（政府は国民の要望にこたえることが重要だ）

　　　　It is necessary that John **express** what he thinks.

　　　　（ジョンは自分が考えていることを明らかにすることが必要だ）

　　　　＊同じ主語について叙想法現在の express と，叙実法現在の thinks との対照に注意すること。

(2) 条件節の中で現在または未来についての不確実なことを表す

今日ではこの用法はなくなっており，叙実法現在を用いるのが普通。用いるとすれば慣用表現とか，表現に古風な感じを与えるような場合に限られている。

　　I shall lend you some money if need **be**. ［慣用表現］

　　（必要なら金を用立てしましょう）

　　If any person **steal** another person's money, he shall be punished.

　　（なんぴとも他人の金を盗めば罰せられるべし）［古風な文体］

07 願望を表す叙想法

〈口語体〉では was を用いるのが普通。

(1) wish, would などの目的語となる that 節の中で（ただし，that は省略するのがふつうである）

　(a) 叙想法過去：「〜であればいいのに」

　　　現在の事実と反対のことや，実現できそうもないことを願う。

　　I wish I **were** a millionaire.（大金持であればいいのに）

　　I wish she **would** stay longer.

　　（彼女がもっと長くいてくれたらいいのに）

Would that I **had** more patience! ——————〈文章体〉

（もっと我慢強ければいいのに）

Oh that she **were** not a princess! ——————〈文章体〉

（アー，彼女が王女でなければいいのに！）

〔注意〕I would rather ～が I wish ～の意味で用いられることがある。しかし
I wish ～の方が普通。ただし，wish の場合はほとんど1人称の主語で
あるが，would rather の場合は2人称・3人称の主語にも用いられる。

I would rather she **were** kinder.

（彼女がもっとやさしければいいのに）

You **would rather** I **spoke** English freely.

（君は僕が思うように英語を話せたらと思っているんだね）

(b) 叙想法過去完了：「～であればよかったのに」

I wish I **had not said** that.

（あんなことを言わなければよかったのだけれど）

I wish I **had been** there at that time.

（あの時そこにいればよかったのだが）

08 if 節に相当する表現

(1) 倒置

if を省略した場合，〈主語＋動詞〉の普通の語順を〈動詞＋主語〉のように倒置する。疑問符がつかないことと，帰結文の動詞の形で，if が省略された条件節であることが分かる。これは〈文章体〉で，口語では用いることは少ない。

Were I a bird (=If I were a bird), I *would fly* to you.

（もし私が鳥であれば，あなたの所に飛んで行くのに）

Had the report **been** true (=If the report had been true), we *should* (*would*) *have been* delighted.

（あの報告が本当だったら，私達は喜んだでしょうに）

(2) without ～, but for ～：「もし～がなければ（なかったならば）」

これらはどちらも前置詞（句）であるから，if 節のように叙想法過去か過去完了かはこれだけでは分からないが，帰結文の動詞の形を見て判断すればよい。but for ～は〈文章体〉である。

Without the sun (=If it were not for the sun), all living things *would* die.（太陽がなければ，すべての生き物は死ぬだろう）［叙想法過去］

Without the sun (=If it *had* not *been* for the sun), all living things *would* not *have appeared*. ［叙想法過去完了］

（太陽がなかったならば，すべての生き物は現れなかっただろう）

But for (Without) your help (=If it *were* not for your help), he *would* not succeed. （君の助けがなければ，彼は成功しないだろう）

But for (Without) his advice (=If it *had* not *been* for his advice), she *would have made* an unfortunate marriage.

（彼の忠告がなかったなら，彼女は結婚に失敗したでしょう）

09 他の if 節に相当する表現

(1) 不定詞 （P.340, 19 参照）

To hear her talk, you *would* take her for an American.

（彼女が話すのを聞けば，アメリカ人だと思うだろう）

It would have been better **for him to admit his failure** (=if he had admitted his failure).

（彼が自分の失敗を認めていたらよかっただろうに）

(2) 分詞構文

Born under a lucky star (=If I had been born under a lucky star), I *should be enjoying* an easier life.

（幸運の星のもとに生れていたら，もっとのんびりした生活をしているだろう）

That kind of man, **living** in the Middle Age (=if he had lived in the Middle Age), *would have been banished* from the mother country.

（あのような男は中世に生きていたなら，母国から追放されていただろう）

(3) 副詞語句

With your assistance (=If I had your assistance), I *should* (*would*) certainly *succeed*.

（あなたのご援助があれば，私はきっと成功するでしょう）

　＊08 (2) の without の用法を参照すること。この場合は「～があれば，～があったなら」の意味である。

I took his advice; **otherwise** (=if I *had* not *taken* his advice) I *should* (*would*) *have lost my life*.

（私は彼の忠告を受け入れた。もしそうしなかったら私は生命を失っていただろう）

Five years ago (=If it *had been* five years ago), I *could have jumped* over a brook like this.

（5年前だったらこんな小川は跳び越えられたのに）

(4) 主語の名詞（句）

A Japanese *would* not *do* so. （日本人ならそのようにしないだろう）

All was so still that **a pin** *might have been heard* to drop.

（あたりはとても静かだったので，ピンの落ちる音でさえ聞えただろう）

＊*might have been heard* のように〈法助動詞の過去形＋ have ＋過去分詞〉の形式はほとんどの場合叙想法過去完了の帰結文である。だから if 節を含めて条件を表す文句がなくても，どこにその条件があるのかを考えて理解し訳せばよい。

B．叙想法を用いた重要構文

10　条件節だけで願望を表す場合

帰結節が省略されて条件節だけになる場合がある。現在や過去の事実の反対のことを強く願う表現である。

If only I **were** a fluent speaker of English!

（英語がスラスラ話せさえしたらなあ）

＊If only ... は「…でさえあれば（あったら）なあ」という意味になる。

If I **had met** you in my youth! （若い頃君に会っていたならなあ）

Oh, **had** the police **been** in time to save my son!

（ああ，警察が息子を救うのに間に合っていたならなあ）〈文章体〉

11　叙想法現在で願望を表す場合 [祈願文]

古い形式で慣用表現にしか用いられない。

God **save** the Queen (King)! [英国国歌]

（神が女王［国王］を護り給わんことを）

God **bless** you! （神の祝福がありますように）

Grammarians **be** hanged! （文法家などしばり首にされますように）

＊その後 may を用いる祈願文ができたが，それも今日では古風な〈文章体〉と感じられるようになった。

May God bless you! （神の祝福がありますように）

May you succeed! （ご成功を祈る）

12　It is {high / about} time ＋主語＋叙想法過去 :「もう～しないといけない頃」

普通は叙想法過去の動詞を用いるが, まれに叙想法現在や〈should ＋原形〉が用いられることもある。名詞節を導く that は普通省かれる。

It's time you children **went** to bed.

＊不定詞を用いれば次のようになる。

It's time for you children **to go** to bed.

（お前たち子供はもう寝る時間だよ）

I suppose *it's high time* I **were (was)** going to leave.

（もうおいとましなくてはと思います）

＊くだけた〈口語体〉では was が普通。

It's about time we **concluded** the party.

（そろそろパーティを終わりにするころだ）

Isn't it time a new house **(should) be built**?

（新しい家を建てなくてはいけないころじゃない）

＊叙想法現在を用いるのはおもに〈米〉であるが, あまり使われることはない。

13　if it were not (had not been) for ～:「～がなければ（なかったならば）」

叙想法過去は現在の事実の反対, 叙想法過去完了は過去の事実の反対を表す。これは〈文章体〉である。

If it were not for air, most animals would perish.

（空気がなければ, 大抵の動物は亡びるだろう）

If it had not been for the government's subsidy, the bridge could not have been built.

（もし政府の補助金がなかったなら, あの橋は建設できなかっただろう）

【注】if を省略した場合は, Were it not for ～, Had it not been for ～になる。（08(1)参照）

14　as if ～, as though ～:「まるで～かのように」

as if ～, as though ～の後には叙想法過去や叙想法過去完了がくるのが普通である。叙想法過去は主節の動詞と「同じ時」を示し, 叙想法過去完了は主節の動詞より「前の時」を示す。as though は〈文章体〉。

He acts **as if** he **were** her husband.

（彼はまるで彼女の夫であるかのように振舞っている）

He talked **as if** he **had known** her secret.

（彼はまるで彼女の秘密を知っていたかのように話した）

She looks **as though she had been born** an aristocrat.

（彼女はまるで生まれつきの貴族のように見える）

〔注意〕 as if 節中の〈主語＋動詞〉が省略されることもある。

His wife had disappeared **as if *by magic***.

（彼の妻はまるで魔法を使ったかのように消えていた）

〈口語体〉では as if, as though の節に叙想法でなく叙実法（現在・現在完了・未来）の動詞が用いられることがある。その場合は上の例文のように事実の反対のことを仮定するのではなく，「～らしい」「～らしく」という単なる**様子**を表しているのである。

You look **as if *you've been fighting***.

（まるで今まで喧嘩していたみたいですね）

We missed the last train. It looks **as if *we'll have*** to go home by taxi.

（最終列車に乗り遅れた。タクシーで帰ることになりそうだ）

15 as it were：「いわば」

今ではやや古いと感じられ，so to speak の方がよく用いられる。文の途中や文の終わりに置かれる。

He is, **as it were**, a living corpse.

（彼はいわば生ける 屍 だ）

〜◦〜◦〜◦〜 役に立つことわざ 〜◦〜◦〜◦〜

★ Heaven helps those who help themselves. （♪▶30

（天はみずから助くる者を助く）

★ The leopard cannot change his spots.

（ヒョウはその斑点を変えられぬ）←〔もって生れた性格はなかなか変えられない。悪人はいつまでたっても悪人だ〕

★ Rome was not built in a day.

（ローマは一日にして成らず）

145

練習問題 9

A 次の各文の（　）内の適当な語句を選びなさい。

(1) She has a lot to do now. If she (is, were) free, she (should, will, would) go to the theater.

(2) I suggested he (resigns, resign, will resign) his post as headmaster.

(3) (If, Had) she hurried, she would have caught the last bus.

(4) There have been many times when I wished he (is, were, has been) here.

(5) She behaved as if she (was, were, had been) a Queen.

(6) If he (is, were, had been) rich, she would have married him.

(7) (But, For, Without) your help, I couldn't have succeeded as a politician.

(8) If (there, one, it) had not been for your advice, I should have ruined myself.

(9) God (blesses, bless, may bless) England!

(10) If the sun (would, had to, were to) rise in the west, I would not break my promise.

B 次の各文に誤りがあれば正しなさい。

(1) If it would rain tomorrow, we will put off our school sports.

(2) It is necessary that he pays his debt.

(3) But for your help, I shouldn't live now.

(4) You children, be not noisy!

(5) I think you had better not to eat too much.

C 次の各組の文の内容が同じになるように，（　　　）内に適当な1語を入れなさい。

(1)
{
If you move a step, I'll shoot you.

Move a step (　　) I'll shoot you.
}

(2)
{
I am sorry that I cannot speak English as well as you.

I wish I (　　) speak English as well as you.
}

(3)
{
As I did not follow your advice, I am not happy now.

If I (　　) (　　) your advice, I (　　) (　　) happy now.
}

(4)
{
A clever woman would not do that.

(　　) she (　　) a clever woman, she would not do that.
}

(5)
{
(　　) it not (　　) for your help, I could not have succeeded.

(　　) for your help, I could not have succeeded.
}

D 次の日本文を英文に直しなさい。

(1) 若い頃に一生懸命勉強していたら，今は幸せな生活をしているだろうに。

(2) 万一雨が降っても私達は山登りを始めるでしょう。

(3) もし空気が無ければどんな生き物も生きられないだろう。(Ifで書き始めること)

(4) ジョンならその問題を簡単に解決するだろう。

(5) 彼はまるで大統領だったような話し方をする。

E 次の各文の（　　　）内に，各選択肢の中から最も適当なものを選び，その番号を書きなさい。

(1) If I were a little younger, I (　　) you in climbing the mountain.

① have joined　　② join　　③ will join　　④ would join

(2) If she had followed his advice then, she (　　) happy now.

① is　　　　② will be　　③ would be　　④ has been

⑤ would have been becoming

(3) (　) the five eggs, she would have starved to death.
 ① Were it not for　　　② Did it not have　　③ Had it been
 ④ Had it not been for

(4) (　) he need more information, there are plenty of good manuals available.
 ① Did　　　② Had　　　③ If　　　　④ Should

(5) If you were to fall from that bridge, it (　) almost impossible to rescue you.
 ① is　　　② was　　　③ would be　　　④ would have been

(6) (　) I known more about his character, I would not have trusted him.
 ① If　　② Could　　③ Had　　④ As　　⑤ Were

(7) (　) a little more effort, he would have succeeded.
 ① For　　② But　　③ Owing to　　④ With

10 否 定 (Negation)

'無人' '不在' と日本語にも否定の名詞はある。しかし，圧倒的に "ない, ぬ, ん," という打消しの助動詞が〈否定〉の中心である。一方，英語は nothing, no, never, little などなど実に多様な品詞の否定語句があり，また，その位置によって語順にまで変化が起きる。

日本語の否定は比較的簡単で「〜しない」「〜でない」と文末に「〜ない」という助動詞を付ければ大体よいのであるが，英語の否定はかなり複雑で，no は否定の形容詞，not は否定の副詞，nothing, nobody などは否定の代名詞とさまざまな品詞によって否定が表される。また，文章全体を否定する〈文否定〉と，特定の語句だけが否定される〈語否定〉の 2 種があって否定が及ぶ範囲（否定の領域）にも違いがあり，論理的に考える必要がある。そういう意味で注意して学習してもらいたい。

01 否定の種類

(1) 文否定と語否定

文否定：文全体の内容が否定されるもの

語否定：特定の語・句・節の内容だけが否定されるもの

この 2 種類の違いを見分けるには次の点に注意すればよい。

◆〈文否定〉であれば肯定の付加疑問が付き，〈語否定〉であれば否定の付加疑問が付く。

He does*n't* love her, **does he**? 〈文否定〉

（彼は彼女を愛していないよね）

He was *not* a little surprised, **wasn't he**? 〈語否定〉

（彼は少なからず驚いたんだろう）

＊not は a little だけを否定していて，文全体は肯定文である。

◆文頭に否定語句が来る場合，〈文否定〉であれば倒置（inversion）が起きるが，〈語否定〉では起きない。

Not a soul *did I* find in the streets. 〈文否定〉

（人っ子一人通りには見当たらなかった）

Not very cold *it is* today. 〈語否定〉

（今日はあまり寒くない）

(2) 全体否定と部分否定

「すべてが（健康）でない」という否定は，全体が健康でないと否定されているから〈**全体否定**〉と呼び，「すべてが（健康）とは限らない」という否定は一部が健康で，一部が健康でないということになるから〈**部分否定**〉という。そして，どちらも〈**文否定**〉である。

> None are well.〈全体否定〉　　　　　= みなが不健康
>
> （誰も健康でない）
>
> Not all are well.〈部分否定〉　　　= 一部が不健康，
>
> （みなが健康とは限らない）　　　　　残りは健康

一般に否定語句の後に次のような語があるときは部分否定になる（ただし，常に否定語句が先行しなければならないということではない。誤解される心配のない時は否定語句が後にくることもある）。

all（すべて[の]）	entirely（まったく）
both（両方[の]）	every（すべての）
each（それぞれ[の]）	exactly（正に，きっかり）
everybody（みんな）	everyone（みんな）
everything（すべてのもの）	everywhere（あらゆるところに）
absolutely（完全に）	generally（大体，概して）
always（いつも）	necessarily（必ず，必然的に）
altogether（まったく）	quite（まったく）
completely（完全に）	whole（全体の）
entire（全体の）	wholly（まったく）

I don't know **anything** about it.　〈全体否定〉
(= I know nothing about it.)
（私はそれについては何も知りません）
I don't know **everything** [all] about it.　〈部分否定〉
（私はそれについてすべてを知っているわけではありません）

Nobody agreed with me.　〈全体否定〉
（誰も私に同意しなかった）
Not all agreed with me.　〈部分否定〉
（みなが私に同意したわけではなかった）

She did**n't** buy **either** ring. 〈全体否定〉

(She bought neither ring.)

(彼女はどちらの指輪も買わなかった)

She did**n't** buy **both** rings. 〈部分否定〉

(彼女は両方の指輪を買ったわけではない)

They **never** treat him coolly. 〈全体否定〉

(彼等は決して彼を冷たく扱わない)

They do **not always** treat him coolly. 〈部分否定〉

(彼等は必ずしも彼を冷たく扱わない)

(3) 二重否定

否定が2度繰り返されることを二重否定という。今日の標準英語では「飲みたくないことはない」と二重に否定すると，結局「飲みたい」という**肯定**になる。(古い時代の英語や，今日でも非標準的な英語では，否定は幾つあってもそれは否定を強めるだけで，肯定になることは極めてまれである)

He **never** spent a day **without** drinking *sake*.

= He drank *sake* everyday.

(彼は一日とて酒を飲まない日はなかった)

There was **no** one who did **not** speak ill of her.

= Everyone spoke ill of her.

(彼女のことを悪く言わない人はなかった)

It is **not unimportant** that one should get acquainted with as many people as possible. (できるだけ多くの人達と知り合いになることは，詰まらないことではない)

〔**注意**〕二重否定が普通の肯定と完全に同じになると理解してはいけない。そこには消極的でためらいがちな肯定，あるいは逆に強い肯定などのニュアンスに違いがある。

02 否定語句の位置

否定語句はそれ自身の性質・品詞あるいは構文によって，文中の位置が異なる。

(1) 名詞を否定する場合

名詞の前に置く

> She has **no** *children*.（彼女は子供がいない）
>
> There were **no** *students* who could understand his theory.
>
> （彼の理論を理解できる学生は誰もいなかった）
>
> **Not** *a man* answered this question.〈文章体〉
>
> （誰一人としてこの質問に答えなかった）

(2) 動詞を否定する場合

(a) not

助動詞・be 動詞の後に置くのが普通である。ただし，n't と短縮されてそれらの語と一体となることが多い。

> I *do* **not** (**don't**) *want* to go there.
>
> （私はそこに行きたくない）
>
> She *can***not** (**can't**) *drive* a car.
>
> （彼女は車を運転できない）
>
> He *was* **not** (**wasn't**) *surprised* at the news.
>
> （彼はその知らせを聞いて驚かなかった）

◆動詞以外の語句を否定する場合はその前に置く。

> She is **not** *my daughter*, but my niece.
>
> （彼女は私の娘ではなく姪だ）
>
> He is **not** *diligent*.（彼は勤勉でない）
>
> I asked him **not** *to say* that.
>
> （彼にそれを言わないように頼んだ）
>
> He is lazy, **not** *because he failed in the business*.
>
> （彼が事業に失敗したからという訳ではないが，彼は怠け者だ）

(b) hardly, scarcely, seldom, never など

一般動詞の前，助動詞・be 動詞がある時はその後

> I **hardly** *knew* him in my school days.
>
> （私は学校時代彼をほとんど知らなかった）
>
> I *have* **scarcely** *spoken* to her nowadays.
>
> （私はこのところ彼女と口をきいたことはほとんどない）
>
> I *can* **seldom** find time for reading.
>
> （本を読む暇がなかなかない）
>
> He is **never** the one to pay.

（彼は決して金を払うような男じゃない）

(c) 否定は早く

日本語は文の最後になるまで肯定か否定かが分からない。しかし，英語では否定は文頭や文頭近くで，できるだけ早くそれを示すという傾向がある。

> **Nothing** will happen tomorrow.
>
> （明日は何事も起こら**ない**だろう）
>
> I have **never** read such an interesting book.
>
> （私はこんなに興味深い本を読んだことが一度も**ない**）
>
> ＊もちろん英語にも I bought **nothing**. （私は何も買わなかった）というように文末に否定語がくることはある。しかし，それは文がきわめて短いとか特定の場合であって，一般的には文末に否定語がくることは少ない。

(d) I don't think 型について

英語では「思う」「想像する」「信じる」などという意味の動詞の場合，論理的には従属節の方の否定であるのに，この意味の動詞の方を否定することが多い。

> I **don't think** he will come soon. ⋯⋯⋯⋯⋯⋯⋯ ①
>
> （彼はすぐ来るとは思わない）
>
> I think he will **not come** soon. ⋯⋯⋯⋯⋯⋯⋯ ②
>
> （彼はすぐ来ないと思います）

論理的には②の方が正しい表現であるのにもかかわらず，①の方の表現形式が好まれる。それは一つには英語の否定はできるだけ早く示すという傾向からきているとも言えるが，日本語でも①の非論理的な表現があることを考えると，それだけではない何か別の理由があるのであろうが，ここでは触れない。

この型を取る動詞は think 以外に，believe, expect, fancy, guess, imagine, suppose, suspect などがあり，また appear, seem （〜のように見える）という動詞もこの型に属する。

03 肯定文で否定の意味になる表現

(1) 修辞疑問

疑問文の形を取りながら〈否定〉の意味を表す。

> **Who knows** that he is a refugee from China?

= *No one knows* that he is a refugee from China.

（彼が中国からの亡命者だということを誰が知ろうか［いや，誰も知らない］）

＊逆に，Who doesn't know ...? は「…を誰が知らないだろうか［いや，皆…を知っている］」と肯定になる。

(2) before, only, too ... to ~, など

Come back home **before** *it is* dark.

（暗くならないうちに家に帰って来なさい）

There were **only** *two bullets* left.

（弾はたった2発しか残っていなかった）

This question is **too** difficult for me **to** answer.

（この質問は難しすぎて，僕には**答えられない**）

(3) prevent, avoid, deny, keep ... from, refrain などの動詞

The flood **prevented** me *from going* there.

（洪水が私をそこに行くことをさまたげた → 洪水のため私はそこに行けなかった）

He **denied** *that he had said* so.

（彼はそんなことを言った覚えがないと言った）

I carefully **refrained** *from calling* her first name.

（私は彼女の名を呼ばないように気を付けた）

She tried to **keep from** smiling.

（彼女は笑わないように努めた）

(4) その他の表現

10

否

定

(a) far from ~ing

「～どころか；

決して～ではない」

He is **far from** being poor.

（彼は貧乏どころではない［大変な金持だ］）

She is **far from** being kind.

（彼女は親切どころじゃない［大変不親切だ］）

(b) fail to ~

「～しない，～で

きない」

She **failed to** obtain his love.

= She couldn't obtain his love.

（彼女は彼の愛を得られなかった）

＊never fail to ～は「必ず～する」という意味になる。

(c) anything but ~
「少しも~でない」

He is **anything but** a priest.
= He is not a priest at all.
(彼が僧侶だなんてとんでもない)

(d) free from ~
「~のない，~を
免れている」

Nothing can be free from imperfections.
(どんなものも完全無欠ではあり得ない)
＊from の代わりに of を用いてもよい。

(e) in vain
「無駄に，むなし
く，~できない」

She tried in vain to open the door.
(彼女はドアを開けようとしたがだめだった)

(f) 〈the last ＋名詞 ＋ to 不定詞〉
「決して~しない
［名詞］」

He is **the last man to betray** his friends.
(彼は決して友人を裏切らない人だ)

【注】to 不定詞のところに関係代名詞節がくることもある。
He is **the last person** *who says such a thing.*
(彼は決してそんなことは言わない人だ)

練習問題 10

A 次の英文に誤りがあれば正しなさい。

(1) There are not errors in your answers at all.

(2) He is hardly late for school.

(3) Anybody didn't buy it.

(4) The woman was on no way to blame.

(5) Little we dreamed of winning the final game.

(6) It began to rain before I didn't get to my office.

(7) If anybody doesn't want to go, then we must give up the plan.

B 次の各文の（　　）内に下の語群から適語を選んで入れなさい。

(1) There is (　　) any water on this island.

(2) I never see you (　　) thinking of my brother.

(3) Your answer is anything (　　) perfect.

(4) These products are (　　) no means satisfactory.

(5) The play was far (　　) being a success.

(6) I failed (　　) obtain the post I sought.

(7) The thief tried to open the door, but (　　) to fail.

[but, to, scarcely, only, from, by, without]

C 次の各文を日本語に直しなさい。

(1) John would be the last man to say such a thing.

(2) There was no one but felt sympathy.

(3) It was so dark that we couldn't see anything.

(4) You cannot be too careful when you climb a mountain in winter.

(5) It is not a dream any longer to fly to the moon.

(6) I am not so much fond of jazz as you are.

D 次の各文の（　）内に，各選択肢から最も適当なものを選んで，その番号を書きなさい。

(1) I was unable to go hiking, nor (　).
　① I wanted to　② did I want to　③ I didn't want to
　④ didn't I want to

(2) It was so cold this afternoon that (　) anybody went swimming.
　① all　② almost　③ hardly　④ most

(3) This glove is too big and the other is too small. (　) fits me, so they can't be mine.
　① Both　② Neither　③ Either　④ It

(4) Never (　) he dream of such a thing.
　① had　② was　③ did　④ ought

(5) What (　) do you mean?
　① anything　② else　③ on earth　④ of the world

(6) He said (　) a single word of apology.
　① no　② none　③ nor　④ not

(7) Mary can't swim, and John can't, (　).
　① too　② very well　③ either　④ neither

11 名　詞 (Noun)

文を一つのドラマと見立てると，名詞は主演女優，動詞は主演男優ということになろうか。この主演女優は，数（Number）・格（Case）・性（Gender）というトリコロール（三色）の衣裳をまとっている。その衣裳の品定めが大事である。

I．名詞の種類
A．可算名詞と不可算名詞

名詞はまず大きく可算名詞（**数えられる名詞**）と不可算名詞（**数えられない名詞**）とに分かれる。我々日本人は物が数えられる性質を持っているか，持っていないかなどという区別を普通しない。しかし英語を母国語とする人達は常にこの区別をしている。英語を学ぼうとする日本人はまずこの意識の違いに大きな注意を向ける必要がある。

「古池やかわず飛びこむ水の音」という有名な芭蕉の句を英訳したものの一例として An old pond / A frog jumps into it / Splash! がある。日本語では‘ある１つの池’とか‘ある１匹のかわず’というふうに一々形の上に〈池〉が単数か複数か，また〈かわず〉が単数か複数かと示す必要はない。句の内容から考えれば日本語ではどちらも単数であることが分かりきったこと（understood）なのである。しかし英語はそうはいかない。ある存在が単数か複数か，不特定なものか，特定なものかということを形で示すことが絶対に必要なのである。それが英語国民の事物に対する認め方であり，論理的な考え方の一つの要素を成しているからである。英語を学習する日本人はこのことをいつも頭においていなければならない。

B．５種類の名詞

名詞は可算か不可算かという区別に関連して，その存在のありように基づいて，さらに次の５種類の名詞に分類される。

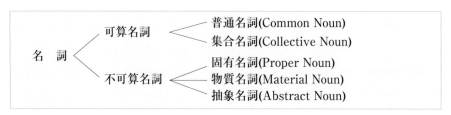

普通名詞や集合名詞が単数の場合には，必ず何らかの限定詞（冠詞・人称代

名詞の所有格・指示形容詞・不定形容詞）を付けなければいけない。

I bought a *ball-point pen.*

（私はボールペンを（1本）買いました）

That *ball-point pen* is made in Germany.

（そのボールペンはドイツ製です）

She wants my *ball-point pen.*

（彼女は私のボールペンを欲しがっています）

Do you have any *ball-point pens?*

（あなたはボールペンを持っていますか）

つまり，chair，desk，pencil などの普通名詞，class や family などの集合名詞は個体性が強く，一定の形を持った不連続体であるから1つ，2つ，3つと簡単に数えられる。それに対して，air，sugar，water などの物質名詞は連続体であり，個体性を持たないため1つ，2つ，3つと数えられないのである。また kindness や sorrow のような抽象名詞も抽象的な性質を示す名詞であり，具体的な形を持った目に見える物体でないからこれもまた数えられないのである。

最後に固有名詞であるが，これは Ichiro，Carnegie Hall，London，Mt. Fuji，the Thames のように特定の人物・場所・物体にのみ与えられたただ一つの固有な名称である。つまり，初めから1つしか存在しないのであるから数える必要のない，あるいは数えられることを拒否する名詞なのである。

01　普通名詞（Common Noun）

book（本），cat（猫），desk（机），house（家），sparrow（雀）など同じ種類の個体を多数持っているものに与えられる名称。単数か複数かという文法上の区別を必要とし，単数の場合は上に述べたように何らかの限定詞を付けるのが原則である。

(1) a (an) ＋単数形：a book ［（ある1冊の）本］

I bought a **book** yesterday.（私は昨日1冊の本を買った）

＊普通発話に最初に出てくる不特定のものには不定冠詞の a (an) が付けられる。そして続けてそのものを話題として取り上げる場合には，今度は自分が買った本として特定されるから the を付ける。（下の(3) 参照）

(2) 無冠詞＋複数形：books ［(数冊の) 本］

There are **several books** on the table.

（テーブルに数冊の本がのっている）

　＊限定詞の付かない場合はやはり不特定である。

(3) the ＋単数形：**the** book ［その本］

The book is very interesting.（その本はとても面白い）

　＊話し手や聞き手が何らかの事情で既に知っているものにはこの形が
　用いられる。

(4) the ＋複数形：**the** books ［その数冊の本］

The books on the table are the ones that he borrowed from his teacher.

（テーブルにのっている本は彼が先生から借りたものである）

　＊the ＋複数形は原則としてある特定されたものの全体を示す表現であ
　る。それに対し，**無冠詞＋複数形**はある種全体を示す。

Students must work hard. ［種全体］

（学生というものは一生懸命勉強しなければならない）

The students **in this class** must work hard. ［特定のものの全体］

（このクラスの学生は一生懸命勉強しなければならない）

02 普通名詞の特殊な用法

次の2つの形式がある。

(1) 種類全体を指す用法

　(a) 無冠詞＋複数形

　　Horses are useful animals.（複数代表）

　　（馬は有益な動物である）

　(b) a (an) ＋単数形

　　A horse is a useful animal.（不定代表）

　　（馬は有益な動物である）

　(c) the ＋単数形

　　The horse is a useful animal.（定代表）

　　（馬は有益な動物である）

　このうち (a) が文語・口語どちらでも最も普通に用いられる形式で，
　（馬は何頭もいるが，馬というものは……である）というニュアンス
　で，(c) は文章体の堅い表現で，（かの馬なるものは……なり）とい
　うニュアンスである。したがって格調の高い文章中で用いられる。

(b) はその中間で，（どの一頭の馬をとっても馬というものは……で
ある）というニュアンス。あまり用いられることはないが，やや堅
めの文章で用いられる。我々日本人はどんな場合でも複数代表を用
いておれば無難である。

(2) the ＋単数普通名詞 ⟹ 抽象名詞

02 (1) の (c) とは別に，普通名詞の単数形に the を付けて，その名詞
が象徴する抽象的な概念を示す場合がある。

The pen is mightier than **the sword**.（文は武よりも強し）

　＊the pen は文筆力（literary power）とか思想（idea）を象徴し，the
　　sword は軍事力（military power）とか暴力（violence）を象徴して
　　いる。

All **the father** rose in my heart.

（父の情が胸にわき起こった）

　＊the father が父親としての情愛（paternal love）を象徴している。

03　集合名詞（Collective Noun）

committee（委員会），family（家族），machinery（機械類），police（警察）
のように人・動物・物などの集合体を指す名詞。次の2種類がある。

(1) family 型：単数扱い（集合体全体を1つのまとまりとして見る場合）
　　　と複数扱い（集合体のメンバーを個々に考える場合）

My uncle's **family** is very large.

　（叔父の家族はとても大人数だ）

His **family** are all well.（彼の家族の者はみんな元気だ）

　＊後者の文のように集合体の個々のメンバーを指す場合には，特に**衆
　　多名詞**（Noun of Multitude）と呼ぶ時がある。

［family 型の集合名詞］

> army（軍隊），clan（氏族），class（クラス），club（クラブ），committee
> （委員会），crew（乗組員），crowd（群集），family（家族），flock（家畜な
> どの群），gang（悪党などの一団），government（政府），group（グループ），
> herd（牛などの群），jury（陪審員），majority（多数派），minority（少数
> 派），nation（国民），public（大衆），staff（職員），team（チーム）

(2) police 型

この型の集合名詞は複数形になることはなく，常に単数形で複数扱いになる。不定冠詞 a (an) を付けることはない。定冠詞 the をつけると全体または特定のものを指す。

> The **police say** that **they** caught the violent criminal.
>
> （警察はその兇悪犯を逮捕したと報じている）
>
> The **clergy occupy** a high social position in England.
>
> （英国では聖職者たちは，高い社会的地位を占めている）

＊なぜ不定冠詞 a (an) を付けないかというと，これら集合体のメンバーの個々を指す語が別にあるからである。

police（警察）$\Longrightarrow$ a policeman（警察官）

clergy（聖職者たち）$\Longrightarrow$ a clergyman（聖職者）

＊people は「人々」という意味の時はこの型の集合名詞，「国民・民族・種族」という意味では普通名詞になり，不定冠詞 a (an) を付けたり，peoples と複数形になったりする。

［police 型の集合名詞］

> aristocracy（貴族階級），cattle（牛，畜牛），clergy（聖職者たち），nobility（英国の貴族階級），people（人々），police（警察），poultry（家禽），peasantry（小作農階級）

---

04 固有名詞 (Proper Noun)

Air Force One（米国大統領専用機），Mount Everest（チベット語名 Chomolungma），Newton，the Mississippi などのように，人・場所・事物などに固有の名称。本来1つしかないものだから a (an) を付けたり，複数形にすることは原則としてない。the は付く場合と付かない場合がある。常に大文字で始まる。

> **Paris** is the capital of **France**.
>
> （パリはフランスの首都である）
>
> The name of **Kurosawa** is known worldwide.
>
> （黒澤という名は世界中に知られている）
>
> **China** is a great country in **Asia**.
>
> （中国はアジアの大国である）

(1) 定冠詞を付ける固有名詞

［the ＋単数形固有名詞（④を除いて）］

① 海洋・河川・運河　the Dead Sea（死海），the Pacific (Ocean)（太平洋），the Panama Canal（パナマ運河），the Thames（テムズ川）

② 船舶・艦隊　the Baltic Squadron（バルチック艦隊），the Mayflower（メイ・フラワー号），the Queen Elizabeth Ⅱ（クイーン・エリザベス 2 世号），the Spanish Armada（16 世紀のスペイン無敵艦隊）

③ 海峡・半島　the Crimea (Peninsula)（クリミア半島），the Straits of Dover（ドーバー海峡），the Tsugaru Strait（津軽海峡）

④ 山脈・群島　the Alps（アルプス山脈），the Marianas（マリアナ諸島），the Rockies（ロッキー山脈），the West Indies（西インド諸島）

⑤ 砂漠　the Gobi (Desert)（ゴビ砂漠）

⑥ 公共建築物　the British Museum（大英博物館），the British Foreign Office（英国外務省），the Metropolitan Opera House（メトロポリタン歌劇場）

⑦ 新聞・雑誌　the New Yorker（ニューヨーカー［米国の週刊誌］），the New York Times（ニューヨークタイムズ紙），the Times（タイムズ紙）

⑧ 団体名　the Liberal Party（英国の自由党），the Red Cross（赤十字社）

(注意)　ただし，孤島・孤山・湖・岬・大陸・国名・州・県・市町村・駅・公園・広場・学校・教会・橋・城・天体の場合には普通定冠詞を付けない。

Cape Horn（ホーン岬），Eurasia（ユーラシア大陸），France（フランス），Golden Gate Bridge（ゴールデンゲイト橋），Hyde Park（ハイドパーク），Hyogo Prefecture（兵庫県），Julliard School of Music（ジュリアード音楽

院），Jupiter（木星），Lake Ontario（オンタリオ湖），Madagascar（マダガスカル島），Mars（火星），Mount Kilimanjaro（キリマンジャロ山），New York（ニューヨーク），Piccadilly Circus（ピカデリーサーカス［ロンドンにある広場］），Tokyo Station（東京駅），Westminster Abbey（ウエストミンスター寺院）

(2) 固有名詞に不定冠詞を付ける場合

（07 参照）

05 物質名詞（Material Noun）

air, water のように物質を表す名称で，一定の形を持たず，また特別な容器を用いない限り，個々には独立して存在しない。不可算名詞であるから通常 a (an) は付かないし，複数形にもならない。

(1) 無冠詞＋単数形

物質そのものを指している場合は，無冠詞で複数形にもしない。

Beef is the meat that I like best.

（牛肉は私の一番好きな肉です）

Blood is thicker than water.

（血は水よりも濃い —— 血縁のものには他人よりも情愛が深くなる）

(2) the ＋単数形

特定されたものには the を付ける。

The beef we had at dinner was very good.

（ディナーの時に食べた肉はとてもおいしかった）

The water in this pond is polluted.

（この池の水は汚染されている）

(3) 物質名詞の分量の表し方

（a）不定の量を表す場合は，any, a great deal of, (a) little, much, no, some などを用いる。

There is **some** water left in the bottle.

（瓶には多少水が残っている）

We had **much** wine yesterday.

（昨日はずいぶんワインを飲んだ）

I have **little** money with me.

（ほとんどお金を持ちあわせていません）

（b）一定量の物質を示す時には，その物質に特有の計り方の単位を用いる。

three bottles of whisky（ウィスキー３本），**a cup of** coffee（１杯のコーヒー），**a piece of** chalk（１本のチョーク），**two glasses of** milk（コップ２杯の牛乳），**a loaf of** bread（一塊のパン），**a sheet of** paper（１枚の紙），**two spoonfuls of** sugar（サジ２杯の砂糖）

06　抽象名詞（Abstract Noun）

kindness（親切），love（愛），sorrow（悲しみ），truth（真理）のように，具体的な形を持たない抽象的な概念を示す名詞を**抽象名詞**という。形のない抽象的概念は数えられないから，通常 a (an) は付かないし，複数形にもならない。

(1) 無冠詞＋単数形
　一般的に抽象概念そのものを指している場合は無冠詞である。
　　　Necessity is the mother of **invention**.（必要は発明の母）
　　　Knowledge is **power**.（知識は力である）

(2) 限定詞＋単数形
　特定される場合には，限定詞が付く。
　　　The colonies declared **their independence** from England.
　　　（それらの植民地は英国からの独立を宣言した）
　　　The weak envy **the power** of the strong.
　　　（弱者は強者の力をうらやむ）

(3) 程度や量を示す場合
　a great deal of, any, (a) little, much, no, some などを付ける。この点では物質名詞によく似ている。
　　　A little learning is a dangerous thing.
　　　（生兵法は大怪我のもと［少しばかりの知識で満足してしまうと大きな過ちを招く原因になる）
　　　He has **no talent** for acquiring foreign languages.
　　　（彼は外国語修得の才能が全くない）
　　　My parents find **a great deal of joy** in gardening.
　　　（両親は庭いじりを大きな喜びにしている）

07　不可算名詞の可算名詞への転用

固有名詞・物質名詞・抽象名詞などの不可算名詞は本来の用法では数えられない性質のものであるが，個別性や具体性を持った意味に転用されると

可算名詞と同じようになって，a (an) を付けたり，複数形になったりする。

　　Shakespeare is the greatest dramatist that England has ever produced.

　　（シェイクスピアは英国が産んだ最大の劇作家である）

この文では Shakespeare は William Shakespeare（1564-1616）その人を指して用いられているから，本来の固有名詞である。しかし，

　　He is a Shakespeare of our time.

　　（彼は当代のシェイクスピアである）

ここでは a Shakespeare は，シェイクスピアその人ではなく‘シェイクスピアのような偉大な劇作家’（a great dramatist like Shakespeare）という普通名詞の意味に転化しており，偉大な劇作家は別に1人だけではなく，何人か複数として存在しているわけだから，そのうちの1人ということになって可算名詞化し，a が付くのである。そして可算名詞化すれば当然複数の場合もあることになる。

1）固有名詞 ⟹ 普通名詞

a)「～という人」　　There is a **Mr. Johnson** to see you.

　　（ジョンソンさんという人がお見えです）

　　We have **four Tanakas** in this class.

　　（このクラスには田中姓の人が4人いる）

b)「～のような人」　　He will be a **Newton** some day.

　　（彼はいつの日かニュートンのような大科学者になるだろう）

　　There are **many Kyotos** in Europe.

　　（ヨーロッパには京都のような古都がたくさんある）

c)「～家の人々」　　Her father is a **Kennedy**.

　　（彼女の父はケネディ家の出身だ）

　　All **the Edwards** are golden-haired.

　　（エドワード家の人はみな金髪だ）

d)「～の作品・製品」　　There was a **Matisse** on the wall.

　　（壁にマチスの絵がかかっていた）

　　He has **two Fords**.

　　（彼はフォードの車を2台持っている）

（左余白）11 名 詞

2) 物質名詞 ⟹ 普通名詞

a) 種類を示す場合 ：This is **a wine** suitable for Japanese women.
（これは日本人女性向きのワインだ）
Many **whiskeys** are exported every year.
（毎年多くの種類のウィスキーが輸出される）

b) 製品を示す場合 ：Do you have **a Webster**?
（ウェブスターの辞書を持っていますか）
The boy has **a lot of nickels**.
（その子はたくさんの白銅貨を持っている）

**c) 部分・断片
を示す場合** ：He threw **a** stone at the dog.
（彼はその犬めがけて石ころを投げた）
John ordered **two coffees** (= two cups of coffee).
（ジョンはコーヒーを2杯注文した）

〔注意〕fruit は〈果物〉と全体を総称していう場合は本来の物質名詞であるが，個体や
種類を指す場合には普通名詞として用いられる。
She likes **fruit**.（彼女は果物が好きだ）
This juice is made from three different **fruits**.
（このジュースは3種類の異なった果物でできている）
A banana is a **fruit**.（バナナは果物です）

3) 抽象名詞 ⟹ 普通名詞

抽象名詞は種類や具体的な行為・実例を示す場合は普通名詞化する。

a) 種類を表す場合 ：Avarice is **a vice**.（強欲は一種の悪徳である）

**b) 具体的な行為や
実例を表す場合** ：She has done me **many kindnesses**.
（彼女は私にいろいろと親切にしてくれた）
She is a great **beauty**.（彼女は大変な美人だ）

Ⅱ. 名詞の数

08 単数と複数

英語は日本語と違って〈もの〉が，1つであるか，2つ以上であるかを常
に意識しなければならない言語であり，そのために形式上の違いをきちん

と持っている。1つの場合を**単数**（singular），2つ以上の場合を**複数**（plural）といい，これらは文法上の項目となっていて，**数（すう）**（Number）という。単なる数（かず）と混同してはいけない。代表的な複数の形は**単数形の語尾＋(e)s** で表す**規則複数**と，特別な形で表す**不規則複数**とからなる。

09 規則複数の作り方

（1）[s, z, ʃ, ʒ, tʃ, dʒ] の音声で終わる場合：-es を付け [iz] と発音する。

単　　　数	複　　　数
brush	brushes
bus	buses
church	churches
lens	lenses

ただし，語尾が **e** で終わっている場合は **s** だけを付ければよい。

単　　　数	複　　　数
bridge	bridges
rose	roses

（2）**母音または有声子音 [b, d, g, l, m, n, ŋ, ð, v] の音声で終わる場合：s を付け [z] と発音する。**

単　　　数	複　　　数
card	cards
cave（洞穴）	caves
clothe	clothes＊
comb	combs
flag	flags
king	kings
robin（コマドリ）	robins
shell（貝殻）	shells
sofa	sofas
tub	tubs

＊[klóuz] という発音もある。

168

(3) 無声子音 [p, t, k, f, θ] の音声で終わる場合：s を付け [s] と発音する。

単　　数	複　　数
book	books
cap	caps
chief（首領）	chiefs
hat	hats
month（月）	months

〔注意〕(1) 長母音または 2 重母音 + th で前に r がない場合は [ðz] という発音になる。
bath [bá:θ] → baths〈英〉[bá:ðz],〈米〉[bá:θs], mouth [máuθ] → mouths [máuðz]
(2) 発音しなくても r が th の前にある場合は [θs] berths（寝床）, hearths（炉）
(3) [θs] [ðz] いずれの発音にもなるもの。sheaths（刀・葉などの "さや"）, wreaths（花冠）

(4) -y で終わる語の場合
　（a）**子音＋y** で終わる語の場合：y を i に代えて **-es** [z] を付ける。

単　　数	複　　数
city	cities
country	countries
enemy	enemies

　（b）**母音＋y** で終わる語の場合：そのまま **-s** [z] を付ける。

単　　数	複　　数
buoy（浮標・ブイ）	buoys
day	days
monkey	monkeys

(5) - O で終わる場合

(a) 子音＋ O で終わる語の場合：-es [z] を付けることが多い。

単　　　数	複　　　数
echo	echoes
hero	heroes
tomato	tomatoes

(b) 母音＋ O で終わる語の場合：そのまま -s [z] を付ける。

単　　　数	複　　　数
bamboo（竹）	bamboos
cuckoo（カッコウ）	cuckoos
radio	radios

〔注意〕 ①ただし，photo → photos，piano → pianos，solo → solos などは例外で，
単に -s [z] を付ける。
②calico（更紗），mosquito（蚊），tabacco（タバコ），zero（ゼロ）は -s，
-es のいずれを付けてもよい。

(6) -f，-fe で終わる語の場合：-f，-fe を v に代えて -es [z] を付けるのが普通。

単　　　数	複　　　数
half	halves
knife	knives
leaf	leaves
life	lives

〔注意〕 ただし，belief，chief，grief，roof などはそのまま -s を付ける。借用語や比
較的新しい語の場合に多い。

11
名
詞

170

10 不規則複数の作り方

(1) -en, -ren 複数（英語の古い時代の名残で，次の 3 語だけ）

単　　　数	複　　　数
brother（同宗の人）	breth**ren**
child	child**ren**
ox	ox**en**

(2) 母音を変えるもの（変母音複数）

単　　　数	複　　　数
foot	feet
goose	geese
man	men
mouse	mice
tooth	teeth

(3) 単・複同形のもの：狩や漁の対象となる鹿や鮭などは複数でも単数形と同じ形のままで用いるのが普通。

単　　　数	複　　　数
carp	carp
deer	deer
salmon	salmon
sheep	sheep
trout	trout

〔注意〕① fish は同種の魚の場合は単複同形であるが，種類が異なる場合は -es を付ける。
Bob caught eight **fish** but Ben caught only one (**fish**).
（ボブは 8 匹釣ったがベンはたった 1 匹しか釣らなかった）
They grow various **fishes** in this nursery.
（ここの養魚場では色んな魚を養殖している）
② -ese で終わる民族名は単複同形である。
He is a **Japanese**.（彼は日本人である）
There are **eight Japanese** in this hotel.
（このホテルには 8 人の日本人がいる）

(4) **外来語の複数**：ラテン語，ギリシャ語，フランス語など外国から入った語は，もとの言語の複数形で用いられる。しかしこれらの語も次第に英語本来の複数形に従う傾向がある。

  (a) ラテン語からの借用語

  datum（資料）→ data, focus（焦点）→ foci, formula（公式）→ formulae, matrix（母体）→ matrices, memorandum（備忘録）→ memoranda, stimulus（刺激）→ stimuli

  (b) ギリシャ語からの借用

  analysis（分析）→ analyses, crisis（危機）→ crises, criterion（標準）→ criteria, phenomenon（現象）→ phenomena

(5) **複合名詞の複数形**：普通主要語だけを複数形にする。

単　　数	複　　数
girlfriend（女友達）	girlfriends
father-in-law（義理の父）	fathers-in-law
maid-servant（メイドさん）	maid-servants

〔**注意**〕ただし，man / woman ＋名詞型の場合は両方の語を複数形にする。

  man-servant → men-servants, woman-writer → women-writers

(6) **文字・数字・記号・略語・語などの複数形**：普通 's（apostrophe s）を付ける。ただし近年の傾向としては apostrophe を省くことが多い。

  Dot the *i*'s and cross the *t*'s.

  (*i* の点を打ち，t の横線を引け［細かいことに注意を怠るな］)

  There are three *that*'s in this sentence.

  (この文には that が3つある)

  three *5*'s（3つの5）two *PTA*'s（2つの *PTA*）

(7) **常に複数形を用いる名詞**

  (a) 一対になっている衣服や器具

  glasses（めがね），pants（ズボン），scissors（はさみ），tongs（火箸などのはさみ），trousers（ズボン）

  (b) -ics で終わる学問名（普通これらの名詞は -s で終わっているが，単数扱いである）

  economics（経済学），linguistics（言語学），mathematics（数学）

  Econom**ics** **is** still a young science.

  (経済学はまだ新しい学問である)

(8) **強意複数**（intensive plural）：程度・広がりの大きさを表す意図で複数形にすることがある。

　(a)　抽象名詞の場合：程度の大きいことを示す。

　　　It is a thousand **pities**.（それは遺憾千万である）

　　　She is in great **difficulties**.（彼女はとても困っている）

　(b)　具象名詞の場合：広がり・連続の大きいことを示す。

　　　the sands of Sahara（サハラ砂漠），armies of grasshoppers（バッタの大軍），numberless as the sands on the seashore（浜の真砂のように無数の）

　　　The vast space of **waters** that separates the two hemi-spheres is just like a blank page.

　　　（両半球をへだてている広大な海原はまさしく空白なページのよう［に自由な空間］だ）

(9) **相互複数**（reciprocal plural）：相互に人や物が同じような関係や状況を交換し合う時に用いる複数形。

　　　He made **friends** with the foreigner.

　　　（彼はその外国人と友達になった）

　　　He shook **hands** with the student.

　　　（彼はその学生と握手した）

　　　John changed **trains** at New York.

　　　（ジョンはニューヨークで列車を乗り換えた）

Ⅲ.　格（Case）

「社長と平社員とでは**格**が違う」，「あいつと俺とでは人間の**格**が違う」というように，**格**というものは格式・資格・身分・等級を表す語であるが，名詞も文中で他の語に対してどういう関係になるかによって名詞の**格**が違ってくる。

　英語では普通次の3つの格がある。

1）主格：　　　　名詞が主語や主格補語になる場合。
「～は」,「～が」　John is a funny fellow.（ジョンは面白いやつだ）
　　　　　　　　主語　　　　　　主格補語

2）目的格： 名詞が他動詞の目的語になる場合，また目的格補語の
「〜を」,「〜に」 場合。

Mary loves <u>John</u> at the next <u>door</u>.
　　　　　　他動詞の目的語　　　前置詞の目的語

（メアリーは隣のジョンを愛している）

He made his son an <u>astronaut</u>.
　　　　　　　　　　　　目的格補語

（彼は息子を宇宙飛行士にした）

〔注意〕前置詞の後にくる名詞・代名詞も前置詞の目的語になるが，この場合は「〜を」,
「〜に」とはならず，それぞれの前置詞の意味に従う。（第22章参照）

3）所有格： 名詞が，他の人や動物・事物の所有者になったり，後
「〜の」 の用法のところで述べるようなさまざまな関係になる
場合。原則として所有者が生物の場合に用いる。（無生
物が所有を表す場合は前置詞 of を用いるのが普通であ
るが，その場合は所有格ではない）

Jill is **Mary's** classmate. （ジルはメアリーの級友だ）

11 名詞の主語と目的語

名詞の主格と目的格は形が同じである。では，何によって格の違いを決め
るのかと言うと，それは語順である。上の例文でも分かるように，主語や
主格補語の位置にくれば主格，他動詞や前置詞の目的語の位置にくると目
的格になる。

<u>His son</u> went to Australia during the vacation.
　主格

（彼の息子は休暇中にオーストラリアに行った）

He sent <u>his son</u> on an errand. （彼は息子を使いにやった）
　　　　　目的格

12 主格補語と目的格補語

主格補語の場合には，「主語＝主格補語」の関係が成立する。また，目的格
補語の場合には「目的語＝目的格補語」の関係が成立する。

John is **an astronaut**. (John = astronaut)

（ジョンは宇宙飛行士だ）

John made his son **an astronaut**. (his son = astronaut)

（ジョンは息子を宇宙飛行士にした）

13 その他の主格になるもの

呼びかけ・主格と同格の名詞・分詞の意味上の主語の場合も主格となる。

Did you see '*Titanic*', **John**?

（ジョン，君は「タイタニック」を見たかい）

John, our best **friend**, is an Australian.

（私たちの親友のジョンはオーストラリア人です）

The day's **work** being over, they went out for drinking.

（1日の仕事が終わったので，彼等は飲みに出かけた）

14 完全他動詞の目的格

He opened **the window**. （彼は窓を開けた）

She shut **the door**. （彼女はドアを閉めた）

15 授与動詞の直接目的語と間接目的語の場合

John gave **her small money**.

（ジョンは彼女に小銭をやった）

Mary lent **him some money** as a favor.

（メアリーは好意で彼に幾らかの金を貸した）

＊直接目的語でも（〜に）になる場合もある。　　例. meet（〜に会う）

16 直接目的語と間接目的語：目的語を2つとる授与動詞の場合

動詞の表す行為が最初に対象とするもの（上の例では money）が直接目的語となり，その次の対象となるものが間接目的語（上の例では her や him）になるのが原則である。一般に〈物〉が直接，〈人〉が間接になることが多いが〈物〉〈人〉の組み合わせでない〈物〉〈物〉の組み合わせの場合もある。

〔注意〕授与動詞の場合は間接目的語＋直接目的語の順になるが，間接目的語が文の重要情報（新情報）になるときは文末に移り，その前に適当な前置詞を付けなければいけない。（P.18, 04 参照）

John gave small money **to** her. ［Who (Whom) did John give small money? という問いに対する答えの場合］

175

17 同族目的語（Cognate Object）の場合

基本的には，自動詞として用いられる動詞が，その動詞と同じ語原の，または同じでなくても類似の意味の名詞を目的語にして他動詞の働きをする場合がある。このような目的語を同族目的語という。

> She **smiled** a happy **smile**. （彼女は幸福そうにニッコリ笑った）
> They **fought** a fierce **battle**. （彼等は激しく闘った）

18 不完全他動詞の目的格補語の場合

> John made his son a **musician**. （ジョンは息子を音楽家にした）
> He thought her an **ideal** wife.
> （彼は彼女を理想的な妻だと思った）

19 前置詞の目的語の場合

> They didn't pay me for the **work**.
> （彼等は私にその仕事の謝礼をしてくれなかった）
> We spent much trouble on **him**.
> （我々は彼のことで大変骨を折った）

〔注意〕代名詞の場合は2人称の you と3人称の it を除いて，主格と目的格とでは形が違う（P.188，01参照）。しかし，今日の英語では名詞は主格も目的格も形の上ではまったく同じであることに注意すること。しかし〈格〉は違うのである。
①前置詞的な形容詞の目的語の場合
> His school is **near** the **station**.
> （彼の学校は駅の近くにある）
> She has a voice **like** an **angel's**.
> （彼女は天使のような声をしている）

②副詞的目的格（Adverbial Objective）
時間・場所・距離などを表す名詞が主語や，（動詞・前置詞の）目的語や，補語ではなく，副詞の働きをする場合がある。このような名詞を副詞的目的格の名詞という。
> We saw the movie **yesterday**. （私たちは昨日その映画を見た）
> My father gets up at five **every morning**.
> （私の父は毎朝5時に起きます）
> I walk **three miles** every day. （私は毎日3マイル歩きます）

11
名
詞

なぜ，この用法の名詞を目的格と呼ぶのかというと，古期英語（Old English）の時代，名詞の語尾を変化させて目的格であることを示し，それを副詞として使用していたものが，後にその語尾変化を落としたのにそのまま慣用的に副詞用法として用いてきたために，この用法が生じた。現代の英語では for three miles, in the morning, on Sunday というように前置詞の目的語になる場合に相当する。それで目的格と呼ぶのである。

all, every, last, next, that, this, what などの付いたときの表現の場合 at, in, on などの前置詞を用いず，上記のように副詞的目的格として用いるのが普通である。しかし，last, next が曜日や月の後に来る時は前置詞を付ける。

> last Sunday = on Sunday last（この前の日曜日）

ただし，普通は前者を用いる。

20　同格（apposition）の目的格：目的格の名詞と同格に用いられる名詞

He climbed Mt. Everest with Robert, **the pianist**.

（彼はピアニストのロバートとエベレストに登った）

21　所有格の作り方

（1）単数名詞の場合

原則として語尾に -'s をつける。発音は複数語尾の -s の場合と同様である。

> a tiger's tail（虎の尾），John's car（ジョンの車），Mary's shoes（メアリーの靴），New Year's Eve（大晦日），the chairman's gavel（議長の槌），today's paper（今日の新聞）

〔注意〕for ～ 's sake（～のために）という慣用表現の場合，'s が付く「～」の部分の名詞語尾が [s] で終わる時には apostrophe（'）だけを付けるのが普通である。これは同じ子音が続くのを避けようとする結果である。

> for conscience' sake　（気休めに）
> for convenience' sake　（便宜上）
> for goodness' sake　（お願いだから）
> for old times' sake　（昔のよしみで）

（2）複数名詞の場合

（a）-s で終わる複数名詞には，apostrophe（'）のみを付ける。

> a girls' school（女学校），April Fools' Day（エイプリルフール），birds' nests（鳥の巣），ladies' gloves（婦人用手袋）

（b）-s 以外で終わる複数名詞には，'s を付ける。

177

children's shoes（子供用靴）, men's coats（紳士用上着）, women's school（女子校）

(3) 固有名詞の場合

-s で終わらない固有名詞は原則に従うが, -s で終わる場合は次のようになる。

(A) 古代ギリシャ・ローマの人名で, 特に 2 音節以上の語の場合は, ただ apostrophe（'）のみを付ける。

Achilles' [əkíli:z] tendon（アキレス腱）

Archimedes' [à:kəmí:di:z] principle（アルキメデスの原理）

(B) 's が付くと発音しにくくなる場合も apostrophe（'）のみを付ける。

Moses' [móuziz] prophecy（モーゼの予言）

(C) 上の（A）,（B）以外の場合は, 's と apostrophe（'）のどちらを用いてもよい。

Dickens's [díkinziz] (Dickens' [díkinz]) novels

Keats's [kí:tsiz] (Keats' [kí:ts]) poems

【注】[s] で終わる語の場合は 's を付け, [iz], [z] で終わる語の場合は apostrophe（'）のみを付け, 発音は変わらず [iz] となる傾向が強い。

(4) 複合名詞の場合

最後の語に 's を付ける。

my father-in-**law's** villa（私の義父の別荘）

the editor-in-**chief's** chair（編集長の椅子）

(5) 群属格（Group Genitive）

1 つのまとまりを成す語群の所有格は, 最後の語に 's を付ける。（属格とは所有格の別名である）

the King of England's palace（英国王の宮殿）

a ten minutes' walk（歩いて 10 分の距離）

the man I saw yesterday's son（昨日私が会った人の息子）

【注】最後の例のように, 節を含む度を越した属格は普通用いられないが, くだけた会話体では時として用いられる。

(6) 共有と個別所有

複数の人が共同で所有するような共有の場合は最後の語に, 別々に所

有する個別所有の場合はそれぞれの名詞に 's を付ける。

$\begin{cases} \textit{John and Robert's} \text{ mother} \\ \textit{John's and Robert's} \text{ mothers} \end{cases}$ （ジョンとロバート兄弟の母）
（ジョンの母とロバートの母）

$\begin{cases} \textit{Ben and Mary's} \text{ camera} \\ \textit{Ben's and Mary's} \text{ cameras} \end{cases}$ （ベンとメアリーの共有のカメラ）
（ベンのカメラとメアリーのカメラ）

22 無生物名詞の所有関係

現代の英語では 's を付けて所有格となるのは人間や高等動物などの生物に限るのが原則である。そして無生物名詞の場合は of ＋無生物という形で所有関係を示すが，これは所有格とは呼ばない。

the legs of a table（テーブルの脚）

the roof of a house（家の屋根）

しかし，次のような場合は無生物でも 's を用いることもできる。

(1) 擬人化された場合

Nature's law（自然の法則），**Fortune's** smile（運命の〔女神の〕微笑），the **mind's** eye（心眼）

(2) 地名・国名の場合

England's history（英国の歴史），**Europe's** future（ヨーロッパの未来），**Japan's** exports（日本の輸出品），**America's** intervention（アメリカの干渉）

(3) 天体・施設などを示す名詞の場合

the **world's** population（世界の人口），the **earth's** rotation（地球の自転），the **school's** history（その学校の歴史）

(4) 時間・距離・重量・価格などを示す名詞の場合

yesterday's newspaper（昨日の新聞），an **hour's** flight（1時間の飛行距離），a five **miles'** distance（5マイルの距離），a **pound's** weight（1ポンドの重さ），three **dollars'** worth（3ドルの価値）

(5) 人間の諸活動・交通機関などを示す名詞の場合

one's **journey's** end（旅路の果て），his **family's** problem（彼の家族の問題），**love's** pain（恋の苦しみ），the **car's** speed（その車のスピード）

(6) 慣用句

by a **hair's** breadth（間一髪のところで），to one's **heart's** content（心ゆくまで），within a **stone's** throw（至近距離で），at one's **wit's (wits')** end（途方に暮れて）

23 所有格の意味と用法

　's や無生物の所有関係を表す **of** は，基本的には「〜の」と訳せばよい。しかし，「〜の」が含んでいる実際の意味内容は多種多様である。例えば，「父の写真（my father's picture）」は '父が持っている写真'，'父が撮った写真'，'父を撮った写真' など文脈に応じて色々に解釈される。したがって，単に「〜の」と訳して満足するのではなく，その本当の意味内容をとらえることが正しい理解をする上で絶対に必要である。

(1) 広い意味での所有・所属

　my **uncle's** house（叔父の家），**Mary's** car（メアリーの車），her **daughter's** college（彼女の娘の大学）

(2) 著者・作者・出所

　Hemingway's novels（ヘミングウェイの小説），Princess **Diana's** letters（ダイアナ王女の手紙），**Newton's** method（ニュートンの法則）

(3) 後にくる動作名詞や動名詞の意味上の主語になるとき：動作名詞が自動詞的意味の場合で，主格関係の所有格ともいう。

　＊**【動作名詞】**：抽象名詞の一種。動詞からの派生が最も多いが，その他の場合でも対応する動詞をもつのが普通。

　　（例）discovery，survival など。

　We are expecting the **President's** arrival.

　（私たちは大統領が到着するのを待っているところです）

　She was rejoiced at her **father's** consent.

　（彼女は父親が同意してくれたので大喜びだった）

　He was surprised by his **father's** sudden death.

　（彼は父が急死したことに驚いた）

　The fog prevented **John's** starting.

　（霧のためにジョンは出発できなかった）

(4) 動作名詞・動名詞が意味上の目的語になるとき：動作名詞が他動詞的意味の場合で，目的格関係の所有格ともいう。

　My neighbors came to my **son's** rescue.（隣人たちが息子を救助しに来てくれた），the **hostages'** release（人質の釈放 → 人質を釈放すること），**Caesar's** murderers（シーザーの殺害者たち → シーザーを殺害した者たち）

(5) 性質・特徴・用途・対象

　a **summer's** day（夏の日），**child's** language（小児語），a **woman's** voice

（女の声，女らしい声），a **man's** roughness（男の粗暴さ）

(6) 時間・距離・重量などの度量

a week's absence（1週間の不在），**four miles'** distance（4マイルの距離），
ten pounds' weight（10ポンドの重さ）

(7) 関係・関与

John's lawyer（ジョンの弁護士 → ジョンが相談している弁護士，ジョンの弁護
をしている弁護士），**Mary's** horse-riding club（メアリーの乗馬クラブ → メア
リーが所属している乗馬クラブ）

(8) 同格

life's journey（人生という旅）

24　独立所有格（Absolute Possessive）

所有格の後の名詞が省略され，所有格そのものが名詞的に独立して用いら
れる用法。2種類ある。

(1) 同一名詞の反復を避ける。

This book is my **brother's** (*book*).（この本は兄のだ）

My car is faster than **John's** (*car*).

（僕の車はジョンのより速い）

Mary's (*dress*) was the prettiest dress.

（メアリーのが一番きれいな服だった）

(2) 建物（寺院・病院・学校・店など）・場所などを表す名詞は所有格の あとで省略されることが多い。

He is staying at his **uncle's** (*house*).

（彼は叔父さんの家に泊まっている）

I bought this book at **Kinokuniya's** (*bookstore*).

（この本を紀伊國屋で買った）

St. Paul's (*Cathedral*) is the largest church in London.

（セント・ポール大聖堂はロンドンで一番大きい教会だ）

25　二重所有格（Double Possessive）

日本語では「ジョンの友人の1人」と所有関係が重なる場合でも，そのま
ま「の」を続けて言えるが，英語では John's a friend とか a John's friend
とは言えない。それは所有格の名詞・代名詞は a, the, no, some, any,
that, this などと共に名詞を限定する限定詞の仲間であって，限定詞を2つ

続けて用いることが英語では原則としてできないからである。そこで**限定詞＋名詞＋ of ＋独立所有格**という形を取る。

> a friend **of John's**（ジョンの友人中のある友人 → ジョンの友人）
>
> some friends **of Mary's**（メアリーの友人中の何人かの友人 → メアリーの何人かの友人）
>
> this camera of Bill's（ビルのカメラ中のこのカメラ → ビルのこのカメラ）

（注意） ①２重所有格は目的格関係は表さず，**主格・所有格**などを示す。
> a picture **of my father's**（父が撮った写真，父の所有する写真）
> a picture **of my father**（父を撮った写真）
> He was a student **of Soseki's**.（彼は漱石が教えた学生だった）
> He is a student **of Soseki**.（彼は漱石の研究家だ）

②血縁関係を表す場合には of を用いずに，'s を重ねることも可能である。
> John's uncle's son（ジョンの叔父の息子）
> my mother's cousin's daughter（私の母のいとこの娘）

26　同格（Apposition）

名詞や名詞相当語句を，他の名詞や名詞相当語句と並べて追加的に説明・記述をすることがある。この関係を同格と呼ぶ。つまり説明・記述のために後に置かれた名詞・名詞相当語句は前の名詞・名詞相当語句と同じ格になるからである。

（1）名詞＋名詞

Mr. James White, **our teacher** of geography, is a very sincere person.
（私たちの地理の先生であるジェイムズ・ホワイト先生はとても誠実な人です）

He bought the book at *Henry* **the bookseller's**.
（彼はその本をヘンリー書店で買った）

（2）代名詞＋名詞

We Japanese live on rice.（我々日本人は米を主食にしている）

They — that is to say, **John and Mary** — are going to get married next year.（彼等，つまりジョンとメアリーは来年結婚するんだ）

（3）名詞＋名詞節

I heard *the news* **that John had won the prize**.
（僕はジョンがその賞を獲得したという知らせを聞いた）

The question **whether she should accept John's proposal** troubled Mary.（ジョンのプロポーズを受けるかどうかという問題がメアリーを悩ませた）

(4) 名詞＋ of ＋名詞

前置詞 of が「…という〜」「…のような〜」という意味を持つ場合で，〈同格の of〉と呼ばれる。

(a) 「…という〜」

the city <u>of</u> London（ロンドンという町 → ロンドンの町）

the news of his death（彼の死という知らせ → 彼の死の知らせ）

his habit <u>of</u> smoking（喫煙という彼の習慣 → 彼の喫煙の習慣）

(b) 「…のような〜」:〈名詞＋ of ＋（a ＋名詞）〉

この形は前の〈名詞＋ of〉が形容詞に相当する働きをし，感情のこもった表現となる。

an angel of a girl（天使のような少女）

a devil of a man（悪魔のような男）

this jewel of an island（この宝石のような島）

上の例のように of の後の名詞には不定冠詞 a (an) が付くが，of の前の名詞には不定冠詞以外の this や that，代名詞の所有格などの限定詞が付くこともある。

Ⅳ. 名詞の性（Gender）

名詞には boy（少年），father（父親）のように男性を示すもの，girl（少女），mother（母親）のように女性を示すもの，child（子供），parent（親）のように男女どちらにも共通に用いられる通性のもの，desk（机），sky（空）など本来男・女の性を持たない中性のものがある。

男性（Masculine Gender）：cock（雄鶏），man（男），son（息子）

女性（Feminine Gender）：hen（めん鶏），woman（女），daughter（娘）

通性（Common Gender）：bird（鳥），friend（友達），student（学生）

中性（Neuter Gender）：book（本），river（川），station（駅）

27 | 男性形と女性形

男性形と女性形の表し方には以下のようなものがある。

(1) 別語で表すもの

brother（兄弟）	：	sister（姉妹）
uncle（叔父）	：	aunt（叔母）
ox (bull)（雄牛）	：	cow（雌牛）

(注意) 牛を始め，鶏・鴨・鵞鳥・狐・羊・鹿・馬・ライオン・虎などは雄・雌を表す別語があるが，普通日常生活では一々性の区別をせず，chicken, cow, deer, duck, fox, goose, horse, lion, sheep, tiger と一般的に通性または人間にとって役立つ性の方の名前を用いる。

(2) 異なる語尾を用いて表すもの

(a) 男性名詞の語尾に -ess を付けて女性名詞にする。

host（客をもてなす主人）	：	host**ess**（客をもてなす女主人）
lion（雄のライオン）	：	lion**ess**（雌のライオン）
steward（男の旅客係）	：	steward**ess**（女の旅客係）

(b) 男性名詞の語尾を変えて -ess を付け女性名詞にする。

actor（男優）	：	act**ress**（女優）
tiger（雄虎）	：	tig**ress**（雌虎）
waiter（男の給仕人）	：	wait**ress**（女の給仕人）

(c) 男性名詞に -ess 以外の語尾を付けて女性名詞にする。

hero（英雄，主人公）	：	hero**ine**（女主人公）

(d) 女性名詞の語尾を変化させて男性名詞にする。

bridegroom（花婿）	：	bride（花嫁）
widower（男やもめ）	：	widow（未亡人，やもめ）

(3) 性を表す語を付けるもの。

boyfriend（男友達）	：	**girl**friend（女友達）
business**man**（実業家）	：	business**woman**（女実業家）
pea**cock**（雄クジャク）	：	pea**hen**（雌クジャク）

11

名
詞

練習問題 11

A 次の各語の複数形を書きなさい。

(1) church　(2) country　(3) monkey　(4) wife　(5) tomb
(6) Chinese　(7) salmon　(8) piano　(9) woman doctor
(10) looker-on　(11) crisis　(12) roof　(13) hero　(14) radio
(15) ox　(16) phenomenon　(17) mouse　(18) month　(19) glass
(20) belief

B 次の各語の単数形を書きなさい。

(1) leaves［葉］(2) oases　(3) shoes　(4) geese　(5) news
(6) bamboos　(7) spies　(8) cities　(9) criteria　(10) data

C 次の各語と〈性〉が反対の語を書きなさい。

(1) ox　(2) hero　(3) uncle　(4) cock　(5) lady　(6) actor
(7) tiger　(8) lad　(9) nephew　(10) lion　(11) king
(12) waiter　(13) landlord　(14) master　(15) widow

D 次の文中に誤りがあれば正しなさい。

(1) In summer he used to stay at his uncle.
(2) This is Mary's and Helen's piano.
(3) There is a swallow's nest under the house's roof.
(4) During the vacation we visited the king of France's palace.
(5) This handbag is that ladie's.
(6) He shook hand with the foreigner.
(7) There are many sheeps on the meadow.
(8) Mathematics are our favorite subject.
(9) My sister is still in her teen.
(10) She has bought two dozens of the socks.

E 次の男性名詞に対する女性名詞を書きなさい。

(1) lad　(2) nephew　(3) horse　(4) cock　(5) duke
(6) master　(7) manservant

F 次の各文の（　）内に最も適当な語句を選択肢から選び，その番号を書きなさい。

(1) Hurry up. There is (　) time left for the last train.
　① few　　　② a few　　③ little　　　④ a little

(2) I wanted to have a suit made, so I bought three yards of (　).
　① clothes　② clothe　③ clothing　④ cloth

(3) I wish he would give me (　) about the college.
　① an information　　　② some information
　③ many information　　④ some more informations

(4) The number of students in the conversation class (　) limited to fifteen.
　① are　　　② is　　　③ have　　　④ has

(5) If you want to get it, you'll have to pay (　) ten dollars.
　① another　② other　③ others　④ the other

(6) If you buy this, I will give you a (　).
　① fifteen percent discount　　② fifteen percent of discount
　③ fifteen percents discount　　④ fifteen percents of discount

(7) Three (　) of the surface of the earth is ocean.
　① four　　② fourth　③ quarters　④ quarts

12 代名詞 (Pronoun)

日本語の人称代名詞は豊富である。2人称でも「君, あな(ん)た, おまえ, 貴様, おぬし, てめえ, うぬ…」と実に多様である。しかし, 英語は you だけである。指示代名詞も「これ, それ, あれ」の3段階, 英語は this, that の2段階。この感覚の違いに慣れよう。

代名詞は名詞（句）の代わりとなる。

John is a high school boy. **He** is fond of playing soccer.

（ジョンは高校生です。彼はサッカーをするのが大好きです）

An old English lady lives at the next door. **She** takes a walk every morning.

（イギリス人の老婦人が隣に住んでいる。彼女は毎朝散歩をします）

Ⅰ. 代名詞の種類

1）人称代名詞
（Personal Pronoun）

I, you, he, she, it, we, you, they, etc.

2）所有代名詞
（Possessive Pronoun）

mine, yours, his, hers, ours, yours, theirs, etc.

3）再帰代名詞
（Reflexive Pronoun）

myself, yourself, himself, herself, ourselves, yourselves, themselves, etc.

4）指示代名詞
（Demonstrative Pronoun）

this, that, these, those, such, etc.

5）不定代名詞
（Indefinite Pronoun）

another, any, none, one, other, some, etc.

6）疑問代名詞
（Interrogative Pronoun）

who, which, what, etc.

7）関係代名詞
（Relative Pronoun）

who, which, that, what, etc.

※疑問代名詞は第13章, 関係代名詞は第14章で独立して扱われている。

Ⅱ. 人称代名詞

01 人称代名詞の種類

1) 1人称代名詞：話し手を指す代名詞で I，my，me，we，our，us など。

2) 2人称代名詞：話し相手を指す代名詞で，you（主格），your，you（目的格）など。

3) 3人称代名詞：話し手と話し相手を除く他のすべての人や物を指す代名詞で，he，his，him，it（主格），its，it（目的格），they，their，them など。

以上を図にして表すと，

数	格 人　称	主　格 (〜は，〜が)	所有格 (〜の)	目的格 (〜を，〜に)	独立所有格 (〜のもの)
単 数	1人称	I	my	me	mine
	2人称	you	your	you	yours
	3人称（男性）	he	his	him	his
	（女性）	she	her	her	hers
	（無生物）	it	its	it	its
複 数	1人称	we	our	us	ours
	2人称	you	your	you	yours
	3人称	they	their	them	theirs

〔注意〕①独立所有格は所有代名詞ということもある。
②2人称は単数と複数がまったく同じである。

02 人称代名詞の格

(1) **主格**：主語または主格補語になる場合。

  She is an American.（彼女はアメリカ人だ）

  It is **I**.（それは私です）〈文章体〉

  〔注意〕理論的には「主格補語は主格」であるから，上の文のように主格の代名詞が用いられるべきであるが，実際には目的格を用いて

  It's **me (him, her)**.

  というのが普通である。このような場合に主格の代名詞を使うと，気取った，

きざな感じ（affected）を与えることになる。なぜ目的格になるということについては色々な説明がされているがここでは省く。

(2)　**目的格**：動詞や前置詞の目的語になる場合や，目的格補語の場合
　　Mary loves **him**.（メアリーは彼を愛している）［動詞の直接目的語］
　　John bought **her** a necklace.
　　（ジョンは彼女にネックレスを買ってやった）［動詞の間接目的語］
　　The new manager is making a fool of **me**.
　　（こんどのマネージャーは私を馬鹿にしている）［前置詞の目的語］
　　He found it to be **her**.（彼はそれが彼女だと知った）［目的格補語］

(3)　**所有格**：a pen, the book, this pencil などの冠詞や指示形容詞と同じように名詞を修飾・限定する形容詞の働きをする。
　　This is **my** personal computer.（これは僕専用のパソコンです）
　　Soldiers fight for **their** country.（兵士は祖国のために戦う）

(4)　**独立所有格**：「〜の（もの）」という意味で，〈人称代名詞の所有格＋名詞〉と同じ内容を持つ。
　　This is my pen.（これは私のペンです）
　　This pen is **mine** (=my pen).（このペンは私の（もの）です）

03　人称代名詞の特殊用法

一般の人々を指す we, you, they：日本語ではこれらの主語を訳さない。

(1)　we は話し手を含めた 1 人称の立場から言う場合。
　　We should observe **our** traffic rules.
　　（交通規則を守らなければいけない）
　　We had much snow last year.（去年は雪がよく降った）
　　【注】We put up at a hotel by the lake.（私達は湖畔のホテルに泊まった）
　　　　We が特定の人達を指している場合は訳に表す。以下，you, they についても同様。

(2)　you は話し相手を含めた 2 人称の立場から言う場合。
　　She is what **you** call a 'gangro' girl.
　　（彼女はいわゆる 'ガングロ' 娘だ）
　　You never can tell your fate.（自分の運命は絶対に分からない）

(3)　they は，話し手・話し相手を含まない「一般の人」で比較的少数の人達を指して言う場合もある。

They say the government is going to resign.

（内閣は辞職するそうだ）

They speak English in New Zealand.

（ニュージーランドでは英語を話す）

They sell textbooks at that bookstore.

（あの書店では教科書を売っている）

〔注意〕不定代名詞 one にも「一般の人」を指す用法がある。 **19** (1) (c) 参照。

04 we の特別用法

(1) 〈論説〉の we（Editorial 'we'）

新聞の社説や論文の著者，あるいは講演者などが自分（I）を表に出し過ぎないようにするために 'we' を用いることがある。

We believe that this matter has nothing to do with **us**.

（この件は当社と無関係だと信じている）

(2) 〈親心の〉we（Paternal 'we'）

相手に対する親しみや，同じ仲間であるような感じ（一体感）を出すために，医者や看護師が患者に，教師が生徒に，親が子に対して，you の代わりに 'we' を用いることがある。

Are **we** feeling better today?（今日は気分がよくなりましたか）

(3) 〈王の〉we（Royal 'we'）

王や王室の人達が公式の場で I の代わりに用いる 'we'。

We appreciate your faithful services.

（余は諸君の忠実なる功労を多とするものである）

【注】この用法は現在ではほとんど使われなくなった。更にこの用法の再帰代名詞は ourselves ではなく ourself という特別な形を用いる。

05 it の特別用法

(1) 〈非人称〉の it

人称代名詞の it は，3人称・中性・単数のある具体的な名詞（book, door, river など）を指して，その代わりとして用いられる。それに対して〈非人称の it〉というのは，昔〈非人称動詞（impersonal verb）〉という主語を必要としない動詞（例，folgian［古代英語］→ follow［現代英語］）の文があったのが，その後英語は命令文を除き，主語を

持たない文を無くすことになった。そのため，昔の非人称動詞の主語として It を用いるようになり，この It を〈非人称の It〉と呼ぶようになった。It follows that ...［（当然の結果として）…になる］などの It や，**天候・明暗・距離・時間**を表す文の時に用いる It がそれに当たる。

 It began to rain.（雨が降り出した）［天候］

 It was dark outside.（外は暗かった）［明暗］

 It is a mile from here to the station.

  （ここから駅まで1マイルです）［距離］

 It is eight o'clock now.（今8時です）［時間］

＊「天（候）が明（暗）るくなったら距離と時間を測れ」と覚える。

(2)〈状況〉の it

 大まかな周囲の状況を指して用いる it

 Who is **it**? ── **It**'s Mary.（誰ですか？ ── メアリーです）

 We had a good time of **it**.（とても楽しかった）

 How is **it** with your children?（子供さんはいかがですか）

 That's **it**.（まさにその通りだ）

 Take **it** easy.（気楽にやりなさい）

(3)〈形式主語〉の it

 英語は相手に一番伝えたい内容を文の終わりに持ってくるのが普通である。そこで，名詞・to 不定詞・動名詞・名詞節が文の主語であっても，それが一番ポイントとなる内容であるとき，また主部が長くて述部が大変短いようなときは主部を後にまわし，文頭の主語の位置には形式上の主語である it で代用する。これを〈形式主語の it〉という。

 (a) 名詞を代表する。

  It's boring, **this sort of play**.（退屈だな，こんな芝居は）

 (b) 不定詞を代表する。

  It will be difficult t**o beat him**.

  （彼を負かすのは難しいだろう）

 (c) 動名詞を代表する。

  It is no use **crying over spilt milk**.（諺）

  （こぼれたミルクのことを嘆いても何にもならない。＝ 後悔先に立たず）

 (d) that で始まる名詞節を代表する。（ただし，that は省かれる場合もある）

191

It is natural **that you should get angry**.

（君が腹を立てるのも当然だ）

(e) what などの疑問詞で始まる名詞節を代表する。

It wasn't very clear **what she meant**.

（彼女が何を言おうとしたのか，あまりはっきりしなかった）

(4) 〈形式目的語の it〉

上の (3) と同じように，要点となる内容が文中目的語である場合に，それを文の後にまわし，本来の目的語の位置には形式的に it を置く。これを '形式目的語の it' と呼ぶ。

(a) 不定詞を代表する。

I thought **it** my duty **to save the poor**.

（貧しい人達を救うことを私の義務だと思った）

(b) 動名詞を代表する。

I think **it** dangerous **her going there alone at night**.

（彼女が夜 1 人でそこへ行くのは危険だと思う）

(c) 名詞節を代表する。

I think **it** necessary **that we should keep our words**.

（私たちは約束を守らなければならないと私は思う）

〔注意〕第 5 文型で to 不定詞・動名詞・that 節が目的語になる場合は，必ずこの形式目的語の it を用いて言う。

(5) It is ~ that ... の強調構文

「昨日自動車事故を起こしたのは彼の息子だ」（It was his son that caused the car accident yesterday）いう表現は，単に「彼の息子が昨日自動車事故を起こした」（His son caused the car accident yesterday.）という事実を普通に述べる表現と違って，It was ~ that ... の「~」の部分に焦点をあてて，その部分を強調した表現になる。この構文の文頭に来る It も it の特別用法である。

また，この強調構文で強調されるのは (a) 主語 (b) 目的語 (c) 副詞（副詞句・副詞節）である。

It was **his son** that caused the car accident.

（自動車事故を起こしたのは彼の息子だ）［主語］

It was **the car accident** that his son caused.

（彼の息子が起こしたのは自動車事故だった）［目的語］

It was **yesterday** that his son caused the car accident.
（彼の息子が自動車事故を起こしたのは昨日だった）［副詞］

〔注意〕強調されるのが人の場合は that でなく who を用いるときもある。物の場合には普通 that であって which を用いることは大変少ない。副詞の場合は常に that である。

06　再帰代名詞（Reflexive Pronoun）

人称代名詞の所有格または目的格に -self（複数の場合は -selves）の付いた形を**再帰代名詞**と言い，再帰用法と強意用法の2つの用法がある。

数＼人称	1 人称	2 人称	3 人称
単数	myself	yourself	himself/herself/itself
複数	ourselves	yourselves	themselves

【注】辞書などでは人称の区別を一々示さないで，一般的に再帰代名詞であることを示す場合には oneself という形で代表する。実際に文章や会話で用いる場合には，その場の人称にふさわしい再帰代名詞形を用いる。

(1) 再帰用法（Reflexive Use）
動詞の動作が主語自身に向けられているとき，言いかえれば動詞の**目的語が主語と同じ人や物**であるときに用いられる。

(a) 　① John killed **himself**.（ジョンは自殺した）［himself = John］
　　 ② John killed **him**.（ジョンは彼を殺した）［him = John 以外の男］

(b) 　① She bought **herself** a fine dress.
　　　（彼女はきれいなドレスを買った）［herself = She 自分自身のために］
　　 ② She bought **her** a fine dress.
　　　（彼女はその女性にきれいなドレスを買ってやった）
　　　［her = another woman or girl. She ≠ her］

【注】もともと他動詞として再帰代名詞を必要としたものが，再帰代名詞を省略して，自動詞として用いる言い方が増えてきている。
The thief hid (**himself**) in the bush.（泥棒はやぶに身をかくした）
She dressed (**herself**) quickly.（彼女は素早く身仕度した）

(2) 前置詞の目的語になる場合

Please take good care *of yourself*.（どうか十分に気を付けて下さい）

Soon she came *to herself*.（間もなく彼女は意識を取り戻した）

◆前置詞＋再帰代名詞の慣用表現

He lives all *by himself* in the country. [by oneself = alone]

（彼は田舎でまったく１人だけで暮らしている）

She did the difficult work *by herself*. [by oneself = without help]（彼女は
その困難な仕事を１人でやり遂げた）

She'll not be able to do it *for herself*.

（彼女は自分ひとりの力ではそれができないだろう）

He awoke *of himself*. [of oneself = of one's own accord]

（彼はひとりでに目を覚ました）

Cars are dangerous *in themselves*. [in oneself = basically]

（自動車は本来危険な物である）

(3) 強意用法（Emphatic Use）

主語・目的語・補語になっている（代）名詞を強調する。強調する
（代）名詞と同格であり，強く発音される。

I **mysélf** said so. 〈文章体〉（私自身がそう言った）

I have never been to America **mysélf** . 〈口語体〉

（私自身はアメリカに行ったことがない）

〔注意〕①この用法の再帰代名詞の位置は，普通文章体では強める（代）名詞のすぐ
後に置くが，口語体では誤解をまねかない限りかなり自由である。

She wouldn't do such a thing **herself**.

Herself, she wouldn't do such a thing.

（自分だけなら，彼女はそんなことはしないだろう）

②他動詞や前置詞のすぐ後に来る場合は再帰用法であり，そうでない場合は
強意用法と考えておけばよい。

---

07 〈代名詞の所有格＋ own〉の用法

「～自身の」という意味を表す場合，再帰代名詞そのものには所有格の形が
ないので，［代名詞の所有格＋ own］の形で表す。形容詞用法と名詞用法が
ある。

(1) 形容詞用法

She doesn't remember the name of **her own** birthplace.

（彼女は自分自身の出生地の名前を覚えていない）

They had to leave **their own** motherland.

（彼等は彼等自身の母国を去らなければならなかった）

〔注意〕own は代名詞の所有格だけでなく，名詞の所有格とも用いることができる。
　　　　This dinner is of **my aunt's own** cooking.
　　　　（このごちそうは，私の叔母さん自身の手料理です）

(2) 名詞用法

This play is **my own**.

（この劇は私自身の書いたものだ）

Those cars belong to the company, but this is **her own**.

（あちらの車は会社のものですが，これは彼女［自身］のものです）

Ⅲ. 指示代名詞 (Demonstrative Pronoun)

「これ」とか「あれ」とか事物や人を直接指し示す代名詞を指示代名詞という。「これ」は近くにある場合，「あれ」は離れた所にある場合に用いる。英語では「これ」に相当するものが this（単数）・these（複数），「あれ」に相当するものが that（単数）・those（複数）である。日本語では「これ・それ・あれ」と3段階で遠近の程度を示すが，英語では「それ」と「あれ」はどちらも that（those）に含まれるので2段階しかない。名詞用法と形容詞用法がある。

08 代名詞用法

This is my bicycle, and **that** is Mary's.

（これは私の自転車で，あれはメアリーのです）

These are apples and **those** (are) pears.

（こちらのはリンゴで，あちらのはナシです）

（注意）①電話をかける時，相手に **that** を用い，**this** を話し手に用いるのはイギリス英語である。アメリカ英語では両方とも this を用いる。
　　　　Hello, is **that** Jim?　**This** is John speaking.〈英〉
　　　　（モシモシ，そちらはジムですか。こちらはジョンです）
　　　　Hello, who is **this**?（モシモシ，そちらはどなたですか）〈米〉
　　　②先に出た名詞の繰り返しを避けるために用いる that, those。

The climate of England is different from **that** of India.

　（イギリスの気候はインドの気候と違う）［that = the climate］

The apples in the box are better than **those** on the table.

　（箱の中のリンゴはテーブルの上のよりも上等だ）［those = the apples］

③ that which ～ = what（関係代名詞）～ ［～するもの（こと）］

That which (= **What**) you think is wrong.

　（君の考えていることは間違っている）

④ those ＋ who（または他の修飾語句）～ ［～する人々］

Heaven helps **those who** *help themselves.*

　（天はみずから助くる者を助く）〈諺〉

Be kind to **those** *around you.*（周囲の人々に親切にしなさい）

⑤ ┌ that［those］ = the former「前者」
　 └ this［these］ = the latter「後者」

文中で既に述べられた2つのもの（こと）を，また後で比較として取上げる場合，遠い方を that（those），近い方を this（those）で示すことがある。ただしこれは〈文章体〉である。

Work and play are both necessary for health: **this** gives us rest, and **that** (gives us) energy.（仕事と遊びは両方とも健康に必要である。後者は我々に休息を与え，前者は活力を与える）

⑥ this, that が代名詞としてではなく，「こんなに」「そんなに」と程度を示す副詞として用いられることがある。これは〈口語体〉である。

I didn't suppose the work would be **this** hard.

　（その仕事がこんなにキツイものとは思っていなかった）

He didn't expect children would go **that** far.

　（彼は子供達がそんなに遠くまで行こうとは予想していなかった）

09 形容詞用法

指示代名詞が主語・目的語・補語として単独に用いられるのではなく，すぐ後の名詞を「この～」「その～」と限定する場合がある。これは**指示代名詞の形容詞用法**である。

This book is mine, but **that** book is Mary's.

　（この本は私のものですが，その本はメアリーのものです）

Lots of people go abroad **these** days.

　（この頃はたくさんの人が外国へ行く）

Only a small number of people went abroad in **those** days.

　（当時はほんの少数の人しか外国に行かなかった）

10 such

such が「そのようなもの（人）」という意味で代名詞や形容詞として用いられる。単数・複数どちらにも使用されるが，〈文章体〉である。

(1) 代名詞用法

He is a student and I treat him *as* **such**.

（彼は学生だ。だから学生として扱っている）

＊〈口語体〉では such でなく one を用いる。

He seemed to be a friend but was not one.

（彼は友人のように見えたが，実際は友人といったものではなかった）

(2) 形容詞用法

「そのような～」という意味で形容詞として用いられる。

I have never seen **such** a monster. （そんな怪物を見たことはない）

Such a man is dangerous. （そういう人は危険だ）

(a) such ＋ a (an) ＋ （形容詞）＋単数名詞

We have never seen **such** *a* beautiful lady.

（私たちはそんなに美しい女性を見たことがなかった）

(b) such ｛ 複数名詞 / 抽象名詞

Such politicians as he knew were all questionable.

（彼が知っているような政治家は皆いかがわしかった）

＊この形の表現は今日では古風で，現在では次のように言うのが普通である。

Those politicians (whom) he knew were all questionable.

したがって，もとの文の as は関係代名詞の働きをしている。

He got angry to receive **such** treatment.

（そんな扱いを受けて彼は立腹した）

(c) all (another, any, every, few, etc.) ＋ such ＋名詞

such の前に all, another, any, every, few, other などの語が付く場合。

All **such** teachers are useless.

（そういう教師はみんな役立たずだ）

Another **such** earthquake and the whole city will be completely ruined.

（そんな地震がもう一度起きると，市全体が完全に破壊されるだろう）

He said *no* **such** thing.

（彼はそのようなことは何も言わなかった）

(3) such を用いた慣用表現

She is a kind woman and is known **as such** to everyone.

（彼女は親切な女性で，みんなにそういう人として知られている）

They will plant gay flowers, **such as** roses, dahlias, etc.

（彼等ははなやかな花々，例えばバラとかダリアなどの花を植えるだろう）

You can use my car, **such as it is**.

（お粗末なものですが，私の車を使って下さい）

He isn't **such** a fool **as to** risk his life.

（彼は生命の危険をおかすほどの馬鹿ではない）

＊「〜するほどの」という意味であるが to 不定詞がくる場合は such (...) as to となり，節がくる場合は such ... that 〜となる。

　He told us **such** a horrible story **that** we all trembled.

　（彼は私達にとても恐ろしい話をしたので，私達はみんな身ぶるいした ＝ 私達がみんな身ぶるいするほど，彼は恐ろしい話をした）

＊初めの訳のように「とても…なので〜する」と結果に訳しても，また後の訳のように「〜するほど…する」と程度に訳しても，どちらでもよい。前後の文脈で適当な方を選ぶこと。

---

11 SO

so はもともと副詞であるが，次のような場合は代名詞と同じ働きになる。

(1) be afraid, believe, call, expect, hope, imagine, say, speak, suppose, think など〈思考〉〈発話〉を表す動詞の目的語として that 節の代用となる。

Will it be fine tomorrow?（明日は晴れるでしょうか）

Yes, I hope **so** (= that it will be fine tomorrow).

No, I'm afraid **not** (= that it won't be fine tomorrow).

〔注意〕省略された that 節の内容が肯定の場合は so になり，否定の場合は not となる。

(2) do の目的語

do so という形で前の動詞句の代用となる。

　John **jumped over the brook**, and Jim did **so**, too.

　（ジョンは小川を飛び越えた。ジムもそうした）

(3) 副詞の so との違い

副詞の so は「そのように，そう」という意味で，一見目的語の so とよく似ているが，上の（1）（2）のように特定の動詞の目的語となるのではなく，［様態・方法・程度］を表す。

You must not behave so.（そんな振舞いをしてはいけません）［様態］

Don't walk so fast.（そんなに速く歩くな）［程度］

(注意)　①
- (a) So ＋動詞＋主語「〜もそうだ」
- (b) So ＋主語＋動詞「その通りだ」

　(a)（b)の語順の違いに注意すること。

He is very kind.（彼はとても親切だ）
- (a) So *is his wife.*（彼の妻もそうだ）
- (b) So *he is.*（その通りだ）

She plays the flute very well.（彼女はとても上手にフルートを吹く）
- (a) So *does her husband.*（彼女の夫もそうだ）
- (b) So *she does.*（その通りだ）

② so と such の語順の違い

so と such は意味の上ではよく似ているが，次の表現では so は副詞であり，such は形容詞なので語順に注意すること。
- (a) so ＋形容詞＋ a (an) ＋名詞
- (b) such ＋ a (an) ＋形容詞＋名詞

She is **so** nice a girl. = She is **such** a nice girl.
（彼女はとてもいい娘だ）

There were **so** many fishes in the lake. = There were **such** a lot of fishes in the lake.（湖にはとても多くの種類の魚がいた）

12　the same

the same は「同じもの（こと）」という意味を表し，代名詞用法と形容詞用法とがある。

(1) 代名詞用法

He bought **the same** as mine.（彼は僕のと同じものを買った）

(The) same again, please.（お代わりをもう 1 つ）［物を注文する時］

(2) 形容詞用法

Mother is **the same** age as Father is.

（母さんは父さんとおない年です）

I use **the same** computer as you do.

（僕は君のと同じコンピューターを使っている）

He is **the same** person **that** was here yesterday.

（彼は昨日ここに来たのと同じ人だ）

〔注意〕①以前は the same ... as ~ は「同じ種類のもの」を指し，the same ... that ~ は「同一物」を指すとされていた。しかし近年では，the same ... as ~ が「同一物」を指す時にも使われるようになった。ただし次の例のように，従属節の後の動詞が省略される場合には that は使えず as の場合に限られる。

I drink **the same** beer ⎰ (a) **that** you do.
                            ⎱ (b) **as** you.

②the same と相関的に用いられるのは as か that が普通であるが，関係代名詞の who や，関係副詞（第 14 章 Ⅱ 参照）の when や where が用いられることもある。

He is **the same** person **who** was here yesterday.

I put it back to **the same** place **where** I had found it.

（それをもとの所へ戻しておいた）

Ⅳ．不定代名詞 （Indefinite Pronoun）

これまでに見た人称代名詞や指示代名詞は特定の呼び名を持った名詞，例えば book, desk とか John や Mary の代わりに用いたのであるが，不定代名詞は「すべての物（人）」とか「幾らかの物（人）」というように，物や人（々）を固有の名称としてでなく，それらをぼんやりと，数量的にとらえる代名詞なのである。

つまり指示する名詞（句）を特定せず，不特定のまま数量的な単位で名詞（句）の代わりをするので，不定代名詞というのである。**代名詞用法と形容詞用法**の 2 つの用法がある。

13 不定代名詞の種類

(1) A 類（単一語）：all, both, each, every；any, some；either, neither；one, none；another, other

(2) B 類（複合語）：anybody, everybody, nobody, somebody；anything, everything, nothing, something；anyone, everyone, no one, someone

14　all, both, each, every

	意　　味	数量	部分否定	代名詞用法	形容詞用法	副詞用法
all	すべての［もの・人々］ （全 体 的 に）	（数）複数扱い （量）単数扱い	すべて〜と は限らない	○	○	○
both	両方の［もの・人々］	（数）複数扱い	両方とも〜と は限らない	○	○	○
each	それぞれの［もの・人々］	（数）単数扱い	×	○	○	○
every	すべての （個 別 的 に）	（数）単数扱い	すべて〜と は限らない	×	○	×

15　all

(1) all：すべてのもの［人々］

数を指す時は**複数扱い**とし，量を指す時は**単数扱い**となる。

　　　All *are* dead.［代名詞用法］（全部死んでいる）

　　　All of the cake *is* gone.［代名詞用法］（ケーキが全部なくなっている）

　　　All soldiers *were* dead.［形容詞用法］（すべての兵が死んだ）

　　　All the cake *was* gone.［形容詞用法］（ケーキが全部なくなっていた）

　　　= **All** of the cake was gone.［代名詞用法］

〔**注意**〕①最後の例文のように，of を使う言い方は〈米〉である。

　　　　　②all を単独で使うことはまれで，〈文章体〉である。〈口語体〉では「すべてのもの」は evrything を，「すべての人」は everyone を用いる。

(2) 同格の all

All を名詞や人称代名詞の同格として用いる時がある。その場合は次の例文のように all の位置が移動する。

　　　All the milk was bad. = **The milk** was **all** bad.

　　　（そのミルクは全部腐っていた）

(注意) the が付くと特定のもの（人）の全体を指す。特定せず一般的にいう場合には the をつけない。

　　　All milk is good for the health.（すべてのミルクは健康によい）

All women like chatting.（すべての女性はおしゃべりが好きである）
cf. All (of) the women had coffee.
　（その女性たちはみんなコーヒーを飲んだ）
All of them were present. = **They** were **all** present.
　（彼らは全員出席していた）
He loved **all of us**. = He loved **us all**.
　（彼は我々全員を愛していた）
The field was **all** covered with snow.　　　　　　［副詞用法］
　（野原はすっかり雪におおわれていた）
She was dressed **all** in white.　　　　　　　　　　［副詞用法］
　（彼女は白ずくめの服装だった）
I like her **all** the better for her faults.　　　　　　［副詞用法］
　（彼女に欠点があるからこそ一層好きなのだ）

(3) 部分否定（Partial Negation）

not 〜 all は「すべて〜とは限らない」という部分的な否定の意味になる。all 〜 not の語順もある。

Not all of my friends will come to the party.
（すべての友人がパーティーに来るとは限らない）

All is **not** gold that glitters.（光るもの必ずしも金ならず）［諺］

(注意) 全否定（Total Negation）の場合は none を用いる。
　　　None of my friends will come to the party.
　　　（私の友人は誰もパーティーに来ないだろう）

16　both

(1) both：両方（のもの・人々）

Both are absent.　［代名詞用法］
（両方とも欠席です）
Both of the sisters are pretty.　［代名詞用法］
（あの姉妹は2人ともきれいだ）

(2) 部分否定〈not 〜 both〉・〈both 〜 not〉「両方とも〜とは限らない」

I did**n't** see **both** of the families.
（私は両方の家族に会ったわけではない）
Both of the pilots were **not** dead.
（パイロットが両方とも死んだのではなかった）

(注意)　2つ（2人）の**全否定**は neither か not ~ either を用いる。

I saw **neither** of the families.
（私はその家族のどちらにも会わなかった）

Either of the pilots were **not** dead.
（パイロットはどちらも死ななかった）

There are hotels on **both** sides of the river.［形容詞用法］
（川の両岸にホテルがある）

Both (the) brothers are scholars.［形容詞用法］
（兄弟は2人とも学者だ）

＊both of the brothers の形式の方が〈口語体〉。

(3)　both A and B

「AもBも（2つながら）」という意味で相関的に用いる。この場合の both は接続詞である。

Both brother and sister are doctors.（兄も妹も医者をしている）

That actress is **both beautiful and skillful**.
（あの女優は美人だし，その上演技もうまい）

He worked **both by day and by night**.（彼は昼も夜も働いた）

17　each「それぞれ・めいめい」

2つ以上のもの（人）について，「それぞれ・めいめい」という意味で個別的に示す語である。原則として単数扱いであり，代名詞用法・形容詞用法・副詞用法がある。

Each of the students wants to be a flight attendant.　　　［代名詞用法］
（その学生たちはそれぞれ客室乗務員になりたいと思っている）

She gave a cake to **each** of the children.　　　［代名詞用法］
（彼女はそれぞれの子供にケーキを与えた）

Each house on the street has a small yard.　　　［形容詞用法］
（通りに面したそれぞれの家には小さな庭が付いている）

The tickets are ten dollars **each**.　　　［副詞用法］
（切符は1枚10ドルです）

〔注意〕①形容詞用法の each は冠詞・指示代名詞・人称代名詞の所有格などの限定詞と続けて用いることができない。

each his children（×）
his each children（×）｝ → each of his children（○）

② each of ~の後にくる複数名詞には定冠詞やそれに相当する限定詞（例えば人称代名詞の所有格や these, those など）が付く。

each of children（×）→ each of the [his] children（○）

18 every

(1)「～はどれもみな」

3つ（3人）以上のもの（人）について「～はどれもみな」「すべての～」の意味で用いられる。all は全体を一まとめで指すのに対して，every は個々に視点を向けながら全体を指す言い方である。形容詞用法しかなく，原則として**単数名詞**の前に置き，**単数扱い**になる。

Every man has his weak side.（人は誰でもみな弱点を持っている）

My son has read **every** book on that shelf.

（息子はあの棚の本をどれもみな読んでしまった）

(2) 部分否定

⟨not ... every ~⟩・⟨every ~ not ...⟩は部分否定で，「すべての～が（を）…とは限らない」となる。

I do **not** like **every** person in this group.

（私はこのグループのすべての人が好きというわけではない）

Every one in this town did **not** see the accident.

（この町のすべての人がその事故を目撃したわけではない）

(3) every ＋抽象名詞：「十分な～，可能な限りの～，あらゆる～」

We have **every reason** to believe that he failed.

（彼が失敗したと信じるだけの十分な理由がある）

I wish you **every success**.（どこまでもご成功を祈ります）

(4) every ＋時（または序数詞）を表す名詞：「～ごとに」，「～おきに」

The committee meets **every other week**.

（委員会は1週間おきに［隔週に］開かれる）

Take this medicine **every three hours**.

（この薬を3時間ごとに飲みなさい）

You should take exercise **every day**.

（毎日運動をしなければなりません）

(注意) ① every は原則として単数扱いであるが，複数代名詞で受けることもある。これは文法的ではないが心理的な影響が考えられる。

> **Every** boy likes to throw a baseball with **their** father.
> （男の子は誰でも父親とキャッチボールをするのが好きだ）

② everyone と every one

everyone は「誰でもみな」と人を指す場合に用い，every one は「どれも（これも）みな」と物を指す場合に用いるのが普通である。

> **Everyone** has a right to express his own opinion.
> （誰でもみな自分の意見を述べる権利がある）

> He has read **every one** of my books.
> （彼は私の本をどれもみな読んでしまいました）

19 | one と none

(1) one「（～な）もの」

one は物にも人にも用いられ，a [an] ＋前出の普通名詞の代わりとなる。one だけで単独に用いられる場合が多いが，前に形容詞を伴う場合もある。

(a) 単独で用いられる場合

> I have lost my umbrella and I must buy **one** (= an umbrella).
> （傘をなくしてしまった。1 本買わなければなるまい）

> I don't have a pen here. Can you lend me **one** (=a pen)?
> （ペンを持ちあわせていないんだ。貸してもらえないか）

（注意）one と it：one は不特定の名詞（つまり a [an] ＋名詞）を表し，it は特定の名詞（つまり the ＋名詞）を表す。

> I have lost my umbrella. **It** (= the umbrella) was of French make.
> （傘をなくしてしまった。それはフランス製だったんだ）
> John caught a bird. **It** (= the bird) was very beautiful.
> （ジョンは小鳥を捕まえた。それはとてもきれいだった）

(b) 形容詞など修飾語句をともなう場合

（冠詞）＋形容詞＋ one(s) という形で，不特定・特定のどちらの名詞にも，また単数・複数のどちらの名詞にも用いられる。

> This hat is too large for me. Show me **smaller ones** (= hats).
> （この帽子は私には大きすぎる。もっと小さいのを出してくれ）

> John wears a white suit, but **a blue one** would become him better.
> （ジョンは白い背広を着ているが，紺の方がもっと似合うだろう）

　　＊この修飾語句をともなう用法では，不可算名詞（物質名詞・抽象

名詞）の場合は使用できない。

He likes **red wine** better than
$\left\{ \begin{array}{ll} \text{white one.} & (\times) \\ \text{white (wine).} & (\bigcirc) \end{array} \right.$

（彼は白ワインより赤ワインの方が好きだ）

＊人称代名詞や名詞の所有格，また基数詞の後では使用できない。

This is my farm and that's
$\left\{ \begin{array}{ll} \text{John's } \textit{one}. & (\times) \\ \text{John's.} & (\bigcirc) \end{array} \right.$

（これは私の畑で，あれはジョンのだ）

He has four sports cars but I have only
$\left\{ \begin{array}{ll} \text{two } \textit{ones}. & (\times) \\ \text{two.} & (\bigcirc) \end{array} \right.$

（彼はスポーツカーを4台持っているが，私は2台しか持っていない）

(c) 一般の「人」を表す one

one が一般の「人」を表す場合がある。これは〈文章体〉で〈口語体〉の時は we，you，they などを用いる。(P.189, **03** 参照)

One should do **one's** duty.

（人は自分の義務を果たすべきである）

If **one** cuts one's finger, **one** hurts only **oneself**.

（人は自分の指を切れば，自分が痛いだけ。［自業自得］）（諺）

〔注意〕one を用いたら一貫して one [one's, oneself] で統一するのは〈英〉で，〈米〉では he [his, himself] を用いるのが普通。〈英〉でも〈米〉式に従う人もある。

One should respect **his** parents.〈米〉（人は両親を尊敬すべきである）

(2) none

(a) none：「何も（誰も）〜ない」

代名詞として，単数・複数どちらの名詞も受けて用いられる。形容詞用法はない。物質名詞・抽象名詞のような不可算名詞を指している時は，動詞は単数扱いで受け，複数名詞を指している時は動詞は複数扱いで受けるのが普通である。

(b) none ＝ no ＋ 物質名詞（抽象名詞）の場合 ［単数扱い］

None of the money was left in the safe.

（金庫にはお金はまったく残っていなかった）

"Did you have any difficulty in winning the prize?" ——

"No. I had **none** (= no difficulty) at all."

（「その賞を取るのに苦労されましたか？」── 「いいえ，まったくしませんでした」）

(c) none of ＋ 複数（代）名詞

None of my friends *give* up smoking.

（私の友人は誰もタバコをやめない）

Unfortunately **none** of the passengers *were* saved.

（不幸なことに乗客は誰も救助されなかった）

Cf. **None** of the students speak [*speaks*] Chinese.

（その学生たちは誰も中国語を話しません）

(d) none と no one

none は物も人も指し普通複数扱いであるが，no one は人しか指さず常に単数扱いである。

There *was* **no one** swimming at the beach.

（浜辺では泳いでいる人は誰もいなかった）

20 other と another

other と another は両方とも**代名詞用法**と**形容詞用法**がある。ただし other には副詞用法もある。

(1) other(s)「ほかの物（人）」

特定のものを指す時には定冠詞（the）を付け，不特定の場合には付けない。

(a) 代名詞用法

I don't like this. Show me some **others**.（不特定）［代名詞用法］

（これは気に入らない。ほかのをいくつか見せてくれ）

Show me **the other**.［ものが2つしかない場合］

（もう一方のを見せてくれ）

Show me **the others**.［3つ以上で残りのもの全部］

（ほかのも全部見せてくれ）

Show me **another**.［3つ以上のもののうち，任意のもの1つ］

（別のを見せてくれ）

(注意) ①無冠詞の others は自分以外の他人という意味で用いられる時もある。

　　　　Be kind to **others**.（他人には親切にしなさい）

②some ~, others .... は「~のものもあれば，…のものもある」という意

味で用いられる。

> *Some* students are brilliant. **Others** are not.
>
> （よくできる学生もあれば，そうでないものもいる）

(b) 形容詞用法「別の〜，ほかの〜」

複数の可算名詞（（普通名詞・集合名詞）及び単数の不可算名詞（物質名詞・抽象名詞）の前に付ける。

> I have a lot of **other** things to do. ［複数可算名詞］
>
> （私はほかにもしなければいけない事がたくさんある）
>
> The police have **other** *evidence*. ［不可算名詞］
>
> （警察はほかの証拠も握っている）

〔注意〕some (any, no) other が先行する場合は，**単数可算名詞**も可能。

> The thief hid the treasure in some **other** place. ［単数可算名詞］
>
> （泥棒はその宝物をどこかほかの場所に隠した）

(c) 副詞用法「（…とは）別のように」

other than ... という形で「（…とは）別のように」という意味になる。この other は otherwise と同じ意味で副詞として用いられている。

> I could not do **other than** refuse his offer.
>
> （私は彼の申し出を断らざるを得なかった）

＊これはくだけた言い方で，I could not but refuse his offer. というのが普通。

(2) another「もう１つの，別の」

an ＋ other から成り立った代名詞であるから**単数**であり，形容詞用法の場合は，単数名詞を伴う。ただし３つ以上のものがある時に限られ，まずそのうちの１つについて述べた後，さらに残りのものから任意の１つを取りあげる時に用いる。（ものが２つしかない場合は１つを取りあげたら，残りの１つは定冠詞が付いて the other となる。 **20** (a)参照）

> I don't like this one; show me **another**. ［代名詞用法］
>
> （これは気に入らない。別のを見せてくれ）
>
> I wouldn't stay here for **another** day. ［形容詞用法］
>
> （ここにはもう１日もいたくない）

〔**注意**〕複数名詞が付いている時がある。それは複数としてとらえられているのではなく、1つの単位として単数扱いになっているのである。

Where shall we be in **another** *ten years*?

(もう10年たつと我々はどこにいるのだろう)

21 either と neither

2つのもの、2人の人について用いる。どちらにも代名詞用法と形容詞用法がある。

(1) either「どちらか一方 (の)」「どちらも」

Do you know **either** of the foreigners?　　　　　　　　　〔代名詞用法〕

(2人の外国人のうちどちらかを知っていますか?)

Either of the books will be useful for young people.　　〔代名詞用法〕

(どちらの本も若者の役に立つだろう)

(注意) 3つ以上の場合は any を用いる。

Any of the *three* books will be useful for young people.

(その3冊の本のどれも若者の役に立つだろう)

You may take **either** road to the station. 〔形容詞用法〕

(どちらの道を行っても駅に着きます)

(2) neither「どちら (の…) も〜ない」(= not 〜 either)

Neither of the books is useful.　　　　　　　　　　　　〔代名詞用法〕

(どちらの本も役に立たない)

We want **neither** of the applicants.　　　　　　　　　　〔代名詞用法〕

(応募者のどちらも欲しくない)

Neither student succeeded in the entrance examination. 〔形容詞用法〕

(どちらの学生も入学試験がうまくいかなかった)

(注意) ① neither of ＋複数 (代) 名詞の場合、口語体では複数扱いにすることもある。

Neither of them (the teachers) remember my name.

(彼ら [教師] はどちらも私の名前を覚えていない)

② neithr 〜 nor ...「〜でもなく、また…でもない」[接続詞用法]

neither が nor と関連して接続詞として用いられる時がある。主語どうしが接続されている場合には動詞は最後の nor の後の (代) 名詞に一致する。

Neither he **nor** *I want* it.

（彼も私もどちらもそれを望んでいない）

Neither you **nor** I **nor** *anybody else has* seen it.

（君も私もまた他の誰だってそれを見た者はない）

I **neither** know **nor** care to know it.

（それを知らないし，また知りたくもない）

22 some と any

some と any はどちらも代名詞用法と形容詞用法を持ち，可算名詞（普通名詞・集合名詞）にも不可算名詞（物質名詞・抽象名詞）にも用いられる。

(1) some

(a) 一般用法：「いくらか（の）」「多少（の）〜」「若干（の）〜」

some は不定の数または量を表し，普通は肯定の平叙文に用いる。代名詞用法の場合は [sʌ́m] と強く発音し，形容詞用法の場合は [s(ə)m] と弱く発音する。

Some of the *ladies* can play the violin well. ［代名詞用法］

（その婦人達のいく人かは上手にバイオリンを弾くことができる → その婦人達の中にはバイオリンを上手に弾ける人もいる）

He spilt **some** of the *milk* on the table.   ［代名詞用法］

（彼はそのミルクをいくらかテーブルの上にこぼした）

She keeps **some** dogs and many cats.   ［形容詞用法］

（彼女は何匹かの犬とたくさんの猫を飼っている）

There is **some** oil left in the barrel.   ［形容詞用法］

（樽には油が若干残っている）

(b) some 可算名詞の単数形「ある〜」

可算名詞の単数形の前にくるので，可算名詞の複数形の前に来る「いくらかの」という意味の some との違いがすぐに分かる。話し手が知らないか，または明確に示したくない物・人・場所に対して用いられる。この場合は [sʌ́m] と強く発音され，「ある〜」「だれかの〜」「どこかの〜」という意味になる。

I found it in **some** *book*. （私はそれをある本の中で見つけた）

Cf. He bought **some** *books* in Sendai.

（彼は仙台でいくらか［若干］の本を買った）

Some pretty girl called on you just now.

（どこかのきれいな女の子がさっき君を訪ねてきたよ）

(c) some：「かなりの〜」「相当な〜」

やはり単数可算名詞の前に置き，[sʌm] と強く発音するが，「かなりの〜」「相当な〜」という意味で用いる場合がある。

> In the neighborhood there is **some** pasture land.
>
> （近くにはかなり大きな牧場がある）
>
> He kept me waiting for **some** time.
>
> （彼は私をかなりの間待たせた）

(d) 疑問文・条件文（if 節）中の some

(a) の「いくらか（の）」という意味の疑問文では普通 any を用いるが，yes という肯定の答えを期待する勧誘・依頼の疑問文・条件文では some を用いる。

> Won't you have **some** more tea?（もう少しお茶をいかがですか）
>
> If you eat **some** spinach, I'll buy you a new camera.
>
> （少しでもホウレン草を食べたら，新しいカメラを買ってやろう）
>
> ＊相手が食べるという前提に立って言っている。any を用いると相手が食べるかどうか確信が持てない話者の気持ちを表すことになる。

(2) any

(a) 否定文・疑問文・条件文の any

否定・疑問・条件という**否定的な文脈**での any は some の (a) に相当する。つまり代名詞用法があり，不定の数・量を表す。

①**代名詞用法**

> I cannot find **any** of them.（彼らの誰も見当たらない）
>
> I want some milk; have you got **any** (milk)?
>
> （ミルクが欲しいのですが，ありますか）
>
> If **any** of the students calls on me, tell him to wait.
>
> （もし誰か学生が訪ねてきたら，待つように言ってくれ）

②**形容詞用法**

any ＋ { 複数可算名詞 / 不可算名詞 } 「いくらか（も）…」「少しの…（で）も」「だれか（も）」

> I didn't find **any** *animals* there.
>
> （そこには動物が 1 匹もいなかった）
>
> I didn't have **any** *money* with me.
>
> （お金を少しも持ちあわせていなかった）

211

(注意) 否定文中に any が用いられる時には，〈not ~ any〉の語順であって，その逆にならないことに注意。

> He doesn't know any foreign languages. （彼は外国語は何も知らない）

(b) 肯定文中の any

① any ＋単数名詞 「どんな…でも」「どれでも…」「誰でも…」

この場合の any は単数であれば可算名詞でも不可算名詞でもとることができ，[éni] と強く発音される。

> **Any** *schoolboy* can answer these questions.
>
> （どんな生徒でもこれらの問いに答えられます）
>
> **Any** *room* is better than no room.
>
> （どんな部屋でもないよりはましだ）

② any ＋ { 複数可算名詞 / 不可算名詞 } 「どれほどの…でも」「いくらでも…」

> Choose **any** *books* you like. ［限りない数量を示す］
>
> （好きな本をいくつでも選びなさい）
>
> He has **any** amount of *money*.
>
> （彼はお金はいくらでももっている）

③ 代名詞用法 「どれでも」「誰でも」

> Take **any** you please. （どれでも好きなのをお取り下さい）
>
> He makes a better score than **any** in the team.
>
> （彼はチームの誰よりも高得点をあげる）

〔注意〕① any, some にはこれまで述べてきた代名詞用法・形容詞用法の他に副詞用法もある。本書では複雑になるのを避けるため省略した。それらについては辞書などでよく調べてもらいたい。

② anybody, anyone, everybody, everyone, somebody, someone, nobody, no one, anything, everything, something, nothing などの複合代名詞がある。any-, some- のついた語の用法はこれまで述べてきた用法に準ずる。また -body, -one の付いた形では -body の方が口語体である。

23 (a) few と (a) little

(a) few は少数を表し，(a) little は少量を表す。どちらも**代名詞用法**と**形容詞用法**を持つ。

(1) a few と few

(a) a few：「2・3 (の)」「少数 (の)」

a few は「少しある」という肯定的な意味で用いられる。形容詞用法の場合は複数可算名詞の前に来る。代名詞用法の場合は a が付いていても複数扱いである。後で述べる many「多数 (の)」の反対語である。

A few of the girls were saved from the fire.　　　　［代名詞用法］
　（その少女達のうちの 2・3 人が火災から救い出された）

They were able to destroy only **a few** of the tanks.　　［代名詞用法］
　（彼らはその戦車のうちほんの 2・3 台しか破壊できなかった）

He has **a few** villas in the South of France.　　　　［形容詞用法］
　（彼は南フランスに 2・3 の別荘を持っている）

There *are* **a few** eggs and vegetables left in the fridge.　［形容詞用法］
　（冷蔵庫に卵と野菜が少し残っている）

(注意) ① few に a ではなく，the，these，those，所有格などが付く時は，やはり肯定的である。
　　John is among **the few** who really know the truth.
　　（ジョンは本当にその事実を知っている数少ない者の 1 人である）
② **not a few** は「かなり多数 (の)」という意味の〈文章体〉である。〈口語体〉の quite a few，a good few に相当する。
　　Not a few of the students were absent.
　　（かなりの数の学生が欠席していた）

(b) few：「ほとんど…ない」「少しの…しかない」

a が付かない時は否定的な意味で「ほとんど…ない」「少し…しかない」となる。

Few of my friends play soccer.　　　　　　　　　　［代名詞用法］
　（私の友人のほとんどの者はサッカーをしない）

I found **few** of my acquaintances at the garden party.　［代名詞用法］
　（園遊会では私の知り合いにほとんど出会わさなかった）

The team has **few** supporters.　　　　　　　　　　　［形容詞用法］
　（そのチームにはほとんどサポーターがいない）

Few people know the ruins of ancient Egypt.　　　[形容詞用法]
（ほとんどの人は古代エジプトのその遺跡を知らない）

(2) a little と little

(a) a little：「少しは（ある）」「少量は…（ある）」

a little は「少量は…ある」という肯定的な意味で用いられる。形容詞用法の場合は不可算名詞の単数形の前に来る。したがって単数扱いであり、後で述べる much「多量（の）」の反対語である。

He knows **a little** of everything.　　　[代名詞用法]
（彼はなんでも少しはかじっている）

A little has been said yet about the cost of this plan.　　[代名詞用法]
（この計画の費用についてはさらに少しふれた）

A little learning is a dangerous thing.　　　[形容詞用法]
（少しばかりの学識は危険なものだ → 生兵法は大怪我のもと [諺]）

You must expect **a little** trouble.　　　[形容詞用法]
（少しぐらいの苦労は覚悟しなければいけない）

〔注意〕not a little は「少なからぬ量（の）」「実に多くの量（の）」という意味になる。
It has given me **not a little** trouble.
（それには少なからず骨を折った）

(b) little：「ほとんどない」

a が付かない時は,little は「ほとんどない」という否定的な意味になる。

He has seen **little** of life.　　　[代名詞用法]
（彼は人生をほとんど見てこなかった → 世間知らずだ）

Very **little** is known about Nessie.　　　[代名詞用法]
（ネッシーについてはほとんど知られていない）

He had **little** sleep last night.　　　[形容詞用法]
（彼は昨夜ほとんど眠らなかった）

We need **little** sugar to prepare this dish.　　　[形容詞用法]
（この料理をこしらえるのに砂糖はほとんどいらない）

参考　a few と few, a little と little の絶対値

a がある場合とない場合とでは、数・量の絶対値としてはどちらが多いのかという問いに対しては、これらはいずれも不定の数・量を表しているのだから正確には何とも答えられない。重要なことは a のあるなしによって視点の違いが示されると

12
代名詞

いうことである。**a** が付いていれば「有」の方に，付いていなければ「無」の方に視点が向いているということを示す。図で示すと次のようになる。

① There are **a few** books on the shelf.
（本棚には2・3冊の本がある）
② There are **few** books on the shelf.
（本棚にはほとんど本がない）
③ There is **a little** water in the bottle.
（ビンには少し水がある）
④ There is **little** water in the bottle.
（ビンにはほとんど水がない）

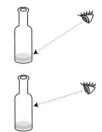

24　many と much

(1) many：「多数（の）」「たくさん（の）」

many は数を表し複数の可算名詞に付け，「多く（の）」「たくさん（の）」という意味になる。形容詞用法が中心であるが，代名詞用法もまれにある。〈口語体〉では主語の名詞を修飾する時を除けば肯定の平叙文で用いることは少なく，a lot of ~，a number of ~などの句を用いる方が多い。many は主に次のような場合に用いられる。

(a) 肯定文の主語の名詞を修飾する場合（ただしこれは〈文章体〉で，〈口語体〉では a lot of ~，plenty of ~などを用いる）。

Many people believe so.〈文章体〉（多くの人はそう信じている）

cf. A lot of people believe so. 〈口語体〉

〔注意〕①目的語の名詞を修飾することはまれである。
He has *many* books.（まれ）Cf. He has lots of books.
② many を補語に用いるのも〈文章体〉である。
Those who believe in God are *many*. 〈文章体〉
（神を信じる者は多い）

(b) 否定文（not ~ many）「あまり~でない」（「多くのものは~でない」と訳さないように気を付けること）

She does*n't* have **many** boy friends.
（彼女にはボーイフレンドはあまりいない）

(c) 疑問文

Do you have **many** books?（君はたくさんの本を持っていますか）

参考 many は具体的にどれくらいの数から多いと言えるのかというと，これは相対的なものである。1クラス50人の学級で35人は多数になるし，1,000人の聴衆の中ではごく少数になる。このように多数・少数というのは相対的なものである。

〔注意〕①次の場合は代名詞用法である。

There are **many** who believe so.（そう信じている人は多い）

②**many a** ＋単数可算名詞は〈文章体〉で，「数々の」「幾多の」という意味を表し，普通単数扱いである。

Many a parent has made the same mistakes.

（これまで多くの親が同じ間違いを犯してきた）

(2) much「多量（の）」「たくさん（の）」

much は量を表し，**不可算名詞**に付ける。物質名詞の場合は量が多いことを，抽象名詞の場合は程度の強いことを示す。〈口語体〉では主語の名詞を修飾する時を除けば肯定の平叙文で用いることは少なく，a lot of ~，plenty of ~，a good deal of ~などを用いるのが普通。

(a) 肯定文の主語の名詞を修飾する場合

Much energy has been devoted to this project.　　　〈文章体〉

（大変なエネルギーがこの事業に捧げられてきた）

cf. **A lot of** energy has been devoted to this project.

　　　　　　　　　　　　　　　　　　　　　　　　　　　〈口語体〉

(b) 否定文（*not* ~ much）：「あまり~ない」

He doesn'*t* take **much** interest in sports.

（彼はスポーツにあまり興味を持っていない）

(c) 疑問文

Did you have **much** snow last year?

（去年は雪がたくさん降りましたか）

〔注意〕次の例文では代名詞用法である。

I do not see **much** of him.（彼にはあまり会わない）

＊much は副詞としても用いられる。それらについては辞書などを参照すること。

＊以上のほか疑問代名詞，関係代名詞があるが，それらについては第13章疑問詞，第14章関係詞で扱われているのでそちらを参照すること。

練習問題 **12**

A 次の文の（　　）内の適当な1語を選びなさい。

⑴ (All, Each, Every) students enjoyed their holidays.

⑵ The temperature of Hokkaido is lower than (it, that, one) of Osaka.

⑶ She awoke to find (her, herself, oneself) alone in the house.

⑷ I came across an old friend of (my, mine, me) in the street.

⑸ His opinion is different from (her, hers, she).

⑹ (All, Some, Any) book will do.

⑺ We must respect (one, each, every) another.

⑻ To say is (other, every, one) thing and to do is (one, each, another).

⑼ I do not believe (myself, it, him) necessary to obey his order.

⑽ Have you (some, any) money with you?

　　——— Yes, I have (some, any).

B 次の各文の（　　）内に適当な1語を補いなさい。

⑴ He is a spy, and must be treated as (　　)

⑵ You must leave for London, and (　　) immediately.

⑶ In a few days (　　) terrible will happen.

⑷ When you are in trouble, the counselor will give you (　　) advice.

⑸ She has bought a new car and sold the old (　　).

⑹ She fainted, but soon came to (　　).

⑺ His two daughters are abroad; one is in France and the (　　) is in Australia.

⑻ She was beside (　　) with joy.

⑼ I have not seen (　　) of him recently.

⑽ Each of us should do (　　) best.

C 次の文中に誤りがあれば正しなさい。

(1) She had a bread and drank a glass of wine.

(2) The most of the girls were moved to tears at the play.

(3) The ears of a horse are longer than that of a dog.

(4) A liar as he is, he is loved by all.

(5) That necklace of her is a very good one.

(6) He is honesty himself.

(7) Mother took her and I to the museum.

(8) The governor and writer was present at the party.

(9) Few takes good care of his health.

(10) The old man lives at himself in a poor cottage.

D 次の日本文を英語に直しなさい。

(1) 少なからぬ人たちがその山頂に登りたがった。

(2) 連絡船 (a ferryboat) はここから 30 分毎にでています。

(3) その金庫 (safe) には古い書類 (paper) しか入っていなかった。

(4) 彼女はその小包を次から次へ開け始めた。

(5) 君は自分でそれを見つけださなければいけない。

E 次の各文の下線部に注意して日本語に直しなさい。

(1) There is little sugar in the pot.

(2) She has quite a few dresses.

(3) It is one thing to spend money and it is another to make money. ((▶32

(4) Which one do you want? —— I don't want either.

(5) I will do anything but that.

(6) Why don't you go to the movies?

F 次の各文の誤りを正しなさい。

(1) His that composition is very badly written.

(2) Pork's price is much lower than beef.

(3) Mr. William is our company's boss.

(4) I met her sister's friend yesterday.

(5) That suit of him has been made in Paris.

G 次の各文の（　　）内に各選択肢の中から正しい語句を選び，その番号を書きなさい。

(1) If I am a fool, you are (　　)
　① the other　　② another　　③ either　　④ neither

(2) She read a piece of (　　) to him.
　① poems　　② a poetry　　③ verses　　④ poetry

(3) A house built of brick lasts longer than (　　) built of wood.
　① that　　② such　　③ one　　④ it

(4) (　　) fashion, I know nothing.
　① When I come on　　　　② When it comes to
　③ Where I come to　　　　④ Where it comes on

(5) (　　) paragraphs in Mark's essay are short.
　① Few of them　② Most of the　③ Of the　④ There are

(6) He was left alone, with (　　) to look after him.
　① someone　　② anyone　　③ not one　　④ no one

(7) I don't like this one. Please show me (　　).
　① another　　② other　　③ other one　　④ some other

〜◦〜◦〜◦〜 役に立つことわざ 〜◦〜◦〜◦〜

★　Too many cooks spoil the broth.　（◀▶33
（船頭多くして船山へ上る）←〔料理人が多すぎるとスープが台なしになる〕

★　Even a worm will turn.
（一寸の虫にも五分の魂）←〔ウジ虫でさえ立ち向ってくる〕

13 疑問詞 (Interrogative)

> 疑問詞には疑問代名詞，疑問形容詞，疑問副詞の3種があるが，どれも一番知りたい情報を尋ねるので，文頭に来るのが普通。'Who is he?' と，文章全体が疑問文のときと，'I don't know who he is.' と，文章の一部が疑問文のときの語順の違いに気をつけよう。

> 文の一部に分からないところがあって，「誰（who）」「何（what）」「どこ（where）」「いつ（when）」「どっち（which）」などの語を用いて相手に尋ねる場合がある。このような語を**疑問詞**と呼び，疑問代名詞・疑問形容詞・疑問副詞の3種類がある。

Ⅰ. 疑問詞の一般的特徴

01　文中の位置

特殊疑問文（P.29，02 b 参照）では，前置詞の後に用いる時を除いて，原則として文頭に置く。

> **Who** discovered the comet?（誰がその彗星を発見したのですか）
>
> **What** did he say?（彼は何と言ったんですか）
>
> **Which** do you like better, tea or coffee?
>
> 　（紅茶とコーヒーではどちらの方がお好きですか）
>
> **When** did the earthquake happen?（その地震はいつ起きたのですか）

> 〔注意〕会話などでは，話し相手の言った一部分だけがはっきりしなかったり，分からなかったりする時や，疑問詞が一つの文中に幾つも入ったりして，必要な場合には文頭に置かないこともある。
> 　　　　And you bought it **where**?（で，それをどこで買ったんですって）
> 　　　　His father is an archaeologist. ―― His father is an **what**?
> 　　　　（「彼の父は考古学者だ」―― 「彼の父は何だって」）
> 　　　　Who went **where** with **whom**?（誰がどこに誰と一緒に行ったって）

02　疑問詞と前置詞

疑問詞が前置詞の目的語となっている場合には，**前置詞を疑問詞のすぐ前に置くのは〈文章体〉，前置詞を文尾に置くのは〈口語体〉**。

> *For* **what** did she buy it?　　〈文章体〉

What did she buy it for?　　〈口語体〉

（何のために彼女はそれを買ったのか）

〔注意〕ただし，〈動詞＋前置詞〉の結び付きが大変強い look for ～（～を探す）などのような場合には前置詞は常に文末に置く。

For **what** is she looking?　　　　（×）

What is she looking *for*?　　　　（○）

（彼女は何を探しているんだ）

03　疑問詞の強調

「いったい」という日本語に相当するような，疑問詞を強調する場合には次の表現形式をとる。

（1）ever や疑問詞＋ -ever を用いる。

What ever (Whatever) did they hide?

（いったい何を彼らは隠したのか）

【注】この場合 what ever と 2 語に書くのがよいとされている。whenever, whichever, whoever においても同様である。

（2）on earth, in the world などを疑問詞の後に付け，「一体全体～？」という疑問の強さを示す。

Why on earth did she go to the Gobi?

（一体どうして彼女はゴビ砂漠などへ行ったのだ）

What in the world do you want?（一体何が欲しいと言うんだ）

04　疑問詞＋ to 不定詞

この to 不定詞は「～すべき」という意味で，全体として名詞句となる。

what to ～	「何を～すべきか」
which to ～	「どちらを～すべきか」
whom to ～	「誰を～すべきか」
when to ～	「いつ～すべきか」
where to ～	「どこに～すべきか」
how to ～	「いかに～すべきか」「～する方法」

He did not know **what to** *do*.

（彼は何をしたらよいか分からなかった）

She could not decide **which to** *choose*.

（彼女はどっちを選べばよいか決められなかった）

I do not know **how to** *express* my thanks.

（感謝の気持ちをどう表してよいか分からない）

＊詳しくは **P.342**, **22** 参照。

Ⅱ．疑問代名詞（Interrogative Pronoun）

05 疑問代名詞の種類

指示対象 ＼ 格	主 格	所 有 格	目 的 格
人	who（誰が）	whose（誰の）	whom（誰を・に）
不特定の人・物	what（何が）	——————	what（何を・に）
特定の人・物	which（どれが）	——————	which（どれを・に）

06 who, whose, whom

（1）who は人の名前・関係・身分などを尋ねる時に用いる。

Who is he?（彼は誰ですか）

→ ｛ He is John.（彼はジョンです）［名前］
　　He is my cousin.（彼は私のいとこです）［関係］

（2）whose は名詞に付けて「誰の〜」という**疑問形容詞**になる場合と，単独で「誰のもの」という**疑問代名詞**になる場合とがある。

Whose camera is this?（これは誰のカメラですか）［疑問形容詞］

→ It is Mary's (camera).（メアリーのです）

Whose is this camera?（このカメラは誰の［もの］ですか）［疑問代名詞］

→ It is Mary's.（メアリーの［もの］です）

（3）whom は他動詞や前置詞の目的格で，「誰を（に）」という意味であるが，口語体では who の方を用いる。whom は形式ばった〈文章体〉でしか用いない。

Who (Whom) did she visit yesterday evening?

（彼女は昨日の夕方誰を訪ねたのですか）

Who are you looking **at**?（誰を見ているのですか）

【注】疑問代名詞が前置詞の目的語になる場合，前置詞は文末に置くのが普通である。**At whom** are you looking? のように前置詞を疑問詞の前に出すのはまれで，わざと古風な文章の効果をだそうとする場合などに用いる。

cf. For Whom the Bell Tolls.（『誰がために鐘は鳴る』）—— Hemingway の作品

07　what

「何」という意味で，「もの」や「ことがら」について用いるが，「人」に対して用いる場合もある。**代名詞用法**と名詞の前に付ける**形容詞用法**とがある。一般に選ぶ範囲を限定せず（不特定）に「何」と問う時に用いるので，その点で後で述べる which（特定）と違うが，この区別は決して厳密なものではない。

(1)「もの」「ことがら」について用いる場合

What happened to him?［代名詞用法］

（彼の身に何が起こったのか）

What news did she bring?［形容詞用法］

（彼女はどんな知らせを持って来たのか）

What would you like to drink?［代名詞用法］（不特定）

（何をお飲みになりますか）

Which would you like, wine or whisky?［代名詞用法］（特定）

（ワインとウィスキーのどちらに致しましょうか）

(2)　人について用いる場合

what を人に対して用いる時は，「どんな人物」「何者」という意味で，〈職業〉や〈身分〉を尋ねることになる。

What is he?（彼は何をしている人ですか）

→ He is *a pianist*.（彼はピアニストです）

What are you?（あなたはどういう身分ですか）

→ I am *a student*.（私は学生です）

（注意）一般的には who は「誰」と名前を尋ね，what は職業・身分を尋ねるとされているが，この区別は絶対的なものではない。Who is John? が「ジョンはどういう人か」とその職業や身分を問う意味で用いられることもある。したがって 'Who' の場合は前後関係でどちらかを判断する必要がある。また，職業を尋ねる時は Who is he? よりも What does he do? とか What is his occupation? と言ったり，名前を尋ねる時は What's your name? というような表現を用いる方が明確でよい。

08 which

2つ以上の特定された対象の中から「どちら」「どれ」と尋ねる時に用いられる。また，代名詞用法も形容詞用法もある。

Which is younger, Bob or John?　　　　　　　　　　[代名詞用法]

（ボブとジョンとではどっちの方が若いの）

※〔口語体〕では **who** を用いることが多い。

Which do you prefer, beer or whisky?　　　　　　　　[代名詞用法]

（ビールとウィスキーではどちらの方が好きですか）

Which *way* is the nearest to the baseball stadium?　　　[形容詞用法]

（どっちの道が野球場に行くのに一番近いですか）

Ⅲ. 疑問副詞 (Interrogative Adverb)

「いつ」「どこで」「なぜ」「どのように」と，時・場所・理由・方法を尋ねる語は文中で副詞の働きをする。このような語を疑問副詞という。

疑問副詞の種類

種類	尋ねる内容	意味
when	時	いつ
where	場所	どこで[に][へ]
why	理由	なぜ
how	方法・手段・状態	どのように

09 when

「いつ」と分からない〈時〉を尋ねる。特に「何時」と〈時刻〉を聞く場合には What time ...? を用いてはっきりさせることがある。

When did Columbus discover America?

（コロンブスはいつアメリカを発見したのか）

→ In 1492.（1492 年です）

What time is it?（今何時ですか）

→ It is half past ten.（10 時半です）

〔注意〕疑問副詞の when は現在完了時制と共に用いることはできない。

> **When** *have* you *finished* reading the book?　　（×）
> **When** did you finish reading the book?　　（○）
> （いつその本を読み終わりましたか）

10　where

「どこで」「どこに」「どこへ」という意味で，分からない場所を尋ねる。

> **Where** did you find the ring?（どこでその指輪を見つけましたか）
> **Where** does John live?（ジョンはどこに住んでいますか）
> **Where** did she go yesterday?（彼女は昨日どこへ行ったのですか）
> **Where** are you *from*?（どちらのご出身ですか）
> ＊この場合 where は前置詞 from の目的語であり，したがって疑問代名詞として用いられている。

【注】「どこに…行く」という場合に where にさらに前置詞 to が付くときがある。これはくだけた表現である。

> **Where** are you going *to*?（どこに行くのか）

11　why

「なぜ」「どうして」と理由を尋ねる時に用いる。答える時は because 〜で始めるのが普通。

> **Why** were you late for school?（なぜ学校に遅れたのですか）
> → *Because* I missed the train.（列車に乗り遅れたからです）

（注意）① Why don't you ...? は表面は疑問文の形式をとっているが，実際は「…したらどう」という勧誘や提案を表す口語表現である。

> **Why don't you** have a drink?（1杯飲むというのはどうです）

② Why not? は「どうしていけないのか」という意味から，「喜んで」「もちろん」「どうぞ」という意味になる。

> Let's have a cup of coffee.（コーヒーを飲もうよ）
> → **Why** *not*?（喜んで）
> May I sit here?（ここに座ってもかまいませんか）
> → **Why** *not*?（どうぞ，どうぞ）

③ Why ＋原形不定詞という省略形を用いることがある。

> **Why** *have* a quarrel with her?（どうして彼女と言い争いをするんだ）

12 how 「どのように」という意味で, 方法・手段・状態・程度などを尋ねる。

(1) 方法

「どのようにして」と方法を尋ねる。答えは by を用いるのが普通である。

> **How** did you come here? （どのようにしてここに来たのですか）
>
> → (I came here) **By taxi.** （タクシーで来ました）

「歩いて，徒歩で」という場合は on foot で by は用いない。

> **How** did he get so rich?
>
> （彼はどうしてあんなに金持になったのですか）
>
> → **By working madly day and night.**
>
> （昼も夜も狂ったように働いてです）

(2) 状態

「どんな具合で」「どんなようすで」と状態を尋ねる。

> **How** is your grandmother? （おばあさんはいかがですか）
>
> → She is fine, thank you. （お蔭様で元気にしています）

(3) 程度 [how ＋形容詞（副詞）]

「どれほど」「どれくらい」と時間・距離・身長などを尋ねる。

> **How** *far* is it to the station?
>
> （駅までどれくらいの距離がありますか）
>
> → It is about a half mile. （およそ半マイルです）
>
> **How** *long* does it take to the school?
>
> （学校までどれくらい時間がかかりますか）
>
> → It takes about ten minutes. （約 10 分かかります）
>
> **How** *tall* is John? （ジョンの身長はどれくらいですか）
>
> He is six feet three inches. （彼は 6 フィート 3 インチあります）
>
> ＊以上の他，次のような程度を尋ねる表現がある。

how deep （深さ）	how fast （速さ）	how high （高さ）
how large （大きさ）	how many （数）	how much （量・価格）
how often （回数）	how old （年令）	

【注】how 1 語で程度を表す場合もある。

> **How** do you like your school? （学校はどうですか）
>
> → I don't like it at all. （全然気に入りません）

IV．間接疑問

文全体が疑問文になっているのではなく，文の一部だけが疑問を表す節の場合がある。これを**間接疑問**，または**附属疑問**という。語順は独立疑問文と異なりＳ＋Ｖで平叙文と同じである。(1) 疑問詞が導く場合と，(2) 疑問詞がなく if, whether が導く場合とがある。名詞節になるので文中で主語・目的語・補語として用いられる。

13　主語の場合

Who said it does not matter at all.
　（誰がそれを言ったかはまったく問題ではない）
　＊ここでは疑問詞 who が said の主語になっているから独立疑問文との語順の違いが現われていない。

14　目的語の場合

I do not know **who he is**.（彼が誰なのか知らない）
Cf.　Who is he?［独立疑問文］

15　補語の場合

The question is **how we can** get it.
　（問題はどのようにしてそれを手に入れるかだ）
cf.　How can we get it?（どのようにすればそれを手に入れられますか）

16　疑問詞が導く場合

I know **when she was born**.（彼女がいつ生まれたのか知っている）
Tell us **what she did**.（彼女が何をしたのか私達に教えてください）

〔注意〕①疑問詞か関係代名詞かまぎらわしい場合がある。
　　　　　He asked what she said.［疑問詞］
　　　　　　（彼は彼女が何を言ったのかと尋ねた）
　　　　　He understood what she said.［関係代名詞］
　　　　　　（彼は彼女の言ったことを理解した）
　　　　絶対的な基準はないが，一般に ask, inquire など疑問や好奇心を示す動詞の後では疑問詞となり，そうでない場合は関係代名詞と考えればよい。
　　　　②間接疑問の語順は平叙文と同じＳ＋Ｖになるのが普通であるが，〈口語体〉ではＶ＋Ｓと独立疑問文と同じ語順になる場合も時にはある。

What **is the matter**?（どうしたのですか）

What do you suppose **is the matter**?（どうしたと思いますか）

17　if，whether が導く疑問詞のない間接疑問

独立疑問文では疑問詞のない Yes / No 疑問文が間接疑問になると，接続詞として if または whether を節頭に付け，いずれも「～かどうか」という意味になる。if の方が〈口語体〉である。

Is he an American?［独立疑問文］（彼はアメリカ人ですか）

I do not know **if [whether]** *he is* an American.［間接疑問文］

（彼がアメリカ人かどうか知らない）

Please tell me **if [whether]** *the aquarium is* open on Monday.

（月曜日に水族館が開いているかどうか教えて下さい）［間接疑問文］

(注意) if は「～かどうか」という意味では whether と同じであるが，次のような制約がある。

①主語の名詞節として文頭に立つことはできない。

  If the news is true is doubtful.　　　　　　　（×）

  Whether the news is true is doubtful.　　　（○）

  （その知らせが本当かどうか疑わしい）

②補語となることもできない。

  The question was *if* we should accept the offer.　　　（×）

  The question was **whether** we should accept the offer.　　（○）

  （問題は我々がその申し入れを受け入れるかどうかであった）

③前置詞の目的語になることはできない。

  It depends on *if* she will agree with us.　　　（×）

  It depends on **whether** she will agree with us.　　（○）

  （それは彼女が我々に同意するかどうかにかかっている）

④名詞の同格節になることができない。

  There remains the question *if* he will keep his promise with us.（×）

  There remains the question **whether** he will keep his promise with us.　　　　　　　　　　　　　　　　　　　　（○）

  （彼が我々との約束を守るかどうかという問題が残っている）

⑤whether or not ... は用いられるが，if の直後に or not は用いられない。ただし，if 節の末尾に or not が来る場合はよい。

  I do not know *if* or not he will come.　　　（×）

  I do not know **if** he will come **or not**.　　　（○）

  I do not know **whether or not** he will come.　　（○）

  （彼が来るかどうか分からない）

18 疑問詞の位置の移動

上に述べたように，間接疑問の疑問詞の位置は，間接疑問の先頭に来るのが普通である。しかし動詞が imagine, suppose, think など，Yes, No で答えられない動詞の場合は疑問詞は文頭に来る。

What *do you think* she bought?（彼女は何を買ったと思いますか）

→ I think she bought a necklace.（ネックレスを買ったと思います）

When *do you suppose* they will come?（彼等はいつ来ると思いますか）

→ I suppose they will come tomorrow.（彼等は明日来ると思います）

この型の疑問文は，間接疑問の疑問詞の内容を問うことが主目的であって，主節の動詞（imagine, suppose, think など）の行為——つまり '想像する' か '思う' という行為——をするかどうかを尋ねているのではない。そこで，一番重要な問いの部分の疑問詞が節頭でなく文頭に出るのである。そしてその重要な部分は特殊疑問であるから Yes, No では答えられないのである。この型になる動詞は上に用いた動詞以外に次のようなものがある。

> conclude（〜と結論を下す），consider（〜と考える），expect（〜と期待する），fear（〜と恐れる），guess（〜と思う），hope（〜と希望する），reckon（〜と思う），say（〜と言う），suggest（〜と提案する），suspect（〜と疑う），take（〜と考える）

それに対して，

Do you know who he is?（彼が誰であるか知っていますか）

→ **Yes**, I do. He is John.（ええ，知っています。彼はジョンです）

この型の疑問文は間接疑問の内容より主節の動詞の '知っている' かどうかを問うのが主目的になっている。そしてその主節の部分が一般疑問になっているから Yes, No でまず答えることになる。この型になる動詞は know のほか hear, see（分かる），tell, understand などで，日本語では「…か（を）知っていますか，聞いていますか」となる。

19 疑問詞＋ to 不定詞

疑問詞の直後に to 不定詞が付く場合がある。（**P.342** 22 参照）

I didn't know **what to do**.

（私はどうしたらよいか分からなかった）

She asked me **when to start** the work.

　（彼女はいつその仕事を始めたらよいのかと私に聞いた）

Please tell me **which** bus **to take** to get to Central Park?

　（セントラルパークに行くのにはどのバスに乗ればよいのか教えてください）

参考　疑問詞＋ to 不定詞の由来

この形はもともとは名詞句ではなく，間接疑問の名詞節であって疑問詞の後に「主語＋ be 動詞」があった。

　　I didn't know **what I was to do**.

　　She asked me **when she was to start** the work.

そしてこの場合の be 動詞＋ to 不定詞は「〜すべき（＝ should）」という意味であった。しかし短い文章で同じ主語を繰り返すのはくどい感じを与えるために後の主語と be 動詞が省かれてこの形になったのである。

練習問題 13

A 次の各文の（　　）内に適当な1語を入れなさい。

(1) (　　) did he go to the store for?

(2) (　　) soon will the concert start?

(3) Tell me exactly (　　) you've determined to do?

(4) I don't know (　　) she is from.

(5) Will you please tell me (　　) I can get to the entrance of the expressway?

(6) He doesn't understand (　　) to repair a radio set.

(7) No matter (　　) others may say, I will go my own way.

B 次の各文に誤りがあれば正しなさい。

(1) I don't know if or not she is married.

(2) Do you think what I have in my hand?

(3) Tell me what you pronounce this word.

(4) The problem was if we should accept his offer.

(5) When do you know she left Tokyo yesterday?

(6) I wondered what she thought of Japan.

(7) If the rumor is true is questionable.

C 次の日本文を英語に直しなさい。

(1) カリフォルニアの天気はどんなのですか。

(2) その老婆がどうなったのか私は知りません。

(3) ここに彼を連れてきたらどうだい。

(4) 何が起ろうとも私は自分の義務を果たします。

(5) 月曜日に博物館が開いているかどうかご存知ですか。

(6) 彼女は3年前，どこで英語を教えていたと思いますか。

D 次の各文の（　　）内に，各選択肢の中から最も適当な語句を選び，その番号を書きなさい。

(1) A: Would you mind if I opened the window?

B: (　　).

① Yes, you can smoke.　　② Yes, you would.

③ No, not at all.　　④ No, thanks.

(2) Mary didn't know (　　) to express her joy.

① what　　　② which　　　③ how　　　④ who

(3) A: What a lovely day!

B: (　　).

① Yes, it sure is.　　② Yes, we do.　　③ No, I'm not.

④ With pleasure.

(4) No matter (　　)rich a nation may be, it always has something to be imported.

① what　　　② where　　　③ how　　　④ when

(5) A: How did you like the concert last night?

B: (　　).

① In the newspaper.　　② I enjoyed it very much

③ Because I liked the program.

④ A friend of mine recommended it to me.

(6) (　　) do you think of our government's attitude toward environmental problems?

① Why　　　② What if　　　③ What　　　④ How

232

14 関係詞 (Relative)

関係詞の＜関係＞とはどんな＜関係＞を指しているのだろうか。日本語にはない語の働きだから，関係詞につまずいて英語をギブ・アップする人が多い。困難から逃げず，立ち向かってそれを克服しよう。'Ask, and it shall be given you.'

◆関係詞は形容詞節を導く

形容詞は名詞・代名詞を修飾・限定する。その場合本来の形容詞は修飾する名詞の前に付けるのが普通である。（後に付ける特殊な場合については P.256, 03 (2) 参照）

　　tall and handsome boys（背が高くてハンサムな若者たち）

しかし，**品詞の異なる幾つかの語が集まって**（つまり句や節となって）**全体として名詞を修飾する場合は後に付ける**のが英語のルールである。

　　a *vase* on the table（テーブルの上の花瓶）

　　a *baby* sleeping in the cradle ……………………………………　①

　　（揺りかごで眠っている赤ちゃん）

　　This is the *house* which his uncle built……………………　②

　　（これは彼の叔父さんが建てた家です）

②の which が関係（代名）詞であるから，限定用法の関係詞は形容詞節を導くことが理解できよう。また，英語の形容詞節はほとんどが関係詞によって導かれることを指摘しておきたい。

◆関係詞とは何か

②の英文は，

　　This is <u>the house</u>. ……………………………… ［イ］

　　（これは［その家］です）

　　His uncle built it (=<u>the house</u>). ………… ［ロ］

　　（彼の叔父さんがそれ［その家］を建てた）

［イ］［ロ］２つの文に共通の要素である［the house］に着目し，それを接着剤（接続詞）として両文をつないだものとも言える。そうすると［イ］文の補語である the house は［ロ］文では代名詞 it となり，動詞 built の目的語という関係に立っている。このように２文の

233

共通の要素である名詞が，形容詞節でどのような働きをしているかを関係づけると同時に，それを2文をつなぐ接続詞としても用いるものを関係詞と言うのである。そしてその共通の要素が形容詞節で代名詞として用いられる場合は**関係代名詞**（relative pronoun），副詞として用いられる場合を**関係副詞**（relative adverb）という。また形容詞節に修飾・限定される名詞を**先行詞**（antecedent）という。

◆英作文での着眼点

日本語には英語の関係詞に相当する語はない。そこでよく日本語訳では「…するところの」という言いまわしを付けて，例えば ② の英文で言えば「…彼の叔父さんが建てたところの家…」と訳す人が多い。それがいけないとは言わないが，関係詞が幾つも出てくる文章で一々「…するところの…するところの…」と続くのはいかにも聞き苦しい。慣れればそういう訳は卒業して欲しい。

ところで，では日本語を英訳する時に，どこで関係詞を用いればよいかというと，動詞的な意味が名詞（代名詞）を修飾・限定する場合に用いればよい。日本語の本来の形容詞は‘早い’‘高い’‘白い’と「〜イ」で終わるか，‘立派な’‘愚かな’‘いい加減な’のように「〜ナ」で終わるものが非常に多い。(a fast runner, a white flower, a fine gentleman, a high mountain, an irresponsible person, a stupid fellow,) しかし，このような本来の形容詞でなく，文的な構造を持ち動詞的な意味を表すものが名詞を修飾・限定するときがある。そのつなぎの部分（次の／のところ）に関係詞を用いればよい。

(a) 彼の叔父が*建てた*／家 → the house which his uncle *built*

(b) その車を*盗んだ*／男 → the man who stole the car

(c) 教室で*眠っている*／学生たち → (the) students who *are sleeping* in the classroom （分詞の形容詞用法については P.360 **B** 参照）

(d) ケネディ大統領が*殺された*／都市 → the city where President Kennedy *was killed*

Ⅰ．関係代名詞

01 関係代名詞の種類

接続詞＋代名詞の働きをするものを関係代名詞という。関係代名詞の種類は以下の通りである。

先 行 詞	主 格	所 有 格	目 的 格
人	who	whose	whom(who)
物・動物	which	whose of which	which
人・物・動物	that	——	that
先行詞を含むもの	what	——	what

who

人が先行詞の場合に用いる

The person **who** saw the accident is my friend.

（事故を目撃した人は私の友達です）

The girl **(whom)** you spoke to is one of the principal's daughters.

（君が話しかけた女の子は校長の娘の1人だ）

which

物や動物が先行詞の場合に用いる。

The Hudson is the river **which** flows through New York.

（ハドソン川はニューヨークを流れる川です）

The bag **(which)** you left in the theater was found in a pawnshop.

（君が劇場に置き忘れたバッグは質屋にあった）

that

先行詞が人・物・動物を問わず，いかなるものにも用いられる。

Mother cooked the salmon **that** John had caught in the lake.

（母はジョンが湖で釣った鮭を料理した）

She is the most beautiful actress **that** I have ever seen.

（彼女は私がこれまでに見た最も美しい女優だ）

235

関係代名詞には，先行詞の名詞（代名詞）を修飾・限定する**制限的用法**と，修飾・限定せず追加的に説明する非制限的用法の２つがある。（前者を**限定用法**，後者を**継続用法**と呼ぶ場合もある）

（1）制限的用法

　先行詞を修飾・限定するために，先行詞との結びつきが強く，普通関係代名詞の前にコンマを付けない。

　　　The woman **who** wrote this novel is a prisoner.
　　　　（この小説を書いた女性は囚人です）

また，先行詞は一般的に**不特定**であって，関係詞が導く形容詞節によって初めて具体的になってくる。

　　　A lot of people **who** live in this city are Catholics.
　　　　（この市に住む人々の多くはカトリック教徒です）

（2）非制限的［継続的］用法

　関係詞に導かれる節が先行詞を修飾・限定するのではなく，先行詞について追加的な説明をする場合がある。その場合は普通関係詞の前にはコンマが置かれるし，先行詞は特定の人や物である場合が多い。**適当な接続詞（and, but, for, etc.）と代名詞に分解する。**

　　　Johnson, **who** [= since he] had been working all day, wanted to take a rest the next day.［固有名詞］
　　　　（ジョンソンは１日中働いていたものだから，翌日は休みたいと思った）
　　　His aunt, **who** [and she] lives in Paris, came to visit him yesterday.
　　　　（彼の叔母はパリに住んでいるが，昨日彼を訪ねて来た）
　　　＊先行詞が唯一の存在と考えられるもの。
　　　The vegetables, **which** [and them] my uncle brought to us, are all foreign products.
　　　　（この野菜は叔父が持ってきてくれたものだけど，全部外国産だ）

〔**注意**〕叔母が何人もいる場合は，制限的用法で特定する。
　　　　His aunt who lives in Paris came to visit him yesterday.
　　　　（パリに住んでいる叔母が昨日彼を訪ねて来た）

文末ではなく，文の途中に挿入的に用いられる非制限的用法の関係詞節は〈文章体〉であって，会話で用いられることはほとんどない。また，that や what には非制限的用法はない。

(3) 二重限定（Double Restriction）

1つの先行詞が接続詞なしに2つの関係代名詞によって修飾・限定される場合がある。また最初の関係代名詞は省かれることがある。

Will you mention anyone **(that)** you know **who** is as able as John?

（あなたが知っている人でジョンと同じくらい有能な人の名を挙げてくれませんか）

〔注意〕次のように，関係詞節の最初の動詞（believe, imagine, say, suppose, think など）が，主語とともに挿入的に用いられる場合がある。これは二重限定ではない。

I met a gentleman **who** *I think* was your father.
（君のお父さんだと思う紳士に会った）

03 関係代名詞の人称・数

(1) 主格の場合

関係代名詞は主格の場合，その後に来る動詞は先行詞の人称・数と一致する。

*I, **who am*** your friend, am willing to help you.

（僕は君の友人だから喜んで君に手を貸すよ）

This stadium, **which** *is* no longer used, was built in 1900.

（このスタジアムはもう使われていませんが，1900年に建造されました）

The only house **that** *stands* on the hill has been vacant for the last 15 years ago.（あの丘の上の一軒家は15年前から空き家です）

(2) one of ＋複数名詞が先行詞の場合

後に来る動詞は普通，複数名詞に一致する。

This is *one of the poems* **which** *were written* by his mother.

（これは彼の母が書いた詩のうちの1つです）

〔注意〕①しかし口語体では時に one の方を先行詞とする場合もある。

He is *one of the greatest comedians* **that** *has* **appeared** since Charlie Chaplin.（彼はチャーリー・チャップリン以来の最大の喜劇役者の一人です）

②ただし，**the only one of ＋複数名詞**の場合は the only one の方を先行詞とするのが一般的である。

She is *the only one of my students* **that** *has* **become** a singer.
（彼女は私の教えた学生の中で歌手になった，ただ1人の学生です）

04 関係代名詞の格

関係代名詞の格は，関係代名詞に導かれる節の中で先行詞が果たす役割によって決まる。

(1) 主格の場合：who, which, that

　　The carpenter **who** built my house is from Canada.

　　（私の家を建てた大工はカナダの出身です）

　　＊**who** (= the carpenter) built my house

　　　　大工が私の家を建てた［built の主語の役割］

　　The school **which** was destroyed by the earthquake was on the fault.

　　（地震で破壊された学校は断層の上にあった）

　　＊**which** (=the school) was destroyed

　　　　学校が破壊された［was destroyed の主語の役割］

(2) 目的格の場合：whom (who), which, that

　　動詞および前置詞の目的語になる場合，口語体では whom が who になることもある。また前置詞が直前にくる場合を除いて，しばしば省略される。

　　　　The carpenter **(whom)** I asked to build my house is from Canada.　　((▶34

　　　　（私が家を建ててくれと頼んだ大工はカナダの出身です）

　　　　＊**whom** (=　the carpenter　) I asked to build my house

　　　　　　　　　　　　　　　　　　　　　　　　　　［askedの目的語の役割］

　　　　私が大工に家を建ててくれと頼んだ

　　　　The picture at which you are looking is one of Picasso's.　　((▶35

　　　　（あなたが見ている絵はピカソの作品の1つです）

　　　　at which (= at the picture) you are looking

　　　　＊あなたが見ている絵［are looking at 〜における前置詞 at の目的語の役割］

(3) 所有格の場合：whose, of which

　　whose は人・物どちらの先行詞の場合でも用いられる。

　　　　A child **whose** parents are dead is called an orphan.

　　　　（その両親が死んでしまった子供は孤児と呼ばれる）

　　　　A child whose (= his) parents

　　　　＊その子供の両親［child の所有格の役割］

14
関係詞

238

We can see *a house* the roof **of which [whose roof]** is partly broken.
（その屋根が一部こわれている家が見える）

05　which の注意すべき用法

which には次のような注意すべき用法がある。

(1)　前の節の一部または全体を先行詞にする場合

He said *his father was very rich*, **which** was a lie.

（彼は父親が大金持だと言ったけれど，それは嘘だった）

She graduated from Harvard University, **which** made her parents very proud of her.（彼女はハーバード大学を卒業した，それで彼女の両親は彼女をとても誇りにしていた）

(2)　赤ちゃんや幼児を先行詞とする場合

赤ちゃんや幼児はまだ一人前の人間として見られることが少ないので，which で受ける場合が多い。

She took home *the baby* **which** was deserted in front of the church.

（彼女は教会の前に捨てられていた赤ちゃんを家に連れて帰った）

(3)　人が先行詞でも職業・地位・性格を指す場合は which を用いる。

Mary is not *the woman* **which** her mother wants her to be.

（メアリーは母親が望んでいるような人柄の女性ではない）

06　that の注意すべき用法

that には所有格はなく，また非制限的用法や前置詞の目的語としても用いられないが，**人や物・動物のいずれの先行詞にも用いることができる**ので，〈口語体〉ではよく使われる。特に次のような場合は好まれるが，しかしこれは絶対的なものではない。

(1)　先行詞が最上級の形容詞や，the first, the last, the only, the very（まさにその）などの限定力の強い修飾語をともなっている時。

She is **the most graceful** lady **that [who]** I have ever seen.

（彼女は私がこれまで会った中で最もしとやかな婦人です）

This is **the first** aeroplane **that** Japan has ever produced for itself.

（これは日本が自力で制作した最初の飛行機です）

He is **the last** person **that [who]** can betray his friends.

（彼は絶対に友人を裏切ることのない人です）

This is **the only** camera **that** he never parted with in life.

（これは彼が生涯一度も手放すことのなかった唯一のカメラです）

She completed **the very** picture **that** I wanted.

（彼女は私が求めていた，まさにその絵を完成した）

〔注意〕先行詞が人の場合には who を用いるのが普通である。

(2) 先行詞が all, anything, everything, nothing など限定的な意味の強い不定代名詞の場合。

All that glitters is not gold.

（光るもの必ずしも金ならず）

Is there **anything that** I can do for you?

（何かあなたにしてあげられることがありますか）

She wants **everything that** I have.

（彼女は私の持っているものを全部欲しがる）

There was **nothing that** attracted her attention in the fashion show.

（そのファッションショウには彼女の注意を引くものは何もなかった）

(3) 先行詞が**疑問代名詞**の場合

これは wh- 語が続くのを避けるためである。

Who that knows her speaks ill of her?

（彼女を知っている人で誰が彼女のことを悪く言うだろうか）

Which that is on the sofa is John's cat?

（ソファにいるどっちがジョンの猫ですか）

(4) **関係代名詞が関係詞中で be 動詞の補語**になる場合（ただし省略されることが多い）

He is not the man **(that)** he used to be.

（彼は昔そうだったような人間ではない）

He is not the coward **(that)** he was.

（彼は以前のような臆病者ではない）

(5) 先行詞が**人と生物の両方**である場合

The man and his dog **that** were crossing the road were attacked by a bear.

（道路を横断していた人とその飼犬が熊に襲われた）

---

07 | **what の用法**

関係代名詞の **what** は書き換えると（... the thing(s) which ～），（... that or those which ～）となり，それ自体の中に既に先行詞を含んでいる。意味

は「～するもの，～すること」で，既に述べた who, which, that が形容詞節を導くのに対して，原則として名詞節を導く。もちろん非制限的用法はない。

(1) 主語の場合

What *you say* is wrong.

（君の言っていることは間違っている）

What *they did* came to nothing.

（彼等がしたことは何にもならなかった［無駄になった］）

(2) 目的語の場合

I don't believe **what** *he said*.

（私は彼が言ったことを信じない）

The soldier did not obey **what** the officer ordered.

（その兵士は上官が命じることに従わなかった）

(3) 補語の場合

This is **what** *she wanted*.

（これは彼女が望んでいたことです）

These stamps are **what** *he bought in Europe*.

（これらの切手は彼がヨーロッパで買ったものです）

(4) anything that ～の意味になる場合

what が「～すること［もの］は何でも」とか，「～だけのこと［もの］はすべて」（as much as ～）という意味で用いられることがる。

I will do **what** (= *anything that*) I can for you.

（私に出来ることは何なりといたしましょう）

Tell me **what** (= *as much as*) you remember of it.

（それについて覚えていることを総て話して下さい）

〔注意〕①この場合の「何でも」とか「すべて」というのは多くのことを意味するのではなく，「わずかであるが何でも［すべて］」という意味である。
②what のこの用法の場合には，what を形容詞として用いることもある。
I will give you **what** help (= *as much help as*) is possible.
（できるだけのお力添えをいたしましょう）

(5) 副詞節になる場合

挿入句として副詞節の働きをすることもある。

He is a good scholar, and, **what is more**, a good teacher.

（彼は優れた学者であるし，さらに優れた教師である）

It was blowing hard, and **what was worse**, it began to snow.

（風がひどかった，さらに悪いことには［おまけに］雪が降り出した）

He is **what we call** a self taught man.

（彼はいわゆる独学の人です）

〔注意〕最後の例文の「いわゆる」は we 以外に **what you (they) call** 〜もある。要するに「我々が（あなた方が，その人たちが）〜と称するもの」というのがもとの意味であるから，call する主体が誰かによって主語を変えればよい。主体を示したくない時は受動態にして what is called 〜を用いればよい。

参考【関係代名詞か疑問代名詞か】

I don't remember what he said. という文章で what が関係代名詞であれば「私は彼が言ったことを覚えていない」となり，疑問代名詞であれば「私は彼が何を言ったか覚えていない」となる。音声上は疑問代名詞であれば what に強勢があって強く発音し，関係代名詞であれば強勢がないため弱く発音されるという違いがあるので実際の発話ではその違いが分かるが，文字として書かれている場合はその判定は困難である。そこで最終的には文脈で判断するより仕方がないが，一般的な傾向はあるのでそれについては **P.227, 16**〔注意〕を参照すること。

08　関係代名詞の省略

制限的用法の関係代名詞は次のような場合には省略できる。特に〈口語体〉では省略されることが多い。

（1）目的格の場合

　（a）動詞の目的語

The man ∧ I *introduced* to you yesterday is a second-generation American.

（私が昨日あなたに紹介した人は 2 世のアメリカ人です）

The book ∧ you sent to me is very interesting.

（君が僕に送ってくれた本はとても面白い）

　（b）前置詞の目的語

The girl ∧ you were talking *about* has gone home to America.

（君が話していた女の子はアメリカへ帰ってしまったよ）

The book ∧ she was looking *for* was found at a second-hand bookstore.

（彼女が探していた本は古本屋で見つかった）

（2）主格の場合

　　主格の関係代名詞は原則として省略されないが，次のような場合は省

略するのが普通。

（a）There (Here) is の**存在文**や，It is に続く場合。

There is no one ∧ enjoys a single life more than he does.
（彼ほど独身生活を楽しんでいる者はいない）

It isn't everybody ∧ can do this.
（誰でもこんなことがやれるとは限らない）

（b）関係詞節が there is (are, was, etc.) ～で始まる場合

省略するのが普通である。

She has every opportunity ∧ *there is.*
（彼女はありとあらゆる機会に恵まれている）

It's the only cherry-tree ∧ *there is* in the village.
（それは村にあるただ 1 本の桜の木です）

（c）関係代名詞が be 動詞の補語の場合

John is not the man ∧ he used to *be.*
（ジョンは昔の彼ではない）

She is not the cheerful woman ∧ she *was* before she married.
（彼女は結婚前のあの快活な女性ではない）

09　擬似関係代名詞

本来は接続詞である as，but，than が次の特定の構文では関係代名詞に相当する働きをする。このようなものを擬似関係代名詞という。

（1）as の用法

（a）such，as，the same と相関的に用いられる場合

Don't trust *such* a man **as** talks big.
（ホラを吹くような男を信用してはいけない）

＊as が man を先行詞とし，talks の主語の働きをしている。

This book is written in *such* easy English **as** beginners can understand.
（この本は初心者にも分かるような易しい英語で書かれている）

＊as は easy English を先行詞とし，understand の目的語の働きをしている。

She is *as* beautiful a woman **as** ever lived.
（彼女はかつていなかったほどの美しい女性だ）

＊後の as は a woman を先行詞とし，lived の主語の働きをしている。

243

Cf. She is as beautiful **as** any woman that ever lived.

[後の as は接続詞]

We are given *as* much food **as** we can barely live on.

（私達はやっと生きていけるだけの食物を与えられている）

＊後の as は food を先行詞とし，前置詞 on の目的語としての働きをしている。

I have *the same* camera **as** you have.

（君と同じカメラを持っている）［同種類］

＊as は camera を先行詞とし，have の目的語として働いている。

He is just *the same* **as** he always was.

（彼は昔の彼のままだ［全然変わっていない］）

＊as は the same を先行詞とし，was の補語の働きをしている。

(b) 主節やその一部を先行詞とする場合

which にも上の用法があるが（05 参照），as（=which）の場合は主節よりも先に置かれる方が多い。

As everyone knows, *his grandfather is one of the Nobel prize winners.*

（誰でも知っていることだが，彼の祖父はノーベル賞受賞者の一人です）

He was absent from home, **as** is often the case.

（よくあることだが，彼は家にいなかった）

(2) but の用法

否定の不定代名詞または no ＋名詞を先行詞とし that (who) … not の意味を持つ関係代名詞となる。ただし，〈文章体〉である。

There is *no one* **but** knows it. [=There is no one *that* does *not* know it]（それを知らない人はいない）

There is *no rule* **but** has some exceptions. [= There is no rule *that* does *not* have some exceptions.]（［若干の］例外を持たない法則はない）

(3) than の用法

比較級 … than ～の形で，than 以下の節中に主語や目的語が省かれている時，than は関係代名詞に相当する働きをしていると見なされる。

He has *more money* **than** can be spent.

（彼は使い切れないほどのお金を持っている）

＊than は more money を先行詞とし，can be spent の主語としての働きをしている。

She would not accept *more* money **than** she really needed.

（彼女は本当に必要以上のお金をどうしても受取ろうとしなかった）

＊than は more money を先行詞とし，needed の目的語としての働きを
している。

Ⅱ．関係副詞（Relative Adverb）

関係副詞は接続詞＋副詞の働きをする。when（時間），where（場所），why
（理由），how（方法）の４種類があり，制限的用法の時は関係代名詞と同じ
ように形容詞節を導く。また関係副詞は前置詞＋関係代名詞に置き換えら
れる点にも注意すること（ただし，how は名詞節を導く）。

解説 関係代名詞は２文に共通の要素に注目し，それを接続詞にすると同時にそれが関
係詞節中で代名詞として主語・目的語・補語のどの働きをするかを関係づけるものであ
った。

This is the house.　　　John built the house (=it).

This is the house <u>and it</u> John built.（これはジョンが建てた家です）

↓

which

それに対し，関係副詞は２文に共通の要素の一方が関係詞節中で副詞の働きをするよう
に関係づけられるのである。

This is the house.　John was born in the house.

This is the house **and there** (= <u>in the house</u>) John was born.

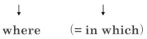

where　　（= in which）

（これはジョンが生れた家です）

10　関係副詞の用法

関係代名詞の用法と同様に，制限的用法と非制限的用法がある。

1）制限的用法

a）when　　1492 is the *year* **when** (= in which) Columbus discovered
America.

（1492 年はコロンブスがアメリカを発見した年です）

The *day* is approaching **when** (= on which) common people will visit the moon.

（普通の人達が月を訪れる日が近づいている）

b) where

This is the *place* **where** (=at which) President Kennedy is buried.

（ここがケネディ大統領が葬られている所です）

Could you tell me the *bank* **where** I can change money?

（お金を両替できる銀行を教えて頂けませんか）

c) why

Give me the *reason* **why** (=for which) you played truant yesterday. （昨日無断欠席した理由を言いなさい）

There is no *reason* **why** (=for which) I should apologize.

（私が謝らなければいけない理由は何もない）

d) how

how には the way how ~という形はない。① how ~ ② the way ~ ③ the way that ④ the way in which ~ という形で用いられる。したがって how は形容詞節ではなく名詞節として用いられる。

That's **how** he came to love her.

（そんなふうにして彼は彼女が好きになった）

I don't like **the way** she talks.

（僕は彼女の話し方が気に入らない）

Tell me **the way that** (= **in which**) you succeeded as an actress.

（女優として成功された事情を私に教えて下さい）

〔注意〕関係副詞の代わりに「前置詞＋関係代名詞」を用いるのは〈文章体〉的表現である。一方口語体では関係副詞の代わりに that を用いることが多いし，それもまたよく省略される。

That's the *day* (**that**) they got married.

（それは彼等が結婚した日です）

This is the *reason* (**that**) she got angry.

（これが彼女が腹を立てた理由です）

e) 先行詞が省略される場合

　関係副詞は〈時〉〈場所〉〈理由〉〈方法〉を表す。名詞を先行詞とするから，その典型的な先行詞である the time, the place, the reason, the way の場合省略されることがよくある。（ただし，先にも指摘したように

the way how 〜という形はないから本来は the way の省略とは言えないが)。したがってその場合関係詞節は名詞節となる。

Let me know **when** she will leave Tokyo.

[the time の省略]

(彼女が東京を立つ時間を知らせてくれ)

It happened a yard from **where** I stood.

[the place の省略]

(それは私の立っているところから1ヤードの所で起こった)

I don't see **why** he allowed her to go abroad alone.

[the reason の省略]

(私はどうして彼が彼女を一人で海外に行かせたのか分からない)

That is **how** she treats her pets.

(それが彼女のペットの扱い方です)

〔注意〕where に導かれる節が「〜する所に [へ, を]」,「〜する場合に [で]」という意味で副詞節を導く場合がある。その場合には where は先行詞の省略された関係副詞ではなく接続詞である。

Where there is a will, there is a way.

(決意があるところには方法がある → しようという決意があれば道はおのずから開ける。[精神一到何事か成らざらん]) [諺]

2) 非制限的 [継続的] 用法

関係副詞の非制限的用法は when, where にしかない。why, how や関係副詞の代用をする that には非制限的用法はない。

a) when　「…するとその時に (at the time)」,「…そしてそれから (and then)」,「…とちょうどその時に (and [just] then)」などの意味になる。

I will be back before noon, **when** (= and then) we will go fishing.

(正午までには戻って来るから, それから釣りに行こう)

I was about to go to bed, when (=and just then) he came to see me. (床につこうとしていると, 彼が会いに来た)

b) where　「…するとそこで (and there)」という意味になる。

247

I went to Singapore, **where** (= and there) I found her.

（シンガポールに行くとそこに彼女がいたのだ）

We came to a meadow, **where** (=and there) we put up our tent. （私達は牧草地に来た。そしてそこでテントを張った）

11 複合関係代名詞と複合関係副詞

-ever のついた関係代名詞や関係副詞をそれぞれ**複合関係代名詞**，**複合関係副詞**と呼ぶ。ただし関係代名詞 that と関係副詞 why には複合形はない。

複合関係代名詞

複合関係代名詞とはそれ自体の中に先行詞を含んでおり名詞節になるか，譲歩を表す副詞節になる。whoever (whomever)，whichever，whatever がある。

(a) 名詞節を導く場合

◆ whoever （= anybody that）「～する人は誰でも」

◆ whomever （= anybody whom）「～する人を（に）誰でも」

Whoever comes will be welcome.

（来る人は誰でも歓迎されるでしょう）

You may invite **whomever (whoever)** you like.

（誰でも好きな人を招待してよい）

◆ whichever （= any that）「どっちの～でも」，「～するものはどれでも」

2つ以上の特定のものについて用いられる。

Whichever of the teams (= any of the teams **which**) pulls the pole down first will be given the prize.

（最初に棒を倒したどのチームでも賞が与えられます）

Choose **whichever** (= **any (one) which**) you like.

（好きなものをどれでも選びなさい）

〔注意〕whichever には形容詞用法もある。
　　Take **whichever** cake you like.
　　（どれでも好きなケーキをお取りなさい）

◆ whatever （= anything that）「～するものは何でも」

2つ以上の不特定なものについて用いる。

Whatever he has is mine.

（彼が持っているものは何でも私のものです）

He tries to get **whatever** he wants.

（彼は欲しいものは何でも手に入れようとする）

〔注意〕whatever にも形容詞用法がある。

He ate **whatever** food he could find.
（彼は見つかる食べ物は何でも食べた）

(b) 譲歩を示す副詞節を導く場合

この譲歩節の場合は複合関係代名詞であれ，複合関係副詞であれ，no matter（who, where, etc.）の形の方が〈口語体〉である。また譲歩節中に叙想法（仮定法）の代用である **may** を用いるのは古い用法で，近年は may を使用しないで叙実法（直説法）の動詞を用いるのが一般的になってきている。

◆ whoever ... (may) ~［= no matter who ... (may) ~］「誰が ～ しようとも」

◆ whomever ... (may) ~［= no matter whom ... (may) ~］「誰を（に）～しようとも」

◆ whosever ... (may) ~［= no matter whose ... (may) ~］「誰の～であっても」

Whoever you are (may be), I'll do my best to help you.

[= **No matter who** you are, I'll do ....]

（あなたが誰であろうと，最善をつくしてあなたを援助します）

Who(m)ever you recommend (may recommend), we will deny him admission into the club. [= **No matter who(m)** you recommend, we will ....]

（あなたが誰を推薦しようと，私達はこのクラブへの入会は拒否するでしょう）

Whosever it is (may be), I mean to have it.

[= **No matter whose** it is, I mean ....]

（それが誰のものであろうと，私は自分のものにするつもりだ）

◆ whichever ... (may) ~［= No matter which ... (may) ~］「どちらかが（を）… でも」

Whichever you (may) choose, you will be satisfied.

[= **No matter which** you choose, you will ....]

（どっちを選んでも，満足されるでしょう）

249

Whichever road you (may) take, you will reach the library.

[= **No matter which** road you take, you will ....]

（どっちの道をとっても，図書館に着きます）

◆ **whatever ... (may) ~** [= No matter what ... (may) ~]「何が（を）〜でも」

Whatever happens (may happen), I won't change my mind.

[= **No matter what** happens, I won't ....]

（何が起ころうとも，私は決心を変えないでしょう）

Whatever excuses he makes (may make), we do not believe him.

[= **No matter what** excuses he makes, we do not ....]

（彼がどんな言いわけをしようとも，私達は彼の言うことを信じない）

◆ **whenever ... (may) ~** [= No matter when ... (may) ~]「いつ〜しようとも」

Whenever you (may) come, we are rejoiced to see you.

[= **No matter when** you come, we are ....]

（いついらっしゃっても，私達は大喜びでお目にかかります）

Wherever you are (may be), I am always thinking of you.　　🔊**36**

[= **No matter where** you are, I am ....]

（あなたが何処にいても，私はいつもあなたのことを考えています）

◆ **however ＋形容詞** [副詞] **... (may) ~** [= No matter how ＋形容詞 [副詞] ... (may) ~]「どんなに〜しようとも」

However vehemently you (may) love her, she will never respond to your love.

[= **No matter how** vehemently you love her, she will never ....]

（どんなに熱烈に彼女を愛しても，彼女は君の愛にこたえないだろう）

(c) 譲歩節以外の複合関係副詞の用法

＝複合関係副詞は譲歩節以外に次のような意味の副詞節を導く。

◆ **whenever** (＝ at any time when)「…する時はいつでも」

Come **whenever** it is convenient for you.

（あなたの都合のいい時にいつでもおいでなさい）

◆ **wherever** (＝ at [in, to] any place where)「…する所はどこでも」

John went after Mary **wherever** (＝to any place where) she went.

（ジョンはメアリーの行く所はどこでも追いかけて行った）

◆ however ＋ S ＋ V （= by whatever means）「どんな方法によって
も」

　　However you do it, you will find it difficult.

　　（どんな仕方でやろうとそれが難しいということが分かるでしょう）

(d)　複合関係形容詞

whatever と whichever には形容詞用法もある。名詞節を導く場合と,
譲歩を表す副詞節を導く場合とがある。それらについては P.249 (b)
を参照のこと。

～◦～◦～◦～ 役に立つことわざ ～◦～◦～◦～◦

★　It is no use crying over spilt milk.
　　（覆水盆に返らず）← 〔こぼれたミルクを嘆いてもむだだ〕

★　The smell of garlic takes away the smell of onions.　　🔊37
　　（毒を以って毒を制す）← 〔ニンニクの臭いは玉ネギの臭いを消す〕

★　Birds of a feather flock together.
　　（類は友を呼ぶ）← 〔同じ羽色の鳥は一緒に集まる〕

練習問題 **14**

A 次の各文の（　　）内の適当な1語を選びなさい。

(1) He saw the lady again at the shop (who, whom) he had seen last week.

(2) This is the same videoplayer (which, whose, as) I bought.

(3) I know a foreigner (whom, which, who) speaks five languages.

(4) She is a woman (whom, who) I know is very reliable.

(5) At his age he ought to have all the experience (that, than, as) he can get.

(6) You may give the dictionary to (whoever, whomever) wants it.

(7) There is no boy in Seattle (that, who, but) knows the name of Ichiro.

(8) This is just (which, what, that) I have wanted to get in life.

(9) Now is the time (as, which, when) we must do our best.

(10) He does not know the reason (which, why, when) she did not come.

B 次の各文の（　　）内に適当な1語を入れなさい。

(1) I gave her a ring last month, (　　) she lost yesterday.

(2) I know an old man (　　) wife was burnt to death in the fire.

(3) The man (　　) I believed to be honest betrayed me.

(4) This is the same woman (　　) I saw at the bus stop last week.

(5) Who is the lady (　　) he is talking with over there?

(6) There was no one in the movie theater, (　　) surprised her a great deal.

(7) We had a heavy rain for hours last night, and, (　　) was worse, there were not a few houses flooded up to floor.

(8) I took her (　　) she could enjoy a finer view.

(9) Please tell me (　　) I can settle this problem.

(10) There are a few cases (　　) this rule does not hold good.

C 次の各文の誤りを正しなさい。

(1) Mr. Johnson speaks nothing but that is true.

(2) Henry is one of those men who always complains about their wife.

(3) There was no soldier but did not know the general's fame.

(4) The day will come which we shall sit here together as brothers.

(5) This is the greatest difficulty than we have ever had.

(6) This is the house which John studied hard in his youth.

(7) Do you know the reason in which she declined his offer.

(8) I'll tell you the way how he succeeded in his business.

(9) You must be kind to whomever wants your help.

(10) His uncle has made him that he is.

D 次の各文を英語に直しなさい。

(1) その村は今では 15 年前とはずいぶん違っている。

(2) 彼女はどこに行っても人々に愛されるだろう。

(3) 君は信頼するどんな人を招待してもよろしい。

(4) 彼女は自分のしたことを後悔しない日は 1 日とてなかった。（Not a day passed by を文頭に出して）

(5) どんなに豊かな国でも何か輸入しなければいけないものが常にある。（No matter を文頭に出して）

E 次の各文の（　　）内に適当な関係詞を 1 語入れなさい。

(1) There is nothing in the world (　) teaches us some good lesson.

(2) I said nothing, (　) made him still more angry.

(3) This is the man (　) they say stole the car.

(4) (　) I want to know is whether he is equal to the task.

(5) Let's go back to the hotel, (　) we can rest.

(6) (　) it is in the power of human nature to do, I will do.

(7) I like children. That's (　) I became a teacher.

15 形容詞 (Adjective)

名詞を修飾・限定するものを形容詞という。happyやhonestのような本来の形容詞以外に、限定詞・分詞・名詞やまた前置詞の導く形容詞句・関係詞の導く形容詞節も名詞を修飾・限定する。それぞれがどういう役割分担しているか整理してみよう。

名詞・代名詞を修飾・限定するものを形容詞という。名詞の前後に付いて直接修飾・限定する限定用法と，間接的に補語として修飾・限定する叙述用法とがある。

01 形容詞の種類

種　類	表す内容	具体例
性質形容詞	事物の**性質・状態・形状**など	black, good, honest, long, square, wrong, yellowなど
数量形容詞	**数・量・程度**	enough, few, first, little, many, much, one, second, several, two, など

（注意）上記の本来の形容詞以外に次に挙げるものも文中の働きによって形容詞相当語句として扱われる。

代名詞　　人称代名詞：my book, your family
　　　　　指示代名詞：this table, those cars
　　　　　不定代名詞：some boys, such a case
　　　　　疑問代名詞：What book did you buy?
　　　　　　　　　　　（どんな本を買ったんですか）
　　　　　関係代名詞：He spent what money he had.
　　　　　　　　　　　（彼は持ち合わせのお金を全部使いました）
　　　　　＊以上をまとめて**代名形容詞**と呼ぶこともある。
冠詞　　　　　　　：a tree, the river
分詞
　現在分詞　　　：a sleeping baby（眠っている赤ん坊）
　過去分詞　　　：lost time（失われた時間）
名詞　　　　　　：air force（空軍）, stone bridge（石橋）
前置詞の導く句：a bird in the cage（籠の中の鳥）

> 形容詞節　　　: This is the ring which I bought in Paris.
> 　　　　　　　（これはパリで買った指輪です）

02 形容詞の用法

限定用法	名詞の前後に付けて，直接名詞を修飾・限定する。 a **pretty girl**（可愛い女の子），people **young and old**（老いも若きも）
叙述用法	補語として間接的に名詞を修飾・限定する。 He is **honest**.（彼は正直である）He made her **happy**. 　（彼は彼女を幸せにした）

(注意) 一般に形容詞は限定用法にも叙述用法にも用いられるものがほとんどであるが，中には叙述用法にしか用いられない形容詞もある，
　　　He is alive.（彼は生きている）（○）　　　　an *alive* man（×）
　　　また反対に限定用法にしか用いられない形容詞，
　　　a lone traveler（孤独な旅人）（○）　　　　He is *lone*.（×）
　　　あるいは，限定用法と叙実用法では意味が違う形容詞，
　　　ill news（悪い知らせ）　　　　　　　　　He is ill.（彼は病気です）
　　　などがあるので，単に意味だけではなく，使われ方にもよく注意する必要がある。

03 限定用法（Attributive Use）

(1) 名詞の前に付ける場合

　　I can see a **tall** tree over there.（向こうに高い木が見える）

　　2つ以上の形容詞を用いる時は普通 and や comma を省く。

　　A **big old American** woman was standing at the door.

　　（大きな体のアメリカ人の老婆が玄関の所に立っていた）

　しかし色彩を表す形容詞が2つ以上ある時は and を用いる。

　　a **red and white** pennant（赤・白2色の優勝旗）

　　a **black, brown and white** dog（黒・茶・白のぶちの犬）

(注意) ①限定用法の形容詞は名詞の**永続的・分類的**な特徴を示すのが普通である。
　　　a tall tree も a big old woman もいずれも一時的に tall であったり，big old であるのではない。この性質は tree や woman が存在する限り続くも

のであり，また a short tree や little young woman と区別される分類的
特徴を示すものである。

②日本語の形容詞の語順は英語に比べるとかなり自由である。例えば「あの
3人の背の高い若い人達」と言っても「3人のあの若い背の高い人達」と
言っても形容詞の力点の置き方には違いはあっても，意味の絶対値は同じ
である。しかし英語は語順がかなり固定していて，those three tall young
persons という順序になるのが標準である。そこで次に英語の形容詞の原
則的な順序を示す。

| 限定詞 | 数　　詞 | | 大小 | 新・旧年令 | 形状 | 性　質状　態 | 色彩 | 所　属材　料 |
	序　数	基　数						
a	first	one	big	new	round	calm	blue	gold
the	second	two	small	old	square	diligent	green	iron
my	⋮	⋮	etc.	young	etc.	honest	white	wooden
your	⋮	⋮		etc.		etc.	etc.	etc.
this	⋮	⋮						
those								
some, any								

しかし，実際にはこれら8つの区分の形容詞がすべて用いられるようなこと
はめったになく，せいぜい3・4個の形容詞が続くぐらいのものである。そ
こで現実的には，

(a) **指示的**なもの：a, the, this, that, などの限定詞
(b) **数量的**なもの：few, many, little, much, first, two, three など
(c) **性質・状態的**なもの：calm, diligent, honest, lazy など，いわゆる
　　本来の形容詞

以上の順に並ぶと単純化して理解しておけばよい。つまり，指・数・性の順
番になる。そして，性質・状態的なものが2つ以上ある場合には，**特殊性の
強い形容詞ほど名詞の近く**，一般性の高い形容詞ほど名詞から遠くなるとい
う傾向を覚えておけばよい。

(2) 名詞の後に付ける場合

(a) 他の品詞の語句と共に**全体で名詞を修飾・限定する場合**

We heard a sound **strange** *to the ears.*

（私達は耳慣れない妙な音を聞いた）

This is an animal **native** *to Australia.*

（これはオーストラリア原産の動物です）

(b)　anything, nothing, something など -thing で終わる代名詞を修
飾・限定する場合

There is *something* **funny** about her.

（彼女にはどこかこっけいなところがある）

I have *nothing* **particular** to say.

（特に言うべきことは何もありません）

(c)　-able, -ible で終わる形容詞

修飾・限定する名詞には all, any, every や最上級の形容詞が付い
ている場合が多い。

He tried *all means* **possible**.

（彼はありとあらゆる可能な手段を試してみた）

This is *the best plan* **imaginable**.

（これは考えられる最良の計画だ）

(d)　時や場所を示す副詞が形容詞として用いられる場合

Japan **now** is in severe depression.

（今の日本はひどい不況下にある）

The house **there** is my uncle's.

（あそこの家は叔父のです）

(e)　付帯状況を示す〈with ＋（代）名詞＋形容詞〉の場合

He was sleeping *with his eye* **open**.

（彼は片目を開けて眠っていた）

(f) 慣用表現

Japan **proper**（日本本土），*on Saturday* **next**（次の土曜日），

on Friday **last**（先週の金曜日），

the people **present**（居合わせた人達）

---

04 叙述用法 (Predicative Use)

形容詞が第2文型（S＋V＋C），第5文型（S＋V＋O＋C）で，C＝補語として用いられる場合を**叙述用法**という。第2文型ではSの，第5文型ではOの（代）名詞を間接的に修飾・限定する。前者の場合を**主格補語**，後者の場合を**目的格補語**という。

（1）主格補語

John is **intelligent**.（ジョンは聡明である）

She became **rich**.（彼女は金持になった）

〔注意〕〈be ＋形容詞＋前置詞〉の構造で，形容詞が補語というよりも，構造全体で1つの他動詞に相当したり，他のさまざまな働きをすることがある。
　　　　She **is afraid of**（= fears）the dog.（彼女はその犬を怖がっている）
　　　　He **is fond of**（= like）fishing.（彼は魚釣りが大好きです）
　　　　He **is sure of** her innocence.（彼は彼女の潔白を確信している）
　　　　She **is content with** her position.（彼女は自分の地位に満足している）
　　　　We **are anxious for** peace.（私達は平和を切望している）
　　　　I **was angry about** her carelessness.（私は彼女の不注意に腹が立った）

（2）目的格補語

Mary believes *him* **honest**.（メアリーは彼を（は）正直だと信じている）

He found *the people* very **kind**.

（彼はその人達がとても親切だということを知った）

（注意）①文章関係（Nexus）
　　　S＋V＋O＋CにおいてO＋Cの間には〈主語＋述語〉の関係が成立する。
　　　Mary believes *him honest*. = Mary believes that *he is honest*. したがって，「彼を正直だと信じている」と訳しても「彼は正直であると信じている」と訳してもどちらでもよい。この関係はすべてのO＋Cの構造に当てはまる

ので，Cが名詞の場合でも適用される。

②限定用法の形容詞と異なって，叙述用法の形容詞は一時的な性質・状態として捉えられる傾向が強い。

05 〈the ＋形容詞〉の名詞用法

the ＋形容詞が「…な人達」という複数の普通名詞になったり，抽象名詞に相当する意味になることがある。

(1) 人々を示す複数普通名詞になる場合

The young (= Young people) should respect **the old** (=old people).

（若者は老人を敬うべきである）

The rich (=Rich people) are often more close-fisted than **the poor** (= poor people)（金持ちの方が貧乏人よりも始末家であることが多い）

【注】常に複数であるとは限らない。単数の意味の場合もある。ただし固定した表現に限られる。

the **beloved**（最愛の人），the **deceased**（故人）

(2) 抽象名詞に相当する場合

He has an eye for **the beautiful** (= beauty).

（彼は美に対する鑑識眼［＝審美眼］をそなえている）

She is always demanding **the impossible**.

（彼女はいつも不可能なことを要求する）

【注】上に述べた場合以外にも形容詞の名詞用法はあるが，本書では省略する。

06 数量形容詞（Quantitative Adjective）

性質・状態を表す形容詞に対して，（代）名詞を数・量の面から修飾・限定するものを**数量形容詞**という。不定の数量を示す形容詞と明確な数量を表す数詞とからなる。

不定数量形容詞

不定数量形容詞の種類と名詞との関係

名詞 不定数量形容詞	可算名詞		不可算名詞
	単　数	複　数	
both		○	
all	○	○	○

any, some	○	○	○
no	○	○	○
(n)either	○		
each	○		
every	○		
enough		○	○
(a) few		○	
(a) little			○
several		○	
many		○	
much			○
more, most		○	○

宮川幸久他編『ロイヤル英文法』（p. 257）に基づく。

＊both, any, some, (n)either, each, enough, (a) few, (a) little, several, many, much, more, most には代名詞としての用法もある。それらについては第12章Ⅳを参照のこと。

many と much：「たくさんの」

どちらも漠然と「たくさんの」という意味で用いられる。many は〈数〉に対して，much は〈量〉に対して用いられる。

> **many＋可算名詞（複数）**
> **much＋不可算名詞**

07 many の用法

主に否定文と疑問文で用いる。肯定文では主語を修飾・限定する場合と，so, as, too, how の後に続ける場合以外はあまり用いない。〈口語体〉ではその代わりに a lot of, lots of, plenty of などを使用することが多い。

（1）主語を修飾・限定する場合

Many people go abroad on holidays.

（休暇にはたくさんの人が海外に行く）

（2）否定文

She does**n't** have **many** friends.

（彼女にはあまり友人がいない）

【注】「多くの友人がいない」と訳さないこと。それでは「普通ぐらいにはいる」という意味が含まれてしまう。not ... many ~，not ... much ~は「あまり~でない（少ない方だ）」という意味である。

(3) 疑問文

Does she have **many** children?

（彼女にはたくさんの子供がありますか）

(4) so，as，too，how に続く場合

There are *so* **many** birds in this park.

（この公園にはとてもたくさんの小鳥がいる）

He has *as* **many** books as I.

（彼は私と同じくらいの数の本を持っている）

How **many** times did you try?（何回やってみましたか）

(5) many a (an) ＋単数可算名詞

単数扱いであるが，意味は「たくさんの」で複数である。ただし〈文章体〉。

Many a peasant *is* suffering from famine.

（多数の小作農が飢饉（ききん）に苦しんでいる）

【注】どれくらいの数からが many になるのかというとこれは絶対的・客観的基準があるわけではなく，相対的・主観的なものであることを心得ておくこと。（P.216, 24 の 参考 を参照）

08　much の用法

many と同じように，主として**否定文と疑問文**で用いる。**肯定文では主語を修飾・限定する場合**と，**so，as，too，how の後に続ける場合**以外はあまり用いない。〈口語体〉ではその代わりに a lot of，lots of，plenty of などを用いる。much に続く名詞は常に単数形である。

| much＋物質名詞 | → | 量の多いこと |
| much＋抽象名詞 | → | 程度の高いこと |

(1) 主語を修飾・限定する場合

Much *time* has been lost by the traffic accident.

（交通事故で多くの時間が失われた）

Much *effort* will be necessary for this project.

（この事業には大変な努力が必要となるだろう）

(2) 否定文

There isn't **much** *water* left in the dam.

（ダムにはあまり水が残っていない）

They didn't have **much** *courage* to drive the enemy back.

（彼等は敵を追い返す勇気があまりなかった）

(3) 疑問文

Do we have **much** *time* to take a rest?

（休息をとるのにたっぷり時間がありますか）

Did you find **much** *pleasure* in taking care of the refugees?

（あなたは難民の世話をするのに大きな喜びを感じましたか）

(4) so, as, too, how に続く場合

She spent *too* **much** money for dress.

（彼女は衣装にお金を使い過ぎた）

How **much** grief can we control?

（我々はどれほどの悲しみに耐えられるか）

09 (a) few と (a) little

	肯　　　定	否　　　定
数	a few　（少しはある）	few　（ほとんどない）
量	a little　（少しはある）	little　（ほとんどない）

(1) a few「少しはある」：few「ほとんどない」

a が付くと肯定的意味になり，複数可算名詞の前に付ける。〈少し〉というのは「2・3の」と同じことである。a が付いていないと否定的意味となり「ほとんどない」になる。（(1)(2)共詳しくは P.212, 23 を参照）

There are **a few** *schools* in his neighborhood.

（彼の住んでいる近くには学校が少しある）

There are **few** *schools* in his neighborhood.

（彼の住んでいる近くには学校がほとんどない）

(2) a little「少しはある」：little「ほとんどない」

(a) little は単数不可算名詞の前に付け，量の少ないことや程度の低いことを示す。a があれば肯定的意味，なければ否定的意味になる。

I found **a little** *intelligence* in his writing.

（彼の書き物の中には少し知性があるのを知った）

I found **little** *intelligence* in his writing.

（彼の書き物の中にはほとんど知性がないのを知った）

10　enough「(～する) だけの，(～に) 十分な」

複数可算名詞または単数不可算名詞を修飾・限定する場合，名詞の前にも後にも付けることができるが，形容詞用法の場合は名詞の前に付ける方が普通。ほとんどの場合不定詞 to と結びついている。

We have **enough** eggs (eggs enough) *to* prepare the dish.

（その料理を作るだけの卵があります）

There is **enough** time (time enough) *to* do some shopping.

（ちょっと買物をするだけの時間があります）

〔注意〕① 不定詞の意味上の主語が文の主語と異なる時は for ～を to 不定詞の前に付けて表す。(P.345, 25 (2) 参照)

We have **enough** money (money enough) *for* Mary *to* buy a piano.

（メアリーがピアノを買うだけのお金はある）

② enough の代名詞用法や副詞用法については辞書で調べること。

11　several「いくつかの」

several は複数可算名詞の前に付け，3つ以上5，6までの数を表す。ただしこれは〈文章体〉で，〈口語体〉では some を用いる。

We have been to Paris **several** times.

（私達は何度かパリに行ったことがあります）

There were **several** dictionaries on his desk.

（彼の机の上には数冊の辞書があった）

12　no「1つの (少しの) ～もない」

(1) 単数名詞・複数名詞のいずれにも用いられる。

I have **no** *money* with me. （お金を持ちあわせていません）

There were **no** *ships* on the sea.

（海には船1つ浮かんでいなかった）

〔注意〕no = not any〈口語体〉

He has **no** friends. = He has**n't any** friends.

(2) be ＋ no ＋名詞：「決して～ではない」「～どころではない」

He is no fool.（彼は決して馬鹿ではない → 馬鹿どころか利口な方だ）

cf. He is not a fool.（彼は馬鹿ではない）

＊not の場合は単なる否定に過ぎないが，〈no ＋名詞〉の場合は否定が強調されて，「むしろその逆だ」という意味になる。

He is no musician.

（彼は音楽家なんていうしろものではない → むしろ音痴だ）

He is not a musician.（彼は音楽家ではない → 他の職業の人だ）

13　数詞（Numeral）

数量形容詞のうち，特定の数を示すものを数詞と呼ぶ。数詞には個数を表す**基数詞**，順序を表す**序数詞**，倍数を表す**倍数詞**がある。

(1) 基数詞の形（赤字のものは綴り字に注意）

基　数	序　数	基　数	序　数
1 one	1st first	21 twenty-one	21st twenty-first
2 two	2nd second	22 twenty-two	22nd twenty-second
3 three	3rd third	23 twenty-three	23rd twenty-third
4 four	4th fourth	30 thirty	30th thirtieth
5 five	5th fifth	31 thirty-one	31st thirty-first
6 six	6th sixth	40 forty	40th fortieth
7 seven	7th seventh	43 forty-three	43rd forty-third
8 eight	8th eighth[eitθ]	50 fifty	50th fiftieth
9 nine	9th ninth[nainθ]	56 fifty-six	56th fifty-sixth
10 ten	10th tenth	60 sixty	60th sixtieth
11 eleven	11th eleventh	70 seventy	70th seventieth
12 twelve	12th twelfth	80 eighty	80th eightieth
13 thirteen	13th thirteenth	90 ninety	90th ninetieth
14 fourteen	14th fourteenth	99 ninety-nine	99th ninety-ninth
15 fifteen	15th fifteenth	100 a/one hundred	100th a/one hundredth
16 sixteen	16th sixteenth	1,000 a/one thousand	1,000th a/one thousandth
17 seventeen	17th seventeenth	10,000 ten thousand	10,000th ten thousandth
18 eighteen	18th eighteenth	1,000,000 a/one million	1,000,000 a/one [Tauznθ]
19 nineteen	19th nineteenth		1,000,000th a/one millionth
20 twenty	20th twentieth		

安藤貞雄著『基礎と完成新英文法』（数研出版）

〔注意〕a ＋序数詞 ＝ another

　普通，序数詞は the を付けて the first, the second として用いるが，a (an) が付く場合がある。つまり the は固定し確定した順番の時に用いるもので，1 月 1 日は the first day in the year，1 月 2 日は the second day in the year である。同様にあるクラスで出席簿の順番が仮に 1 番浅田，2 番阿部，3 番……というふうになっていれば浅田は the first，阿部が the second となる。しかし，そのように固定した順番でなく，任意（at random）に順番を選ぶ場合は a (an) ＋序数詞になる。例えばクラスで 3 人学級委員候補を選ぶ時に，川村がその 1 人に決まり，2 番目は誰でもよい任意の生徒を選ぶ時には a second candidate，3 番目は a third candidate というふうになる。

(2) 数の読み方

(a) 101，102 〜の読み方

〈英〉では hundred の後に and を入れて読むが，〈米〉では入れないのが普通。

　　101　a/one hundred (and) one

　　356　three hundred (and) fifty-six

(b) 1,000，10,000，100,000 の読み方

3 桁目のコンマが千の位を示すので，それを基準にする。

　　1,000　　　a/one thousand（1 千）

　　10,000　　ten thousand（1 万）

　　100,000　a/one hundred thousand（10 万）

(c) 99 万までの読み方

thousand の後には and を入れない。〈英〉では 100 位がゼロであれば and を入れるが，〈米〉では入れないのが普通。

　　6,853　　　six thousand eight hundred (and) fifty-three

　　5,007　　　five thousand (and) seven

　　450,378　four hundred (and) fifty thousand three hundred (and) seventy-eight

(注意)　①この用法の時は hundred, thousand は複数形にならない。

②数字が 1 で始まる場合は必ず one と読まなければならない。しかし，

③ 1001 〜 9999 の場合には読み方が 2 つある。

　　3527　three thousand five hundred (and) twenty-seven ……………①

　　　　　thirty-five hundred (and) twenty-seven ………………②

(d) 100万 〜 100億の読み方

末位から３桁ごとに区切って読む。

１３, ４５６, ７８９, １２３

thousand（千）

million（100万）

billion（10億）

thirteen billion, four hundred (**and**) fifty-six million, seven hundred (**and**) eighty-nine thousand, one hundred (**and**) twenty-three.

（注意）100万（million）までは〈英〉〈米〉ともに同じであるが，billion と trillion では〈英〉〈米〉で相違がある。

billion $\begin{cases} 10億〈米〉 \\ 1兆〈英〉 \end{cases}$　　trillion $\begin{cases} 1兆〈米〉 \\ 100万兆〈英〉 \end{cases}$

(e) hundreds of 〜, thousands of 〜の表現

明確な整数を表す時には，hundred, thousand, million などの単位は複数形にしないが，漠然と「何百」「何千」「何百万」という場合には -s を付け複数形として表す。

hundreds of flamingo(e)s　　「何百というフラミンゴ」

tens of thousands of ants　　「何万というアリ」

scores of eggs　　「何十という卵」

(3) 分数の読み方

分子は基数で先に読み，分母は序数で後にする。分子が２以上の場合は分母を複数形にする。

$\frac{1}{3}$ = a/one third,　$\frac{3}{5}$ = three fifth**s**,　$1\frac{3}{7}$ = one and three sevenths

ただし，$\frac{1}{2}$ や $\frac{1}{4}$ の場合は数字でなく別語がある。

$\frac{1}{2}$ = a/one **half**,　$\frac{1}{4}$ = a/one **quarter**（ただし〈米〉a/one fourth），

$\frac{3}{4}$ = three quarters（ただし〈米〉three fourths もある）

また，数が大きい場合は分子を読み，次に over か upon を入れ分母を基数で読む。

$\frac{469}{137}$ = four hundred (and) sixty-nine over (upon) one hundred (and) thirty-seven

(4) 小数の読み方

小数点は point と読み，小数点以下は 1 字ずつ基数で読む。数字の 0 は〈英〉では普通 [nɔːt]，〈米〉では [zíːrou] であるが，アルファベットの O に見立てて [ou] と読むことも多い。

0.6 = nought〔〈米〉zero [ou]〕point six

0.35 = nought〔〈米〉zero [ou]〕point three five

2.503 = two point five nought〔〈米〉zero [ou]〕three

〔注意〕〈1 +小数〉+名詞の場合は名詞を複数形にする。

1.6 miles（1.6 マイル）

(5) 年号の読み方

後から 2 桁ずつに区切った上で前から読むのが普通である。

1945 = nineteen forty-five (nineteen hundred and forty-five)

794 = seven ninety-four (seven hundred and ninety-four)

以上どちらも改まった読み方では百位に hundred and を入れて読む。

210 B.C. = two hundred (and) ten [bíːsíː] (*or* before Christ)

1960's = nineteen (hundred and) sixties（1960 年代）

平成 13 年 = the thirteenth year of Heisei

(6) 日付の読み方

March 14 = March (the) fourteenth, *or* March fourteen

March 14 = the fourteenth of March

(7) 時間の読み方

5:15 a.m. = five fifteen a.m. [éiém]　　〈米〉

3.30 p.m. = three thirty p.m. [píːém]　〈英〉

以下最初が日常の言い方で，《　》は時刻表の言い方。

午前 08 時　　　　= eight o'clock a.m. (eight o'clock)

午前 09 時 15 分　= a quarter past〔〈米〉after〕nine a.m.

午前 10 時 30 分　= a half past〔〈米〉after〕ten a.m.
　　　　　　　　　《ten thirty》

午後 03 時 05 分　= five (minutes) past〔〈米〉after〕three p.m.
　　　　　　　　　《three O [ou] five》

午後 04 時 45 分　= a quarter to〔〈米〉of〕five p.m.
　　　　　　　　　《four forty-five》

午後 09 時 58 分　= two (minutes) to〔〈米〉of〕ten p.m.
　　　　　　　　　《nine fifty-eight》

13 時 20 分　　　= thirteen twenty

(8) 電話番号の読み方

数字を前から 1 字ずつ読む。0 は [ou] であるが，〈米〉では zero とも言う。

06-6386-5417 : 0 [zí(ː)ərou〈米〉], six, six, three, eight, six, five, four, one, seven

ハイフンのところでは少し休止 (pause) を置く（赤のコンマの所）。

22, 00 のように同一数字が続く場合には〈英〉では double two, double 0 [ou] を使うこともある。

(9) 温度の読み方

〈英〉〈米〉どちらも「華氏」Fahrenheit (F) を用いるのが普通である。しかし「摂氏」Centigrade (C) も用いられるようになってきた。

$35°F$ = thirty-five degrees Fahrenheit

$0°C$ = nought (zero) degrees Centigrade

〔注意〕ゼロでも degree に -s が付くことに注意。

－ $10°C$ = ten degrees below zero Centigrade

この場合にはゼロ (zero) を用い，nought は使わない。また日本式にマイナス (minus) も用いない。

(10) 金額の読み方

1 p = one penny　　**6 p** = six pence

〔注意〕金額の単位の時は複数形は pence を用いるが，個々の貨幣を指す時は pennies となる。

cf. two pennies（ペニー貨 2 枚）

$1¢$ = one cent　　$6¢$ = six cents

£2.30 = two (pounds) thirty (pence)

$ 2.30 = two (dollars) thirty (cents)

£13.24 = thirteen (pounds) twenty-four (pence)

$ 13.24 = thirteen (dollars) twenty-four (cents)

¥24,700 = twenty-four thousand seven hundred yen

＊yen（円）は複数でも -s をつけない。

(11) 身長・体重の表現

身長は〈英〉〈米〉ともに **feet** と **inch** で表すのが普通。

1 foot ≒ 30cm　　1 inch ≒ 2.5cm

I am five **feet** seven (**inches**) (tall).

（私は身長 5 フィート 7 インチです）

268

I am one meter sixty-seven (centimeters).

（私は身長 1 メートル 67 センチです）

体重は〈英〉〈米〉ともに pound（ポンド）を用いるが，〈英〉では stone を用いることもある。

1 pound ≒ 454g　1 stone ≒ 6.35kg

I weigh a (one) hundred eighty-two **pounds**.〈英〉〈米〉

（私は体重 182 ポンドです）

I weigh thirteen **stone** ten (**pounds**).〈英〉

（私は体重 13 ストーン 10 ポンドです）

＊この場合の stone は複数でも -s を付けない。1 ストーンは体重の場合 14 ポンドに当たる。

I weigh sixty-four **kilos**.（私の体重は 64 キロです）

(12)　数計算

(a)　足し算（Addition）

数が小さい時は，＋を and，＝を is または are と読むのが普通であるが，make(s) を用いてもよい。

2 + 4 = 6　Two and four is [are,make(s)] six.

数が大きい時，または小さい時でも，正式な場合は＋を plus，＝を equals と読む。

356 + 278 = 634　Three hundred (and) fifty-six **plus** two hundred (and) seventy-eight **equals** six hundred (and) thirty-four.

(b)　引き算（Subtraction）

数が小さい時は－を from，＝を leaves または is と読む。

8 − 3 = 5　Three **from** eight is [leaves] five.

数が大きい時，または小さい時でも正式な場合は－を minus，＝を equals と読む。

723 − 348 = 375　Seven hundred (and) twenty-three **minus** three hundred (and) forty-eight **equals** three hundred (and) seventy-five.

(c)　掛け算（Multiplication）

数が小さい時は×［数字］を単に［数字]s とするか，または最初の数に times を付け，＝は are と読む。

3 × 5 =15　$\left\{ \begin{array}{l} \text{Three fives} \\ \text{Three times five} \end{array} \right\}$ are fifteen.

数が大きい時，または小さくても正式の場合は×を multiplied

by，＝を equals と読む。

　　13 × 254 = 3302　Thirteen **multiplied by** two hundred (and) fifty-four **equals** three thousand three hundred (and) two.

(d) 割り算（Division）

　数が小さい時は，÷〔数字〕を〔数字〕into，＝を goes と読む。

　　12 ÷ 4 = 3　Four **into** twelve **goes** three (times).

　数が大きい時，または小さくても正式の場合は÷を divided by，＝を equals と読む。

　　256 ÷ 8 = 32　Two hundred (and) fifty-six divided by eight equals thirty-two.

(e) その他

　　$\sqrt{4} = 2$　The square root of four is two.

　　$3^2 = 9$　The square of three [Three squared] is nine.

　　$3^3 = 27$　The cube of three [Three cubed] is twenty-seven.

(f) 雑

　　p. 53 = page fifty-three

　　pp. 13-15 = pages (from) thirteen to fifteen

　　Lesson 4 = lesson four [the fourth lesson]

　　Chapter 6 = chapter six [the sixth chapter]

　　Elizabeth II = Elizabeth the Second

　　World War II = the Second World War [World War Two]

　　15% = fifteen percent [per cent 〈英〉]

練習問題 15

A 次の各文の（　　）内の適当な形容詞を選びなさい。

(1) There was not (any, little, scarcely) water in the river.

(2) He was (lone, alone) in the house.

(3) She tried all methods (imaginative, imaginable, imaginary) for gaining his love.

(4) He is not (usual, of use, used) to speaking in public.

(5) He took his son to the aquarium on Sunday (past, last, late).

(6) His uncle was so (drank, drunk, drunken) that he couldn't speak rightly.

(7) There are (a little, scarcely, few) books on the shelf.

(8) China is twenty times (as large as, larger than) Japan.

(9) Many a day (has, have) passed since my wife died.

(10) We have three (hundred, hundreds) and sixty-five days in a year.

B 次の各組の文の内容が等しくなるように（　　）に適当な1語を入れなさい。

(1) { He is (　) of his father.
　　 He prides himself on his father.

(2) { The room is too small for seven people.
　　 The room isn't large (　) for seven people.

(3) { The microwave oven is out of order.
　　 Something is (　) with the microwave oven.

(4) { It rained (　) yesterday.
　　 We had a heavy rain yesterday.

(5) { He never tells a lie.
　　 He is the (　) man to tell a lie.

C 次の各文の誤りを正しなさい。

(1) The lake is the deepest here.

(2) She is more clever than her sister.

(3) I have hardly no time to pay a visit to her.

(4) She couldn't go there because she was illness.

(5) My uncle I didn't see for a long time looked very healthily.

D 次の各語の形容詞を書きなさい。

(1) joy, pleasure, interest, monotony, anxiety

(2) courage, concern, tragedy, honor, glory

(3) earth, sun, width, length, circle

E 次の各文の（　　）に適切な冠詞を入れなさい。

(1) He caught me by (　) arm.

(2) He found the pistol at (　) very bottom of the pond.

(3) I have never seen so wonderful (　) view.

(4) She is (　) Tokugawa.

(5) They sell sugar by (　) pound.

(6) This is (　) excellent wine.

(7) He is a genius in (　) sense.

(8) You and I are of (　) mind.

(9) He takes a great interest in (　) supernatural.

(10) She is as great (　) violinist as ever lived.

F 次の各文を英語に直しなさい。

(1) 彼がそのトーナメントで優勝することは確実だ。

(2) 私は彼女のためならどんなことでもする気です。

(3) ３番線の列車は青森行きです。

(4) ５人の子供たちはまるで同じ数の猿のように森に逃げていった。

(5) 彼らは何千という原住民（native）たちに取り囲まれた。

G 次の各文の（　　）内に，各選択肢の中から最も適当な語句を選び，その番号を書きなさい。

(1) In spite of the (　　) traffic, I managed to get to the airport in time.
  ① heavy　　　② light　　　③ little　　　④ much

(2) Since Nancy has been practicing very hard, she is very (　　) to win the game.
  ① easy　　　② likely　　　③ pretty　　　④ probable

(3) He is not (　　) to her in intelligence.
  ① common　　② equal　　　③ like　　　④ same

(4) Quite (　　) students attended the lecture.
  ① a few　　　② a little　　③ a many　　④ number of

(5) The idle are (　　) to miss a good chance.
  ① apt　　　　② possible　　③ probable　　④ hardly

(6) You ought to be (　　) of the suffering people.
  ① considerable　　② considering　　③ considerate
  ④ considered

(7) Something has (　　) with the machine.
  ① mistaken　　② been destroyed　　③ broken up
  ④ gone wrong

16 限定詞 (冠詞など)

形容詞と同じく名詞を修飾・限定する。しかし、形容詞が 'kind' 'round' など、名詞を性質・形状の面から修飾・限定 (modify) するのに対して、限定詞は名詞が特定の存在か不特定か、また単数か複数かというその存在様式を決定 (determine) する。

第11章「名詞」で簡単に名詞と冠詞との関係について触れたが、この章では限定詞と一括して呼ばれる語のグループについて述べる。このグループの語は形容詞が '美しい' とか '汚い' とか、'大きい' とか '小さい' とか性質・形状の面から名詞を修飾・限定するのに対して、名詞を **'単数かそうでないか'** とか **'特定か不特定か'** の面から限定する働きをする。つまり、これまで冠詞や人称代名詞の所有格、指示代名詞・不定代名詞などの形容詞用法と呼ばれてきたものが一括されて限定詞となったわけである。8品詞の分類から言えば、名詞を限定するから当然形容詞のなかに含まれる。

P.159, 01 などでも触れているように、普通名詞や集合名詞は単数の場合必ず何らかの限定詞が付くものであって、どんな限定詞も付いていないときは本来の用法から変質して特殊化したことを表している。

I caught **a** *canary*. (不定冠詞)

(私は一羽のカナリアを捕まえました)

The *canary* is very beautiful. (定冠詞)

(そのカナリアはとても綺麗です)

I determined to keep it in **my** *room*. (人称代名詞の所有格)

(私はそれを自分の部屋で飼うことに決めました)

I believe **this** *canary* is far more beautiful (指示形容詞)

than **any** other *canary*. (不定形容詞)

(私はこのカナリアがほかのどんなカナリアよりもずっとずっと綺麗だと信じています)

このように普通名詞は単数であれば通常何らかの限定詞が付く。ところが

We bought three bottles of *canary* for our sick friend.

(私たちは病気の友にカナリアワインを3本買いました)

のように，canary が単数であるのにどんな限定詞も付いていないということは，もはや普通名詞ではなく変質して，この場合は物質名詞化し，カナリアワインというぶどう酒を表すことになったからである。また逆に言うと，wine は本来物質名詞であるから不定冠詞は付かない。

　　　Wine is matured by age.（ぶどう酒は年月を経て熟成する）
ところが，

　　　This is a good *wine*.（これは美味いぶどう酒だ）
では不定冠詞が付いている。このことはこの wine は，もはや普通の物質名詞としての‘ぶどう酒’ではなく，‘美味いぶどう酒’として普通名詞に変質したのである。分かりますね。‘ぶどう酒’は確かに物質であるが，‘美味いぶどう酒’という物質はない。‘美味いぶどう酒’というものはただ一つの銘柄に限られるわけではなく，世界中にたくさんある，つまり普通名詞の机やペンのように同類のものがたくさんあり，これはそのうちの一つに過ぎないから不定冠詞の a が付いたわけである。だから名詞にどのような限定詞が付いているか，また付いていないかということは決して軽く考えてはいけない。

このように，英語の名詞は常に単数か複数かという＜数＞の面と，＜定・不定＞という両面からその在り方を明らかにしなければならない言語であって，そのへんが形式的にあまり明確でない日本語使用者である我々が悩まされるところである。そして，＜単数＞は名詞の前に a（an or one）を付け，＜複数＞は名詞の語尾に原則として -s（-es）を付けて示す。限定詞は常に名詞の前である。限定詞の大まかな役割分担は次の通りである。

　　a（an）（不定冠詞）　　　→　単数の標示
　　the（定冠詞）　　　　　　→　前後の状況・文脈などによる特定化
　　人称代名詞の所有格　　　→　所有関係による特定化
　　this, that, etc.（指示形容詞）→　話者・聴者の指示している名詞に対する物理的，心理的距離関係による特定化
　　some, any, etc.（不定形容詞）→　each，both から all に至る不定の事物に対する不明確な数量化，指定化

　これを図示すると

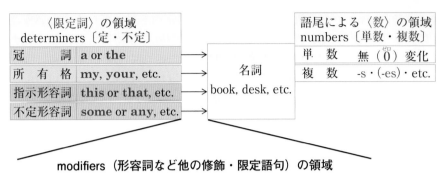

〈限定詞〉の領域 determiners〔定・不定〕		語尾による〈数〉の領域 numbers〔単数・複数〕	
冠　　詞	a or the	単　数	無（0）変化
所　有　格	my, your, etc.	複　数	-s・(-es)・etc.
指示形容詞	this or that, etc.		
不定形容詞	some or any, etc.		

名詞
book, desk, etc.

modifiers（形容詞など他の修飾・限定語句）の領域

必要ならば（副詞）＋（形容詞）が入る

　　a （very）（important）book
　　my （very）（important）book
　　this （very）（important）book
　　some （very）（important）books　　など

（注意）①同じ領域に所属する限定詞同士は，互いに対立・反発しあうので，2つを並べて用いることはできない。

　　a my book　　（×）→ a book of mine　　（○）
　　my this book　（×）→ this book of mine　（○）

＊〔ただし，all, both など不定形容詞の場合は意味によって可能である。
　　All these books, all the books〕

同じように単数であると同時に複数であることも，不可能である。

　　a books　　　（×）→ a book or some books　（○）
　　several book　（×）→ several books　　　　（○）

②限定詞の領域でも，a は単数を some などは複数という〈数〉も示すが，それは二次的なものであって第一の機能は〈定・不定〉の指示にあると考えるべきである。

また，外国語からきた表現や，形容詞句・形容詞節などは名詞の後ろの領域にくる。

　　Japan proper （日本本土）
　　a book on the desk （机の上の本）

＊（単数形を示す名詞語尾はないので，これを0表示とする）

いま，仮に名詞の前位置の〈限定詞〉と，後位置の〈数〉を示す接尾辞をそれぞれに固有の色合いを出すスイッチと考え，また名詞そのものをその色を出す電灯として，具体的な名詞が出てくるたびに前後のどのスイッチを押す，或いは押さないか，そしてその結果電灯がどんな色合いになるか

を想像すれば英語の名詞に対する理解がずいぶん深まるのではないだろうか。

では，以下に個々の限定詞を見ていくことにする。

I．冠詞（Article）

冠詞の“冠”とは王冠というように頭にかぶるものを意味している。a,（an）や the は常に名詞の前に来るので，それをあたかも名詞が帽子を被っているように捉えて名づけられたものである。英語の article はラテン語からきたもので元の意味は ‘arm（腕）’ である。つまり「名詞」という体に付いている ‘腕’ ということになる。そしてこの腕が或る名詞が特定のものかどれでもよい任意のものかを決定する手腕を発揮するという意味であろう。不定冠詞の a（an）は古代英語の an ＝ one から来ている。一方定冠詞の the は，古代では今日のドイツ語と同じように付けられる名詞の性（gender）や格（case）によってそれぞれ形が違っていた。ところが中世初期のノルマン・コンケストでフランス語を話す支配者階級がやってきたため，簡略化されて the 一つになったのである。

01　冠詞の種類

	子音の前	母音の前	表す内容
不定冠詞	a〔ə〕	an〔ən〕	不特定・任意のもの
定 冠 詞	the〔ðə〕	the〔ði〕	特定のもの

※the は強勢が付くと〔ðiː〕と発音される

(注意)　① 子音・母音は綴り字で決めるのではなく，あくまでも実際の発音による。
　　　　a house〔háus〕　　an honor〔ánər〕
　　　　a UFO〔júːfóu〕　　an uncle〔áŋkl〕
　　　　a wing〔wíŋ〕　　an M.P.〔émpíː〕
　　　　a one-man bus〔wʌ́nmǽnbʌs〕　　　an orange〔ɔ́ːrindʒ〕
　　　② hotel〔houtél, hə(ʊ)tél〕のように「h＋強勢のない母音」で始まる語の場合には a でなく an が付くことがある。
　　　　　　a(n) hotel　　a(n)　historian

02 不定冠詞の一般的用法

(1) どれでもよい，不定の人，ものの一つを指す。この場合は普通 a を日本語に訳さない。a は any の意味に近い。

Her father is a policeman.（彼女の父は警官です）

A hero must be brave.（英雄は勇敢でなければならない）

(2) ある具体的な一つのもの（人）を指す。（複数なら some に相当）

A foreign woman was found dead in the bath.

（外国人女性が浴槽で死体となって発見された）

I saw a beautiful lady at the bus stop.

（私はバス停で美しい令嬢に出会った）

(3) '一つの＝ one' という意味をはっきり示すとき。

He will be back in a week.

（彼は一週間で帰ってくるでしょう）

Rome was not built in a day.

（ローマは 1 日にして成らず）

(4) '〜につき ＝ per' の意味になるとき

He usually has four meals a day.

（彼はふだん 1 日に 4 食する）

Her salary is 150 dollars a week.

（彼女の給料は週 150 ドルです）

(5) '或る ＝ a certain' の意味になるとき

In a sense, my father is a despot.

（ある意味で，僕の親父は専制君主だ）

I was born in a village on the border.

（私は国境のある村で生を受けた）

(6) '同じ ＝ the same' の意味になるとき。この場合は常に a の前に of が付く。（今日では決まり文句以外には滅多に用いない）

Birds of a feather flock together.

（類は友を呼ぶ。［同じ色模様の羽をもつ鳥は共に集まる。→同じ傾向・志・趣味をもったもの同士は自然と寄り集まるという意味］）

We are of a mind.

（私たちは同じ考えを持っている）［近年ではまれ］

(7) '〜というものはどれでも ＝ any' ある種のものや人を全部まとめ

278

て，'～とはこういうものだ' とその性質をのべるときの用法。(**不定代表，総称単数**)

　　A horse is a useful animal.

　　（馬は有益な動物である）

　　A toy is an object that children play with.

　　（おもちゃとは子供が遊ぶものである）

〔**注意**〕この不定冠詞による或る種類全体についての総称表現は，一部のものにのみ当てはまる表現の場合は非文になる。したがって，次の英文は（2）としては成立するが，（7）としては非文である。

　　　A horse is white.

　　　　（馬は白い色をしている）　→　（×）

　　　　（一匹の馬は白い色をしている）　→　（○）

03　不定冠詞の特別用法

　（1）不定冠詞＋固有名詞　→　P.166, 07 **1）**参照

　（2）不定冠詞＋物質名詞・抽象名詞　→　P.167, 07 **2）**参照

04　定冠詞の一般的用法

可算名詞・不可算名詞を問わず，すべての名詞の前に付けることができ，その名詞が何らかの意味で特定されたものであることを示す。

　（1）**先に出た［a＋名詞］を指す場合**

　　One morning I found *a baby* left at the door. **The** baby was sleeping a very sound sleep.

　　（或る朝のこと，玄関に赤ちゃんが捨ててありました。その赤ちゃんはとてもすやすやとよく寝ていました）

　　On the way home, I saw *a large bear* in the wood. *The bear* appeared to be very hungry.

　　（家に帰る途中，私は森の中で大きな熊に出会いました。その熊はとてもおなかをすかしているようでした）

　　＊ 'その熊' には，もちろん適当な代名詞 it を用いても良い。

　（2）**すでに述べられた事柄に関連して特定される場合**

　　When we turned a corner of the cave, we found a large pile of gold coins on the *floor*.

　　（その洞穴の角を曲がると，我々はその床に山のように積まれた光り輝く金貨を発

見した)

Her father works for a big steel company. **The** *boss* is a famous English aristocrat.

（彼女の父は大手の鉄鋼会社に勤めている。そこの社長は有名なイギリスの貴族だ）

(3) 周囲の状況からそれと分かる場合

You must consult **the** *doctor*.

（［かかり付けの］医師に診てもらわなくてはいけないよ）

Will you shut **the** *window*?

（窓を閉めてくれますか）

(4) ただ一つしかないものを指す場合

There is nothing new under **the** *sun*.

（日の下に新しきもの無し）

He behaves as though he owned **the** *universe*.

（彼は全世界が自分のものであるかのようにふるまう）

その他の例：the galaxy,（銀河・天の川），the meridian（子午線），the moon, the sky, the sun, the universe などの天体。the east, the west, the south, the north, the left, the right などの方角

〔注意〕天体によっては定冠詞を付けないものもある。
Jupiter（木星），Mars（火星），Mercury（水星），Venus（金星）また，moon や sun などに形容詞が付いたときには不定冠詞が付く。a new moon, a burning sun, etc.

(5) 最上級の形容詞や唯一的な意味を暗示する first, last, only, same などに修飾・限定された名詞につける

Biwako is **the** largest lake in Japan.

（琵琶湖は日本最大の湖です）

Elizabeth is **the** last woman to betray her husband.

（エリザベスは夫を裏切るようなことは絶対にしない女性です）

(6) 修飾語句によって限定される場合

The *watch* given by my father for the memento is made in Switzerland.

（父に形見としてもらった時計はスイス製だ）

What is **the** *name* of that mountain?

（あの山の名前は何ですか）

(7) 楽器を代表的に指す場合

You sing and I'll play the accompaniment on **the** guitar.

（君が歌えば僕がギターで伴奏するよ）

Playing **the** harp is considered an elegant pastime.

（ハープを弾くことは優美な楽しみと考えられている）

(8) 人名に付けて「あの有名な」という意味になる

注：下の 05 (1) と同様に，会話では［ðiː］と強勢をつけて発音し，書く場合にはイタリック体にするのが普通。

"The man's name was Nicolas Cage."

"Not *the* Nicolas Cage?"

「その方の名前はニコラス・ケイジでした」

「まさか，あの有名なニコラス・ケイジではないだろうな」

05 定冠詞の特殊用法（'その' という特別な限定をしないとき）

(1) ある種全体を指していう場合［定代表］

The *horse* is a useful animal.

（馬は有益な動物である）

＊これについては P.160, 02 を参照

(2) '典型的な (the typical)' '真の (the real)' '随一の (the best)' という意味になる。このとき文章として書かれている場合は，よく *the* とイタリック体にされ，発音するときは［ðiː］と強く読まれる。

Do you mean *the* Beatles?

（君の言うのは，あの有名なロック・グループの "ビートルズ" のことかい。）

〔注意〕良い意味だけでなく，悪い意味にも用いられる He is *a* foolish man.（彼はマヌケだ）a が付いているときは，沢山いる普通のマヌケの一人という意味であるが，この the が付くと '極めつけのマヌケ' という意味になる。

He is *the* foolish man.

（彼は典型的なマヌケだ。マヌケの最たるものだ）

(3) ＜定冠詞＋単数普通名詞＞が抽象名詞を表す場合 P.161, 02 の (2) を参照

(4) ＜ the ＋形容詞＞が複数普通名詞（〜の人々）を指したり，抽象名詞になったりする場合 P.259, 05 を参照

(5) 熟語・慣用句の中で

(a) ＜ by the ＋単位を示す語＞＝「〜単位で」

They sell sugar by the *pound*.

（あの店では砂糖を１ポンド幾らで売っている）

Cloth is sold by the *yard*.

（布はヤード単位で売られます）

(b) その他

in the morning（午前に），in the afternoon（午後に），in the evening（夕方に），at the bottom（〜のどん底に），above the horizon（地平線上に），all over the world（世界中至る所に），on the one hand（一方において），on the other hand（他方において），on the whole（全体として），through the night（夜っぴて），by the way（ついでながら），with the seasons（四季と共に），under the sun（天が下に），after the life（生きたモデルにより），など。

06 冠詞の位置

(1) ふつうの場合

冠詞 ＋（副詞）＋（形容詞）＋名詞　である

He is a（very）（famous）*athlete*.

（彼は［とても］［有名な］運動選手です）

She is the（most beautiful）*girl* in this town.

（彼女はこの町で［一番美しい］女の子だ）

(2) ふつうでない場合

(a) ＜ half ＋ a（an）＋名詞＞の順になるとき

half のほかに **many**, **quite**, **rather**, **such**, **what** などもこの順番になる。

They boiled it *half* an hour.

（彼らはそれを 30 分煮ました）

Our national convention is *quite* a big affair.

（私たちの全国大会はかなり大きな行事だ）

〔注意〕＜米＞では a half も用いられる。ただし，half brother（異父［母］兄弟），half sister（異父［母］姉妹）のように，half が分量でなく関係など他の概念を示すときには half a は用いられない。

　(b)　＜ as ＋形容詞＋ a（an）＋名詞＞の順になるとき

　　名詞を修飾・限定する形容詞の前に so，as，too や感嘆詞の how
　　などがくる場合

　　　Mary is *as* cute a girl as Elizabeth.

　　　（メアリーはエリザベスと同じくらいに可愛いい女の子だ）

　　　How obstinate a man he is!

　　　（なんて頑固な男なんだ彼は）

　(c)　＜ all ＋ the ＋（形容詞）＋名詞＞の順になるとき

　　　All **the** boys were abducted to a far-away unknown country.

　　　（その少年たちは皆拉致されて見知らぬ遠い国へ連れていかれた）

07　冠詞の反復

冠詞は同一のものや人を指すときには一つであるが，別のものや人を指す
ときにはそれぞれに冠詞を反復するという原則がある。

　(1)　同一のものや人を指すときは冠詞は一つ

　(a)　a ＋ 名詞 ＋ and（or）＋名詞

　　　She is a doctor and essayist.（一人）

　　　（彼女は医者でもあり随筆家でもある）

　(b)　a ＋ 形容詞 ＋ and（or）＋ 形容詞 ＋ 名詞

　　　He keeps a brown and white dog.

　　　（彼は茶と白のブチの犬を飼っている）（一匹）

　(c)　2 つの別のものが新しい 1 組みのものになるとき

　　　a ＋ 名詞 ＋ and ＋ 名詞

　　　a watch and chain（鎖つきの懐中時計）

　　　a whiskey and soda（ソーダ割のウイスキー）

　　　a cup and saucer（受け皿つきのカップ）

　　　a rod and line（釣り糸のついた釣竿）

　　　a needle and thread（糸のついた針）

　　＊後ろの名詞にも冠詞がつけば，一組のもの（人）ではなく，それ
　　　ぞれ独立した別個のものと捉えられるのである。

【注】ただし，誤解の怖れがない場合には同一のもの（人）でも，冠詞を反復する
ときもある。しかしこれは稀である。

　　　He was an actor *and* a prizefighter.

　　　（彼は俳優であり，かつまた強いボクサーでもあった）

［He was ... で始まるから，補語が別人を指すことはありえない］

(2) 別のもの（人）を指すとき。冠詞を繰り返すのが原則

(a) a ＋ 名詞 and（or）＋ a ＋ 名詞

They are **a** doctor *and* **a** composer.（2人）

（彼らは医師と作曲家である）

(b) a ＋ 形容詞 ＋　and（or）＋ a ＋形容詞＋名詞

He keeps **a** brown *and* **a** black dog.

（彼は茶色の犬と黒の犬を飼っている）（2匹）

【注】誤解の怖れがないときには，冠詞を反復しない場合もある。

Play only **the** first *and* second movement (s).
（第一楽章と第二楽章だけを演奏しなさい）

08 冠詞の省略

通常の意味で用いられる複数普通名詞・（複数扱いの）集合名詞・物質名詞・抽象名詞は原則として**無冠詞**である。

Bananas are sold by weight.（バナナは目方で売られる）

People say John was saved.（ジョンは助かったそうだ）

Money talks.（「金が物を言う」「人間万事金の世の中」）諺

Anger punishes itself.（怒りは自らを罰する。「短気は損気」）諺　 38

しかし，普通は何らかの限定詞が付く普通名詞・集合名詞の単数形も，次のような場合は無冠詞になる。

(1) 名詞が表す事物そのものではなく，その本来の目的や機能を示すとき。

School is over at 3：00 p.m.

（授業は午後3時に終わります）

We go to **church** every Sunday.

（私たちは日曜ごとに教会［礼拝］に行きます）

His wife has been in **hospital** for two months.

（彼の奥さんは2カ月入院しています）

［その他］：college, court, market, prison などがこの用法のとき

（注意）場所を表す以下の名詞の慣用について

① college：「大学に行く（通う）」という意味では 'school' と同様で通常無冠詞
She decided to go to **college**.

284

　　　　　（彼女は大学に行くことに決めた）
　　　　　university：＜米＞では以前定冠詞を付けて go to the university を用
　　　　　い，＜英＞では付けないほうが一般的であったが，最近では＜米＞でも
　　　　　付けないほうが多くなってきたと言われている。
　　② town：次の2つの場合は通常無冠詞
　　　（a）自分の近く，または住んでいる「町」のとき
　　　　　I commute daily to **town**.
　　　　　（私は毎日町へ通勤しています）
　　　（b）郊外に対して，都心・商業地・繁華街という意味で用いるとき
　　　　　John has his office in **town**.
　　　　　（ジョンは都心に事務所をかまえている）
　　　　　She went to **town** to do some shopping.
　　　　　（彼女は買い物をしに町へ行った）
　　　　　Among the current attractions in **town** are a troupe of clowns.
　　　　　（今，街の呼び物の1つに道化の一座があります）
　　③ home：'absence from home', 'leave home' と「暮らしの場所」，あるい
　　　は「故郷」を意味するときはしばしば無冠詞になるようである。
　　　　　He cut himself adrift from **home** and family.
　　　　　（彼は家とも家族とも縁を切った）
　　　　　I'm never happy away from **home**.
　　　　　（故郷を離れるときまって寂しくなる）

〔**注意**〕「建物や場所が本来の目的や機能を表すとき」といっても，restaurant,
　　　　station, theater, library などは無冠詞にならない。school, church,
　　　　market などはそこに避けがたい義務感や強制的な力が働いていることに注意
　　　　するべきである。

(2) man と woman

　man：「一人の人間」「一人の男」という個々の存在ではなく，総体的
　な「人間」「人類（mankind [mǽnkáind]）を指すときは無冠詞とな
　る。

　　　Man and the cockroach have been the most successful in adaptation
　　　to changing environments.　　《▶39

　　　（人間とゴキブリが変化する環境に適応することにもっとも成功してき
　　　た）

　ただし，人によっては人類という意味で mankind を使用することを嫌
　うという記述が CCED にはある。また，「男性」（mankind [mǽnkàind]
　vs「女性」（womankind [wúmənkàind]）という意味のときも無冠詞と
　なる。

Man is stronger than **woman**.

(男は女よりも力が強い)

＊しかし，これは文章体で普通には men や women の方を用いる。

Women usually live longer than men.

(通常女性のほうが男性よりも長生きする)

(3) 前置詞 ＋ 名詞の慣用表現で

Early to **bed** and early to rise makes a man healthy, wealthy and wise.　《🔊40

(早寝・早起きは人に健康と富と聡明さをもたらす)

［bed は sleeping を意味している］

He was all at **sea** about where to go.

(彼はどこへ行っていいやら全く途方に暮れた)

［sea は普通の '海' ではなく，茫洋（ぼうよう）とした五里霧中の世界を象徴している］

［その他］on foot, at hand, in bed, at bottom, at table, under way, in fact, on errand, etc..

(4) 動詞＋名詞の慣用表現で

do harm（害になる），hit bottom（底をつく），make head or tail of ～（［否定文で］～が分からない），play horse（［米，口］（馬乗り遊びをする），lose face（面目を失う），save (one's) face（顔を立てる），pull foot（［口］逃走する，去る），set foot on ～（～に踏み入る），set sail（出帆する），take place（起こる，催される）take horse（馬に乗る，馬で行く）

(5) 慣用的な対句で

arm in arm（腕を組み合って），from hand to mouth（貧乏暮らしで，その日暮らしで），man and wife（夫婦），master and pupil（師弟），day after day（来る日も来る日も），day and night（日夜），step by step（一歩一歩），side by side（並んで），word for word（逐語的に，一語一語）

(6) 普通同時に２人はなれない役職や地位を表す語

(a) 補語として用いられるとき

Nicolas Sarkozy was elected **President** of France in 2007.

(ニコラ・サルコジは 2007 年フランス大統領に選ばれた)

Jim Brown is **captain** of our baseball team.

(ジム・ブラウンは私たちの野球部のキャプテンです)

(b) '～の資格で' という意味で as の後に来るとき

On my authority as **chairman** I ordered you to withdraw.　《🔊41

（議長の職権により退出を命じる）

They exultingly hailed him **as king**.

（彼らは歓呼して彼を王に迎えた）

(c) 前の名詞と同格になるとき

Karl Marx, **author** of 'Das Kapitol', died in 1883.

（「資本論」の著者カール・マルクスは1883年に没した）

Elizabeth Ⅱ, **Queen** of England, is to visit the US next week.

（英国女王エリザベス2世は来週米国を訪問の予定）

〔注意〕(a) (c) では the が付くときもある

(7) 呼びかけに用いられる語

Can I have another cup of coffee, **waiter**?

（給仕さん，コーヒーをもう一杯頼みます）

Keep the change, **porter**.

（赤帽さん，おつりはいいよ）

(8) 普通名詞が固有名詞化するとき

(a) 家族関係を表わす語は，本人の固有名詞の代わりと感じられ無冠詞で大文字になる

Watch your step, **Mother**.

（お母さん，足元に気をつけて）

How are you feeling today, **Auntie**?

（叔母ちゃん，今日はご気分はいかが）

(b) 神・悪魔・天国・地獄・政府・国会などが大文字で書かれるときは普通無冠詞

This is a blessing from **Heaven**.

（これは天の恵みだ）

In the beginning **God** created the heaven and the earth.　◀42

（まず初めに神は天と地とを創造された）

(c) 祝日・曜日・月・季節の名称

A baby will be born to us before **Halloween**.

（ハロウィーンの前に私たちに赤ちゃんが生まれるわ）

The hills are aflame with the colors of **Autumn**.

（丘陵は秋の紅葉で燃えているようだ）

(9) 病気・食事・学科目・スポーツの名前など

He is critically ill with **pneumonia**.

（彼は肺炎で危篤状態だ）

Would you accompany my daughter to **dinner**?

（夕食会へ私の娘に付き添ってやってもらえませんか）

She solved a difficult problem in **algebra**.

（彼女は代数の難しい問題を解いた）

I am amazed that in just three months she has learned to play **tennis**.

（彼女がたったの3ヶ月でテニスができるようになったのには驚いた）

(10) ＜by ＋ 交通・通信の手段＞のとき

The hotel is within ten minutes' ride **by taxi** from the airport. 《▶43

（そのホテルは空港からタクシーで10分以内の所にあります）

I dislike traveling **by air**.

（僕は空の旅が大嫌いだ）

The village is connected with the town **by bus**.

（その村はその町とバスの連絡がある）

(11) 動物をその固体ではなく，人間が利用する物質の意味で用いるとき

I just cannot bring myself to eat raw **fish**.

（僕はどうしても生魚を食べる気になれない）　fish ＝ 魚肉

cf. He caught a *fish* at the first cast.

（彼は竿を一振りしただけで魚を（一匹）釣り上げた）

She is slightly allergic to **egg**.　　egg ＝ 卵黄・卵白　《▶44

（彼女は卵に軽いアレルギー反応を示します）

(12) as が使用された次の構文のとき

(a) ＜名詞 ＋ as ＋ S ＋ be 動詞＞の譲歩節において

Woman **as** she was, she stood the ordeal with fortitude.

（女性ではあったが，彼女は毅然としてその試練に耐えた）

(b) ＜Be it ＋ as ＋ 名詞＞の構文において

Be it **as** thief or professor, we all seek dignity in life.

（泥棒であれ，教授であれ，誰もが立派になりたいと思っている）

(13) 航空機・列車・汽船などの等級を表す場合の 'class' が移動方法の
動詞とともに用いられるとき

He always **flies economy class**.

（彼は空路で行くときはいつもエコノミークラスだ）

We had to pay a premium to **travel first class** in the round trip in South Africa last year.　《●▶45

（去年の南アフリカ一周旅行では一等に乗っていくのに割増料金を払わなければならなかった）

〔**注意**〕移動方法を表す動詞以外の場合は定冠詞が付く

The ship possesses berthing accommodations for 750 passengers in **the first class**.

（その船には一等船客 750 名分の寝台設備がある）

(14) kind of, sort of, style of, type of などの次に名詞がくるときは，これらの表現が限定詞と同様に感じられて，しばしば無冠詞になる

What **sort of school** did you go to?

（どういう種類の学校に通っていたのですか）

That **style of shoe** has fallen into disfavor.

（その型の靴は人気がなくなった）

This **type of orange** is high in acidity.

（この種のオレンジは酸味がきつい）

〔**注意**〕「これらの種類の車」と種類が 2 つ以上になるときは，もちろん these **kinds of cars** と両方の名詞が複数形になる。また「この種の車」も 2 台以上をさすときは this **kind of cars** とか，these **kinds of cars** の形になったりする。

(15) 文頭の省略

　(a) 形式張らない口語体で

（It is a）**Pity** you didn't have the candor to tell me the truth.

（私に事実を話すだけの率直さが君になかったのは残念だ）

（The）**fact** is, I don't want to go there.

（実はそこへ行きたくないのだ）

What time is it now? ── （A） Quarter to eleven.

（「今何時だい」── 「11 時 15 分前だ」）

　(b) 簡略を重んじる新聞の見出しや広告・掲示などでは習慣的に省かれる

　　（A） Big Quake in Turkey　　　（トルコで大地震）

　　（A） Janitor Wanted　　　（管理人募集）

　　（The） Emergency Exit　　　（非常口）

Ⅱ．人称代名詞の所有格（所有形容詞）

| 09 | 人称代名詞の所有格も名詞を限定する形容詞の働きをする。 |

所有形容詞とも呼ばれる。名詞・代名詞の所有格の全般的な意味と用法については P.180, 23 を参照

The man over there is **my** father.

（向うにいる人は私の父です）

He often goes fishing together with **your** brother.

（彼ははよく君の兄さんと一緒に釣りに行きます）

Mary, **my** sister, always makes sandwiches for **their** lunch.

（私の姉のメアリーはいつも彼らの昼食用のサンドイッチを作ります）

They never fail to express **their** deep appreciation for **her** kindness. ◀▶46

（彼らは必ず彼女の優しさに心からの謝意を口にします）

Ⅲ．指示代名詞の形容詞用法（指示形容詞）

| 10 | 指示代名詞も名詞を限定する形容詞の働きをする。 |

指示形容詞とも呼ばれる。これらは，話し手と聞き手の間の指示する名詞に対する物理的，あるいは心理的な距離関係を示すものである。指示形容詞の全般的な用法や種類については P.196, 09 ～ 12 を参照。

Ⅳ．不定代名詞の形容詞用法（不定形容詞）

| 11 | 不定代名詞も名詞を限定する形容詞の働きをする。 |

不定形容詞とも呼ばれる。働きは＜漠然とした数量＞，または＜指示＞であるが，その指示対象は常に曖昧で不定な事物である。不定代名詞やその形容詞の全般的な用法や種類については P.200, 13 ～ 24 を参照

I picked up **some** shells on the beach.

（私は浜辺で貝殻を幾つか拾った）［不定の数量］

Any book will do as long as it is interesting.

（面白ければどんな本でもいいです）［不定の指示］

練習問題 16

A 次の各文の（　　）の中に適当な限定詞をいれなさい。ただし不必要な場合は×を書き入れなさい。

(1) The ship made thirty knots （　　） hour.

(2) As soon as he saw me he took to （　　） heels.

(3) He was elected （　　） Mayor of New York.

(4) This is too good （　　） chance for me to lose.

(5) Only a small number of people went abroad in （　　） days.

(6) The modern city of London is quite different from （　　） old.

(7) There are trees on （　　） side of the street.

(8) We must work at geometry after （　　） supper.

(9) She took her child by （　　） hand.

(10) （　　） room is better than no room.

B 次の文の（　　）内から最も適当な1語を選びなさい。

(1) Will you pass me （a, the, my, some） salt, please?

(2) Are there （few, other, any, many） more books?

(3) I don't like （your, some, another, that） kind of picture.

(4) I want （a, the, another, neither） car, but I can't afford to buy one.

(5) They are nearly of （an, the, another, other） age.

(6) Towards the end of the 1930's he visited （a, the, some, all） Philippines.

(7) （All, Some, A, The） Joneses pay their servant by （every, each, a, the） week.

(8) I have to go shopping as I don't even have （any, some, all, no） bread left.

(9) "Is there any water in that jug?"

"Not （all, some, many, much）"

C 次の文中に誤りがあれば正しなさい。

(1) He died and left a few money to his son.

(2) I bought this computer at half a regular price.

(3) The population of Tokyo is much larger than New York.

(4) This rose does not smell so sweet as the one I bought the other day.

(5) The woman I saw was not other than the Queen herself.

(6) They were grateful for bread we gave them.

(7) What a nonsense he speaks!

(8) He is not a so dishonest man as you think.

(9) A hard worker as he was, he made a little progress.

D 次の日本文を英文に直しなさい。

(1) どういう種類の大学に通っていたのですか。

(2) その教会は駅からタクシーで5分以内のところにあります。

(3) 私の父はガンで危篤状態だ。

(4) 運転手さん，おつりはいいよ。

(5) 僕はどうしても豚肉を食べる気になれない。

E 次の下線部に注意して日本語に直しなさい。

(1) I have quite a few books on art.

(2) One day you'll be sorry you treated him so badly.

(3) John smoked the last of the ten cigarettes allowed him a day.

(4) No two men are of a mind.

(5) Mr Thomas Hooke had a home and school in the suburbs.

F 次の各文の（　）内に適当な1語を補いなさい。

(1) I came across （　） friend of my brother's in front of the library.

(2) He hit me a heavy blow on （　） chin.

(3) A fence divided his garden from （　） of the next house.

(4) （　） present were much moved to tears.

(5) They formed an alliance to go to war in the event of an attack on （　） party.

17 副 詞 (Adverb)

表向きは動詞・形容詞・他の副詞を修飾・限定することになっているが，実際は名詞・代名詞・句・節・文全体を修飾・限定する多能な品詞である。そして，テロ対策用の特別機動隊のように文中至る所に出没する。

副詞は主として動詞・形容詞・他の副詞を修飾・限定する。しかし，名詞・代名詞，さらに句や節・文全体を修飾・限定することもある。

01 副詞の働き

1) 動詞を
修飾・限定する。

He *speaks* English **fluently**.(彼は英語をすらすらと話す)

She *slept* **well**.(彼女はよく眠った)

2) 形容詞を
修飾・限定する。

This rose is **very** *beautiful*. (このバラはとても美しい)

She is **quite** *pretty*. (彼女はなかなかきれいだ)

3) 他の副詞を
修飾・限定する。

I like him **very** *much*.(私は彼が大好きだ)

She smiled **very** *happily*.

(彼女はとても幸せそうに微笑んだ)

4) 名詞を
修飾・限定する。

Even *a girl* can lift it.

(女の子だってそれを持ち上げられる)

Only *John* understood what I said.

(ジョンだけが私の言ってることを理解した)

5) 代名詞を
修飾・限定する。

Nearly *everybody* speaks English and French.

(ほとんど誰もが英語とフランス語を話す)

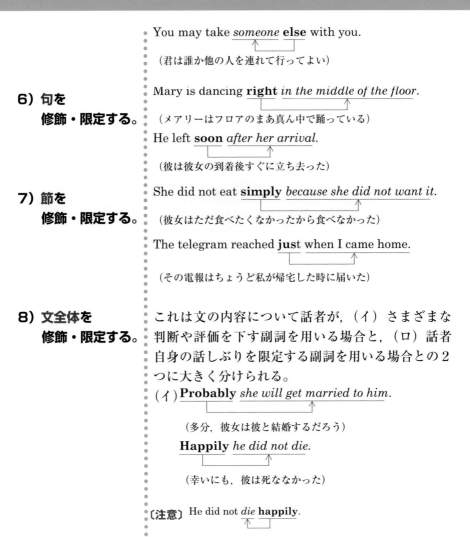

You may take *someone* **else** with you.

（君は誰か他の人を連れて行ってよい）

6）句を
修飾・限定する。

Mary is dancing **right** *in the middle of the floor*.

（メアリーはフロアのまあ真ん中で踊っている）

He left **soon** *after her arrival*.

（彼は彼女の到着後すぐに立ち去った）

7）節を
修飾・限定する。

She did not eat **simply** *because she did not want it*.

（彼女はただ食べたくなかったから食べなかった）

The telegram reached **jus**t when I came home.

（その電報はちょうど私が帰宅した時に届いた）

8）文全体を
修飾・限定する。

これは文の内容について話者が，（イ）さまざまな判断や評価を下す副詞を用いる場合と，（ロ）話者自身の話しぶりを限定する副詞を用いる場合との2つに大きく分けられる。

（イ）**Probably** *she will get married to him*.

（多分，彼女は彼と結婚するだろう）

Happily *he did not die*.

（幸いにも，彼は死ななかった）

〔注意〕 He did not *die* **happily**.

（彼は幸せには死ななかった → 彼は幸せな死に方をしなかった）
と区別すること。つまり happily の位置によって，この場合は単に動詞 die だけを修飾・限定している。［幸せに死ぬことが］・［なかった］ということは［幸せな死］が否定されているのであって，〈死〉そのものが否定されているのではない。つまり，不幸のうちに【死んだ】ということになる。それに対して文頭に置かれた全文修飾の Happily は［幸いに］・［彼は死ななかった］となるから，彼は【死んでいない】のである。このように語修飾か文修飾かによって意味が違ってくるから副詞の位置に十分注意すること。

（ロ）**Frankly**, he will not succeed.

（正直に言って，彼は成功しないだろう）

Briefly, he is a double-dealer.

（手短に言えば，彼は裏表のある人間だ）

〔注意〕◆全文修飾の副詞の位置

　全文修飾の副詞は文頭にくるのが普通であるが，文中や文末にくる場合もある。

①文中（動詞の前か助動詞の後）にくる場合。

　　He may **possibly** be appointed Foreign Minister.

　　（彼はひょっとすると外務大臣に任命されるかも知れない）

　　He **naturally** got angry.（彼が腹を立てるのも当然だ）

②文末にくる場合。

　　文末にくる場合は文章であれば副詞の前にコンマを付け，会話であれば休止 (pause) を置く。

　　He did not die, **happily**.（幸いなことに彼は死ななかった）

02 副詞の種類

種　類	例
様　態	bravely, cleverly, fast, honestly, kindly, manly, strangely, wisely, etc.
時	lately, now, once, recently, soon, then, today, tomorrow, yesterday, etc.
場　所	away, backward, down, far, forward, here, near, there, up, upward, etc.
程　度	almost, enough, greatly, hardly, little, much, quite, scarcely, very, etc.
頻　度	always, never, occasionally, often, once, rarely, sometimes, twice, etc.
接　続 （原因・理由・逆説）	accordingly, consequently, hence, however, therefore, etc.
肯定・否定 （推量）	certainly, indeed, maybe, not, perhaps, surely, yes, etc.

＊疑問副詞については（第 13 章**Ⅲ**），関係副詞については（第 14 章**Ⅱ**）を参照。

17
副

詞

03 副詞の形態

(1) 〈形容詞＋ ly〉の場合

(a) 〈子音＋ y〉で終わる形容詞：y を i に変えて -ly を付ける。

happy → happi**ly**, lucky → lucki**ly**

例外 dry → drily *or* **dryly**, shy → **shyly**

(b) -le で終わる形容詞：e を除いて -y だけを付ける。

gent**le** → gent**ly**, id**le** → id**ly**

例外 sole → sole**ly**, whole → who**lly**

(c) -ll で終わる形容詞：-y だけを付ける。

dull → dull**y**, full → full**y**

【注】母音＋ l は -ly を付ける。sinful → sinful**ly**, fatal → fatal**ly**

(d) -ue で終わる形容詞：e を除いて -ly を付ける。

due → du**ly**, true → tru**ly**

(2) 形容詞と同形の副詞

形容詞と同形でありながら副詞の働きをするものがある。

They saw **bright** *stars* in the sky.〈形容詞〉

（彼等は空にキラキラ輝く星を見た）

The sun *shines* **bright**.〈副詞〉

（太陽はキラキラと輝く）

このような副詞は**単純形副詞**（flat adverb）ともいわれる。いくつか例を挙げると，（　　）内の前が形容詞の場合の意味，後の方が副詞の場合の意味である。early（早い／早く），enough（十分な／十分に），far（遠い／遠く），fast（早い／早く），high（高い／高く），late（〈時間が〉遅い／遅く），long（長い／長く），low（低い／低く），near（近い／近くに），slow（〈速度が〉遅い／遅く）など。

(3) 単純形副詞と〈単純形＋ ly〉型の副詞

この場合は，（a）意味は同じであるが，〈文章体〉であるか〈口語体〉であるかといった語のスタイルに相違がある時と（b）-ly のあるなしによって意味が違うときに大別される。

297

(a) 意味が同じでスタイルが異なる場合。

Drive **slow**.（ゆっくり運転しろ）　　〈口語体〉

Drive **slowly**.（ゆっくりと運転しなさい）　　〈文章体〉

Don't laugh so **loud**.（そんなに大声で笑うな）　　〈口語体〉

Don't laugh so **loudly**.

（そんなに大声で笑ってはいけません）〈文章体〉

〔注意〕right ／ rightly（正しく），wrong ／ wrongly（誤って）では単純形は常に動詞の後に置かれ〈口語体〉であるが，-ly 形は動詞の前でも後でもよい。

I **rightly** assumed that John would fail in the entrance exam.

（ジョンは入試に失敗すると思っていたが，その通りだった）

You guessed **right(ly)**.（君の言ったことは当たっていた）

(b) 意味が異なる場合。

一般に -ly 形は比喩的な意味が強い。

The ship sank **deep** into the sea.（船は海底深く沈んだ）

He is **deeply** in love with Mary.

（彼はメアリーをとても愛している）　　＊deeply ＝ 非常に

次に少しばかり例を挙げると，

hard（熱心に）	**high**（高く）	**late**（遅く）
hardly（ほとんど〜ない）	**highly**（非常に）	**lately**（近ごろ）
loud（大声で）	**near**（近くに）	**pretty**（かなり）
loudly（やかましく）	**nearly**（ほとんど）	**prettily**（かわいらしく）

(4) 前置詞と同形の副詞

前置詞の場合は後に（代）名詞をともなうが，副詞の場合はそれがなく動詞を修飾・限定する。

The vase is **on** the table.　〈前置詞〉

（花瓶はテーブルの上にあります）

He *walked* **on**.　〈副詞〉

（彼はどんどん歩いて行った）　　＊on ＝ どんどん；続けて

Come in.（入りなさい）　　＊in ＝ 中へ

The lake has frozen **over**.

（湖は一面凍ってしまっていた）　　＊over ＝ 一面に

The bullet pierced him **through**.

（弾が彼を貫通した）　＊through ＝ 通して

Hold **up**, or I'll shoot you.

（手を上げろ，さもないと撃つぞ）　＊up ＝ 上に

（5） 名詞と同形の副詞（副詞的目的格）

名詞がそのまま副詞として用いられることがある。主として，時・距離・程度・方法を表す名詞である。

（a） 時・回数を表す名詞

What time will she come back?（何時に彼女は戻るでしょうか）

We had much snow **last year**.（去年は雪が多かった）

The meeting lasted **four hours**.（会議は 4 時間続いた）

They stayed in Paris **three months**.

（彼等は 3 ヶ月パリに滞在した）

Please wait **a minute**.（ちょっとお待ち下さい）

She went there **three times**.（彼女は 3 度そこに行った）

〔注意〕 all，each，last，next，that，this，what，etc. が付いている場合は前置詞を付けず，副詞的目的格で表現するのが普通。ただし，曜日や月を表す名詞の後に last，next を付ける場合は前置詞がいる。しかしこの表現は一般的でない。

last May → **in** May last　　next Sunday → **on** Sunday next

（b） 距離・方向を表す名詞

I'll go **a little way** with you.（少し一緒に行きましょう）

He walks **two miles** every day.（彼は毎日 2 マイル歩きます）

She lives **four doors** from the greengrocer's.　 （◖▶**47**

（彼女は八百屋から 4 軒目に住んでいます）

Look **this way and that (way)** before you cross the road.

（道路を横断する前に左右を見なさい）

（c） 程度を表す名詞

His mother is **forty-two years** old.（彼の母は 42 才です）

He is **three inches** taller than his father.

（彼は父親より 3 インチ背が高い）

We walked **a great deal**.（我々は大いに歩いた）

My cold is **a bit** better.（風邪は少しましだ）

（d） 方法・様態を表す名詞

Do it **your own way**.（自分の好きなようにやりなさい）

She is walking **barefoot**.（彼女は裸足で歩いている）

They bound her **hand and foot**.

(彼等は彼女をがんじがらめに縛った)

It is raining **cats and dogs**. (どしゃぶりに雨が降っている)

04 副詞の位置

副詞の位置は比較的自由であるが，それでも次のような一般的な原則がある。

(1) 動詞を修飾・限定する場合。

(a) 〈様態〉の副詞

◆動詞＋(目的語・補語)＋副詞

つまり，目的語・補語がない時は動詞の直後。

She sang **merrily**. (彼女は楽しそうに歌った)

目的語・補語がある時は，その**直後**か動詞の**直前**。

He *remembers* her **well**. (彼は彼女のことをよく覚えている)

She **carefully** *opened* the door. (彼女は注意深くドアを開けた)

〔注意〕V＋Oの結び付きは大変強いので，その間に副詞をはさまないのが原則。

(b) 〈頻度・否定〉の副詞

almost, always, generally (たいてい), **hardly, nearly, never, often, rarely, scarcely** (ほとんど〜ない), **seldom** (めったに〜ない), **sometimes,** etc. は一般動詞の直前。

She **sometimes** *goes* to school by bus.

(彼女は時々バスで通学する)

He **nearly** *ran* against a bicycle.

(彼はもう少しで自転車にぶつかるところだった)

He **never** *watches* television.

(彼は決してテレビを見ない)

◆be 動詞・助動詞 ＋ 頻度・否定の副詞

be 動詞・助動詞の直後

He *is* **always** happy in her company.

(彼は彼女といるといつも幸せです)

She can **hardly** *understand* English.

(彼女はほとんど英語が理解できません)

I *have* **never** been to Europe.

（私は一度もヨーロッパに行ったことがありません）

She *was* **nearly** run over by the taxi.

（彼女はもう少しでタクシーにひかれるところだった）

(c) 〈場所・時〉の副詞

文の終わりに置くのが普通。

I *found* it **there**.（私はそこでそれを見つけた）

I *lost* my watch **yesterday**.（私は昨日時計をなくした）

＊場所と時と両方の副詞がある時は，〈場所＋時〉の順になる。

I *went* **there yesterday**.（私は昨日そこに行った）

〔注意〕①場所や時を表す副詞語句が 2 つ以上ある時は，〈小 → 大〉という順番に並べる。

　　　　Prime Minister Blair lives **at No.10, Downing Street, London**.
　　　　（ブレア首相はロンドン市ダウニング街 10 番地に住んでいる）

　　　　She was born **at three fifteen p.m. on the first of May, 1985**.
　　　　（彼女は 1985 年 5 月 1 日午後 3 時 15 分に生まれた）

　　　　＊以上のように英語と日本語とでは逆の語順になる。

　　　②場所を表す副詞の場合，〈小 → 大〉という順序とは別に，〈漠然とした場所 → 具体的な場所〉という順序もある。

　　　　He went **out into the garden**.（彼は庭に出て行った）

　　　　She lives **here in Kyoto**.（彼女はここ，京都に住んでいます）

(d) 〈程度〉の副詞

中位に置くのが普通であるが，文末に置くときもあるし，強調で動詞の直前に置くこともある。

His words do not **entirely** *represent* his feelings.

（彼の言葉は必ずしも彼の感情を表していない）

She was **deeply** *hurt* by his attitude.

（彼女の心は彼の態度によってひどく傷ついた）

I *forgot* my promise **completely**.

（私はすっかり約束を忘れていた）

I **completely** *forgot* my promise.

（私はまるっきり約束を忘れていた）

〔注意〕程度にも上の例のように「完全に，まったく」という高いレベルから中程度の rather「かなり」とか，低い程度の slightly「わずかに」，somewhat「やや」のようにさまざまなものがある。

301

(2) 形容詞・他の副詞を修飾・限定する場合

その直前に置く。「程度」の副詞が用いられる。

> The concert was **very** exciting.
>
> （コンサートはとても感動的だった）
>
> He swam **unbelievably** *fast.*
>
> （彼は信じられない程速く泳いだ）

ただし，**enough** は常に直後に置かれる。

> This room is not *large* **enough**. （この部屋は十分に大きいとは言えない）
>
> She arrived at the appointed place *early* **enough**.
>
> （彼女はけっこう早く待ち合わせ場所に着いた）

(3) 名詞・代名詞を修飾・限定する場合

(a) 名詞の場合

even のように**直前に置く**のが普通であるが，**alone** のように**直後に置く**ものもある。

> **Even** *John* could not answer the question.
>
> （ジョンでさえもその問題に答えられなかった）
>
> *Mary* **alone** won the heart of the prince.
>
> （メアリーだけが王子の心をとらえた）

(b) 代名詞の場合

almost，most のように**直前に置く**ものと，**alone，else** のように**直後**に置くものとがある。

> The monster ate **almost** *anything.*
>
> （その怪物はほとんど何でも食べた）
>
> Is there *anyone* **else** to go with me?
>
> （私といっしょに行く人は他に誰かいますか）

(4) 句・節を修飾・限定する場合

その直前に置く。

> The children left home **exactly** *at seven* this morning.
>
> （子供達は今朝7時ちょうどに家を出ました）
>
> She did not go simply **because** *she did not want to.*
>
> （彼女はただ行きたくないから行かなかっただけだ）

(5) 文全体を修飾・限定する副詞

P.295, 01 8) 参照のこと。

---

05 注意すべき副詞

(1) very と much

(a) { very ：形容詞・副詞を修飾・限定する。
　　 much ：動詞を修飾・限定する［ただし，否定文・疑問文の場合。
　　　　　　　　肯定文では very much を用いる］。

This garden is **very** *beautiful.*

（この庭はとても美しい）

She walks **very** *slowly.*

（彼女はとてもゆっくり歩く）

I don't *like* wrestling **much**.

（私はレスリングがあまり好きでない）

I *like* soccer very **much**.

（私はサッカーが大好きです）

(b) { very ：形容詞・副詞の原級を修飾・限定する。
　　 much ：形容詞・副詞の比較級・最上級を修飾・限定する。

It's **very** *warm* today. （今日はとても暖かい）

She played the harp **very** *well.*

（彼女はハープをとても上手に弾いた）

Mary is **much** *taller* than her mother.

（メアリーは母親よりもずっと背が高い）

He is **much** *the fastest* runner of all the boys.

（彼はその少年達の中で段違いに一番速いランナーです）

〔注意〕very は形容詞として「まさに」という意味で最上級や first, last を強める
　　　　場合がある。ただし，定冠詞 the や代名詞の所有格の後にくることに注意。
　　　　　　This perfume is the very best.
　　　　　　　（この香水こそまさに最良のものだ）

(c) { very ：現在分詞形の形容詞や -ed 形の形容詞
　　 much ：動詞の過去分詞

This story is **very** *interesting.* （この物語は大変面白い）

He was **much** *neglected* by his fellow members.

（彼は仲間にずいぶん無視された）

-ed の形を持っていても完全に形容詞と見られ, 辞書にもそう指定されているものは very を用いる。

He was **very** *tired* after a long walk.

（彼は長い道のりを歩いてとても疲れていた）

(注意) surprised などは辞書に形容詞として指定されているので, He was very surprised at the news （彼はその知らせを聞いて, とても驚いた）となるが, by によって「驚かす」行為者が示され, surprised に動詞的な働きが強く感じられると much を用いて, He was much surprised by the intruder （彼は侵入者にとても驚いた）となる。つまり, surprised は tired のようにまだ完全に形容詞になりきっていないと言えよう。surprised と同じように普通 very を用いるものを参考に一部挙げておく。

amazed （びっくりした）, amused （面白がっている）, anguished （苦悩に満ちた）, ashamed （恥じている）, bored （うんざりした）, confounded （面喰った）, confused （混乱した）, contented （満足した）, delighted （喜んでいる）, depressed （ふさいでいる, 意気消沈した）, disappointed （がっかりした）, disgusted （むかつくほど嫌いな）, distressed （苦しんでいる）, disturbed （心乱れた）, excited （興奮した）, frightened （おびえた）, interested （興味をそそられた）, irritated （いらいらした）, perplexed （困った）, pleased （喜んでいる）, puzzled （当惑した）, satisfied （満足した）, terrified （おびえた）, worried （心配そうな）

(2) already と yet

(a)
{ already：(肯定文)「もう・すでに〜（した)」
{ yet ：(否定文)「まだ〜（しない)」

She has **already** finished washing.

（彼女はもう洗濯をすませた）

She has**n't** finished washing **yet**.

（彼女はまだ洗濯をすませていない）

already は肯定文の場合中位［助動詞と本動詞の間］にくるのが普通であるが, 強調する時には文末に置く。

It's done **already**.（もうすんでいる）

yet は文尾に置くのが普通であるが, 中位［助動詞と本動詞の間］にくる時もある。

They haven't **yet** finished.（彼等はまだ終わっていない）

$$\text{(b)} \begin{cases} \text{already} : & \text{（疑問文）（ア）中位［助動詞と本動詞の間］「もう〜} \\ & \text{したか」（yes の答えを予測して）（イ）文尾「おや，} \\ & \text{もう〜したのか」（驚きを表して）} \\ \text{yet} : & \text{（疑問文）「もう〜したか」（普通の疑問）} \end{cases}$$

Have you **already** done your work?

（もう仕事は終わりましたね）［終わったものと予測して］

Yes, I have.（ええ，終わりました）

Have you done your work **already**?

（おや，もう仕事は終わってしまったの）

Have you done your work **yet**?

（もう仕事は終わりましたか）［終わったかどうか分からないので］

(3) still と yet

$$\begin{cases} \text{still} : & \text{（肯定文）「まだ，今なお，依然として」［一般的］} \\ \text{yet} : & \text{（肯定文）「まだ，今なお，依然として」［非一般的］} \end{cases}$$

〈still ＋ 一般動詞・助動詞〉，あるいは〈be 動詞＋ still〉というふうに still は中位にくるのが普通であるが，強意の場合は**文末にくることも**ある。

He **still** loves her.（彼はまだ彼女を愛している）

John's toe is **still** badly swollen.

（ジョンの足指はまだひどく腫れている）

She's asleep **still**.（彼女はまだ眠っている）

　＊She's **still** asleep. より意味が強い。

(注意) still は普通肯定文に用いるが，時には否定文・疑問文で用いられることもある。否定文では still ... not の順になる。

　　If you don't like the job, why are you **still** there?

　　　（その仕事が気に入らないなら，どうしてまだそこにいるんだい）

　　I **still** don't like it here.（依然としてここが気に入らない）

yet は文末にくることが多いが，中位で〈助動詞＋ yet ＋本動詞〉，あるいは〈be 動詞＋ yet〉となることもある。

　　I seem to see her **yet**.（今なお彼女の姿が目に浮かぶ思いがする）

　　Finish it while it is **yet** light.

　　　（まだ明るいうちに終わってしまいなさい）

　　A negotiated settlement might **yet** be possible.

　　　（話し合いによる解決がなお可能であろう）

参考 英・米の権威ある辞書・慣用句辞典を調べても肯定文中の yet と still には決定的に明らかな相違は示されていない。それほど両者の違いは微妙で複雑である。したがって我々日本人が英語を使用する場合には「まだ，なお，依然として」という意味では〈肯定〉平叙文であれば still，〈否定〉平叙文であれば yet を使用しておけばよい。

【注】〈have + yet + to 不定詞〉という形は，これまで実現したことがなく，「今なお～しなければならない」という意味であるが，特にそのなすべき事柄が〈驚くべきこと〉とか，〈よくない〉場合に用いるという指摘が CCED にあるということは注意してよい。

Parliament has yet to approve the agreement.
（議会はその協定をまだ承認していない）

(4) ago と before

- ago　　：「（今から）～前」── 過去時制の中で用いられる
- before　：「（過去のある時から）～前」── 現在完了時制・過去完了時制で用いられる（ 参照）

She *met* him *two years* **ago**.（彼女は 2 年前に彼に出会った）

She said she **had met** him *two years* **before**.

（彼女は 2 年前に彼に出会ったと言った）

(注意) ① ago は〈時〉を表す語なしに，それだけで単独に用いられることはない。しかし before は漠然と「以前に」という意味では単独で用いられる。その場合時制は現在完了・過去・過去完了のいずれでも可能である。

I have never been to Italy **before**.
（私は以前イタリアに行ったことがありません）

② 〈過去のある時〉とは，Yesterday he said that his father had retired three days before（彼は昨日父親が 3 日前に退職したと言った）のように yesterday と言う過去のある時がはっきり示されているが，このような場合は比較的少ない。では〈過去のある時〉はどこで示されるかというと，[主節の動詞] である。たとえば例文にあげた，She said she had met him two years before では，主節の said が〈過去のある時〉を示しているのである。つまり〈彼女が言った〉のが昨日か 4 日前か，1 週間前か，2 ヶ月前か，それははっきり示されていないけれど，少なくとも〈彼女が言った〉その時点が〈過去のある時〉となる。そしてその時点よりは従属節の内容がさらに前になるので before が用いられることになる。

(5) since

since は副詞として「（今から）～前」という，ago と同じ意味を持ち，よく long since「ずっと前に」という結び付きで用いられるが，現在

では ago を用いるのが普通。

Her name has long since been forgotten.

（彼女の名前はとっくの昔に忘れられてしまった）

The man died *many years* **since.** （その男は何年も前に死んだ）

【注】 since は副詞としては「それ以来・以後」という意味で現在完了時制と共に用いられるのが普通。

The building was burnt down four years ago and has since been rebuilt.
（その建物は4年前に焼失したが，それ以後再建された）

(6) once と ever

once ：（肯定文）「かつて，昔」
ever ：（否定・疑問・条件文）「かつて，いつか」

once は動詞より前にある時は「かつて，昔」という意味になり，動詞より後にくる時は「一度，一回」という意味になるのが普通。

Once there was a beautiful queen.

（かつて1人の美しい女王がいました）

We once went camping at Lake Biwa.

（私達はかつて琵琶湖にキャンプに行きました）

I came across him once in Paris.

（私は一度パリで彼に偶然出会った）

Nothing ever makes her angry. ［否定文］

（何をしても彼女は怒らない）

Have you ever seen an ostrich? ［疑問文］

（ダチョウを見たことがありますか）

If you ever come this way, never fail to call on us. ［条件文］ （◄48

（いつかこちらにおいでの時は，ぜひ私達を訪ねて下さい）

【注】 まれであるが文末にくる場合もある。
John had taken that path once.
（ジョンは一度その小道をたどったことがあった）
I have seen her only once.
（私は一度しか彼女に会ったことがない）

(7) too と either

too ：（肯定文）「〜も（また）」
either ：（否定文）「〜も（また）…ない」

John passed the entrance exam, and Mary did, too.

（ジョンは入試に合格したし，メアリーも合格した）

John didn't pass the entrance exam, and Mary *didn't*, **either**.

（ジョンは入試に受からなかったし，メアリーも受からなかった）

If you go skating, I'll go, **too**.

（君がスケートに行くなら，僕も行くよ）

If you don't go skating, I *won't* go, **either**.

（君がスケートに行かないなら，僕も行かない）

(8) yes と no

yes と言えば常に「ハイ」，no と言えば常に「イイエ」と思っている人がいる。これは大変な誤解である。yes が「イイエ」になったり，no が「ハイ」になったりする。英語の yes, no は日本語の「ハイ」「イイエ」とは働きが違う。

肯定疑問文 → ┌ yes → ［ハイ］
　　　　　　　└ no → ［イイエ］

否定疑問文 → ┌ yes → ［イイエ］
　　　　　　　└ no → ［ハイ］

Do you want a personal computer? （パソコンが欲しいかい）

—— **Yes**, I do. （ハイ，欲しいです）

—— **No**, I don't. （イイエ，欲しくありません）

Don't you want a personal computer? （パソコンが欲しくないかい）

—— **Yes**, I do. （イイエ，欲しいです）

—— **No**, I don't. （ハイ，欲しくありません）

つまり，英語の yes, no は問いの文章に対して，**答えの文章が肯定文であれば yes，否定文であれば no** がくるのであって，日本語の「ハイ」「イイエ」と混同しないこと。

(9) not と no

not は副詞であるが，no は形容詞と副詞の両方に用いられる。

not：「～（で）ない」「～（し）ない」

(a) 助動詞・be 動詞の直後についてそれを否定する。またしばしば n't と短縮されてそれらと一体となる。

She *can***not** (= **can't**) swim well.

（彼女はあまりうまく泳げない）

He *is* **not** (= **isn't**) a diver. （彼は潜水夫ではない）

(b) 語・句・節・文の否定

How much did you earn today?

（今日はいくら稼いだか）

—— **Not** a penny.（びた一文稼がなかった）[語否定]

I told him **not** *to waste his money.* [句否定]

（私は彼にお金を無駄遣いしないように言った）

I think much of him **not** *because he is rich*, but because he is a genius. [節否定]

（私は，彼が金持ちだからではなく，天才だから重んじているのです）

Will it snow today?

（今日は雪が降るでしょうか）

—— I hope **not**.（=I hope *it won't snow*.）[文否定]

（降らなければいいのですが）

(c) all, both, every などと共に用いられて部分否定を表す

I do **not** know **all** of the children.

（私はその子供達の全部を知っているわけではない）

The rich are **not always** happy.

（金持ちが常に幸福とは限らない）

(10) hardly, scarcely, と seldom, rarely

hardly・scarcely は〈程度〉のことを表し，seldom・rarely は〈頻度〉のことを表す。

hardly・scarcely :「ほとんど〜ない」

He was given **hardly** 24 hours to pack his baggage.

（彼は旅行小荷物の荷造りをするのにほとんど24時間の間もなかった）

He seemed **scarcely** aware of her.

（彼はほとんど彼女に気付いていないようであった）

seldom・rarely :「めったに〜ない」

They were **seldom** at home.（彼等はめったに家にいなかった）

He **rarely** washes his face.（彼はめったに顔を洗わない）

【注】hardly (scarcely) A before (when) B「AするかしないうちにBする」

(11) quite

副詞の quite には2つの意味があることに注意すること。

(a) 「まったく, すっかり」

empty, full などの語は「からっぽ」か「一杯」かという「100%」の状態を指して用いられるのであって「少しから」とか「少し一杯」というような中間段階を指すものではない。このような意味を持つ形容詞・副詞・動詞を quite が修飾・限定する時にこの意味になる。他に right, wrong, certain, sure, perfect, forget, understand などがそうである。

> You are **quite** *wrong*. (君はまったく間違っている)
>
> I am **quite** *sure* of it. (それをまったく確信している)
>
> I **quite** forgot it. (それをすっかり忘れていた)

(b) 「かなり, まあ」〈口語体〉

hot とか like のような語は「少し(とても)熱い」とか「少し(とても)好き」という段階性を持っている。このような語を quite が修飾・限定するときはこの意味になる。他に bad, good などもそうである。

> She is **quite** *pretty*. (彼女はまあきれいな方だ)
>
> I **quite** *like* it. (それはまあ好きです)

～○～○～○～○ 役に立つことわざ ～○～○～○～○

★ Forbidden fruit is sweetest.
(禁断の木の実は最高に甘い) ←〔禁じられたことは余計したくなるものだ〕

★ Money makes the mare to go.
(地獄の沙汰も金次第) ←〔金は雌馬をも歩ませる〕

練習問題 17

A 次の各文の （　） 内の適当な副詞を選びなさい。

(1) The apples are (already, yet) ripe.

(2) He was (as, so, very) generous as to forgive my sin.

(3) It (hardly, hard, harder) rains in the north part of China.

(4) The flowers in the garden smell so (sweet, sweetly).

(5) (Much, Little) did I dream that I would become a millionaire.

(6) Your father is (much, more, very) older than mine.

(7) We should be delighted to put you (by, off, up) at our house for the night.

(8) She is not (like, liked, likely) to come tonight.

(9) He (least, rarely, scarcely) has breakfast.

(10) What I have said holds (true, truly, truth) with respect to the leading nations.

B 次の各文の （　） 内に最も適当な1語を入れなさい。

(1) Things are going from bad to (　).

(2) This coffee is inferior (　) that.

(3) Osaka is the second (　) city in Japan.

(4) John is cleverer than (　) other boy in the class.

(5) John made the most use (　) his talent.

(6) Of John and Bill, John is (　) younger.

(7) The child is not in the (　) afraid of wild animals.

(8) Of all these flowers I love this (　).

(9) She has faults, but I love her (　) the less.

(10) She is (　) wise than pretty.

C 次の各文に誤りがあれば正しなさい。

(1) I like autumn than spring.

(2) The cold of this year is severer than last year.

(3) She is taller than any other girls in her class.

(4) The United States of America is about thirty-seven times large as the United Kingdom.

(5) This is the very best dress.

(6) He is the latest man to admit that he is wrong.

(7) The later part of the game was very exciting.

(8) Mt. Fuji is higher than any mountain in Japan.

(9) Which do you like, wine or beer?

(10) The population of Osaka is larger than Kobe.

D 次の各組の文を下線部に注意して日本語に直しなさい。

(1) {
A most learned man believes so.

The most learned man believes so.

Most learned men believe so.
}

(2) {
He loves me more than she.

He loves me more than her.
}

(3) {
She is no more than a child.

She is no [not any] more a child than you are.
}

E 次の各文の (　　) 内に，各選択肢の中から最も適当な語句を選び，その番号を書きなさい。

(1) You answered all of the questions (　　).

　① proper　　② clear　　③ correctly　　④ wronged

(2) It smells (　　).

　① delicious　　② deliciously

(3) He has finished reading Chapter 20 so (　).

① much　　② through　　③ far　　　　④ late

(4) You should take one of these pills (　).

① each six hour　　② every six hour　　③ every six hours

④ each six hours

(5) Do you know how (　) in the evening the show will begin?

① early　　② fast　　③ quickly　　④ rapidly

(6) He is (　) always late for school.

① quite　　② almost　　③ very　　④ by far

(7) Ann always tries to help people, but recently she has been (　) kind.

① chiefly　　② usually　　③ especially　　④ mainly

=== 役に立つ英語の喩え ===

● as busy as a bee　　　　　（蜜蜂のように忙しい）

● as cruel as a tiger　　　　（虎のように残酷な）

● as cool as a cucumber　　（キュウリのように冷静な）

● as like as two peas　　　　（2つの豆のように似ている）

● as blind as a bat　　　　　（コウモリのように目の見えない）

● as hungry as a hawk　　　（タカのように腹をすかせて）

● as merry as a lark　　　　（ヒバリのように陽気で）

● as sly as a fox　　　　　　（キツネのように狡い）

18 比　較 (Comparative)

形容詞・副詞には<比較>という文法項目がある。語尾に − er, − est を付ける場合と、語の前に more, most という別の語を付ける場合がある。また、他のもの（人）との比較と、同一のもの（人）の中での<比較>があるので注意すること。

　　形容詞や副詞には、性質・様態・数量などの程度の違いを比較する場合に語形を変えてそれを示す。この語形変化のことを比較といい、原級 (positive degree)、比較級 (comparative degree)、最上級 (superlative degree) の3種がある。

　　原級：Mary is **tall (beautiful)**.

　　　　（メアリーは背が高い［美しい］）

　　比較級：Mary is **taller (more beautiful)** than Jane.

　　　　（メアリーはジェーンより背が高い［美しい］）

　　最上級：Mary is the **tallest (most beautiful)** of us all.

　　　　（メアリーは私達皆のうちで一番背が高い［美しい］）

〔**注意**〕形容詞・副詞のすべてに比較があるわけではない。only のような程度に違いのないもの、atomic（原子の）のような名詞から派生した形容詞、total のような叙述用法のない形容詞、また alone, hardly, there, today のような副詞には比較はない。

比較級と最上級の作り方

01 規則変化

2種類の変化がある

（1）原級 + -er ［比較級］　　　　　原級 + -est ［最上級］

　　strong → stronger　　　　　　strong → strongest

（2）more + 原級 ［比較級］　　　　most + 原級 ［最上級］

　　honest → more honest　　　　honest → most honest

　【**注**】形容詞の最上級には定冠詞 the を付けるのが原則であるが、副詞の最上級には付けない。ただし、〈米〉では副詞の最上級でも the を付ける場合がある。

　　　He worked **(the) most**.（彼が一番働いた）

(3) 綴り上の注意点

(a) 1音節語：-er, -est を付けるのが原則

◆ -e で終わる語：-r, -st を付ける

wise —— wiser —— wisest

nice —— nicer —— nicest

◆〈短母音＋1子音〉：最後の子音を重ねて -er, -est を付ける

big —— bigger —— biggest

fat —— fatter —— fattest

◆〈子音字＋ -y〉：-y を -i に変えて -er, -est を付ける

busy —— busier —— busiest

happy —— happier ——happiest

【注】dry, shy など一部は y のままの場合もある。

【注】〈母音字＋ -y〉の場合はそのまま -er, -est を付ければよい。

gay —— gayer —— gayest

(b) 2音節語

◆語尾が -er, -le, -y, -ow, -some で終わるものは2音節語でも -er, -est を付ける。

clever —— cleverer —— cleverest

gentle —— gentler —— gentlest

happy —— happier —— happiest

shallow —— shallower —— shallowest

handsome —— handsomer —— handsomest

記憶法

-er（アー），-le（ル），-y（イ），-ow（オウ），-some（サム）という順に並べて「あー，ルイ王様」と記憶すると覚えやすい。

◆ -ful, -less, -ish, -ous, -ly の接尾語が付く語を含めて，大部分の2音節語と3音節以上の語には，more, most を付ける。

joy·ful —— **more** joyful —— **most** joyful

joy·less —— **more** joyless —— **most** joyless

self·ish —— **more** selfish —— **most** selfish

fa·mous —— **more** famous —— **most** famous

slow·ly —— **more** slowly —— **most** slowly

glo·ri·ous —— **more** glorious —— **most** glorious

en·er·get·ic —— **more** energetic —— **most** energetic

315

①叙述用法（P.258, 04 参照）だけの形容詞や分詞形容詞も 2 音節以上になるから more, most を付ける。

        alive —— **more** alive —— **most** alive

        tired —— **more** tired —— **most** tired

        interesting —— **more** interesting —— **most** interesting

    ② common, polite など -er, -est と more, most の両方を取るものがある。しかし，日本人としては原則通り more, most の形を用いた方がよかろう。

        common —— common**er** —— common**est**

        common —— **more** common —— **most** common

02 不規則変化

日常よく使用する形容詞・副詞には次のような不規則な変化をするものがある。

原　　　　級		比 較 級	最 上 級
good ［形］（よい） well ┌［形］（健康な） 　　└［副］（よく，うまく）		better	best
bad ［形］（悪い） ill ┌［形］（病気の） 　　└［副］（悪く）		worse	worst
many ［形］（多数の） much ┌［形］（多量の） 　　　└［副］（大いに）		more	most
little ┌［形］（少量の） 　　　└［副］（ほとんど ～ ない）		less	least
old ［形］（年とった）	older （より年とった）	oldest
	elder （年長の［家族関係］）	eldest
late ┌［形］（遅い） 　　└［副］（遅く）	later （より遅い・最近の［時間］）	latest
	latter （あとの方の［順序］）	last
far ┌［形］（遠い） 　　└［副］（遠く）	farther （より遠い・より遠く）	farthest
	further （より遠い・より遠く） （その上の［に］）	furthest

比
較

18

1）good-better-best [形]

He is a **good** boy.（彼は善良な少年です）
He is a **better** boy than Bill.
（彼はビルより善良な少年です）
He is **the best** boy of us all.
（彼は私達皆のうちで最も善良な少年です）

2）well-better-best [形]

He looks **well** today.（彼は今日健康そうだ）
He looks **better** today than yesterday.
（彼は昨日より今日の方が健康そうだ）
He looks **best** for the last ten years.
（彼はこの10年間で一番健康そうだ）

3）bad-worse-worst [形]

He leads a **bad** life.
（彼はふしだらな生活をしている）
He leads a **worse** life than last year.
（彼は去年よりもふしだらな生活をしている）
He leads **the worst** life among village people.
（彼は村人のなかで一番ふしだらな生活をしている）

4）ill-worse-worst [形]

You look **ill** today.（今日は顔色が悪いよ）
You look **worse** than yesterday.
（昨日よりも顔色が悪いよ）
You look **worst** for the last two months.
（この2ヶ月の間で一番顔色が悪いよ）

5）many-more-most [形]

Did you find **many** people in the pool?
（プールにはたくさんの人がいましたか）
There were **more** people than you expected.
（君が思っていたよりもたくさんの人がいた）
There were **the most** people swimming in the pool since it was constructed.（プールが造られて以来一番多くの人が泳いでいた）

6）① much-more-most [形]

There is **much** water in the pond.

317

（池にはたくさんの水がある）

There is **more** water in the pond than last month.

（池には先月よりも多くの水がある）

There is **the most** water in the pond that we have ever seen.

（池には私達がこれまで見たこともないほどの量の水がある）

② **much−more−most** ［副］　He practices shooting **much**.

（彼はずいぶん射撃の練習をする）

He practiced shooting **more** than yesterday.

（彼は昨日よりも多くの射撃の練習をした）

He practiced shooting **(the) most** this year.

（彼は今年で一番多くの射撃の練習をした）

7)　① **little−less−least** ［形］　There is **little** whisky in the bottle.

（瓶にはほとんどウィスキーがない）

There is **less** whisky in the bottle than yesterday.

（瓶には昨日よりウィスキーが少なくなっている）

Since the establishment, we had distilled the least amount of whisky last year.

（創業以来，昨年は最少量のウィスキーしか製造しなかった）

【注】「小さい」という意味では small を用い，smaller, smallest となる。ただしくだけた〈米〉用法では little, littler, littlest もある。

② **little−less−least** ［副］　I slept **little** last night.

（昨夜はほとんど眠れなかった）

I slept **less** last night than the night before last.

（昨夜はおとといの夜より眠れなかった）

I slept **(the) least** last night ever since I was born.

（昨夜は生まれてこのかた一番眠れなかった）

8)　① **old−older−oldest** ［形］　He is very **old**.（彼はたいへんな年寄りだ）

318

18
比
較

He is **older** than you. (彼は君より年上だ)

He is **the oldest** in the team.

(彼はチームの中で一番年上だ)

② (old)-**elder**-**eldest** [形]　これは家族関係のうち，**兄弟・姉妹の間**でのみ用いられる。したがって比較構文では用いられない。ただし〈米〉では older, oldest もよく用いられる。

Mary is her **elder** sister.

(メアリーは彼女の姉です)

Mary is my **eldest** daughter.

(メアリーは私の長女です)

9) ① **late**-**later**-**latest** [形]　He was **late** for work. (彼は仕事に遅れた)

He was **later** for work than usual.

(彼はいつもより仕事に遅れた)

He was **the latest** arrival for work yesterday.

(彼は昨日仕事に一番遅れてやって来た)

② **late**-**later**-**latest** [形]　This is a **late** news bulletin.

(最近の) [時間]　(これは最近のニュース公報です)

A **later** report said the oil fire on the sea was out.

(その後の報道によれば海上の石油火災は消えたということです)

Have you heard **the latest** news about the earthquake?

(地震についての最新のニュースを聞きましたか)

③ **late**-**later**-**latest** [副]　He arrived **late** for the train.

(遅く) [時間の前後]　(彼は列車に乗り遅れた)

He arrived **later** than Bill.

(彼はビルより遅れてやって来た)

He arrived **(the) latest** for the party.

(彼はパーティーに一番遅れてやって来た)

④ **(late)**-**latter**-**last** [形]　The **latter** part of the debate became dull.

(あとの方の) [事物の順序]　(討議の後半はだれてしまった)

319

The **last** few weeks have been very hard.

（最後の数週間はとてもきつかった）

10) ① far‒farther‒farthest［形］
（遠い）

My house is not **far** from the station.

（私の家は駅から遠くない）

The trip to New York was **farther** than I had expected.

（ニューヨークへの旅は思っていたよりも遠かった）

He lives in **the farthest** corner of the world.

（彼は最果ての地に住んでいる）

② far‒farther‒farthest［副］
（遠く）

We saw a light **far** ahead.

（はるか前方に灯かりが１つ見えた）

We can go no **farther**.

（私達はこれ以上先へは行けません）

The oasis lies **farthest** off.

（そのオアシスは最も遠く離れた所にある）

〔注意〕原級 far は単独で用いる場合，〈口語体〉では普通否定文・疑問文に使用し，肯定文には用いない。肯定文では a long way を用いる。
They didn't go so **far**.（彼等はそんなに遠くへ行かなかった）
She went **a long way**.（彼女は遠くへ行った）

③ (far)‒**further**‒**furthest**
［形］［副］（なおその上に）

Do you have any **further** information about the country?

（その国のことについて何かもっと情報をお持ちですか）

His speech has **further** damaged his reputation.

（彼の演説はさらに彼の評判を落としてしまった）

These reforms have gone **furthest** in Poland.

（このような改革はポーランドで最も進んだ）

【注】further, furthest は「程度」を示すのが原則であるが，実際には「距離」についても用いられ，この区別は決して絶対的なものではない。しかし我々日本人は原則にしたがっておく方がよい。

比
較

03　比較の形式

(1)　原級による比較表現

(a) 〈as ＋原級＋ as ～〉：「～と同じくらい」〈肯定形〉

２つのものの程度が同じであることを示す。これを同等比較という。

Mary is **as tall as** Jane (is). ［形］

（メアリーはジェーンと同じくらいの背の高さだ）

John swims **as fast as** Bill (does). ［副］

（ジョンはビルと同じくらい速く泳ぐ）

Mary bought **as much** sugar as Jane (did).

（メアリーはジェーンと同じくらい［の量の］砂糖を買った）

John plays soccer **as well as** Bill (does).

（ジョンはビルと同じくらいサッカーがうまい）

〔注意〕①あとの as の直後に人称代名詞がくる場合，〈口語体〉ではよく目的格に
なることがある。

Bill is as tall as I. → Bill is as tall as me. 〈口語体〉

したがって本来の目的格の場合と取り違えてはいけない。

Mary likes you as much as (Mary likes) **me**.

② as … as ～ の前の as は副詞であり，あとの as は接続詞である。

(b) 〈not as (so) ＋原級＋ as〉：「～ほど…ではない」（**否定形**）（not
as … as ～の方が近年ではよく用いられる。）

Mary is **not as (so)** tall as Jane.

（メアリーはジェーンほど背が高くない）

John can**'t** swim **as (so)** fast as Bill.

（ジョンはビルほど速く泳げない）

(c) 〈as ＋原級 Y ＋ as ＋原級 X〉：「X でもあり Y でもある」

他人や他の物との間の比較ではなく，同一人・同一物の間での性質
を比較する。

She is **as** *kind* **as** (she is) *beautiful*.

（彼女は美人である上にやさしい）

(d) 倍数の表現

〈X times as ＋原級＋ as ～〉：「～の X 倍…である」

He is **three times as heavy as** his son (is).

（彼は息子の３倍の体重がある）

He has **twice as many** friends as I (have).

（彼は僕の2倍の友人を持っている）

This lake is **one-third as large as** Lake Biwa (is).

（この湖は琵琶湖の3分の1の大きさです）

＊2倍は two times も用いられるが twice が普通。3倍は thrice も用いられるが three times が普通。半分は普通 half を用いる。

(2) 慣用句

(a) B as well as A：「AばかりでなくBも」（P.415, 11（2）参照）

He has *a private aircraft* **as well as** *a yacht*.

（彼はヨットだけではなく自家用飛行機も持っている）

(b) 〈as good as ～〉：「～も同然」

He is **as good as** dead.（彼は死んだも同然だ）

(c) 〈as ＋原級＋ as ＋数量詞〉：「～も」

As many as twenty people were drowned.

（20人もの人が溺死した）

(d) 〈not so much A as B〉：「AというよりもむしろB」

She is **not so much** *a housewife* **as** *an inventor*. 　((▶49

（彼女は主婦というよりもむしろ発明家だ）

(e) 〈as much as to say ～〉：「～と言わんばかりに」

She shook her head **as much as to say**, "No."

（彼女は「イイエ」と言わんばかりに首を振った）

(3) 比較級による比較表現

(a) 〈比較級＋ than ～〉：「～よりも…」

一方が他方より程度が優っていることを示す比較を優勢比較という。

Mary is **kinder than** Jane (is).

（メアリーの方がジェーンより親切です）

John is **more careful than** Bill (is).

（ジョンの方がビルより注意深い）

Mary sings *much* **better than** Jane (does).

（メアリーはジェーンよりずっと上手に歌をうたう）

John swims *a little* **faster than** Bill (does).

（ジョンはビルより少し速く泳ぐ）

＊比較級の前に a great deal, even, far, much, still などを付けて程度を強めることができる。また反対に a little などを付けて程度を弱めることもできる。

(b) 〈more ＋原級 X ＋ than ＋原級 Y〉：「Y というよりもむしろ X」
　　他の人や物との比較ではなく，同一の人や物の間での違う性質の比較。

　　　Mary is **more** *charming* than *beautiful*.

　　　（メアリーは美しいというよりもむしろチャーミングです）

　　　John is **more** *kind* than *clever*.

　　　（ジョンは利口というよりもむしろ心が優しいのです）

【注】この表現形式では単音節の形容詞 kind であっても -er を付けず原級のままに
　　する。

(c) 〈less ～ than …〉：「…ほど～でない」
　　２つのものを比較する時，一方が他方より程度が劣ることを示す比
　　較を劣勢比較と呼ぶ。ここで扱うものがそれに相当する。

　　　Mary is **less** *tall* **than** Jane (is). ･････････････････････････ (a)

　　　（メアリーはジェーンほど背が高くない）

　　　= Mary is **shorter than** Jane (is). ･････････････････････ (b)

　　　（メアリーはジェーンより背が低い）

　　　= Mary is **not as (so)** *tall* **as** Jane (is). ･････････････ (c)

　　　（メアリーはジェーンほど背が高くない）

　　＊less を用いる（a）の表現形式は〈文章体〉で，普通は（b）（c）
　　の方が用いられる。

(d) 絶対比較級
　　「メアリーはジェーンより背が高い」，「アメリカは日本より大きい」
　　という比較は比較する〈対象〉と，ジェーンの‘身長’や‘日本の国
　　土の大きさ’という比較の〈基準〉がはっきりしている。しかし，そ
　　ういう〈対象〉も〈基準〉も明確にしないで漠然とあるものを２つ
　　に分けて，程度の優っている方を表す比較級がある。このような比
　　較級を絶対比較級（Absolute Comparative）という。

　　　The **greater** part of the attendants were women.

　　　（出席者の大部分は女性だった）

　　他に，**upper** class（上流階級），**higher** education（高等教育），**younger**
　　generation（若者世代），our **betters**（お偉方）などがある。

(e) 〈the ＋比較級＋～，the ＋比較級＋…〉：「～すればするほど，ま
　　すます…」

　　　The more you have, **the more** you want.［諺］

　　　（持てば持つほどますます欲しくなる）

The dearer the child is, **the sharper** the rod must be.　《▶50

（子供は可愛ければ可愛いほど，鞭は厳しく当てねばならぬ）

The sooner, the better.（早ければ早いほどよい）

(f)　〈比較級＋ and ＋比較級〉：「だんだん〜，ますます〜」

The patient will get **better and better**.

（患者はますますよくなるでしょう）

It is getting **warmer and warmer**.

（だんだん暖かくなってきている）

(g)　〈the ＋比較級＋ of the two〉：「２つのもののうち，より〜な方」

Mary is **the cleverer of the two** sisters.

（メアリーは２人姉妹のうちで，より利口な方だ）

This violin is **the better of the two**.

（このバイオリンの方が２つのうちではいい方です）

(h)　〈(all) the ＋比較級＋理由を表す語句〜〉：「〜だから，なおいっそう」

I like her **all the better for** her faults (=**because** she has faults).

（彼女は欠点があるからよけい好きなんだ）

I like him **the more because** he is diligent.

（彼は勤勉だからよけい好きなんだ）

(i)　〈-or で終わるラテン語から来た比較級〉

major（大きい方の），minor（小さい方の），senior（年上の），junior（年下の），superior（優れた），inferior（劣った）など，語尾が -or で終わるラテン語から英語に入った形容詞の比較級がある。この場合 than は to となる。

Mary is ten years **junior to** my mother.

(= Mary is ten years **younger than** my mother.)

（メアリーは私の母より 10 才若い）

This problem is **minor to** that.

（この問題はそれほど重要でない）

(4)　最上級を用いる比較構文

(a)　〈the ＋ 最上級 ＋ of ＋ 複数名詞〉 ⎫
　　　〈the ＋ 最上級 ＋ in ＋ 単数名詞〉 ⎭ ：「〜の中で一番…」

John is **the tallest** boy **of us all**.

（ジョンは私達みんなの中で一番背が高い少年です）

Mary is **the most beautiful** girl **in our class**.

（メアリーは私達のクラスの中で一番美しい女の子です）

Bill swims **(the) fastest in his school**. ［副］

（ビルは彼の学校で一番速く泳ぐ → 泳ぐのが一番速い）

【注】 副詞の最上級の場合は the を省いてもよい。しかし，〈米〉では the を付
ける方が多い。

(b) the を用いない最上級

◆他の人や物との比較でなく，**同一の人や物についてその性質・
状態を述べる形容詞が補語として用いられる（叙述用法の）と
きは the をつけない。**

The landscape is **most beautiful** in spring.

（その風景は春が一番美しい）

＊他の場所の風景と比較するのではなく，この場所の風景が春・
夏・秋・冬の中で「春」が一番美しいという意味。

cf. The landscape is **the most beautiful** in the world.

（その風景は世界で一番美しい）

この場合は 'その風景' と世界の他の風景との比較の中で一番と限定
されているから the が付くのである。

〔注意〕 ただし，最上級の形容詞の後に名詞が省略されていることが明らかな場合
（つまり限定用法であることが明らかな場合）には，the は省略できない。

Mary is **the tallest** of the five girls.

（メアリーはその５人の女の子のうちで一番背が高い）

この場合，of the five girls（その５人の女の子のうち）という形容詞句が
あるから，それに限定される名詞語句がなければならないので，ここでは
例えば girl という名詞が省略されていることはすぐ分かるのである。

◆**単に程度の強さを示す場合**（絶対最上級）

She takes a **greatest** delight in dancing.

（彼女はダンスがとても好きだ）

He said with **deepest** regret, "I'm very sorry."

（彼はとても後悔しながら「本当に申し訳ありません」と言った）

◆ **most が「たいていの」という意味になる場合**

Most companies are looking to sponsor students on specific courses.

（大抵の会社は特定コースの学生を援助しようと狙っている）

325

◆ most ＝ very の場合

この場合は the ではなく a ＋ most となる。ただし，限定される名詞が複数の場合は当然 a は用いられない。

His mother is **a most** clever woman.

（彼の母はとても利口な女性だ）

They were **most** elegant ladies.

（彼女たちはとても優雅な淑女でした）

◆ last（この前の），next（この次の）が時を示す副詞句に用いられる場合は the を付けない。

It happened **last month**. （それは先月起こった）

It happened **in the last week** of May.

（それは5月の最後の週に起こった）　＊last ＝ 最後の

(5) 原級・比較級による最上級表現

(a) no (other) ＋名詞＋ is $\left\{\begin{array}{l}\text{比較級＋ than} \\ \text{as (so) ＋原級＋ as}\end{array}\right.$ A：$\left.\begin{array}{l} \\ \end{array}\right\}$「A より（ほど）…な〜はない」

(b) 比較級＋ than any other ＋単数名詞：「他のどんな〜よりも…である」

John is **the tallest boy** in his class.

（ジョンは彼のクラスで一番背の高い少年です）

◆ **No (other) boy in his** class is $\left\{\begin{array}{l}\textbf{taller than} \\ \textbf{as (so) tall as}\end{array}\right\}$ John (is).

（彼のクラスの［他の］どの少年もジョンより［ほど］背の高い者はいない）

◆ John is **taller than any other** boy in his class.

（ジョンは彼のクラスの他のどの少年よりも背が高い）

〔注意〕(a) の場合，other を用いると同じ種類のもの（少年なら少年，川なら川というもの）の間の比較ということになるのが普通である。

　　　　No building in Japan is higher than Mt. Fuji.

　　　　（日本のどの建物も富士山より高いものはない）

　　＊日本国内の山と山の比較なら，富士山以外の他の山と言えるが，山と建物との比較になると，違う種類のものとの比較となるので，other を付けるとおかしくなる。

(c) nothing (nobody) ＋ i s $\left\{\begin{array}{l}\text{比較級＋ than} \\ \text{as (so) ＋原級＋ as}\end{array}\right.$ A：$\left.\begin{array}{l} \\ \end{array}\right\}$「A より（ほど）…な〜はない」

(d) 比較級＋ than anything (anybody) else：「他の何（誰）よりも…である」

　これは (6) (a) (b) を変化させたもので，それぞれの名詞部分を代名詞に変えて一般的にしたものである。

　Truth is **the most important thing** [of all].
　（真実は［何よりも］最も重要なものである）

　Truth is **more important than anything else.** 《▶51

　（真実は他のいかなるものよりも重要である）

　Nothing is **more important than [as (so) important as]** truth.
　（いかなるものも真実より［ほど］重要なものはない）

(6) 最上級とほぼ等しい原級比較構文

(a) as ＋原級＋ as any 〜：「どの〜に劣らず」

　Mary is **as** beautiful **as any** girl.
　（メアリーはどの少女にも劣らず美しい）

　John swims **as** fast **as any** boy.
　（ジョンはどの少年にも劣らず速く泳ぐ）

(b) as ＋原級＋ as ever：「この上ない，古来(こらい)まれな」

　He is **as great** a man **as ever** lived.
　（彼は古来まれな大人物である）

【注】冠詞の位置に注意。普通は〈冠詞＋形容詞＋名詞〉の順であるが，as や so, too に限定されると形容詞が冠詞の前に出る。

(c) 〈as ＋原級＋ as one can〉：「できるだけ〜」
　Come **as soon as you can.** （できるだけ早く来なさい）

(d) 〈as ＋原級＋ as possible〉：「できるだけ〜」
　Come **as soon as possible.** （できるだけ早く来なさい）

(e) 〈as ＋原級＋ as （＋同じ原級）＋ can be〉：「この上もなく〜」
　To hear the news, she is **as happy as (happy) can be.**
　（その知らせを聞いて彼女はこの上もなく幸せです）

(7) no more than 型の比較級

(a) no more than A：「A だけ，A しか…ない」
　I have **no more than** (=only) *three dollars.*
　（私は3ドルしか持っていません）

　He is **no more than** *a puppet.*
　（彼はただの手先に過ぎない）

(b) no less than A :「A も」

I have **no less than** (=as much as) *100 dollars.*

（私は 100 ドルも持っています）

【注】数量を表す以外に用いられると，「…と同様に，…にほかならぬ」という意味になる。

His illness was no less than want of sleep.　　　((▶52

（彼の不快は睡眠不足にほかならなかった）

(c) not more than A :「せいぜい A」

I have **not more than** (=at most) *10 dollars.*

（私はせいぜい 10 ドルしか持っていません）

(d) not less than A :「少なくとも A」

I have **not less than** *100 dollars.*

（私は少なくとも 100 ドルは持っている）

(e) A is no more B than C is (D) :「A が B でないのは C が D でないのと同じである」

「A ≠ B」だということを，子供でも分かるような「C ≠ D」という例を挙げることによって強める表現である。この構文は「A is not B any more than C is D」と言っても同じことである。なぜなら not ... any ＝ no であるから。

A whale is **no more** a *fish* **than** *a horse* is (a fish).　　((▶53

（鯨が魚でないのは，馬が魚でないのと同じことである）

【注】最後の D に相当する部分は分かり切っているので省くのが普通である。

I am **no more** *mad* **than** *you* (are). =I am **not** mad **any more** than you (are).

（あなたと同様私も気が狂っていない）

(f) A is no less B than C is (D) :「C が D であるのと同じように A も B である」

これは（e）と反対の表現形式である。

A whale is **no less** *a mammal* **than** *a horse* (is).

（馬が哺乳類であるのと同じように，鯨も哺乳類である）

I am **no less** *sane* **than** *you* (are).

（君が正気であるのと同じように，私も正気である）

(g) A is not more ~ than B :「A は B ほど～でない」

Jane is **not more** beautiful **than** *Mary* (is).

（ジェーンはメアリーほど美しくない）

This subject is **not more** *difficult* **than** *that*.

(この科目はその科目ほど難しくない)

(h) A is not less ~ than B:「A は B に優るとも劣らず~である」

Mary is **not less** *beautiful* **than** *her sister*.

(メアリーは姉に優るとも劣らず美しい → メアリーの美しさは姉に優るとも劣らない)

I am **not less** *anxious* **than** *you* to be an actress.

(私はあなたに劣らず女優になりたいと思っています)

練習問題 18

A 次の各文の（　）内に適当な1語を入れなさい。

(1) His house is twice (　) big as mine.

(2) This is better than (　) other camera I have ever had.

(3) Nothing is more precious than time, but nothing is (　) valued.

(4) A man is never (　) truly himself as when he is engaged in dealing with difficulties.

(5) John is none (　) happier for his being rich.

(6) A man's worth is to be estimated by his character (　) than by his social position.

(7) Machines are doing (　) and more work every year, and man appears to be getting (　) and more lazy.

B 次の文中に誤りがあれば正しなさい。

(1) She is more beautiful than any other girls in her class.

(2) I like this car than that one.

(3) Do you know where the lake is the deepest?

(4) He is more honest of the two.

(5) He likes his daughter far the better for her faults.

(6) The earth is more than forty times large as the moon.

(7) More often than not, we lay awake at night.

C 次の日本文を英語に直しなさい。

(1) これこそ私が探し求めてきた最良の絵だ。

(2) 彼は学者というよりもむしろ作家だ。

(3) 信濃川は日本のどの川よりも長い。

(4) 高く登れば登るほど寒くなる。

(5) 彼には欠点が多いが，私はそれでもやはり好きだ。(less を用いて)

(6) 僕が持っているのはせいぜい 10 ドルだ。(more を用いて)

D 次の各文の (　　) 内に，各選択肢の中から最も適当な語句を選び，その番号を書きなさい。

(1) The man who stops learning is as (　) as dead.
　　① much　　　② good　　　③ soon　　　④ far

(2) His condition is (　) better than in the morning.
　　① if any　　② if only　　③ if not　　④ if anything

(3) He cannot even speak English, (　) French.
　　① in fact　　② much less　　③ still more　　④ still better
　　⑤ much more

(4) He is wise enough not to quarrel with his manager.
　　= He (　) better than to quarrel with his manager.
　　① is　　　② knows　　　③ gets　　　④ had

(5) Many rivers have been so polluted that they can (　) be used for drinking water.
　　① no less　　② much more　　③ more or less　　④ no longer
　　⑤ any longer

(6) Mt. Fuji is the highest mountain in Japan.
　　= Mt. Fuji is higher than (　) in Japan.
　　① other any mountains　　　② any other mountain
　　③ another any mountain　　　④ the other any mountains

(7) She is (　) the best scholar in Japan.
　　① by far　　② by such　　③ very much　　④ most

19 不定詞 (Infinitive)

不定詞には原形不定詞と to- 不定詞の 2 種類がある。原形不定詞は, can do や may say のように, 助動詞と共に述語動詞 (predicate verb) として用いられるが, to- 不定詞は〔動詞〕の意味は持つものの, 文中では述語動詞の働きはさせてもらえず, 〔名詞〕・〔形容詞〕・〔副詞〕という他品詞の代役をさせられる。そして, 単に不定詞 (infinitive) というときは, この to- 不定詞のことを指す。

不定詞とは, O・E・D によると, 「いかなる主語についても, それを叙述せず, 単に動詞概念のみを述べる動詞の形式に関する名称」とある。そう言えば, 英英辞書で英語の動詞を引くと, すべて to- 不定詞で説明されている。概念は人間の頭の中と, 辞書や著述などの言葉の中にしか存在せず, 外界の現実時間の中で行われるすべての**具体的な動作・状態とは全く異質な存在である**。例えば, He came to see her. という文章で言えば, 述語動詞 came は主語 He の人称(ここでは 3 人称), 数 (単数), 時制 (過去), 叙法 (叙実法) という文法規則に規定されて came という**定形動詞 (finite verb)** になるように定められている。一方, to see という不定詞は "会いに (会うために)" ということで, これは He の頭の中だけにある〔想い〕=〔概念〕に過ぎず, 外界の現実世界には全く影も形も現れていない。つまり, 時間的には捉えようのない, 無時間, 超時間の想念に過ぎない。したがって, この英文では述語動詞 came は, 何年・何月・何日・の, 何時・何分に来たかは歴史的に事実であるが, 不定詞 to see her は, 事実として会えたか会えなかったかはこの文章だけでは不明である。そして大事なことは我が国の英文法では, infinitive を finite verb に対する訳語 **"定形動詞"** に対立するものとして **"不定詞"** と翻訳した。その結果, 英語本来の infinite は, 時間に無制限であること, 永遠であるという本質があいまいになり, 不定詞の理解を妨げてきたように思われる。

【定形動詞と不定詞】
主語を受ける(述語)動詞は, 主語の人称・数や動詞の時制によって**形が決定**されるものと考えて**定形動詞 (finite verb)** と呼ばれて来た。

| I **work** hard. | (私は一生懸命働く)〈叙実法現在〉(1 人称・単数) |
| He **work**s hard. | (彼は一生懸命働く)〈叙実法現在〉(3 人称・単数) |

They **worked** hard.（彼等は一生懸命働いた）〈叙実法過去〉（3 人称・複数）

She **will work** hard.（彼女は一生懸命働くだろう）〈叙実法未来〉（3 人称・単数）

それに対し不定詞は主語の人称・数や動詞の時制によって**形が決定されない**ので**不定詞**と呼ばれて来た。しかしこの考え方には問題がある。

I *have* **to work** hard.　　　（私は一生懸命働かねばならない）

He *has* **to work** hard.　　　（彼は一生懸命働かねばならない）

They *had* **to work** hard.　　（彼等は一生懸命働かねばならなかった）

She *will have* **to work** hard.（彼女は一生懸命働かねばならないだろう）

Ⅰ. to 不 定 詞

01　to 不定詞の特徴

普通、単に不定詞という場合は to 不定詞のことを指す。

to 不定詞は基本的には動詞の意味と性質を持ちながら，動詞としては用いられず，実際には名詞・形容詞・副詞などとして用いられる。まるで投手としては一本立ちできず，内野や外野の守備，または捕手として出場するという便利屋的野球選手のようなものである。ただし，**原形不定詞は動詞**としても用いられる。

動詞的性質	① 目的語・補語をとる。 ② 副詞語句で修飾される。 ③ 態と時制的な働きをもつ。
名詞的性質：	主語・目的語・補語になる。
形容詞的性質：	名詞・代名詞を修飾・限定する。補語になる。
副詞的性質：	動詞・形容詞・他の副詞を修飾・限定する。

02　to 不定詞の形

to 不定詞の形には**単純形**と**完了形**がある。

	単　　純　　形	完　　了　　形
能　動　態	to do	to have done
受　動　態	to be done	to have been done
進　行　形	to be doing	to have been doing

03　to 不定詞の否定

not を to 不定詞の直前に置く。

> You must try **not to fail** in the examination.
>
> （君は試験に落ちないように努力しなければいけない）
>
> John persuaded his son **not to marry** her.
>
> （ジョンは息子に彼女と結婚しないように説得した）

A．名詞用法

名詞用法であるから**主語・目的語・補語**として用いられる。to~ は「〜すること」と訳す。

04　主語

> **To say** is one thing, and **to do** is another.
>
> （言うことと実行することは別だ）
>
> ＊A is one thing, and B is another は「AとBとは別のことだ」という意味。
>
> **To see** is to believe.　〈主語〉
>
> （見ることは信じることである → 百聞は一見にしかず［諺］）

（注意）　今日の英語では主語として用いられる to 不定詞は形式主語の it（P.191, **05**
(3) 参照）を用いて It ... to ~ の形式で用いるのが普通。

> **It** is important **to be** ahead of the times.　《▶54
>
> （時代に先んじることが重要である）

05　目的語

> I *want* **to learn** foreign languages.　〈動詞の目的語〉
>
> （私はいくつかの外国語を学びたい）
>
> Don't be *afraid* **to tell** the truth.　〈形容詞の目的語〉
>
> （思い切って本当のことを言いなさい）
>
> There was nothing for it *but* **to keep** silent.　〈前置詞の目的語〉
>
> （黙っているしか仕方がなかった）
>
> ＊but は前置詞で except と同じ意味。

(注意) S＋V＋O＋Cの第5文型ではOがto不定詞のとき，Oの位置には形式目的語のitを置きto不定詞はCの後の位置に置く。

> I think **it** necessary **to help** him.
> （彼を助けてやる必要があると思う）
> We consider *him to be* great.〈目的格補語〉
> （私達は彼を偉大だと考えている）
> ＊上の英文でto beを省くとWe consider him greatという典型的な第5文型になる。なお，この第5文型でCがto不定詞の場合は細かい点で形容詞の場合と違いがあり複雑なので本書では省略する。

06　補　語

To see is **to believe**.

（見ることは信じることである → ［百聞は一見にしかず］）

All we can do is **(to) run away**.

（せいぜい僕たちにできることは逃げることだ）

【注】2番目の例文のように擬似分裂文（P.348, 30 (1) 参照）の補語になる不定詞は，しばしばtoが省かれる。

B．形容詞用法

形容詞が限定用法と叙述用法をもつように，to不定詞の形容詞用法も**限定用法と叙述用法の2つの用法**がある。to～は「**～すべき，～するための**」と訳す。

07　限定用法

I have no *friends* **to help** me.

（私には助けてくれる友人がない）

＊friendsはhelpの意味上の主語。

＝ I have no friends **who** *are to* (*should*) help me.

I have no *friends* **to help**.

（私には助けてやらなければいけない友人はない）

＊friendsはhelpの意味上の目的語。

＝ I have no friends **whom** I *am to* (*should*) help.

【注】このように不定詞の意味上の主語が何であるかということに注意することが大事である。

前置詞の目的語になる場合もある。それは関係詞節に書き換えたときに関係代名詞が前置詞の目的語になるときである。

I have no chair **to sit on**.

（私には座る椅子がない）

＊sit は自動詞であるから sit a chair（×）［椅子を座る］とは言えない。sit on a chair［椅子の上に座る］となるから chair は前置詞 on の目的語となる。

I have no chair **on** *which* I am to (should) sit. ⋯⋯ ①　〈文章体〉

I have no chair *which* I am to (should) sit **on**. ⋯⋯ ②　〈口語体〉

①の文章で〈主語＋be 動詞〉を省くと，

I have no chair **on** *which* to sit.

という形式になる。これは①と②の中間的表現である。

I have no pen **to write** with.

（私には書くためのペンがない）

＊write は普通他動詞であるが write a pen（×）［ペンを書く］とは言えない。［ペンで書く］わけだから pen は前置詞 with の目的語となる。

I have no pen **with** *which* I am to write.　　　　　　〈文章体〉

I have no pen **with** *which* to write.　　　　　　　　　〈中間体〉

I have no pen *which* I am to (should) write **with**.　　〈口語体〉

08 ｜ the first（名詞）＋ to 不定詞：「最初に〜した（名詞）」

（名詞）は「人」を表すものであるのが普通。

She was **the first** *woman* **to win** the Nobel Prize.

（彼女はノーベル賞をもらった最初の女性でした）

He was **the first to** cross the goal.

（彼は1着でゴールした）

09 ｜ the last（名詞）＋ to 不定詞：「最後まで〜しない（名詞）」「決して〜しない（名詞）」

この last は「決して…しそうにない」とか「まさか…しないと思われる」という意味である。

He is **the last** *man* **to tell** a lie.

（彼は決して嘘をつかない男です）

That is **the last** *thing* **to try**.

（それはやってみるほどのことではない）

【注】この形式でも last が「最後の」という意味で用いられる場合もある。

The last *guest* **to leave** was John.
（最後に帰った客はジョンだった）

10 副詞的関係になる場合

次のような場合は限定される（代）名詞が不定詞に対して副詞的な関係になっている。

This is the best way **to learn** math(s).
（これが数学を学ぶのに一番よい方法です）

= This is the best way **in which to learn** math(s).

Now is the time **to say** our farewell to arms.　《▶55

（今こそ武器に別れを告げるべき時だ）

= Now is the time **at which to say** our farewell to arms.

11 同格的関係になる場合

次のような場合は to 不定詞が限定される（代）名詞の内容を説明するという同格的な関係になっている。日本語では「〜という」の意味になる。

She had no *chance* **to get acquainted** with him.
（彼女は彼と知り合いになるという機会をもたなかった）

He had the *misfortune* **to lose** his only daughter.
（彼は一人娘を失うという不幸にあった）

＊同格という見方に立てば，この to 不定詞を名詞用法ととってもよい。

12 叙述用法

to 不定詞が不完全（自・他）動詞の補語になる場合

Mary *seems* **to be** unhappy.（メアリーは不幸のようだ）

= It seems that Mary is unhappy.

Mary seems to be unhappy は話者の直接体験による推量を暗示し，

It seems that Mary is unhappy は人の話などによる間接的推量を暗示する。

John *appears* **to be** pale.（ジョンは顔色が悪いようだ）

= It appears that John is pale.

The rumor *turned out* **to be** false.（その噂（うわさ）はうそだとわかった）

= It turned out that the rumor was false.

〔注意〕この形式の文では to be を省略することができる。

Mary seems unhappy.

John appears pale.

What caused him **to resign** his post as headmaster?

(何が彼に校長の地位を辞職させたのか → 何が原因で彼は校長の地位を辞職したのか)

13 be + to 不定詞

名詞用法の to 不定詞は「〜すること」という意味であった。しかし次のように予定・義務・運命・可能などの意味を表す時は形容詞用法である。

(1) 予定:「〜することになっている」「〜する予定である」

これは公的な計画など第3者の意志によるもので, 主語の意志によるものではない。

The troops *are* **to cross** the river.

(部隊は川を渡る予定である)

We *are* **to meet** at six in the evening.

(私達は晩の6時に会うことになっている)

 〔注意〕この場合, **不定詞が完了形になると**「〜することになっていたが, しなかった」という非実現の意味になる。

We *were* **to have met** at six in the evening.

(私達は晩の6時に会うことになっていたが会わなかった)

(2) 義務:「〜すべきである」「〜しなければいけない」

これは学校・企業・その他第3者が課す義務・命令を表す。

He *is* **to return** to Germany tomorrow.

(彼は明日ドイツへ帰らなければならない)

You *are* **to obey** the school regulations. 🔊▶**56**

(君は校則に従わなければいけない)

〔注意〕この義務から, 「〜しなさい」という**命令**になることがある。普通命令は話し相手に対してするから主語は2人称であることが多い。

You *are* not **to beat** your student.

(学生を撲ってはいけない)

(3) 運命:「〜する運命である」

これは神(God)や運命(destiny)などの第3者によってもたらされ

るもので，自己の意志に基づくものではない。

He *was* never **to return** to his country again. 　((▶57

（彼は二度と祖国に帰れない運命であった）

She *was* never **to see** her parents.

（彼女は二度と両親に会えない運命であった）

(4) 可能：「〜ができる」

Not a soul *was* **to be** seen in the street.

（人っ子一人通りには見られなかった）　 ＊soul ＝ human being

She *is* not **to be trusted**.（彼女は信用できない）

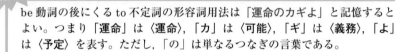

be 動詞の後にくる to 不定詞の形容詞用法は「運命のカギよ」と記憶するとよい。つまり「運命」は〈運命〉，「カ」は〈可能〉，「ギ」は〈義務〉，「よ」は〈予定〉を表す。ただし，「の」は単なるつなぎの言葉である。

14　条件節中の be ＋ to 不定詞：「〜しようとする（つもり）」

If you *are* **to come** up in the world, you must work hard. 　((▶58

（もし出世しようとするなら，一生懸命働かなければいけない）

You must speak out **if** we *are* **to remain** friends.

（ずっと友達どうしでいようとするなら，遠慮なしにはっきり言いたまえ）

C．副詞用法

to 不定詞が，動詞・形容詞・他の副詞・文章全体を限定するのに用いられる。次のような用法がある。

15　目的：「〜するために」

He *went* to the station **to see** his uncle off.

（彼は叔父を見送りに駅へ行った）

She *read* quite a lot of books **to get** a doctor's degree.

（彼女は博士号を取るために実に多くの本を読んだ）

I *hurried* to the station **to catch** the last train.

（終電に乗るために私は駅に急いだ）

＊目的の意味をはっきり表したい時には so as to ~ 〈口語体〉や，in order to ~ 〈文章体〉を用いる。

He *got up* early **so as to catch** the first train.

（一番電車に乗るために彼は早起きをした）

She *studied* hard **in order to pass** the entrance examination.

（彼女は入学試験に合格するために一生懸命勉強した）

「〜しないように」と否定の目的を表す時には，*so as* **not** *to* ~，*in order* **not** *to* ~となる。

I *had to take* a taxi **so as not to** be late.

（私は遅れないようにタクシーに乗らなければならなかった）

16 結果：「（動詞の表す動作の結果）〜する」

目的の場合には（述語）動詞は動作主の意志を表す動詞がくるが，結果の場合には普通人間の意志とは無関係な無意志動詞がくる。

His son *grew up* **to be** a great musician.

（彼の息子は成長して大音楽家になった）

＊成長する（grow）というのは人の意志と関係はない。

She *lived* **to be** ninety-nine.

（彼女は99歳になるまで長生きした）

> **参考** only to ~「…したが結局〜しただけだった」，never to ~「…して二度と〜しなかった」という表現は結果を表す慣用句である。
>
> 　　He went to England **only to** *die*.
> 　　　（彼はイギリスへ死にに行ったようなものだ）
> 　　She left home, **never to** *return*.
> 　　　（彼女は故郷を出て二度と帰らなかった）

17 感情の原因：「〜して」

感情を表す形容詞や動詞のあとに置かれて，その感情の原因を示す。

His parents were very *glad* **to hear** the news.

（彼の両親はその知らせを聞いてとても喜んだ）

She was *delighted* **to find** him safe.

（彼女は彼が無事だったと分かって喜んだ）

18 判断の理由：「〜するとは」

ある判断を表す表現の後に置かれて，その判断の理由を示す。

He must be a rascal **to do** such a thing.　　◀️▶️**59**

（そんなことをするとは彼は悪党にちがいない）

She must be cold-hearted **to say** so.

（そんなことを言うとは彼女はきっと冷たい心の持ち主だ）

19　条件：「〜すれば」「〜すると」

if 節に相当する。文頭にくることが多い。

To hear him talk, you'd think he's the boss here.

（彼が話すのを聞くと，彼がここの社長だと思うだろう）

＊you'd ＝ you would

To turn to the left, you'll find the bank.

（左へ曲がると，その銀行があります）

（参考）不定詞の副詞用法は「原理の目的を結果の条件とすべし」と覚えるとよい。「原」は〈原因〉，「理」は〈理由〉，あと〈目的〉，〈結果〉，〈条件〉はそのままである。

20　形容詞・副詞の修飾・限定：「〜するのに」

感情を表す形容詞ではなく，それ以外の形容詞を限定する場合。

This wine is *good* **to drink**.

（このワインは飲むのによい → このワインは飲んでおいしい）

This mountain is *dangerous* **to climb**.

（この山は登るには危険だ）

You are old *enough* **to know** it.

（それぐらいのことが分かってもよい年頃だ）

D．不定詞の注意すべき他の用法

21　文章全体を修飾・限定する（独立不定詞）

上に述べた不定詞の副詞用法は**文中**の動詞・形容詞などの語句を限定する働きであった。しかし不定詞には文中の個々の語句とは関係なく文章全体を修飾・限定するときがある。この用法の不定詞を独立不定詞という。大部分が慣用句である。

To tell the truth, I am deep in debt.

（実を言うと，私は大変な借金をかかえているんです）

To make the matter worse, it began to rain.　　（● ▶ 60

（さらに困ったことには，雨まで降り出した）

Needless to say, health is better than wealth.

（言うまでもなく，健康は富みに勝る）

※ to ～型の慣用独立不定詞

to be brief	（手短に言えば）
to be frank with you	（率直に言うと）
to be honest with you	（正直に言うと）
to be sure	（確かに）
to begin with	（先ず第一に，何はさておき）
to do (a person) justice	（公平に評すれば）
to say the least (of it)	（控え目に言っても）
to say nothing of	（～は言うまでもなく）

※その他

so to speak	（言わば）
strange to say	（奇妙なことに）

22 疑問詞＋to 不定詞

what, which などの疑問代名詞，where, when などの疑問副詞の直後に to 不定詞がくる形式がある。この場合の to 不定詞は形容詞用法の叙述用法であり，「～すべき」という意味を表す。そして全体では名詞句となり文中で主語・目的語・補語になる。

what to ~	「何を～すべきか［したらよいか］」
which to ~	「どっちを～すべきか［したらよいか］」
when to ~	「いつ～すべきか［したらよいか］」
where to ~	「どこに～すべきか［したらよいか］」
how to ~	「いかに～すべきか［したらよいか］」〔～する方法〕
who to ~	「誰が～すべきか［したらよいか］」
whom to ~	「誰に（を）～すべきか［したらよいか］」

ただし，why にはこの用法はない。

I want to know **what to do**. 〈目的語〉

（私は何をしたらよいか知りたい）

How to say is less important than **what to say**. 〈主語〉

（いかに言うべきか［話し方］は何を言うべきか［話の内容］ほど重要ではない）

The question is **when to start** it. 〈補語〉

(問題はいつそれを始めればよいかである)

I didn't know **whether to speak** or **to be silent**. 〈目的語〉

(私は口に出して言う方がよいのか黙っている方がよいのか分からなかった)

① この形式は〈疑問詞＋［文の主語＋ be 動詞］＋ to 不定詞〉の［ ］の部分が省略されてできたものである。

I want to know what [I am] to do.

これでこの to 不定詞が形容詞用法のうちの叙述用法になっているのが理解できる。

② 〈疑問詞＋ to 不定詞〉を目的語にとる動詞は ask, consider, explain, know, learn, show, teach, tell などである。

23 to 不定詞の副詞用法の慣用表現

(1) too...＋形容詞＋ to~：「あまり…なので～できない，～するにはあまりにも…」

She was **too** *good* **to last**.

(彼女はあまりにも善良だったので長生きできなかった)

= She was *so* good *that* she couldn't last.

The stone is **too** *heavy* for her **to move**.

(その石は重すぎて彼女には動かせない)

= The stone is *so* heavy *that* she can't move *it*.

〔注意〕The stone は文の形式上の主語であると同時に意味上は to move の目的語でもある。このように文の主語が両方を兼ねているような場合は too ... to ~では to 不定詞の目的語になる代名詞を省略するのが普通である。so ...that 構文では必要。

This question is **too** *easy* for a professional **to solve**.

(この問題は専門家が解くにはあまりにも易しすぎる)

＊このように常に「～できない」と否定になるとは限らない。形からだけでは判断できないので，最終的には内容，文脈から判断するしかない。

(2) 形容詞／副詞＋ enough ＋ to ~：「～するほど…」

もとの意味は「～するのに十分…だ」であるが，それは直訳過ぎて日本語としては好ましくない。

She was *kind* **enough to lead** me to the station.

(彼女は私を駅まで案内してくれるほど親切だった)

= She was *so* kind *that* she led me to the station.

He is *experienced* **enough to deal** with her well.

（彼は彼女を上手に扱えるだけの経験をもっている）

= He is *so* experienced *that* he can deal with her well.

(3) so ＋形容詞／副詞＋ as ＋ to ～：「～するほど…だ［程度］，とても…なので～できる［結果］」

［程度］か［結果］かは前後関係で決定される。しかしどちらにもとれる場合もある。少し改まった表現。

She was **so** *clever* **as to** see through his plot at once.

（彼女はとても利口だったので彼の陰謀をすぐに見抜いた）〈結果〉

= She was *so* clever *that* she could see through his plot at once.

The windows were **so** small **as** *not* **to** admit much light at all.

（ほとんど光が入らないくらい窓は小さかった）〈程度〉

= The windows were *so* small *that* they didn't admit much light at all.

(4) in order to ～, so as to ～：「～するために」

これについては P.339, 15 を参照すること。

(5) come to ～, get to ～：「～するようになる」

get to ～は〈口語体〉である。

John and Mary **came to love** each other.

（ジョンとメアリーはお互いに愛し合うようになった）

> 【注】He came to see me. （彼は私に会いに来た）という to 不定詞が副詞用法の目的を表す場合と区別すること。
> John and Mary soon **got to be** good friends.
> （ジョンとメアリーはすぐに大の仲良しになった）

(6) fail to ～：「～しない，～しそこなう」

The television set **failed to work** after his repairing.

（そのテレビは彼が修理しても映らなかった）

＊never fail to ～ は「必ず～する」という意味になる。

She **never fails to come** in time.

（彼女は必ず間に合うように来ます）

E．不定詞の意味上の主語

不定詞は述語動詞のように文法上はっきりした形で示される主語を持たない。しかし不定詞・動名詞・分詞などの準動詞はもともと動詞的な意味を持っているから，そのような動作・状態を誰がしたのかということは意味

を正しくつかむうえで避けることができない。このような主語を意味上の主語と言い，不定詞の場合は次のようになっている。

24　意味上の主語が表現されていない場合

(1) 一般の人々である場合

To see is **to believe**.（百聞は一見にしかず）

＊特定の人でなく，どんな人でも事実を見ればそれを信じるようになるということであるから，わざわざ意味上の主語を示す必要がない。

(2) 文脈から明らかな場合

It wasn't easy **to find** a place to park the car.

（車を駐車させる場所を見つけるのは簡単ではなかった）

＊当然 to park の意味上の主語はその車を運転している人である。

(3) 文の主語と一致する場合

I want **to drink** some wine.（ちょっとワインが飲みたい）

＊to drink するのは文の主語である 'I' である。この場合は常に表現する必要がない。

25　意味上の主語が表現される場合

(1)（述語）動詞の目的語が意味上の主語になる場合

I expect **him to help** me with my work.

（私は彼が私の仕事を助けてくれるものと思っている）

= I expect that *he* will help me with my work.

I believe **her to pass** the entrance exam.

（私は彼女が入試に合格すると信じています）

= I believe that *she* will pass the entrance exam.

I advised **John to stop** smoking.

（私はジョンにタバコを止めるように忠告した）

= I advised John that *he* should stop smoking.

(2) for ＋（代）名詞で表す場合

(a) 名詞用法のとき

It is unusual **for him to go** out for a drink. 〈主語〉

（彼が飲みに出かけるのは珍しいことだ）

＊For him to go out for a drink is unusual. とも言えるが，形式主語 it を用いて言う方が普通。

345

He longed **for her to dance** with him. 〈自動詞の後〉

(彼は彼女が一緒に踊ってくれることを切望した)

Her desire is **for him to propose** to her. 〈補語〉

(彼女の願いは彼がプロポーズしてくれることである)

(b) 形容詞用法のとき

This is the duty **for you to fulfill**.

(これこそ君が果たさなければいけない義務である)

(c) 副詞用法のとき

The English book is very hard **for you to read**.

(その英語の本は君が読むにしてはとても難しい)

(3) It is ＋形容詞＋ of ＋意味上の主語（you）＋ to 不定詞

この構文では意味上の主語は圧倒的に多いのが you であって，形容詞は to 不定詞の行為をする意味上の主語に対する**主観的な評価**を表す clever, cruel, foolish, good（親切な），polite, rude, wise, wrong などである。

It is very *kind* **of you to say** so.

(そう言って下さることはとても有難いことです。)

＊この構文は you を主語にして書き換えることができる。

You are very kind to say so.

It was *careless* **of you to leave** your umbrella in the train.

(列車に傘を忘れるなんて君は不注意だったね)

F．不定詞が表す〈時〉

不定詞は動詞ではないので〈時制〉というものはない。しかし，単純形と完了形という2つの形を持っているので，それらと（述語）動詞の〈時制〉との関係で不定詞の動作・状態がいつのものであるかが推量される。

26 単純不定詞が表す〈時〉

単純不定詞は（述語）動詞と「同じ時」か，「それ以後の時」を表す。［※それ以前の時を示すことはない］

(1) （述語）動詞と「同じ時」の場合

She *seems* **to be** happy. (彼女は幸せのようだ)

＝ It *seems* that she **is** happy.
　(現在)　　　　(現在)

She *seemed* **to be** happy.　（彼女は幸せのようだった）

= It *seemed* that she **was** happy.
　　（過去）　　　　　　（過去）

　＊「過去における現在」（P.66, 11 参照）

(2)　expect, hope, intend, want など，**願望・期待・意図など未来のこ**
　　とを指し示す動詞の後にくる場合は，「それ以後の時」を表す。

I *expect* him **to pass** the exam.

（私は彼が試験に合格するものと思っている）

= I *expect* that he **will pass** the exam.
　　（現在）　　　　（未来）

I *expected* him **to pass** the exam.

（私は彼が試験に合格するものと思っていた）

= I *expected* that he **would pass** the exam.
　　（過去）　　（過去の時点における未来）

(3)　文脈によって「同じ時」か「それ以後の時」かが決まる場合

I *am* glad **to see** you.　［同じ時］

（あなたにお会いして嬉しい → はじめまして）

He *is* certain **to succeed**.　［それ以後の時］（彼はきっと成功する）
（現在）　　　　　（未来）

27　完了不定詞が表す〈時〉

(1)　完了不定詞は（述語）動詞より「以前の時」を示す

She *seems* **to have seen** Jack last week.

（彼女は先週ジャックに会ったようだ）

= It *seems* that she **saw** Jack last week.
　　（現在）　　　　　（過去）

She *seems* **to have seen** Jack before.

（彼女は以前ジャックに会ったことがあるようだ）

= It *seems* that she **has seen** Jack before.
　　（現在）　　　　（現在完了）

　＊完了不定詞は（述語）動詞が現在時制の時，文脈によって「過去」
　　か「現在完了」かの2通りに分かれる。

She *seemed* **to have seen** Jack before she went to Europe.

（彼女はヨーロッパに行く前にジャックに会ったことがあるようだった）

= It *seemed* that she **had seen** Jack before she went to Europe.
　（過去）　　　　　　（過去完了）

(2) 完了不定詞が「非実現」を示す場合

願望・期待・意図を表す動詞の後の完了不定詞は実現しなかったことを表す。

　　I *expected* him **to have passed** the exam.

　　（私は彼が試験に合格すると思っていたが，合格しなかった）

　　The troops *were* **to have crossed** the river.

　　（軍隊は川を渡ることになっていたが，渡らなかった）

G．分離不定詞・代不定詞

28　分離不定詞

to 不定詞を修飾する副詞が，その修飾関係をはっきりさせるため to と原形不定詞の間に入れられることがある。このような形式の to 不定詞を**分離不定詞**（split infinitive）という。程度・様態・時を表す副詞が多い。近年比較的よく用いられるようになってきたが，昔はよくないとされた用法なので我々は用いない方がよいと思われる。ただし，to 不定詞を否定する副詞の not は必ず to ～の前に付けるのが原則。

　　He wishes *to* **wholly** *forget* his past.

　　（彼は過去をすっかり忘れてしまいたいと願っている）

　　＊He wishes to forget his past wholly. と不定詞の後に置くと，（述語）動詞 wishes を限定するようなまぎらわしさが生じる。また He wishes wholly to forget his past と不定詞の前においても wishes を限定するように取られる怖れがある。それでこのような分離不定詞になったのである。

　　I don't claim *to* **really** *understand* his doctrine.

　　（私は彼の説を本当に理解しているとは言いません）

29　代不定詞

[to ＋原形不定詞] の原形不定詞が省略されて to だけになる場合がある。それは先行する不定詞と同じ語句の繰り返しを避けるためで，このような to を**代不定詞**（pro-infinitive）という。

　　You need not *go with him* if you don't want **to**.

　　（彼と一緒に行きたくなければ，行かなくてよい）

You may *use my computer* if you want **to**.

（僕のコンピュータを使いたければ使っていいよ）

H．原形不定詞と交替可能な場合

30　be 動詞＋名詞用法の不定詞

（1）擬似分裂文の場合 What ＋ S ＋ V ＋ be ＋（to）＋原形不定詞

What he wants *is* (**to**) **make** a fortune.

（彼が望んでいるのは，財産をつくることだ）

＊擬似分裂文については p.355 を見ること。

（2）All ＋（関係代名詞）＋主語＋動詞＋ be ＋（to）＋原形不定詞

All (*that*) *I can do* is (**to**) **run** away.

（せいぜい僕にできることは逃げ出すことだけである）

＊この場合の all は「できることがいろいろ多くある」というのではなく，そのいろいろのうちで「残されているただ 1 つ」という意味になる。

31　help (know) ＋目的語＋（to）〜のとき

I *helped* him (**to**) **paint** the wall.

（私は彼が壁にペンキを塗るのを手伝った）

I have never *known* a whale (**to**) **eat** meat.

（鯨が肉を食べるなんて聞いたことがない）

〔注意〕help の後の不定詞に to がある場合とない場合とで意味の含みが変わってくることについては P.53，**8** を参照のこと。また，help は目的語なしで直後に不定詞がくる場合も原形不定詞が使われることがある。

　　　He *helped* (**to**) **build** a garden.（彼は庭造りを手伝った）

32　than の後

He preferred to go fishing *than* (**to**) **play** tennis.

（彼はテニスをするより魚釣に行きたいと思った）

I．to 不定詞と that 節の関係

〈S＋V＋ to 不定詞〉構造で，to 不定詞の部分を that 節に置きかえられる場合がある。その場合にはこの 2 つの構造の間に次のような関係があるので，常に自由に書き換えられると思ってはいけない。

33 to 不定詞と that 節が事実上同じ意味になる場合

He intends **to make** a movie of his novel.

（彼は自分の小説を映画化するつもりだ）

= He intends **that he will make** a movie of his novel.

34 to 不定詞と that 節で意味が違う場合

I wish **to be** a millionaire. ［控え目な願望］

（大金持になりたいと思っている）

＊この意味の wish は少し形式ばっていて普通は want を用いる。

I wish **I were** a millionaire. ［実現不可能な願望］

（大富豪になりたいなあ）

＊この形式では普通 that は省き，目的節は叙想法（仮定法）になる。

35 to 不定詞か that 節かを区別する必要がある場合

（1）**不定詞の意味上の主語が主節の主語と同じ場合**

to 不定詞の方を用いるのが普通である。

I hope **to go** to the party with Mary.

（メアリーと一緒にパーティに行けるといいのだが）

＊I hope that I will go to the party with Mary. も使えないことはない
が，まれである。

（2）**不定詞の意味上の主語と主節の主語が違う場合**

that 節を用いるのが普通である。

I hope (that) **you** will see her again.

（君がまた彼女に会うことになればいいのだが）

【注】I hope you to see … という形式は英語にはない。

参考 to 不定詞と that 節のいずれも取りうる動詞は上に用いたもの以外に，
agree, choose, determine, expect, mean（〜するつもり），resolve などがある。

◆S＋V＋O＋to 不定詞

この形式は細かく説明すると非常に複雑になるので本書では省く。

Ⅱ．原形不定詞（Bare Infinitive）

原形不定詞は to 不定詞と異なり，助動詞と結びついて動詞として用いられ

る。しかし定形動詞（P.332参照）のように時制や一致による形の変化はない。時制や一致による形の変化は助動詞の方に表れる。そういう意味でやはり不定詞である。このことをしっかり頭に入れておかなければならない。

A．原形不定詞の用法

36　助動詞 ＋ 原形不定詞

do (did)，can (could)，may (might)，shall (should)，will (would)，must，need，dare の後に用いられる。

> She *didn't* **wash** yesterday.
>
> （彼女は昨日洗濯をしなかった）
>
> We *will* **make** a trip to China next month.
>
> （私達は来月中国へ旅行します）
>
> You *must* **take** exercise every day.
>
> （毎日運動をしなければいけません）
>
> You *can* **park** here.（ここに駐車してよい）
>
> 【注】have，ought，used の場合は to 不定詞を取る。

37　使役動詞の目的語の後に来る場合

（1）have，let，make の場合

> I'll *have* him **write** the letter.（彼に手紙を書いてもらおう）
>
> She *let* her children **go** out to play.
>
> （彼女は子供達を外に遊びに行かせた）
>
> Mother *made* me **clear** the room.
>
> （母は私に部屋をかたづけさせた）

（注意）

① make が受動態になると to 不定詞にかわる。

I *was made* **to clear** the room by Mother.

② let が受動態になることはほとんどない。その代わりに allow，permit などを用いる。これらの動詞は to 不定詞を取る。

Her children *were allowed* **to go** out to play.

（彼女の子どもたちは外に遊びにいくことを許された）

③ get を使役動詞として用いる場合は，to 不定詞を取る。

Mary *got* her sweetheart **to quit** smoking.

（メアリーは彼女の恋人にタバコをやめさせた）

351

(2) bid の場合

bid は古風な〈文章体〉で，今日ではほとんど用いられることはない。
受動態にすると make と同じように to 不定詞になるのが普通。

> The king *bade* me **poison** his political enemy.
> （王は私に彼の政敵を毒殺するように命じた）
>
> I *was bidden* **to poison** his political enemy (by the king). 〈受動態〉

〔注意〕cause，compel，force などの使役動詞は to 不定詞を取る。

38 知覚動詞の目的語の後に来る場合

(1) feel，hear，see などの後で

I *saw* a thief **run** away in the dark.
（私は泥棒が暗闇の中を逃げるのを見た）

We have never *heard* him **sing** the national anthem.
（私達は彼が国歌を歌うのを聞いたことがない）

She *felt* the blood **forsake** her cheeks.
（彼女は顔から血の気が引いていくのを感じた）

（注意） ① hear，see は受動態になると to 不定詞を取る。
    A thief was *seen* **to run** away in the dark.
    （泥棒は暗闇の中を逃げるところを目撃された）
    He has never *been heard* **to sing** the national anthem.
    （彼は一度も国歌を唱うのを聞かれたことがない）
② 上の例文のように feel が肉体的に「…が～するのを感じる」という意味
    では〈feel＋目的語＋原形不定詞〉の形式を取るが，この形式は受動態に
    できない。精神的に「…が～だと思う」という意味の時は〈feel＋目的
    語＋to 不定詞〉か〈feel＋that 節〉となり，この to 不定詞の時は受動
    態にできる。
    His judgement *was felt* **to be** sharp.
    （彼の判断は鋭利なものだと思われた）
③ watch（じっと見る）も知覚動詞であるが受動態にできない。

(2) notice，observe の後に来る場合

I *noticed* Mary **leave** the room.
（私はメアリーが部屋を出て行くのに気づいた）

I *observed* him **shut** the door.
（私は彼がドアを閉めるのに気づいた）

(注意) ① notice も observe も上の例文のように短い時間で終わる動作でない場合は原形不定詞でなく現在分詞（-ing）を用いるのが普通。

She *observed* him **trying** to force the lock of the door.
（彼女は彼がドアの錠をこじ開けようとしているのに気づいた）

② **observe** は受動態にすると **to** 不定詞になる。

He *was observed* **to shut** the door (by me).
（彼はドアを閉めるところを（私に）気づかれた）

③ notice は「気づく」という意味での受動態はない。

B．原形不定詞の慣用表現

39 had better (not) ＋ 原形不定詞：「〜した（しない）方がよい」

better 〜で分かるように「〜する方が勝っている」ことが明らかな場合に用いる。対等や自分より目下の者に対して用いる。目上の者に対しては用いないのが普通。〈口語体〉では 'd better と短縮される。さらにくだけた場合には had を落として単に better となる。

You **had better** *apologize* to him.

（彼にお詫びした方がよい）

You **had better** not *answer* him back.

（彼には口答えしない方がよい）

(注意) ①前に I think を付けると当たりがやわらかくなる。

I think you had better stay here.
（ここにいた方がいいんじゃないかな）

②疑問文にする場合は Hadn't you better 〜? とするのが普通。

Hadn't you better go back soon?
（早く戻ったほうがいいんじゃない）

③ had best 〜は「〜するのが一番よい」という意味になる。

You **had best** *pretend* to be sleeping.　　◀)▶61
（眠ったふりをしているのが一番よい）

40 may as well 〜 (as …)：「（…するのと同様に）〜してもよい」

as well 〜 (as) という同等比較の構造からも分かるように，「（…しても〜しても同じことなら〜してもよい）」という表現であるから，had better 〜のような積極的な薦めではなく，「〜の方がまだましか」というような**消極**

353

的な薦めになる。

We **may as well** *begin* at once.

（すぐに始めてもいいよ）

One **may as well not** *know* a thing at all **as** know it imperfectly.

（生半可に知るくらいなら，全く知らない方がましだ）

（注意）may を過去形にした〈might as well ~ as ...〉は叙想法（仮定法）となり，「…するくらいなら，いっそ～した方がましだ」「～してくれてもいいだろう」という意味になる。

　　You **might as well** *throw* your money into the ditch **as** lend it to him. 《 ▶ 6

　　（彼に金を貸すくらいなら，いっそドブに捨てた方がましだ）

　　You **might as well** *put* out an extra cup.

　　（余分のカップを1つぐらい出しておいてちょうだい）」

41　would (had)rather ＋原形不定詞～ (than) ... :「(…するより）むしろ～したい」

I **would (had) rather** *be* hungry than eat raw fish.

（生魚を食べるくらいなら，腹をへらしたままの方がよい）

I **had (would) rather** never *been born* than have seen this day of sorrow.

（こんな悲しい目に会うぐらいなら，生れてこない方がよかった）

＊〈口語体〉では 'rather となることが多い。疑問文は Would (Had) you rather ~? となる。

42　cannot but ＋原形不定詞 :「～せざるを得ない」

I **cannot but** *sympathize* with the refugees.

（私はその難民達に同情せざるを得ない）

He **could not but** *give* up his plan.

（彼は自分の計画をあきらめざるを得なかった）

〔注意〕cannot help -ing も「～せざるを得ない」と同じ意味になるが，これは〈口語体〉である。

　　I **could not help laughing** at his idea.

　　（彼の考えを笑わざるを得なかった）

354

43　do nothing but ＋原形不定詞：「～ばかりする」

He **does nothing but** *speak* ill of others.

（彼は他人の悪口ばかり言っている）

Her father **did nothing but** *think* about making money.

（彼女の父は金もうけのことばかり考えていた）

44　may well ＋原形不定詞：「～するのももっともだ」

He **may well** *be* proud of his son.

（彼が息子の自慢をするのももっともだ）

She **might well** *be* afraid of the dog, for she had got bitten by it.

（彼女がその犬を恐がるのももっともだった。だって彼女はそいつに嚙まれたことがあったから）

＊擬似分裂文

　It is ~ that の強調構文を Jespersen は分裂文（cleft sentence）と呼んだが，これにならって，たとえば，What everyone preferred was to remain silent. などのような文を擬似分裂文という。

［Rosenbaum（1967 *a*）の用語。］

練習問題 19

A 次の各文の不定詞は a．目的 b．原因 c．理由 d．結果 e．条件のどの用法を表しているか，記号で答えなさい。

(1) I'm very sorry to have kept you waiting so long.

(2) She lived to be ninety years old.

(3) He must be a fool to say such a thing to his teacher.

(4) He closed the door very quietly so as not to wake his wife.

(5) To hear him talk, you might take him for an American.

(6) He awoke to find that he was robbed of all he had.

(7) She was very angry to hear that her husband got fired.

(8) How kind you are to come all the way to see me!

B 次の各文の（　　）内に適当な1語を入れなさい。

(1) The girl is (　　) young to understand her mother's sorrow.

(2) He was fortunate (　　) to find his lost purse.

(3) It is very kind (　　) you to carry the sack for me.

(4) She went to Africa, (　　) to return.

(5) It is necessary (　　) you to learn the language.

C 次の各組の文がほぼ同じ意味になるように（　　）内に適当な語を入れなさい。

(1) {
He wanted to learn the way to play the clarinet.
He wanted to learn (　　) (　　) play the clarinet.
}

(2) {
As she is rich, she can travel abroad again and again.
She is rich (　　) (　　) travel abroad again and again.
}

(3) {
The lookers-on stepped aside to let her car pass through.
The lookers-on stepped aside (　　) her car to pass through.
}

(4) {
The machine was so heavy that he could not move it.
The machine was (　　) heavy (　　) him to move.
}

(5) $\begin{cases} \text{In the first place, you must buy an admission ticket.} \\ (\quad) \text{ begin } (\quad), \text{ you must buy an admission ticket.} \end{cases}$

D 次の各文に誤りがあれば正しなさい。

(1) I finished to clean the plates.

(2) She promised to not tell it to his parents.

(3) This theory is too hard to me to understand.

(4) She was seen steal money from the safe.

(5) To be frank to you, I don't like her father.

(6) I have no knife to cut the paper.

(7) We hurried to the station, never to find the train had left.

(8) I'll get him paint the wall.

(9) Bad weather prevented him from starting.

(10) You need not to return the book to me.

E 次の各文を英語に直しなさい。

(1) 人々は忙しすぎて読書ができないとよくこぼします。

(2) そんな間違いをするとは私はよほどぼんやり（absent-minded）していたんだ。

(3) 公平に言えば彼は気のいい（good-natured）男だった。

(4) 彼女はそんなことをしないだけの分別があってもいい年だ。

(5) 風呂に入りたくなければ入らなくてもよい。

F   次の各文の（　　）内に，各選択肢の中から最も適当な語句を選び，その番号を書きなさい。

(1) We told our tour guide that we (　) to go shopping.
　　① advised　　② preferred　　③ suggested　　④ thought

(2) The driver tried (　A　) in time, but he couldn't avoid (　B　) the old man.
　　A：① stopping　② to stop　　B：③ hitting　　④ to hit

(3) He was prohibited by his father (　　) to the cinema.
　　① going　　② go　　③ from going　　④ to go

(4) At the end of last semester Professor John Smith explained (　　).
　　① how to write a good paragraph
　　② us how to write a good paragraph
　　③ us to write a good paragraph
　　④ us write a good paragraph

(5) I'm looking foward (　　) from you soon.
　　① to hear　　② to hearing　　③ hear　　④ hearing

(6) All you have to do is (　　) dishes.
　　① washing　　② wash　　③ for washing　　④ to be washed

(7) His mother (　　) to be more careful in his choice of words.
　　① advised him　　② said him　　③ suggested him
　　④ warned to him

20 分　詞 (Participle)

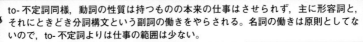

to- 不定詞同様，動詞の性質は持つものの本来の仕事はさせられず，主に形容詞と，それにときどき分詞構文という副詞の働きをやらされる。名詞の働きは原則としてないので，to- 不定詞よりは仕事の範囲は少ない。

分詞には**現在分詞**と**過去分詞**の2種類がある。動詞の性質と形容詞の性質という両方の性質を分かち持っているために分詞と呼ばれる。**動詞用法**の分詞は be や have と結合して**進行形・受動態・完了形**として用いられる。それに対し**形容詞用法**の分詞は，名詞・代名詞を修飾・限定したり補語として用いられる。

【分詞の特徴】

動詞的性質
- ① 目的語・補語を取る
- ② 副詞語句によって修飾・限定される
- ③ 進行形・受動態・完了形・完了進行形を持つ

形容詞的性質：（代）名詞を直接修飾・限定したり，間接的に補語となったりする

＊分詞構文は副詞節に相当する場合が多いので，その時は副詞的性質も持つことになる。

【現在分詞と過去分詞の形】

	形　態	用　法
現在分詞	原形 + −ing	動詞用法（進行形）・形容詞用法
過去分詞	①原形 + −ed ②不規則変化のもの	動詞用法（受動態・完了形） 形容詞用法

【現在分詞の単純形と複合形】

	単　純　形	複　合　形	
能 動 態	doing	having done	（完了形）
受 動 態	being done	having been done	（完了受動形）
		※having been doing	（完了進行形）

※の形は実際に用いられることはめったにない

359

分詞の動詞用法については，それぞれ動詞の進行形・受動態・完了形のところで述べたのでそれらを参照すること。本章では分詞の形容詞用法について述べる。

A．動詞用法

〈be ＋ 現在分詞 → 進行形〉

He *is* sleeping. （彼は眠っている）

〈be ＋ （他動詞の） 過去分詞 → 受動態〉

The door *was* broken down by him.

（そのドアは彼にたたきつぶされた）

〈have ＋過去分詞 → 完了形〉

I *have* just finished my work. （私はたった今仕事を終ったところだ）

このように動詞用法の分詞は前に **be** や **have** という助動詞があるので，その用法をすぐに見分けられる。また分詞には後で述べる分詞構文という働きもあるが，これは文頭に来る場合やコンマの後に用いられることが多いので少し慣れればこれもすぐに見分けられる。そこでこれらの用法以外のものが形容詞用法になると理解しておけばよい。

B．形容詞用法

01 連体（限定）用法

名詞や不定代名詞を直接修飾・限定する。（代）名詞の前に置かれる場合と，後に置かれる場合とがある。

Barking *dogs* seldom bite. （吠（ほ）える犬はめったにかまない）

Give this candy to the *child* **crying** over there.

（むこうで泣いている子にこのキャンディをあげなさい）

The ground was covered with **fallen** *leaves*.

（地面は落葉におおわれていた）

This is a *play* **written** by Shakespeare.

（これはシェイクスピアが書いた劇です ← これはシェークスピアによって書かれた劇です）

(1) 前置される場合

原則として分詞が１語で修飾・限定する時，その場合分詞は永続的な分類上の特徴を示すことが多い。自動詞からできた現在分詞は「〜する」「〜している」という意味になり，他動詞からできた現在分詞は「〜させる」という意味になる。一方，自動詞からできた過去分詞は「〜している」という能動的・完了的な意味になり，他動詞からできた過去分詞のうち動作動詞は「〜された」という受動的・完了的な意味になるが（a closed factory［閉鎖された工場］），状態動詞からできた過去分詞の場合は「〜されている」という状態受動的な意味になる（a well-known poet［有名な詩人］［よく知られている詩人］）。

The **moving** sidewalk is a symbol of modern city life.
（動く歩道というのは近代都市生活の１つの象徴だ）
＊moving は「今一時的に動いている」という意味ではなく，普通の固定した歩道とは分類上異なる歩道を表している。

A **burnt** child dreads the fire.
（やけどをした子供は火を恐れる → あつものに懲りてなますを吹く［諺]）
＊burnt は「今やけどをした」子供という意味ではなく，「やけどを経験したことのある」子とそうでない子を分けているのである。

(2) 後置される場合

原則として，分詞が他の品詞の語句と一緒になって形容詞句になるときは，一時的な動作・状態を表すことが多い。

She glanced at the baby **sleeping in the cradle**.
= She glanced at the baby *that* **was sleeping** in the cradle.
（彼女は揺りかごで眠っている赤ちゃんをチラッと見た）
He often thought of his son **killed in World War I**.
= He often thought of his son *who* **was killed** in World War I.
（彼は第１次世界大戦で死んだ息子のことをよく思い出した）

参考 【-ed が（述語）動詞か分詞の形容詞用法か】
They knew the sounds as well as the meanings of the words and sentences used in that language.
上の文章を読んですぐに正しい意味がわかる人はよい。しかし，英語の力が不足している人は多分頭を悩まし，意味を取り違える人が多いのではないかと思われる。個々の語句で知らないものは辞書を引けばわかる。しかし語句の意味がわかれば必

ず正しい意味を理解できるとは限らないのである。ポイントは2ヵ所あって，and
と used である。and は等位接続詞であるから，どの語とどの語が対等に結ばれて
いるかを正確に理解しなければいけない。この文章では words と sentences が
and で対等に結ばれている（sounds とではない）。次に **used** である。力の弱い人
はこれを sentences を主語とする（述語）動詞と考えてしまうのである。そう考え
ると全くわけのわからぬ文になってしまう。力のある人は used は（述語）動詞に
なるはずはなく，分詞の形容詞用法であることがすぐわかるからである。なぜ
used はこの文では（述語）動詞になり得ないのか。それは use（使用する）は他
動詞であるからである。他動詞は P.44, 02 で述べているように必ず目的語を必要
とするのである。つまり use は（述語）動詞として用いられる時は必ず何らかの
（代）名詞をすぐ後に取らなければならない。

> They **used** the words and sentences.（彼等はその語や文章を使用した）

ところが，

> ... the words and sentences **used** ∧ in that language.（その言語で使用される語や文章）
> ［目的語がない］

では used のすぐ後には前置詞の in がきていて，目的語となる（代）名詞はない。
これで **used** は（述語）動詞として用いられているのではなく，**分詞の形容詞用法**
であることになり，「その言語で使用されている語や文」という正しい意味が取れ
るのである。したがって，全体の意味は「彼等はその言語で使用される語や文の意
味だけでなく音声も知っていた」である。

このことから英語を学ぶ時に，動詞については自動詞か他動詞かということを常に
強く意識してその正確な意味と共に記憶しなければいけないのである。lie-lay-lain
は「横たわる」で自動詞，lay-laid-laid は「横たえる」で他動詞という具合にであ
る。

> He **caught** a rabbit.（彼はウサギを捕まえた）　　　　　　〈（述語）動詞〉
> 　　　　　　(目的語)
> a rabbit **caught** ∧ by him（彼に捕まえられたウサギ → 彼が捕まえたウサギ）
> 　　　　　　(目的語がない)　　　　　　　　　　　　　　　〈分詞形容詞〉
> She **loved** the boy.（彼女はその少年を愛した）　　　　　　〈（述語）動詞〉
> 　　　　　　(目的語)
> the boy **loved** ∧ by her（彼女に愛された少年 → 彼女が愛した少年）
> 　　　　　　(目的語がない)　　　　　　　　　　　　　　　〈分詞形容詞〉

もともと他動詞である -ed や過去形と同じ過去分詞が**直接に（代）名詞の目的語を
持たない時は分詞の形容詞用法である。**（ただし，文頭やコンマの後では分詞構文
の場合もあるので，それについては**本章C**を参照のこと）

02　叙述用法

叙述用法は**分詞が主格補語や目的格補語として間接的に**（代）名詞を修飾・
限定する場合である。

> This novel is very **amusing**.（この小説はとても面白い）〈主格補語〉

I found a baby **abandoned** by the roadside.　　〈目的格補語〉

（私は道ばたに赤ん坊が捨てられているのを知った）

(1)　Ｓ＋Ｖ＋Ｃ（主格補語の場合）

(a)　Ｖが不完全自動詞の場合

be, seem などの不完全自動詞の補語になるものは普通完全に形容詞になったものがくる。very や more によって修飾・限定されることでそのことは明らかである。また，これによって現在分詞が進行形でないことがわかる。

The lady *was* very **charming** to us.

（その令嬢は私達にはとても魅力的だった）

He *seemed* very **tired** with his trip.

（彼は旅行でとても疲れているようだった）

This play *is* more **interesting** than that.

（この劇はそれよりも面白い）

(b)　Ｖが完全自動詞の場合

分詞は準主格補語（P.20 参照）になる。

She *sat* **reading** a newspaper.

（彼女は座って新聞を読んでいた）

He *came* **running** to catch up with me.

（彼は私に追いつこうとして走って来た）

She *stood* **amazed** to see the terrible sight.

（彼女はその恐ろしい光景を見てぼうぜんと立っていた）

　＊ (a)と違うのは分詞の部分がなくても完全な文章として自立していることである。

(c)　go ～ ing：「～しに」行く

I *went* **fishing** in the river.

（私は川に魚釣りに行った）

They *went* **skiing** in the Alps.

（彼等はアルプスにスキーに行った）

＊go studying（勉強しに行く）などとは言わない。この形式は，**体を動かす娯楽**について用いられる。他に boating, dancing, hunting, mountain-climbing, shopping, skating, swimming, walking などがある。

(2) S＋V＋O＋C（目的格補語の場合）

(a) 知覚動詞の場合（P.54, 09 参照）

I *saw* him **taking** a picture of his garden.

（私は彼が自分の庭の写真を撮っているのを見た）

cf. I *saw* him **take** a picture of his garden.

（私は彼が自分の庭の写真を撮るのを見た）

I *heard* my name **called** in the crowd.

（私は人ごみの中で自分の名前が呼ばれるのを聞いた）

(b) 使役動詞の場合（P.48, 08 参照）

I *made* myself **understood** in English.

（英語で自分の言うことを相手に分からせた → 英語で用がたせた）

I *had* my picture **taken** by a tourist. 〈使役〉

（私は観光客に写真を撮ってもらった）

I *had* my leg **broken** in the accident. 〈経験・被害〉

（私は事故で脚の骨を折られた → 骨を折った）

(c) その他の動詞の場合

その他 keep, leave, like, need, order, want, wish などもこの形式を取ることがある。

The police *left* no stone **unturn**ed in the incident.

（警察はその事件ではあらゆる手段を尽くした）

＊leave no stone unturned（どんな石もひっくり返さないままにしておくことはしない → 八方手を尽くす，あらゆる手段を尽くす）

I don't *like* children **left** alone.

（私は子供がほったらかしにされているのは好きでない）

I *want* it **painted** light-blue.

（私はそれを淡青色に塗って欲しい）

The President *ordered* him **moved** to another post. 〈米〉

（大統領は彼を他の部署に配置替えするように命じた）

＊〈英〉では不定詞にして to be moved とするのが普通。

03　現在分詞の慣用表現

(1) be busy - ing：「～するのに忙しい」

She **is busy taking** care of the orphans.

（彼女は孤児たちの面倒を見るのに忙しい）

(2)　spend ＋時間＋ - ing：「〜に時間をついやす」

I **spent the whole morning** (in) **fixing my** radio set.

（私は午前中ずっとラジオを修繕して過した）

＊やや古い用法では -ing の前に in を用いた。その場合 -ing は動名詞になる（前置詞の目的語）。

(3)　have ＋ difficulty - ing：「〜するのに骨が折れる」

We **had** some **difficulty** (in) **crossing** the river.

（私達はその川を渡るのに多少苦労した）

＊in については（2）と同じ。

C．分詞構文

分詞が動詞と接続詞という2つの働きをかねて，副詞節や等位節（P.408, 01 参照）に相当する場合がある。それを**分詞構文**（Participial Construction）と呼ぶ。この構文は特定の慣用表現や附帯状況を表す場合を除けば〈文章体〉であって，普通会話には用いない。

Walking (= **When I was walking**) along the street, I met an old friend.

（通りを歩いていて，旧友に出会った）

＊**Walking** は When という接続詞と was walking という動詞の両方の働きをしている。

Living (= **As I live**) in the country, I have few visitors.

（私は田舎に住んでいるので，訪問客はほとんどありません）

＊**Living** は As という接続詞と live という動詞の働きをかねている。

〔注意〕分詞構文がどのような接続詞の働きをかねているかの判断は，その内容や文脈による。

04　分詞構文の意味上の主語

文の主語と同じ場合には省略する。文の主語と異なる時は原則として分詞の前に置く。この場合の主語は主格である。（動名詞の意味上の主語〔P.376, 05 参照〕と比較すること。）

(1)　意味上の主語を省く場合

(a)　文の主語と同じ場合

Seeing him, *the dog* barked fiercely.

= When *the dog* saw him, *it* (=the dog) barked fiercely.

（彼を見て，その犬は激しく吠えた）

(b) 意味上の主語が一般の人々を表す we, you, they などの場合

> **Speaking** of manners, young people should be disciplined more
> severely. (行儀と言えば，若い人達はもっと厳しく 躾_{しつけ} られるべきだ)
>
> = If *we* speak of manners, *young people* should be disciplined ....

(2) 意味上の主語を示す場合

意味上の主語が文の主語と違う場合

この形式の分詞構文は独立分詞構文と呼ばれる。

> **The sun** having set, *we* arrived at a small town. = After *the sun* had
> set, *we* arrived at a small town.(太陽が沈んでから，私達は小さな町に着いた)

05 分詞構文の表す〈時〉

分詞そのものは（述語）動詞ではないので時制はもたない。しかし分詞には
単純形と完了形という2つの形があるので，それらと（述語）動詞の時制と
の関係で，分詞の〈時〉が示される。

	能　動　形	受　動　形
単　純　形	doing	being done
完　了　形	having done	having been done

(1) 単純形分詞の表す〈時〉

文の（述語）動詞の表す〈時〉と同じ〈時〉を表す。

> **Saying** good-bye to him, I left the waiting room in the airport.
>
> = After I **said** good-bye to him, I **left** the waiting room ....
>
> （彼に別れの挨拶をしてから，私は空港の待合室を後にした）

(2) 完了形分詞の表す〈時〉

文の（述語）動詞の表す〈時〉より以前の〈時〉を表す。

> **Having known** him so well, I was terribly grieved to hear he had
> been killed in the accident.
>
> = As I **had known** him so well, I **was** terribly grieved to hear ....
>
> （彼とはとても懇意にしていたので，彼がその事故で死んだと聞いてひどく悲しかった）

(注意) 分詞が以前の出来事や状態を表すときに，完了を特に強調したり，意味が曖
昧にならない限りは単純形でよい。

> **Leaving** the office, he *remembered* that he had not locked the door.
>
> = He **left** the office and **remembered** that he had not locked ....
>
> （事務所を出てから，彼はドアにカギをかけなかったことを思い出した）

06 受動態の分詞構文

単純形の受動態や完了形の受動態も being や having been を省略し，過去分詞だけになるのが普通である。つまり，〈過去分詞…，主語＋（述語）動詞〜〉という形式になっていれば，ほぼ受動態の分詞構文と見てよい。

(*Being*) **Ignored** by them all, he entirely lost his temper.

= As he **was ignored** by them all, he entirely **lost** his temper.

（彼等皆に無視されて，彼はすっかり腹を立ててしまった）

(*Having been*) **Born** and **bred** in England, Mr. Yamada speaks English very well.

= As he **was born** and **bred** in England, Mr. Yamada **speaks** English very well.

（イギリスで生れ育ったので，山田さんはとても上手に英語を話します）

(注意) being と having been は受動態の場合でなくても，補語の形容詞や名詞を伴う時も省略されることがある。

(*Being*) **Angry** at his question, she made no reply.
（彼の質問に腹が立ったので，彼女は何の受け答えもしなかった）
(*Having been*) **An outstanding pianist**, he has been respected by all.
（抜きんでたピアニストだったので，彼は皆から尊敬されてきた）
Our meeting (*being*) **over**, we went out for lunch.
（会議が終ったので，私達は昼食をとりに外出した）

07 分詞構文の用法

分詞構文は〈時・原因・理由・条件・譲歩・附帯状況〉を表す副詞節と同じ意味を表す。ただし，附帯状況や特定の慣用表現を除けば〈文章体〉であって，普通会話には用いない。接続詞を用いる方が口語的表現になる。

(1) 〈時〉を表す場合

Fighting in Vietnam, he was taken prisoner.

= While **he was fighting** in Vietnam, he was taken prisoner.

（ベトナムで戦っている時に，彼は捕虜になった）

Hearing the news of his success, she exclaimed 'Hurrah for John! '

= When **she heard** the news of his success, she exclaimed ....

（彼の成功の知らせを聞くと，彼女は「ジョン万歳！」と叫んだ）

＊〈時〉を表す場合は，分詞構文は文頭にくるのが普通である。特に，

分詞構文の内容が（述語）動詞の表す〈時〉より先行する場合は文頭に置く。

(2) 〈原因・理由〉を表す場合

as, because, since「〜なので」などの接続詞で書き換えられる。

> *Not* **knowing** what to say, she remained silent.
>
> = **As she did not know** what to say, she remained silent.
>
> （どう言ってよいか分からなかったので，彼女は黙っていた）
>
> **Having finished** my work, I went out for a drink.
>
> = **As I had finished** my work, I went out for a drink.
>
> （仕事が終ったので，1杯飲みに出かけた）
>
> ＊原因・理由の分詞構文も先に理由などを述べる時には，文頭にくるのが普通である。しかし，或ることを先に述べて，後からその理由を付け足すような時はコンマを付けてから後にまわす。
>
> She remained silent, *not* **knowing** what to say.
>
> （彼女は黙ったままでいた。というのもどう言ってよいか分からなかったからだ）

(3) 〈条件〉を表す場合

if 節に書き換えられる。（述語）動詞には will や may をともなうことが多い。

> **Judging** from his appearance, you will take him for an Arab.
>
> = **If you judge** from his appearance, you will take him for an Arab.
>
> （外見から判断すると彼をアラビア人だと思うだろう）
>
> **Used** economically, it will last for two months.
>
> = **If it is used** economically, it will last for two months.
>
> （しまつして使えば，それは2ヶ月はもつだろう）
>
> ＊文頭にくるのが普通。

(4) 〈譲歩〉を表す場合

Admitting 〜，Granting 〜という慣用表現の場合がほとんどである。

> **Admitting** what you say, I still doubt his honesty.
>
> = **Although I admit** what you say, I still doubt his honesty.
>
> （君の言うことは認めるとしても，それでもまだ彼の誠実さを疑うよ）
>
> ＊文頭にくるのが普通であるが，挿入的に文中にくる時もある。
>
> The captain, **wounded** badly, fought bravely.
>
> （大尉はひどい負傷を受けたが勇敢に戦った）

(5) 〈附帯状況〉を表す場合

形式としては〈…, - ing〉という形を取ることが多い。ただし，意味上の主語がある時は〈…,（意味上の主語）- ing〉となる。つまり**分詞構文が後に置かれることが多い**。2つの用法がある。

- ①「〜しながら…する（した）」
- ②「…して，そして〜する（した）」

①は（述語）動詞と分詞の動作が同時に行われている場合であり，②は（述語）動詞より分詞の動作がその後（結果）になる。**①は副詞節に相当し，②は等位節となる**。

時には前置されることもあるが，同時進行であれば①，分詞の動作が先であれば「〜して，そして…する（した）」と②のように訳の順序が逆になる。

> She got down from the car, **holding** on to his hand.
> （彼女は彼の手につかまりながら，車から降りた）
>
> He entered the hall, **switching** on the light.
> = He entered the hall **and switched** on the light.
> （彼は玄関に入って，電気をつけた）
>
> **Crawling** on hands and knees, we went through the bush.　　（▶65
> （四つんばいになりながら私達はやぶを通り抜けた）
>
> **Putting down** my scissors, I stood up from my chair to answer the telephone.
> = *I* put down my scissors **and** (I) stood up from my chair to answer....
> （ハサミを置いて，電話を取りに椅子から立ちあがった）

（注意）**前置詞 with を用いた附帯状況**

（述語）動詞の動作・状態に伴ってどのような状況があるかということを示すのに with ＋（代）名詞＋形容詞（句）という形式もある。

> He said good-bye **with his hand waving**.
> （彼は手を振りながらさよならと言った）
>
> She spoke **with tears in her eyes**. （彼女は目に涙を浮かべて話した）

'附帯の原理上上（じょうじょう）の時' と覚える。「附帯」は〈附帯状況〉，「原理」は〈原因・理由〉，「上上」は〈条件と譲歩〉，「時」はそのまま〈時〉である。

08 独立分詞構文

分詞の意味上の主語が文の主語と違うために分詞の前に付いている分詞構文を**独立分詞構文**という。

> We will go mountain-climbing tomorrow, **weather permitting** (= **if the weather permits**). ((▶66
> （天候が許せば，私達は明日山登りに行きます）
>
> **The sun having set**, the children stopped playing and went home.
> = **As the sun had set**, the children stopped playing and went home.
> （太陽が沈んだので，その子供達は遊びをやめ家に帰った）
>
> **It being** very hot (= **As it was very hot**), they took a rest under a tree.
> （とても暑かったので，彼等は木蔭で一休みした）
>
> ＊天候・寒暖などを表す it や，存在（〜がある）を表す there, here などの形式主語も分詞の意味上の主語扱いになる。

09 ぶらさがり分詞

分詞の意味上の主語が文の主語と異なるのにそれが表されない時がある。厳密に言うとこれは文法違反になるけれども，実際の文学作品などでは時として見られる。このような分詞構文の分詞を 'ぶらさがり分詞'（dangling participle）という。懸垂分詞と言われることもある。

> **Loitering** in the park, a pitiless bullet pierced through her. ((▶67
> （猟園をぶらついていた時，無情にも銃弾が彼女の体を貫通した）
>
> ＊Loiter しているのは意味の上からは '彼女' であって，文の主語である bullet ではない。にもかかわらず意味上の主語である She が示されていない。
>
> **Seeing** from the plane, the city is very beautiful.
> （機上から見るとその都市はとても美しい）
>
> ＊see しているのは we か I であって，the city ではない。seen とすれば文法に合う。

10 独立分詞構文の慣用的表現

（1）慣用表現

分詞の意味上の主語が一般の人を表す we, you, they や，または we, I などの話し手である場合には，文の主語と違っていてもそれを慣用的

に示す必要がない表現がある。このようなものは**慣用表現**として覚えるより仕方がない。

Generally speaking, men are stronger than women in power.

（一般的に言って，男の方が女よりも力が強い）

Talking of foreign languages, can you speak Chinese?

（外国語と言えば，中国語を話せますか）

その他次のような表現にも注意すること。

(2) 副詞句として用いられるもの

considering（〜を考えると），frankly speaking（率直に言えば），judging from（〜から判断すると），roughly speaking（大雑把に言えば），strictly speaking（厳密に言えば），taking 〜 into consideration（〜を考慮に入れると）

(3) 前置詞相当として用いられるもの

according to 〜（〜によれば），concerning（〜に関して），considering 〜（〜の割には），owing to 〜（〜のために），regarding 〜（〜 について）

(4) 接続詞相当として用いられるもの

assuming [providing, provided, supposing] that 〜（もし 〜 ならば），granting [granted] that 〜（仮に〜として）

---

11 接続詞＋分詞

分詞の前に接続詞が置かれている場合がある。そうすることで意味がより明瞭になるからである。

While watching television, I fell asleep.

（テレビを見ている間に，眠ってしまった）

Though badly **wounded**, the soldiers continued fighting.

（重傷を受けていたが，兵士達は戦い続けた）

＊これらは分詞の前の〈S ＋ be〉の省略とも考えられる。それについては（**P.463**, 04 参照）

While (*I was*) watching television, I fell asleep.

Though (*they were*) badly wounded, the soldiers continued fighting.

練習問題 20

A 次の各文の（　　）内の適当な形を選びなさい。

(1) (No, Not) knowing the way, he was soon lost.

(2) There (being, be) no bus service, we had to find a hotel.

(3) (Seeing, Seen) from the airplane, Mt. Fuji was extremely beautiful.

(4) Weather (permitting, permitted), we will start off tomorrow.

(5) She could not make (understood herself, herself understood) in German.

(6) Would you mind (to shut, shutting) the window?

(7) Where did you have your radio set (to mend, mending, mended)?

(8) I lay on the grass, watching the (floating, floated) clouds.

(9) The soccer game was very much (excited, exciting).

(10) I don't feel like (to take, taking) lunch.

B 次の文中の分詞構文を節に直しなさい。

(1) I ran all the way, arriving just in time.

(2) Feeling very cold, she shut all the windows.

(3) Seen from a distance, it looked like an ape.

(4) The last bus having gone, we had to walk home.

(5) Turning to the left, you'll find the museum on the right.

(6) Admitting what you say, I still don't agree with you.

(7) Taking all things into consideration, I can say that he was a man of character.

C 次の各文に誤りがあれば正しなさい。

(1) She kept me to wait more than two hours.

(2) The sweater needs washing. I'll have it wash.

(3) Yesterday I received from her in Paris a postcard writing in French.

(4) A drowned man will catch at a straw.

(5) Comparing with her sister, she is not so beautiful.

(6) Having not finished her work, she was obliged to stay at the office to finish it.

(7) Waving to the driver, the taxi went by without noticing it.

D 次の各文の（　　）内に，各選択肢の中から最も適当な語句を選び，その番号を書きなさい。

(1) He may object to (　　) the room at night.
　　① use　　　　② be used　　　③ used　　　　④ using

(2) I had my hair (　　) the barber's.
　　① cut at　　　② cut by　　　③ to cut at　　④ cutting by

(3) (　　) under a microscope, a fresh snowflake has a delicate six-pointed shape.
　　① Seen　　② Sees　　③ Seeing　　④ To see　　⑤ Having seen

(4) I feel (　　) and sleepy in Mr. Brown's lessons, since he is always using the same material.
　　① bored　　　② boring　　　③ interested　　④ interesting

(5) At the end of the party, Nancy found (　　) the dishes alone.
　　① her did　　② herself to do ③ she doing　　④ herself doing

(6) He ordered the dictionary (　　) to him.
　　① bringing　　② to bring　　③ to be brought　　④ brought

~・~・~・~・~ 役に立つことわざ ~・~・~・~・~

★　Make hay while the sun shines.
　　（好機逃すべからず）←〔太陽が照っている間に乾草をつくれ〕
★　Care killed the cat.
　　（心配は身の毒）
★　Don't count your chickens before they are hatched.　　🔊▶**68**
　　（取らぬ狸の皮算用）←〔ヒヨコが孵（かえ）らないうちにその数を数えるな〕

21 動名詞 (Gerund)

動名詞は準動詞のうちで, ほぼ名詞専属であるが, たまに sleeping car (寝台車) のような形容詞の手伝いをすることがある。タイプが2つあり, 動名詞の性質を堅持する頑固型と, 名詞と同様に冠詞, 複数形をとる柔軟型がある。

動名詞は動詞と名詞という2つの性質を持っている。形は現在分詞と同じ -ing であるが, 文中では**名詞の働き**をし,「〜すること」という意味になる。単純形と完了形があり, 他動詞の場合は受動態がある。

	能　動　態	受　動　態
単　純　形	doing	being done
完　了　形	having done	having been done

◆動名詞の特徴
【動詞的性質】
(1) 目的語や補語をとる

I remember **seeing *her*** once.

（1度彼女に会ったことを覚えている）

He is proud of **being *rich***.

（彼は金持ちであることを自慢している）

(2) 完了形や受動態がある

I am sure of her **having come**.

（彼女が来たことを確信している → きっと彼女は来ていますよ）

He is afraid of **being transferred** to a local office.

（彼は地方支店に転勤させられることを怖れている）

(3) 副詞（句）で修飾・限定される

Would you mind **speaking *more clearly***?

（もっとはっきり話すことを心がけて頂けますか → もっとはっきり話して頂けませんか）

【名詞的性質】
(1) 文中で主語・目的語・補語になる
(2) 前置詞の目的語になる

（3）形容詞（冠詞を含む）によって修飾・限定される

（4）所有格や冠詞によって限定される

（5）複数形がある

◆動名詞の否定

not や never などを動名詞の直前に付ける。

> She insisted on **not going** there.
>
> （彼女はそこに行かないと言い張った）

Ⅰ．名詞用法

名詞として文中で主語・目的語・補語になる。

01　主語

> **Listening** to music is his only pastime.
>
> （音楽を聞くのが彼のただ1つの気晴らしだ）
>
> **Taking** exercise every day brought him good health.
>
> （毎日運動することが彼に健康をもたらした → 毎日運動することで彼は健康になった）
>
> It is no use **crying** over spilt milk.
>
> （こぼれたミルクのことを嘆いても無益だ → 済んだことはどうしようもない）
>
> ［覆水盆に返らず］〈諺〉
>
> ＊形式主語 It を文頭に立てた用法。

02　目的語

（1）他動詞の目的語

> She *continued* **reading** a detective story.
>
> （彼女は推理小説を読み続けた）
>
> I don't *like* **troubling** you.
>
> （あなたに面倒をかけたくありません）

（2）前置詞の目的語

> He is fond *of* **seeing** horse racing on television.
>
> （彼はテレビで競馬を見るのが大好きだ）
>
> She is good *at* **skating** on the ice.
>
> （彼女はアイススケートが上手だ）

（3）補語

> Her hobby *is* **collecting** shells.

（彼女の趣味は貝殻を集めることです）

My favorite exercise *is* **playing** golf.

（私の大好きな運動はゴルフをすることです）

Seeing *is* **believing**.

（見ることは信じることだ → 百聞は一見にしかず［諺］）

03 冠詞・形容詞によって修飾・限定される

She had *a great* liking for bird watching.

（彼女はバードウォッチングが大好きだった）

The loud **screeching** of the monkeys woke him up.

（けたたましい猿の金切り声で彼は目をさましました）

04 複数形のある動名詞

His **doings** do not go together with his **sayings**.　　《 ▶69

（彼の行動は彼の言っていることと一致しない）

〔注意〕2種類の動名詞 —— 動名詞は名詞の働きをするが，名詞としての性質の強さに違いがあって，目的語・補語を取り，冠詞や形容詞で修飾・限定されない動詞的性質を強く残しているものが**狭い意味での動名詞**，目的語・補語を直接取れなかったり，冠詞や形容詞によって修飾・限定されるというように，より名詞的性質の強いものを**動詞的名詞**（verbal noun）と呼ぶ。（上例の 03，04 の場合）

Writing *English* is very difficult.〔gerund〕
The **writing** *of* English is very difficult.〔verbal noun〕
（英語の文章を書くことはとても難しい）

05 動名詞の意味上の主語

動名詞の意味上の主語は示さなくてもよい場合と，示す必要のある場合とに別れる。その点では不定詞と同じである。

(1) 示す必要のない場合

(a) 意味上の主語が一般の人々のとき

Doing nothing is **doing** evil.

（何もしないことは悪いことをしていることだ）＝（小人閑居して不善をなす）〔諺〕

(b) 意味上の主語が文の主語と同じとき

He is fond of **playing** soccer.

（彼はサッカーをするのが大好きだ）

(c) 意味上の主語が（述語）動詞の目的語と同じとき

They scolded the *child* for **stealing**.

（彼等は盗みをしたことでその子を叱った）

(2) 意味上の主語を示す必要のあるとき

動名詞の意味上の主語は普通所有格で示すが,〈口語体〉では目的格の場合もある。特に動名詞が（述語）動詞や前置詞の目的語の場合は目的格になる傾向が強い。

1) 人称代名詞が意味上の主語の場合

(a) 動名詞が文の主語の場合は普通所有格

His telling a lie at that time was the cause of his misfortune.

（彼があの時嘘をついたことが彼の不幸の原因だった）

(b) 動名詞が（述語）動詞や前置詞の目的語のとき

I don't *like* **him (his) coming** so often.

（私は彼がこんなにしょっちゅうやって来るのが気に入らない）

I was surprised *at* **him (his) speaking** French so fluently.

（私は彼がこんなにすらすらとフランス語を話すのに驚いた）

2) 人・生物などの名詞が意味上の主語のとき

's で所有格を表せるので上記に準ずる。

John's telling a lie at that time was the cause of his misfortune.

（ジョンがあのとき嘘をついたことが彼の不幸の原因だった）

I don't like **his brother ('s) coming** so often.

（私は彼の弟がこんなにしょっちゅうやって来るのが気に入らない）

3) 無生物の名詞や抽象名詞が意味上の主語のとき

これらの名詞は原則として 's を付けられないから, そのまま動名詞の前に付けるのが普通。また名詞あつかいの形容詞や句になっていて 's が付けにくいものなどもそのままで用いる。

We are glad of **the examination being** over.

（私達は試験が終ったことを喜んでいます）

They approved of **him and his friend attending** the party.

（彼等は彼とその友人がパーティーに出席することを認めた）

We objected to **young and old being treated** alike.

（私達は若者と老人を同列にあつかうことに反対した）

4) 文脈によって明らかなとき

文の前後関係で意味上の主語が明らかになる時は省かれる。

Speaking is a great difficulty to *him*.

（話すことは彼にとって大変難しいことである）

The mere idea of **climbing** the precipice made *me* shudder.

（その断崖を登るということを考えただけで私は身震いが起きた）

06 動名詞の表す〈時〉

動名詞そのものは名詞であるから時制はもたない。ただ単純形と完了形という 2 つの形を持っているので，それらと（述語）動詞との関係で〈時〉が表される。

(1) 単純形動名詞の場合

(a)（述語）動詞と「同じ時」または「それ以後の時」を表す

I *am* very proud of my father **being** a major-leaguer.

= I *am* very proud that my father **is** a major-leaguer.

（私は父がメジャーリーグの選手であることを，とても誇りに思っています）

［動名詞は〈現在の時〉を表す］

She *is* afraid of **failing** again.

= She *is* afraid (that) she **will fail** again.

（彼女はもう一度失敗するのではないかと心配している）

［動名詞は〈未来の時〉を表す］

(b)「それ以前の時」を表す（例外的）

remember（～したことを覚えている），forget（～したことを忘れる）などが（述語）動詞の場合は，動名詞は単純形でも「それ以前の時」を表す。これは単純形動名詞の表す〈時〉としては例外的なものである。

I *remember* **visiting** the Niagara Falls with her.

= I *remember* that I **visited** the Niagara Falls with her.

（私は彼女と一緒にナイアガラの滝を訪れたことを覚えている）

［動名詞は〈過去の時〉を表す］

(2) 完了形動名詞の場合

（述語）動詞より「それ以前の時」を表すのが普通。

I *repent* of **having offended** her.

= I *repent* that I **offended** her.

（私は彼女を怒らせたことを後悔している）　［動名詞は〈過去の時〉を表す］

He *was* proud of **having been selected** as a member of the Olympic swimming team.

= He *was* proud that he **had been selected** as a member of the
Olympic swimming team. 　　　　［動名詞は〈過去完了の時〉を表す］

（彼はオリンピックの水泳選手の１人に選ばれたことを誇りにしていた）

07　動名詞の態についての注意事項

動名詞にも受動態の形があることは本章の始めに示した通りである。また
用法は受動的意味を持つ動詞の能動形に準ずる（P.98, 13 (2) 参照）。ここ
では動名詞の能動形について注意をしてもらいたい。

「必要とする」という意味の need, require, want などの動詞の後では，能
動形動名詞で受動的意味を表す。

　Your coat *needs* **laundering** (=to be laundered).

　（君の上着は洗濯できれいにしてもらう必要がある）

　Your shoes *want* **mending** (=to be mended).

　（君の靴は修繕してもらう必要がある）

　＊この形式は受動形の不定詞を用いて言うことはできるが，動名詞を
　　用いる方が一般的である。他に（〜に 値 する）という意味の deserve,
　　merit や（〜に耐えない，〜を我慢できない）という意味の won't (don't)
　　bear, won't (don't) stand などもこの形式をとる。

Ⅱ．動名詞の形容詞用法

air force（空軍），stone bridge（石橋），weather forecast（天気予報）な
どは２つの名詞が結合して１つの複合名詞を形作っている。このような場
合，第一要素の名詞は名詞でありながら次の force, bridge, forecast とい
う名詞を限定している。名詞を限定するものは形容詞であるから，これら
第一要素の名詞は本来名詞でありながらここでは形容詞の働きをしている。
同じように動名詞も名詞でありながら次にくる名詞を限定することがある。
これを動名詞の形容詞用法という。

一方，同じ -ing 形を持つ現在分詞も，be 動詞と結合して動詞の進行形にな
ったり，分詞構文として副詞節と同じ働きをする以外は，形容詞の働きを
するのが基本である。そうすると，おなじ -ing 形をしながら，どの場合は
動名詞の形容詞用法であり，どの場合は現在分詞の形容詞用法であるかを
区別する必要がでてくる。

08 分詞との意味上の違い

(1) 動名詞は限定する名詞の用途・目的を示す

a **sleeping** car (= a car *for sleeping*)［寝台車］

(2) 現在分詞は限定する名詞の動作・状態を示す

a **sleeping** baby (= a baby *which is* sleeping)［眠っている赤ちゃん］

09 分詞との発音上の違い

(1) 動名詞の方に強い強勢がある

a **dáncing** master (= a master *for dancing*)［踊りの先生］

(2) 現在分詞の場合は原則として名詞の方に強い強勢がある

a **dàncing** girl (= a girl *that is* dancing)［踊っている女の子］

Ⅲ．動名詞と不定詞の名詞用法

動名詞は名詞として用いられるが，不定詞にも名詞用法がある。この2つの間には原則として次のような違いがある。

【不定詞の名詞用法の特徴】

①未来指向的

　to 不定詞の **to** はもともと前置詞の **to** と同じであり，**方向**を表している。つまり，これから起こる動作・状態を示すのが基本的性質である。そこで〈願望・意図・決心・約束・期待〉などを意味する動詞とともに用いられることが多い。

　I want **to drink** some coffee.

　（ちょっとコーヒーを飲みたい）

②観念的・抽象的

　これから起こる動作・状態を示すということは，まだ実際的・具体的にその動作・状態が起こっていないことを意味する。ただ，これから起こる動作・状態を頭の中で思い浮かべているにすぎないから，観念的・抽象的である。

　I expect **to marry** Jane.（私はジェーンと結婚できたらと思っています）

③動詞性が強い

　名詞用法といっても名詞性が弱く，原則として動名詞のように前置詞の目的語にはできない。

21
動名詞

I am proud of **to be** a scientist.　　（×）

I am proud of **being** a scientist.　　（○）

（私は科学者であることを誇りに思っている）

※ be about to ... などは例外的なものである。

④特定的・一時的

I like **to swim** in the river today.　〈特定的・一時的〉

（今日は川で泳ぎたい）

I like **swimming** in the sea.　〈一般的・日常的〉

（海で泳ぐのが好きだ）

【動名詞の特徴】

①時間的には中立

　動名詞の〈時〉は（述語）動詞との関係で決まる。初めから未来指向的とか，過去指向的という〈時〉の方向性は持たない。それは名詞性が強いからである。

I am proud of **being** an artist.　［述語動詞と同時］

（私は芸術家であることを誇りに思っている）

I am afraid of **being** fired.　［述語動詞より後 → 未来］

（首を切られるんじゃないかと心配している）

I forget **seeing** him before.　［述語動詞より前 → 過去］

（以前彼に会ったことを忘れている）

②事実的・具体的

We enjoyed **travelling** in Africa last year.

（私達は去年アフリカ旅行を楽しみました）

③名詞性が強い

　前置詞の目的語にもなるし，冠詞や形容詞または所有格によって修飾・限定される。

He is fond *of* **walking** in the mountains.

（彼は山歩きが大好きです）

Mary's constant **complaining** annoyed her mother.

（メアリーの絶え間のない不平は母親を困らせた）

④一般的・日常的

She loves **going** to the theater.

（彼女は芝居見物が大好きだ）

上に述べた違いは原則的なものであるから，すべて4つの違いが常に表れているというわけではない。しかしこの原則を心得ていると，

    Seeing is **believing**. ································(イ)

    To see is **to believe**. ······························(ロ)

の両文は，よくどちらも「百聞は一見にしかず」と訳されているが，（イ）は「（いつでも）見ることは信じることである」という含みが感じられるのに対して，（ロ）は「（これから）見るということをすれば信じるようになる」というふうな感じになる。したがって，To see her is to like her. は「見れば（会えば）彼女が好きになる」という意味になる。同様に

    He tried **opening** the window. ····················（イ）

    （彼はためしに窓を開けてみた）

    He tried **to open** the window. ·····················（ロ）

    （彼は窓を開けようとした）

の両文は，（イ）は具体的・実際に「窓を開けてみた」のであるから［窓は開いた］ことになるが，（ロ）は「開けようとした」，つまり「窓を開ける」という動作を心中思い浮かべ意図して，それを実現するために努力をしたということを述べているだけであるから，実際にはまだ「窓は開いていない」のである。

既に述べたように，個々の表現ではこのような違いがいつも明確に反映されているとは限らないが，動名詞と不定詞の名詞用法の場合にあるこの原則的な違いを心得ておくことは大変重要である。

10　動詞の目的語としての動名詞と不定詞

（1）動名詞だけを目的語にとる動詞

「実際に起こること・起こっていること［～であること］・起こったこと［～であったこと］を～する」という意味の動詞が多い。

    He *avoided* **giving** a definite answer.

    （彼ははっきりした返事をしようとしなかった）

    She's just *finished* **making** her room tidy.

    （彼女は今しがた部屋の片付けを終ったところです）

    He *denied* **having seen** the incident.

    （彼はその事件を見なかったと言った）

    She *admitted* **being** a spy.

    （彼女はスパイであることを認めた）

21
動名詞

上に挙げた動詞の他に，**enjoy**（楽しむ），**escape**（免れる），**excuse**（許す），**fancy**（想像する），**give up**（やめる），**cannot help**（〜せずにはいられない），**leave off**（やめる），**look foward to**（〜を楽しみに待つ），**mind**（気にする），**miss**（〜しそこなう），**postpone**（延期する），**practice**（練習する），**put off**（延期する），**recollect**（思い出す），**stop**（やめる），**understand**（理解する）などがある。

(2) to 不定詞だけを目的語にとる動詞

願望・意図・決心・約束・期待など今後起こる動作・状態に関係する動詞が多い。

> He didn't *mean* **to say** so.
> （彼はそんなことを言うつもりはなかった）
> I *hope* **to see** you again.
> （またお会いしたいですね）
> She *decided* **to refuse** his offer of marriage.
> （彼女は彼の結婚の申込みを断ることに決めた）
> I *promised* (her) **to quit** smoking.
> （私は［彼女に］タバコをやめると約束した）

上に挙げた動詞の他に，**desire**（望む），**determine**（決心する），**expect**（〜することを予期する），**learn**（〜するようになる），**offer**（申し出る），**pretend**（〜のふりをする），**refuse**（拒否する），**resolve**（決心する），**seek**（〜しようと努める），**wish**（〜したいと願う）などがある。

(3) 動名詞と不定詞の両方をとる動詞

(a) 意味のほとんど差がないもの

begin（始める），**cease**（やめる），**continue**（続ける），**intend**（〜するつもりである），**loathe**（ひどく嫌う），**neglect**（〜することを怠る），**propose**（〜しようと提案する），**start**（始める）などがある。しかし，intend, propose は to 不定詞が普通。

> He *intends* **to lend** (**lending**) a large sum of money to John.
> （彼は大金をジョンに貸すつもりだ）
> She *neglected* **to prepare** (**preparing**) for an entrance examination.
> （彼女は入試の準備をしないでいた）

◆ begin (start) to 〜 と begin (start) - ing

> It *began* **to rain**, but stopped soon.
> （雨が降り出したが，すぐにやんだ）

383

It *began* **raining** and became stronger and stronger as time went by.
（雨が降り出して，時がたつにつれて益々強くなってきた）

＊ほとんど差はないが，不定詞の場合は「始まり」に力点があり，動名詞の場合は「継続」に力点があるとされている。筆者の経験ではこのような自然現象の場合は圧倒的に不定詞が用いられ，動名詞の例はきわめて少ない。また，不定詞は自然に，無意志的に「〜しだす，〜し始める」という意味であり，動名詞は行為者が意志を持って「〜し始める」時に用いるとも言われている。この説はかなり有効で当てはまることが多いが，当てはまらない時もある。現に上の場合は天候を表す it が主語に立っているので，it の意志というのは不自然である。しかし「恋知りそめし前髪の…」という場合，'I began to know love ....' であって 'I began knowing love ....' とは know が無意志動詞であることから見ても動名詞は用いられないであろう。先にも述べたように不定詞は抽象的・観念的であるから began to 〜では began に力点があり，began raining は 〜 ing がついていることから見ても raining の方に力点があるということと，或る種の活発さが感じられる。

（注意）【begin, start の語法上の注意】
①いずれも**進行形**になると to 不定詞になる。
　　The sun is beginning (starting) **to rise**.
　　（太陽が昇りかけてきた）
②知覚・心的活動を表す動詞の場合も to 不定詞が普通。
　　We began (start) **to feel** the chill of the dawn.
　　（私達は夜明けの冷気を感じ始めた）
③無生物が主語の場合は to 不定詞が普通。
　　It began (started) **to snow**. （雪が降り出した）

(b) 意味が違う場合

◆ like to 〜と like -ing

She *likes* **to play** golf when together with him. 〈特定の場合〉
　（彼と一緒の時は彼女はゴルフをしたがる）
She *likes* **playing** golf. 〈一般的・日常的〉
　（彼女はゴルフをするのが好きだ）

〔注意〕①ただし，〈米〉では区別なく使われていることが多いようである。

② dislike は動名詞をとるのが普通。

◆ remember to ～と remember -ing

to 不定詞のときは「忘れずに～する」，動名詞のときは「～したことを覚えている」。

Remember **to put** this letter in the mailbox.

（忘れずにこの手紙をポストに入れてくれ）

＊〈英〉では post-box になる。

I *remember* **visiting** Las Vegas with him.

（私は彼とラスベガスに行ったことを覚えています）

◆ forget to ～と forget -ing

to 不定詞のときは「～するのを（うっかり）忘れる」，動名詞のときは否定文で「～したことを忘れる」。

I've *forgotten* **to mail** this letter.

（この手紙をポストに入れるのを忘れていた）

I shall never *forget* **seeing** him play Benkei.

（私は彼が弁慶の役を演じたときのことを忘れられないだろう）

◆ stop to ～と stop -ing

to 不定詞のときは自動詞で「～するために立ち止まる」，動名詞のときは他動詞で「～するのをやめる」。

He *stopped* **to light** a cigarette.

（彼はタバコに火をつけるために立ち止まった）

He *stopped* **smoking** for his health.

（彼は健康のために禁煙した）

◆ try to ～と try -ing

to 不定詞の場合は「～しようとする」，動名詞の場合は「ためしに～する」。

He *tried* **to start** the engine.

（彼はエンジンをかけようとした）

He *tried* **starting** the engine.

（彼はためしにエンジンをかけてみた）

◆ be sure to ～と be sure of -ing

to 不定詞の場合は「きっと～する」と話者の確信を表し，動名詞の場合は主語の確信を表し，「～することを確信している」。

He **is sure to explore** Mars.

= *I am sure* that he will explore Mars.

（彼はきっと火星の探索に成功する）

He **is sure of exploring** Mars.

＊ただし，今日ではあまり用いられない。

= *He is sure* that he will explore Mars.

（彼は自分が必ず火星の探索に成功すると確信している）

＊ be certain to ~ と be certain of -ing の違いもこれに準ずる。

◆ go on to~ と go on -ing

　to 不定詞の場合は「**次に~する**」，動名詞の場合は「**~し続ける**」。

He stopped writing a poem and **went on to read** it aloud.

（彼は詩を書くのをやめ，今度はそれを音読することに取りかかった）

She **went on sleeping** for two whole days.

（彼女はまる 2 日間眠り続けた）

◆ be afraid to~ と be afraid of -ing

　to 不定詞の場合は「**こわくて~できない**」，動名詞の場合は「**~しないかと心配だ**」。

He is **afraid to tell** the truth.

（彼はこわくて本当のことが言えない）

He **is afraid of** telling the truth.

（彼は自分が本当のことを言いはしないかと心配している）

11　動名詞による慣用表現

◆ There is no -ing：
「~することはできない」

It is impossible to ~と書き換えられる。

There is no accounting for tastes.　《▶70》

（趣味を説明することはできない → タデ食う虫も好き好き〈諺〉）

◆ It's no use -ing：
「~しても無駄だ」

It's no use giving him lectures.

（彼にお説教をしたって無駄だ）

◆ cannot help -ing：
（イ）「~せざるを得ない」
（ロ）「~をどうしようもない」

I **couldn't help laughing** at his funny disguise.

（私は彼の滑稽な変装を笑わざるを得なかった）

◆ feel like -ing：
「〜したい気がする」

I **feel like going** to the sea.　《▶71
（海へ行きたい気がする）

◆ on -ing：
「〜するやいなや,
　〜する時」

On arriving in Paris, she telephoned her husband.
（パリに着くとすぐに彼女は夫に電話した）

◆ worth -ing：
「〜する価値がある」

This novel is **worth reading**.
（この小説は読む価値がある）
The Amazon is a river **worth exploring**.
（アマゾン川は探検する価値のある川です）

◆ It is worth (one's)
while -ing：
「〜するだけの価値はあ
る」
「骨折りがいがある」

It is **worth while investigating** these strata.　《▶72
（これらの地層は調査するだけの価値がある）
＊動名詞の代わりに to 不定詞を用いてもよ
い。

◆ It goes without
saying that ...：
「〜は言うまでもない」

It goes without saying that he is a reliable lawyer.
（彼が信頼できる弁護士であることは言うまでもない）

◆ not [never] ...
without -ing：
「…すれば必ず〜する」,
「〜しなければ…しな
い」（後ろからの訳）

They do**n't** see each other **without quarreling**.
（彼等は会うと必ず言い争いをする）
You can **never** succeed **without making**
great efforts.
（大変な努力をしなければ絶対に成功できない）

◆ on the point of -ing：
「まさに〜しようとし
て」

She was **on the point of crying**.
（彼女は今にも泣きだださんばかりだった）

◆ of one's own -ing：
「自分で ～ した」

＊ただし，これは〈文章体〉であまり用いら
　れることはない。

The good dress was **of her own making**.
(その素敵なドレスは彼女のお手製だった)

◆ make a point of -ing：
「必ず～するように心が
け る」

He **makes a point of taking** a walk every morning.
(彼は毎朝必ず散歩するように心がけている)

◆ What do you say
to -ing?：
「～するのはどうです
か」

これは〈口語体〉で，提案や誘いを表す。
What do you say to throwing a baseball?
(キャッチボールをするのはどうかな)

◆ How (What)
about -ing?：
「～するのはどうです
か」

＊上記と同じであるが，それよりももっとく
　だけた言い方である。
How (What) about going to the movies tonight?
(今晩映画を見に行くのはどう)

練習問題 21

A 次の各文の（　　）内の適当な語句を選びなさい。

(1) It goes without (to say, saying) that there are some exceptions to any rule.

(2) He avoided (to give, giving) a definite answer.

(3) There is only one day (left, leaving) till the end of this term.

(4) Seeing a hawk hovering in the sky, the young birds stopped (moving, to move).

(5) I don't remember (to have said, having said) anything of the sort.

(6) I can't help but (to laugh, laugh, laughing) to see the clown's funny face.

(7) She insisted on (to go, go, going) to the theater.

(8) I'm looking forward to (visit, visiting) the Okinawas this summer.

B 次の各文の（　　）内に適当な 1 語を入れなさい。

(1) There is (　　) telling when he will return.

(2) I don't feel (　　) eating this morning.

(3) It is no (　　) complaining of his laziness.

(4) What do you say (　　) going to the movies?

(5) I don't like (　　) treated like a criminal.

(6) (　　) her appearing on the stage, the audience stood up and cheered.

(7) The army gave (　　) searching for the missing soldiers.

C 次の各組の文が同じ意味になるように（　　）内に適語を入れなさい。

(1) It is impossible to tell when she will arrive.

There is (　) (　) when she will arrive.

(2) He insists that I should not attend the meeting.

He insists on (　) (　) (　) the meeting.

(3) She repents that she was very unkind to people in her youth.

She repents (　) (　) (　) very unkind to people in her youth.

D 次の各文の（　　）内に, 各選択肢の中から最も適当な語句を選び, その番号を書きなさい。

(1) Have you considered (　) out of this city?

① moving ② to move ③ to moving ④ for moving

(2) Prof. Takayama suggested (　) Chinese grammar.

① me study ② me to study ③ my studying ④ my study

(3) I remember (　) the letter yesterday.

① to post ② posting ③ I have posted

(4) Do you (　) my switching off the heater now?

① agree ② care ③ mind ④ object

(5) I don't (　) like doing any work.

① seldom ② dare ③ feel ④ very

(6) (　) receiving the telegram, Helen started for London.

① In ② With ③ When ④ On

(7) They insisted (　) use of the opportunity.

① for me to make ② for my making ③ on my making

④ me to make

22 前置詞 (Preposition)

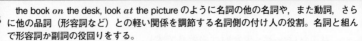

the book *on* the desk, look *at* the picture のように名詞の他の名詞や，また動詞，さらに他の品詞（形容詞など）との軽い関係を調節する名詞側の付け人の役割。名詞と組んで形容詞か副詞の役回りをする。

前置詞は名詞・代名詞・名詞相当語句の前に置いて全体で1つの句となる。そして文中では形容詞句か副詞句かのどちらかの働きをする。前置詞の後に来る名詞・代名詞・名詞相当語句を前置詞の目的語という。

Ⅰ．前置詞の用法

日本語には英語の前置詞に相当する働きをする語はなく，日本語は後置詞になる。

前置詞がくると必ずその目的語までを1つのグループとして考え，そのグループが全体として形容詞の働きか，副詞の働きかを考えればよい。

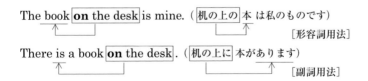

01 形容詞句としての用法

本来の形容詞と同じように連体用法（名詞・代名詞を後から直接限定する用法）と，叙述用法（補語として，主格補語や目的格補語となる）がある。

391

This is a magazine **for** boys and girls. ［連体用法］

（これは少年・少女向けの雑誌です）

She is **at a loss** what to do. ［叙述用法・主格補語］

（彼女はどうしてよいか困っている）

＊at a loss は「（人）が当惑して，困って」という意味。

I found their marriage **on** the rocks. ［叙述用法・目的格補語］

（私は彼等の結婚生活が行き詰まっているのを知った）

＊on the rocks は「進退がきわまった」という意味。

02 副詞句としての用法

動詞・形容詞・他の副詞や文全体を限定する。

Their boat was floating **in** the sea. ［動詞の限定］

（彼等の舟は海を漂っていた）

She is beautiful **without** question. ［形容詞の限定］

（彼女は文句なしに美しい）

He departed early **in** the morning. ［他の副詞の限定］

（彼は朝早く発った）

From morning **till** night they kept on rowing to reach a shore some-where.

（朝から晩まで彼等はどこかの海岸にたどり着こうとして漕ぎつづけた）

［文全体の限定］

Ⅱ．前置詞の目的語

前置詞の目的語は圧倒的に名詞か代名詞である。しかし時にはそれ以外の語句も目的語になることがある。以下では名詞・代名詞以外のものを挙げる。

03 形容詞の場合

Things went **from** *bad* **to** *worse*.

（事態は一層悪化した）

I tried **in** *vain* to open the box.

（その箱を開けようとしたがだめだった）

＊他に in general（概して），for certain（確かに），of late（近頃）などの慣用句がある。

04 副詞の場合

I was addressed by a stranger **from** *behind*.

（私は見知らぬ人に背後から声をかけられた）

I did not know it **until** *recently*.

（私は最近までそのことは知らなかった）

05 動名詞の場合

He took a side job to add to his family income **without** *complaining*.

（彼は文句も言わずにアルバイトをして家計を助けた）

On *arriving* in Rome he went straight to the Colosseum.

（ローマに着くとすぐに彼はコロセアムに直行した）

＊Colosseum：古代ローマの大円形劇場

06 不定詞の場合

He was **about** *to leave* the house.

（彼は今まさに家を出ようとするところだった）

I would rather die **than** *be separated* from you.

（君と離れて暮らすなら死んだ方がましだ）

＊ただし，前置詞が不定詞を目的語にとる場合は非常に少ない。上に挙げた about，than 以外には but，except ぐらいである。

07 名詞節の場合

He was made much of by his contemporaries **in** *that he was in the king's great favor.*（彼は王に大変気に入られたという点で，同時代の人達から重んじられた）

Everything depends **upon** *whether he will succeed or not.*　　（●▶73

（万事は彼が成功するかどうかにかかっている）

＊名詞相当の that 節が前置詞の目的語になるのは上に挙げた in that ~

393

（〜という点において）以外では except that 〜 （〜ということを除けば）しかない。その他の場合は it か the fact を補う。

See **to** *it that the work is done by the end of this month.*
（この月末までにその仕事が出来上がるように注意しなさい）

Ⅲ. 前置詞句

owing to 〜 （〜のために），in front of 〜 （〜の前に），など2つ以上の語句が集まって1つの前置詞に相当する場合がある。これを**前置詞句**という。(近年前置詞に導かれる句，例えば on the table, in the park などを前置詞句と呼ぶ人も増えている。しかし本書では句の定義 (P.37, 01 参照) に一貫性を保つために，on the table, in the park など前置詞に導かれて文中で形容詞・副詞の働きをするものは，それぞれその働きによって形容詞句・副詞句とし，2語以上で全体として前置詞の働きをする owing to 〜 や in front of 〜などを前置詞句とするので混同しないように注意してもらいたい)。前置詞句は**群前置詞**とも呼ばれる。

08　2語からなる前置詞句（群前置詞）

according to （〜によれば，〜にしたがって），**apart from** （〜は別として［主に〈英〉]），**aside from** （〜は別として［主に〈米〉]），**as for** （〜はどうかと言えば），**as to** （〜に関しては），**because of** （〜のために），**but for** （〜がなければ），**contrary to** （〜に反して），**due to** （〜のために［主に〈米〉）），**except for** （〜がなければ），**thanks to** （〜のおかげで），**up to** （〜まで）などがある。

09　3語以上からなる前置詞句（群前置詞）

as far as （〜まで［距離・程度]），**at the cost of** （〜を犠牲にして），**by means of** （〜によって），**by way of** （〜を経て），**for fear of** （〜を恐れて），**for the purpose of -ing** （〜するために［目的]），**for the sake of** （〜のために［利益]），**in addition to** （〜に加えて），**in case of** （ひょっとして〜の場合には［仮定的]），**in the case of** （〜の場合に［現実的・具体的]），**in comparison with** （〜と比べて），**in consequence of** （〜の結果），**in place of** （〜の代わりに），**in search of** （〜を捜し求めて），**in spite of** （〜にもかかわらず），**instead of** （〜の代わりに），**in the course of** （〜の間に [= during]），**with a view to -ing** （〜する目的で），**with regard to** （〜に関して），**with the exception of** （〜を除いて）などがある。

Ⅳ．前置詞の位置

前置詞はその名前からも分かるように，目的語である名詞・代名詞の前に
置かれるのが原則である。しかし次に述べるような場合は目的語が先に出
て前置詞が文の最後に置かれ順序が逆になる。**文尾前置詞**と呼ばれること
もある。また前置詞は普通文中では強勢がないが，この文尾前置詞は強勢
を付けて発音する。

10　疑問詞が目的語になる場合

What are you looking **for**?

（あなたは何を捜しているのですか）

—— I'm looking **for my purse**.

　　（財布を捜しているのです）

＊for の目的語の my purse が疑問詞となって文頭に出たため。

Which State did you come **from**?

（あなたはどの州から来たのですか）

—— I came **from Tennessee**.

　　（テネシー州から来ました）

11　関係代名詞が目的語になる場合

This is the house **which (that)** she lives **in**.

（これは彼女が住んでいる家です）

＊This is the house **in which** she lives. も可能であるが，それは堅苦し
　い〈文章体〉になるため，普通の会話では用いられない。また関係
　代名詞 that は前に前置詞を取ることはできない。

He is an assistant **whom (that)** you can rely **on**.

（彼は信頼できる助手です）

12　形容詞用法の不定詞の場合

原則として不定詞になっている動詞が自動詞の時が多いが，他動詞の場合
でも，限定される名詞との意味関係によって前置詞が必要になる。

I have no **chair** *to sit* **on**.

（私には座る椅子がない）

＊sit は自動詞であるから，限定する名詞 chair との間に sit a chair（椅
　子を座る）という意味関係は成り立たない。sit **on a chair**（椅子の［上］

に座る）という意味関係にして初めて意味が通る。したがって on が必要になる。

I want **something** *to eat.*（何か食べ物が欲しい）

＊eat は他動詞であるから，限定する代名詞 something との間に eat something（何かを食べる）という意味関係がそのまま成り立つ。したがってこれ以上余分な前置詞は不要である。

I dropped the **knife** *to cut meat* **with**.

（私は肉を切るナイフを落とした）

＊cut は他動詞であるが，すでにその目的語である meat を取っているし，限定する名詞 knife との間に cut the knife（ナイフを切る）という意味関係は成り立たない。cut the meat **with the knife**（ナイフでもって肉を切る）という意味関係にして初めて意味が通るのである。したがって前置詞 with が必要になる。

13 〈自動詞＋前置詞〉で他動詞になるものが受動態の場合

The **accident** will be *looked* **into**.

（その事故は調査されるだろう）

＊look into ~：~を調査する

His **brother** is *ill spoken* **of**.

（彼の兄は評判が悪い）

＊speak ill of ~：~のことを悪く言う

V．主な前置詞の基本的意味

よく用いられる前置詞はさまざまな意味で用いられる。しかし基本的な意味は同じなのでそれを知っていると便利なことが多い。

(1) at：
　[広がりのない一点]

He arrived **at** San Francisco.　　　［場所］

（彼はサンフランシスコに到着した）

＊地図上の地点のような感じになる。後に述べる in と比較すること。

The ship starts **at** noon.　　　［時間］

（船は正午に出発します）

They are looking **at** the moon.　［方向・目当て］

（彼等は月を見ています）

He aimed **at** a peacock.　　　　　　［目当て・目的］
(彼はクジャクに狙いをつけた)

(2) in：
[広がりのある範囲の
内部]

He arrived **in** San Francisco.　　　　　　［場所］
(彼はサンフランシスコに到着した)
＊広々とした大都市の中にという感じになる。
　上の at と比較すること。
She wrote a letter **in** the morning.　　　　　［時間］
(彼女は午前中に手紙を書いた)
＊夜明け（dawn）から正午（noon）までの間を
　morning という。その時間内にという意味。
This is the longest river **in** the world.
　　　　　　　　　　　　　　　　　　［関係・程度］
(これは世界で一番長い川です)
He is **in** a poor state of health.　　　　　　［状態］
(彼は悪い健康状態にある → 彼の健康状態は悪い)

(3) on：
[接触した状態]

There is a vase **on** the table.　　　　　　　［場所］
(テーブルの上に花瓶がある)
The hotel stands **on** the river.　　　　　　　［場所］
(そのホテルは川に臨んで立っている)
＊(川の上に)という意味ではない。(川に接して)
という意味。
We will go on a picnic **on** Sunday next. [時・日]
(私達は次の日曜にピクニックに行きます)
＊on は特定の日・朝・午後・夕方に用いる。
On arriving at Sydney he telephoned his
parents.　　　　　　　　　　　　　　［時・機会］
(シドニーに着くとすぐに彼は両親に電話した)
＊on -ing は（〜するやいなや，〜するとすぐに）
という意味。
On my doctor's advice, I took a week's holiday. ((▶74
　　　　　　　　　　　　　　　　　　［根拠・基準］
(医者の勧めにしたがって，1週間の休暇を取った)

My father went to Singapore **on** business.

　　　　　　　　　　　　　［運動の方向・旅行の目的］

（私の父は商用でシンガポールに行った）

She wrote a book **on** sociology.　　　［関係・影響］

（彼女は社会学に関する本を書いた）

I watched the soccer game **on** television.

　　　　　　　　　　　　　　　　［手段・器具］

（私はそのサッカーの試合をテレビで見ました）

(4) above と below

above は「〜よりも上に（上へ）」という意味であり，below はその反対で「〜より下に（下へ）」という意味を表す。on のように〈接触〉していない。

The moon rose **above** the mountain.

（月が山の上に昇った）

The moon sank **below** the moutain.

（月が山の下に沈んだ）

【注】上の例は代表的な意味で，それ以外の意味もあるから，辞書などでよく調べること。他の前置詞についても同様である。

(5) over と under

over は「〜の真上に」，under はその反対で「〜の真下に」という意味を表す。これらも原則として〈接触〉はしていない。

A naked electric bulb hung **over** the board.

（裸電球が食卓の上にぶら下がっていた）

A puppy was sleeping **under** the board.

（子犬が食卓の下で眠っていた）

〔注意〕over には「〜の上をおおって」という意味があり，その場合は〈接触〉をしている。
　　　She put her hands **over** her face.
　　　（彼女は手で顔をおおった）
　　under も「〜の真下に」という意味では〈接触〉を表す場合がある。

He carried a box **under** his arm.
（彼は箱を小脇にかかえていた）

(6) in front of と behind

in front of は「〜の前（正面）」，behind はその反対で「〜の（背）後に」という意味を表す。場所を示す場合には before はあまり使用しない。

There is a gym **in front of** my house.
（家の前に体育館があります）

There is a parking lot **behind** the gym.
（体育館の後ろに駐車場があります）

(7) up と down

up は「（低い位置から）上の方へ」，down はその反対で「（高い所から）下の方へ」という〈運動・移動〉を表す。

He went **up** the tree like a monkey.
（彼は猿のように木に登った）

He went **down** the tree carefully.
（彼は注意深く木を降りた）

〔注意〕①いつも〈運動〉を表すとは限らない。〈静止〉した位置を表すこともある。
　　　He is **up** in the tree.
　　　（彼は木に登っている）
　　　She lives **down** the hill.
　　　（彼女は丘の下に住んでいる）
②up と down は空間的な「上の方へ」「下の方へ」の意味から，心理的な方向へ変わって，〈中心〉へ向うことを up，そこから離れることを down と言う。ただし，この場合は副詞用法である。
　　　He came **up** to me.
　　　（彼は私の方へやって来た）
　　　She went **down** to the country.
　　　（彼女は田舎へ行った）
up-train を「上り列車」，down-train を「下り列車」というのもこれと同じことで，空間の高低とは関係がない。

(8) by と till (until)

by は（〜までに）という〈完了〉を表し，till (until) は（〜まで）という〈継続〉を表す。

He had finished the work **by** noon.

(彼はその仕事を正午までに終っていた)

＊（正午までに）ということは 10 時でも，11 時でもよい。それまでに終るという意味。

He continued to work **till** noon.

(彼は正午まで働き続けた)

＊（正午まで）というと，「正午までずっと続けて」という意味。

〔注意〕till と until は意味は変わらないが，それらに導かれる句が主文より先に用いられる時は until の方が多く使われる。また，単に期間の終わりを示すよりも，時間の継続を強調する時も until の方が多い。そのほかの場合はリズムや音調の良さによって決められる。

(9) from と since

from は「（ある時）から」という，〈起点〉を示すだけで〈着点〉は示さないので完了形以外のすべての時制に用いられる。since は「（ある時）から今まで」と言う意味なので完了形と共に用いられる。

School **begins from** tomorrow.

(授業は明日から始まります)

It **has been raining since** yesterday.

(昨日から雨が降り続いている)

(10) in と after

「〜たてば」という意味の in は普通未来のことに，「〜たってから」という意味の after は過去のことに用いる。

He **will come back in** an hour.

(彼は 1 時間後に戻って来るでしょう)

He **came back after** an hour.

（彼は1時間後に戻って来た）

＊「～以後（以降）は」という意味では after
　しか使わない。

I shall be at home **after** seven o'clock.

（7時以降は家にいる予定です）

（11）during と for

(1) during

during には①「～の間ずっと」と，②「～の
間のある時に」という2つの意味がある。

Her husband kept silent **during** supper.

（彼女の夫は夕飯の間ずっと押し黙っていた）

We went to Spain **during** the vacation.

（私達は休暇の間にスペインへ行きました）

(2) for

for は「～の間」という意味で連続した時間
を表す。この意味では during の①の意味と
ほとんど変わらないが，for は[**不特定の時
間**]をその目的語に取る場合が多く，一方
during は[**特定の時間**]を目的語に取る点に
注意すること。

She stayed at the villa **for** a week.

（彼女は1週間別荘に滞在した）

She stayed at the villa **during the** week.

（彼女はその1週間別荘に滞在した）

〔注意〕for は動詞の直後に来ると省略されることが
　　　多い。また，during は時間を表さない名詞
　　　の前にも置けるが，for にはそういうことは
　　　ない。
　　　He stayed (**for**) a week.
　　　（彼は1週間滞在した）
　　　She felt a pain in the stomach **during** the
　　　interview.
　　　（彼女はインタビューを受けている間お腹に
　　　痛みを感じていた）

(12) from と of (out of)

from は製品が何からできているか見て分からない，つまり〈原料〉を示す場合に用いられる。of は見て分かる〈材料〉について用いる。

Wine is made **from** grapes.
（ワインは葡萄から作られる）

The statue is made **of** marble.
（その像は大理石で作られている）

＊made と of との間に他の語句が入ると out of になることが多い。

He made *the statue* **out of** stone.
（彼はその像を石で作った）

参考　上の from と of の違いは「間接」と「直接」との違いとも言える。それは死因についても適用され，間接的な死因の場合は from を，直接の死因の場合は of を用いる。

He died **from** the wounds.　〈間接的死因〉
（彼は怪我がもとで死んだ）

＊怪我そのもので死んだのではなく，怪我が他の病気例えば破傷風（tetanus）などを引き起こして死ぬ場合。

He died **of** a heart attack.　〈直接死因〉
（彼は心臓発作で死んだ）

(13) by と with

by は〈動作主（行為者）〉を表し，with は〈道具〉を表す。

The window was broken **by** John.
（窓はジョンによって壊された → 窓はジョンが壊した）

The window was broken **with** a club.
（窓はこん棒で壊された）

〔注意〕by が交通・通信などの仲介的な〈手段〉を表すこともある。

He sometimes goes to school **by** bus.
（彼はときどきバスで通学します）

＊他に bike（自転車），car（車），rail（鉄

道), steamer（汽船）, train（列車）, などがある。

She was sent for **by** telegram.
（彼女は電報で呼び寄せられた）
＊〈英〉では電報を wire で表すことが多い。

(14) to と into
（結果）

to は〈**結果・効果**〉を表し，「〜したことには」「結局〜をまねく」という意味になる。into は〈**変化**〉した結果を表し，「〜が…になる」という意味になる。

To their surprise, he was found safe under the collapsed building.　《▶75

（彼等が驚いたことには，彼は崩れたビルの下で無事であることが分かった）

She tore the letter **to** pieces.

（彼女はその手紙をずたずたに引き裂いた）

She made *flour* **into** *bread*.

（彼女は小麦粉をパンにした）

Ice melts **into** *water*.（氷は溶けて水になる）

＊最後の日本語訳を逆に英語に直させると，大抵の学生は Ice melts and becomes water. とする。別に間違いとは言えないが何か大げさな言い方で，ごつごつした表現になる。into を用いるとスッキリした英語らしい英語になる。英語は前置詞が多く用いられる言語なので，前置詞の使い方に慣れることは大事である。

(15) at と for
（値段）

at は〈**価格・程度**〉を表し，「〜の値段で」という意味になる。for は〈**交換**〉を表し，「〜と引き換えに」という意味になる。

I sold it **at** ten dollars.

（私はそれを 10 ドルで売った）

I got it **for** ten dollars.

（私はそれを 10 ドルで手に入れた）

〔注意〕for が金銭を示す名詞の前に置かれて「〜額の」という意味になる時もある。

He sent me a bank bill for £100.

（彼は私に 100 ポンドの銀行小切手を送ってよこした）

(16) for と against（備え）

いずれも「〜に備えて」という意味で用いられるが，for は本来〈目的・追求〉を表し，「〜のために」という意味が基本になっているから，よくないことにはあまり用いられないが，against は「〜に先んじて，〜を防ぐように」という意味から来ているので，〈好ましくないこと〉に対して用いられるのが普通である。

You must prepare yourself **for** the exam.

（君は試験の準備をしなければいけない）

They are making the banks stronger **against** flood.

（彼等は洪水に備えて堤防を前より強くしている）

(17) except と except for（除外）

except は「〜を除いて」という意味で，実際に除外される。except for は「〜を除けば」という条件的・仮定的な意味になる。

All the essays are good **except** yours.

·············· ①

（君のを除いて他の人のエッセーはみなよくできている）

Your essay is good **except for** a few prejudices.

·············· ②

（君のエッセーは，少しの偏見を除けばよくできている）

図示すると次のようになる

①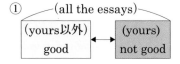

①は except の目的語 yours が事実として yours 以外と切り離されている。よって yours 以外が good となり，yours は明白に not good となる。

②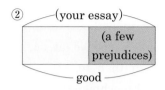

②は except for の目的語 a few prejudices は切り離されておらず，全体に含まれている。そして「それを除けば，それがあっても」と仮定的・条件的に考える。よって全体が good となり，a few prejudices は明白に not good と言うよりも「〜の問題点はあるものの」ぐらいの感じ。

（18）for と toward(s)（方向）

for は「〜に向けて」という意味で〈**目的地**〉を示す。towards は「〜の方向に」と単に**方向を示すだけ**で〈目的地〉を表すものではない。

He went **toward** the town.　〈方向〉

（彼は町の方へ行った）

＊最初町の方向へ進んだだけで，町へ到着したかどうかは分からない。〈到着〉を意味するなら to を用いる。

He went to the town.（彼は町へ行った）

The train **for** Paris left a few minutes ago.

〈目的地〉

（パリ行きの列車は2・3分前に出ました）

練習問題 22

A 次の各文の（　　）内の適当な1語を選びなさい。

(1) Can we do (for, in, without) water for one day?

(2) The earthquake happened (at, on, in) Friday evening.

(3) We prefer death (than, to, over) disgrace.

(4) I cannot tell a Frenchman (from, between, about) an Italian.

(5) If I can be (for, to, of) any help to her, I'll fly to her.

(6) This picture always reminds me (after, of, on) my mother.

(7) We could see nothing because (to, by, of) the thick fog.

(8) The sea is very dangerous to swim (for, in, by).

(9) His uncle died (of, from, by) a heart attack.

(10) Instead (for, by, of) studying English, he went out to play tennis.

B 次の各文の（　　）内に適当な1語を入れなさい。

(1) Never did a day pass (　) his going to church.

(2) I dropped (　) to see him last night.

(3) The police are looking (　) the locked-room murder.

(4) I look up (　) a man who is depended (　) in a crisis.

(5) They made little (　) the man who had yielded to the oppressions of the man of power.

(6) We could not attend the meeting (　) time because the train had been (　) its time.

(7) The scholar answered all the questions (　) fifteen minutes.

(8) An earthquake may happen (　) any moment.

(9) You must choose (　) death and surrender.

(10) I went to New Zealand by way (　) Australia.

C 次の各文に誤りがあれば正しなさい。

(1) He is always grumbling of his food.

(2) Thoughts are expressed by mean of words.

(3) As about me, I am quite satisfied.

(4) When did the earth come to existence?

(5) The girl was named from Nightingale.

(6) Fortune smiled on her.

(7) The magazine is very popular between young girls.

D 次の各文の（　）内に，各選択肢から最も適当なものを選び，その番号を書きなさい。

(1) We'll have to move that big desk; it's really (　) the way.
① by　　② in　　③ on　　④ out of

(2) They deal (　) silk goods.
① at　　② with　　③ in

(3) (　) what I hear, he left a large fortune to his son.
① In　　② From　　③ According　　④ To　　⑤ At

(4) My brother was born (　).
① on March, 1970　　② in March, 1970
③ 1970, on March　　④ 1970, in March

(5) The train pulled into the station exactly (　) time.
① at　　② in　　③ on　　④ with

(6) You can hire a bicycle (　) the hour at this shop.
① at　　② by　　③ to　　④ with

(7) (　) his many hours of study, he did not make much progress in German.
① Because of　　② Besides　　③ Despite　　④ Instead of

23 接続詞 （Conjunction） と節

文中一語である品詞の働きをするときもあれば，数語で句や節となって同じ働きをするときもある。そういう規模の違いのあるものを，対等・従属の関係に応じて適切につなぎ合わせて文に仕立て上げる渉外連絡係の役が接続詞である。

> 接続詞は文中の語・句・節を接続する。等位接続詞と従属接続詞の2種類がある。

Ⅰ．接続詞の種類

01　等位接続詞

文法上の働きが対等の関係にある語・句・節を結び付ける。1語のものとしては and，but，or (nor)，for，so，yet の6語がある。数が少ないのでこれを暗記しておくと，従属接続詞との区別が容易になる。等位接続詞は〈A＋等位接続詞＋B〉のように接続する語・句・節の中央に置かれる。

John **and** *Mary* are in love with each other.　［語と語］

（ジョンとメアリーはお互いに愛し合っている）

＊文法上どちらも are という動詞の主語という関係にある。

Did he go there *by train* **or** *by ship*?　［句と句］

（彼はそこへ列車で行ったのですか，それとも船で行ったのですか）

＊文法上どちらも副詞句として go を修飾・限定している。

I like history **but** *I don't like chemistry.*　［節と節］

（僕は歴史は好きだけど，化学は好きでない）

＊文法上どちらも節（P.38，02 参照）である。

(注意) 等位接続詞があるときは，その直後の語（句・節）と同じ働きをしている語（句・節）を接続詞より前の部分から探し出して正確に理解すること。初心者は and や but の意味を知っているからとこの確認作業をしないで不注意に訳すと，とんでもない誤りを犯すことがよくある。例えば，

Without looking back, the old man had hurried down the hillside **and** across a meadow, leaving John perplexed **and** frightened upon the grassy slope.

この文章には2つの and という等位接続詞がある。最初の and の直後には

across という前置詞が来ているから across a meadow という句が１つの語句のまとまりをなしている。そうすると前の部分に同じように前置詞で導かれる句があるはずで探してみると down the hillside がある。つまりこの and は down the hillside と across a meadow という２つの句を対等に接続していることが分かる。２番目の and の直後には frightened という -ed の付いた語がある。この and の前で -ed の付いた語を探すと hurried と perplexed の２つの語がある。少し注意して考えれば frightened は perplexed と対等に接続されていることが分かるが，初心者は and は「そして」という意味だと知っているから，この確認作業をせずに簡単に考えて hurried と対等に取ってしまうことが結構ある。そうすると「振りかえりもせずに，その老人はジョンをまごつかせたまま置き去りにして，急いで丘の中腹をくだり，牧場を横切りそして草の茂った斜面でびっくりした」などと訳して平気でおり，自分は正しく解釈したと信じ込んでいるのである。もちろん正解は「振りかえりもせずに，その老人は草の茂った斜面でジョンがまごつき，びっくりしているのをそのままにして，急いで丘の中腹をくだり，牧場を横切って行ってしまった」である。特に大学入試などでこういうミスをすると大幅減点間違いなしであるから「and を馬鹿にするな」と呉々も用心することである。

02　従属接続詞

主節の一部として，全体で１つの名詞または副詞の働きをする節を導く接続詞を従属接続詞と呼ぶ。上に述べた６個の等位接続詞以外の接続詞はすべて従属接続詞である。従属接続詞は従属節の前に置かれて〈従属接続詞＋節〉という順序になる。そういう点を考えると〈前置接続詞〉と呼んだ方が理解し易いかも知れない。

　I know **that** *he is honest* ．［名詞節］

　（私は彼が正直であるということを知っている）

　＊that 以下の節は全体で（述語）動詞 know の目的語となる名詞相当の働きをしており，I know him ．と同じ第３文型となっている。

〔注意〕名詞節を導く従属接続詞は that，if，whether の３つだけである。

　He returned home **before** *it was dark* ．

　＝ He returned home ***before dark*** ．

　（暗くなる前に彼は家に帰った）

　＊before 以下の節は全体で（述語）動詞 returned を修飾・限定しているから副詞節の働きをしている。before が前置詞であれば副詞句になる。

〔注意〕①副詞節は主節の後に来る場合も，前に来る場合もどちらの場合もある。違い
は文末焦点（第2章 P.18）を参照のこと。

Befor *it was dark* , he returned home.

②従属節には名詞節・副詞節の他に形容詞節もある。しかし，形容詞節のほと
んどは関係詞によって導かれる（第14章参照）。従属接続詞でもごくまれに
形容詞節を導くものがあるが，〈様態〉の as や〈時〉を表す従属接続詞に限
られる。

The origin of English **as** *we know it* is commonly traced back to the
eighth century.

（我々が知っている英語の起源は，普通8世紀にさかのぼる）

The morning **after** *I arrived there*, I went for a walk along the beach.

（そこに着いた日の翌朝，私は浜辺の散歩に出かけた）

03 語形上の種類

01，02 では接続詞を「働き」の面から見たが，「形」の面から分類すると，
次の3つになる。

(1) **単純接続詞**（1語だけの接続詞）：and，but，or，when，if，though
など

(2) **接続詞句（群接続詞）**（2語以上からなる接続詞）：as well as，as
soon as，now that など

She has intelligence **as well as** beauty.　　　　　　　　［等位接続詞］

（彼女は美しいばかりでなく知性もある）

＊and などの単純接続詞は〈A and B〉という語順になるが，as well
as は逆で〈B as well as A〉という語順になる。

Her face glowed **as soon as** she saw him.　　　　　　　　［従属接続詞］

（彼女は彼を見たとたん顔が真っ赤になった）

(3) **相関接続詞**（前後で互いに関係し合う一組の接続詞）：both ~ and …，
whether ~ or …，so that ~ may …，not only ~ but … など

Both brother **and** sister are lawyers.　　　　　　　　　［等位接続詞］

（兄も妹も弁護士をしている）

Whether he comes **or** not, the result will be the same.

（彼が来ようが来まいが結果は同じことだろう）　　　　　　　［従属接続詞］

04 接続詞相当語句

本来は名詞や動詞など他の品詞であるものが，前後関係で接続詞と同じ働
きをする場合がある。**the moment** (that)「～するやいなや」，**the way**「～の

仕方（やり方）」「〜のように」，**the next time** (that)「今度〜する時に」，**seeing** (that)「〜であることを考えると」，**considering** (that)「〜を考慮すると」や副詞の **immediately，instantly**「〜するやいなや」などがある。

She ran away **the moment** I came in.

（私が部屋に入るやいなや彼女は逃げ出した）

I don't see how he can act **the way** he does.

（彼はどうしてああいう風に振舞えるのか私には分からない）

Won't you accompany your sister **the next time** you come?

（次に来る時には妹さんを連れて来ませんか）

That is excusable **considering** she is so young.

（彼女はあんなに若いのだから無理もない）

Seeing that he was there, he may have seen Mary.

（彼はそこに居たのだからメアリーを見かけたかも知れない）

He telephoned (to) his wife **instantly** he arrived there.

（彼はそこに着くとすぐに妻に電話した）

Ⅱ. 等位接続詞

05　A and B

A，Bは文法上対等の関係にあるもの。01 最初の例文を参照のこと。
〈A and B〉は複数としてあつかうのが普通であるが，次のような場合は単数扱いになる。

(1) every (each) A and B

Every town and **village** in this region **was** burnt down to ashes by the great fire.

（この地域のすべての町や村がその大火で焼け落ちて灰になった）

(2) 同一の人や物である時

The president and scholar was arrested for corruption last night.

（大統領にして学者であった人が昨夜汚職で逮捕されました）

＊冠詞が１つであることが１人の人間であることを示している。the president and the scholar と冠詞が別々に付けば別の人間になり，複数扱いとなる。

(3) 全体で１つの物や概念を表すとき

Bread and butter is a great favorite with our children for breakfast.

411

（バター付のパンは朝食としてうちの子供達の大のお気に入りだ）

＊bread and butter は [brédnbʌ́tə] と発音する。and が単に [n] となることに注意する。他に a watch and chain「鎖付の時計」，whisky and water「水割りウイスキー」，a cup and saucer「受け皿付のカップ」，ham and eggs「ハムエッグ」などがある。

Slow and steady wins the race. 〈諺〉

（ゆっくりと着実にやることが勝利を手にする）

06　and を用いた慣用表現

(1)　命令文＋ and [ǽnd]：「～しなさい，そうすれば…」

Go straight on **and** you will find the station.

（まっすぐに行きなさい，そうすれば駅があります）

【注】名詞句などが命令文と同じ働きをすることがある。

Another day **and** your parents will come to meet you.　🔊▶76

（もう 1 日すれば両親が君を迎えに来るよ）

(2)　Come (go, try) ＋ and ＋原形不定詞：「～しに来る（行く），～しようとする」

この and は to 不定詞の to に相当する。come and see は come to see と同じである。

Come and *see* me this evening. （今晩おいでなさい）

Go and *wash* your hands. （手を洗いに行きなさい）

Try and *be* in time for the party. （パーティには遅れないように）

(3)　good ＋ and ＋形容詞（副詞）：「とても，非常に」〈口語体〉。発音は [gúdn] となる。

I'm good and hungry. （とても腹がへった）

(4)　nice ＋ and ＋形容詞：「申し分なく，とても」。発音は [náisn] となる。

This place is **nice and** healthy.

（ここはとても健康によい所だ）

(5)　同じ語を接続して〈反復・継続・多様性〉などを表す

(a)　動詞＋動詞：「～しに～する」「大いに～する」

He *worked* **and** *worked* to pay off his father's debts.

（父の借金をきれいさっぱり返すために彼は働きに働いた）

He was so thirsty that he *drank* **and** *drank* the water.

（彼はとてものどが渇いていたのでその水をゴクゴクと飲んだ）

(b)　比較級＋ and ＋比較級：「だんだん，ますます」

It is getting *warmer* **and** *warmer* day by day.

（日に日に暖かくなってきている）

(c)　名詞＋ and ＋名詞：「いろいろな，いくつもの，何倍もの」

There are *books* **and** *books*.

（本にもいろいろある —— よい本もあれば，いい加減な本もある）

He waited for *weeks* **and** *weeks*.

（彼は何週間も待った）

07　A or B

〈A or B〉：「A か，または B」

A，B は文法上対等の関係にあるものがくる。

Is he tall **or** short? —— He is tall.

（彼は背が高いですか，それとも低いですか） —— （高いです）

＊**選択疑問**であるから Yes，No は用いない。

That bicycle is John's **or** Bill's.

（あの自転車はジョンのものか，またはビルのものです）

Which do you like better, tea **or** coffee?

（紅茶とコーヒーではどちらが好きですか）

(注意)　①3つ以上のものが or や and で接続される場合は 〈A, B(,) or (and) C〉 と
最後の語句の前に or や and を置くのが普通である。ただしそれぞれの要
素を一つ一つ強調したい時には一々 or や and を入れる。

Which do you like best, apples, oranges, **or** peaches?

（リンゴ，ミカン，モモのうちでどれが一番お好きですか）

②主語が or で接続されている時には，(述語) 動詞は一番近い主語の 〈人称〉
〈数〉に一致させる。and の場合については（P.435, 02）参照のこと。

You **or** *he is* to blame.（君か彼が非難されるべきだ）

Were you **or** he there?（君か彼がそこにいたのか）

08　or を用いた慣用表現

(1)　命令文＋ or ... ：「～しなさい，さもないと…」

Hurry up, **or** you'll miss the train.

= *If* you *don't* hurry up, you'll miss the train.

（急ぎなさい，さもないと列車に乗り遅れるよ）

Wear your raincoat, **or** you'll be drenched.

= *If* you *don't* wear your raincoat, you'll be drenched.

（レインコートを着て行きなさい，さもないとびしょ濡れになるよ）

＊他の表現が命令文に相当する時がある。

You must be careful, **or** you'll lose your life.

（用心しないといけないよ，さもないと命を落すよ）

(2) 〈A ＋ or ＋同格語句〉：「すなわち，言いかえると」

He majors in biology, **or** *the science of living things.*

（彼は生物学，すなわち生き物の学問を専攻している）

This weighs 10 pounds, **or** *about 4.5 kg.*

（これは 10 ポンド，言いかえれば 4.5 キログラムの重さがあります）

(3) 〈譲歩〉を表す or

〈譲歩〉を表す副詞節 whether ~ or ... に相当する用法。

Rain **or** shine, we will hold the sailing race.　((▶77

（晴雨にかかわらずヨットレースを開催致します）

(4) either A or B：「A か B かどちらか」

Either you **or** I *am* to blame.（君か僕かどちらかが非難されるべきだ）

Either come in **or** go out.（入るか出るかどっちかにしなさい）

Its color is **either** brown **or** yellow.

（その色は茶色か黄色かである）

09　nor

(1) 否定語＋ A ＋ nor ＋ B：「A でないし，また B でない」

nor を用いる時は常に他の否定語が先にあることに注意すること。

John did **not** go there, **nor** did *Mary*.

（ジョンはそこに行かなかったし，メアリーも行かなかった）

＊nor に先立たれる節では S ＋ V が倒置される。(P.459, O1 (2)(d) 参照)

She did **not** say hello to you, **nor to me** today.

（彼女は今日君に挨拶をしなかったし，僕にもしなかった）

(2) neither A nor B：「A も B も～ない」〈文章体〉

His lecture was **neither** interesting **nor** instructive.

（彼の講演は面白くもなかったし，ためにもならなかった）

Neither you **nor** I *was* afraid of failure.

（君も僕もどちらも失敗を恐れなかった）

＊（述語）動詞は B に一致する

10　A but B：「A だが B だ」

文法上は対等の関係にある語・句・節を結ぶけれども，意味上は反対・対立の関係になる。

She is *beautiful* **but** *unkind*.［語と語］

（彼女は美人だが冷たい）

John is a student **but** *Bill is not*.［節と節］

（ジョンは学生だがビルはそうでない）

11　but を用いた慣用表現

(1)　not A but B：「A ではなくて B」

この場合では but を「しかし」と訳さないこと。

It is **not** *John* **but** *Bill* that wants to see you.

（君に会いたがっているのはジョンではなくてビルだ）

He is **not** *a scholar* **but** *an artist*.

（彼は学者ではなく画家だ）

(2)　not only A but (also) B：「A だけではなく B も」

Not only *you* **but also** *I am* very fond of soccer.

（君だけでなく僕もサッカーが大好きだ）

＊（述語）動詞は B の方に一致する。

She is famous **not only** *at home* **but also** *abroad*.

（彼女は国内だけではなく海外でも有名だ）

(3)　It is true (that) ~ but ... ：「なるほど~だが…だ」

Indeed ~ but ... も同じ意味になる。

It is true that Japan is an economic power **but** politically it is not so ((▶78

influential.

（なるほど日本は経済大国だが，政治的にはあまり影響力がない）

Indeed he is strong in body **but** weak in mind.

（なるほど彼は体はたくましいが，頭は弱い）

12　for：「というのは，だって」（主に〈文章体〉）

because は〈直接の原因・理由〉を表す時に用い，for は述べたことの〈証

拠または説明を後から付け足す〉時に用いる。for の前にコンマを付けるのが普通。

> You had better carry an umbrella with you, **for** the sky is covered with gray clouds. （傘を持って行った方がいいよ。だって空がどんよりした雲でおおわれているから）
>
> He felt no fear, **for** he was very brave.
>
> （彼は少しも恐がらなかった。というのも彼はとても勇敢だったから）

〔注意〕for は等位接続詞であるから，〈節, for 節〉のように接続する節と節の中間に来る。一方 because は従属接続詞であるから主節の前にも，また後にも置くことができる。

> She was absent from school **because** *she was ill* .
>
> （彼女は病気だったから学校を欠席した）
>
> **Because** *she was ill* , she was absent from school.
>
> （彼女は病気だったから学校を欠席した）
>
> ＊上の2つの文は意味は同じであるが焦点に違いがある。

Ⅲ．従属接続詞

従属接続詞の基本的なことがらについては既に上に述べた。以下では従属接続詞が導く名詞節と副詞節について具体的に述べる

13 名詞節

名詞節を導く従属接続詞は if，that，whether の3つである。また名詞節は名詞の働きをする節であるから，文中では主語・目的語・補語になる。

（1）that ～：「～ということ」

> **That** *Shakespeare is a great dramatist* is beyond doubt.　［主語］
>
> （シェイクスピアが偉大な劇作家であるということは疑いない）
>
> ＊上の文のように that 節が主語になると文が頭でっかちの構造になるので，それを避けるために形式主語の It を代わりに置き，that 節を外位置（extraposition）と呼ばれる後ろに置くのが普通である。
>
> It is beyond doubt **that** *Shakespeare is a great dramatist*.
>
> I know **that** *she is your aunt*.　［目的語］
>
> （私は彼女が君の叔母さんだということを知っています）
>
> The fact is **that** *he was adopted into his uncle's family*.　［補語］
>
> （実は彼は叔父の家の養子になったということです）
>
> ＊〈口語体〉では The fact の定冠詞 The は省略されて Fact is ... とな

るか，接続詞 that を省略して The fact is he was adopted ... となるのが普通。

We hear the *rumor* **that** *he got married to a rich man's daughter.*

（我々は彼が金持ちの娘と結婚したという噂を聞いている）［同格］

＊同格節を導く時の that は「～ということ」ではなく「～という」になる。

（注意）①**that の省略**：believe, expect, know, say, suppose, think, wish などの動詞の後では that は省略されることが多い。また afraid, certain, glad, sorry, sure などの形容詞の後でもよく省略される。

　　　We are glad (that) he has got well.

　　　（私たちは彼がよくなったことを喜んでいます）

②**判断の基準を表す that 節**：まれに that 節がある判断の基準を表す場合がある。その場合の that は「～とは」という意味になる。主節は疑問文や否定文であることが多い。ただしこの場合は副詞節になる。

　　　What's the matter with you **that** you are so silent?　　🔊▶79

　　　（そんなに黙りこくっているとはどうしたのだ）

　　　We are not pigeons **that** we should eat dry peas.

　　　（干した豆を喰うとは我々は鳩じゃないんだ → 鳩じゃあるまいし，干した豆など喰えるもんか）

③**理由・根拠を表す that 節**：that 節が because 節と同じように「～だから，～のゆえに」という理由・根拠を表す場合がある。したがって，この場合も副詞節になる。特に It is not that ...，または Not that ... という形で用いられることが多い。

　　　It is not **that** I hate you.

　　　（といってそれは僕が君を嫌っているからというわけではない）

(2)　whether / if：「～かどうか」

Whether *he will succeed at all* is doubtful.　［主語］

（一体彼が成功するかどうかは疑わしい）

I asked him **whether** [**if**] *he would sell his house.*　［目的語］

（私は彼に家を売る気があるかどうかを尋ねた）

The question is **whether** *her father will allow her to go on to university.*

（問題は彼女の父が彼女の大学進学を許すかどうかだ）［補語］

The question **whether** *he would resign* made him furious.

（辞職するかどうかという質問は彼をカンカンに怒らせた）

417

◆ whether と if

if は基本的には〈口語体〉である。whether と同じ意味で用いられるのは，動詞の目的語または be sure の後に続くときだけである。

> She *asked if it was true.*（彼女はそれが本当なのかと尋ねた）
> I'm not *sure if I can do it.*（できるかどうか自信がない）

（注意）ただし，形式主語 it を用いた構文では，主語の場合でも使用されることがある。

> It doesn't matter **if** *you succeed or fail.* The importance is that you should try it.
> （君が成功するか失敗するかは問題ではない。重要なのは君がそれに挑戦することだ）

次の場合は if を用いない。

①主語として文頭に立つとき

> **Whether** [× **if**] *she likes it* is what I want to know most.
> （彼女がそれを好きかどうかが私の一番知りたいところだ）

②補語になるとき

> The question is **whether** [× **if**] he will come.
> （問題は彼が来るかどうかである）

③前置詞の目的語になる場合

> Our future depends upon **whether** [× **if**] he will recover his health.
> （我々の将来は彼が健康を取り戻すかどうかにかかっている）

④ to 不定詞と結合するとき

> He wondered **whether** [× **if**] *to* wait for her or go on.
> （彼は彼女を待つべきかそれとも先に行くべきかと迷った）
> ＊whether ＋ to 不定詞は原則として，[want to] know の後に限られている。
> inquire も可能であるが，あまり使われないと言われている。

◆ if と or

相関的に or を用いて選択する事柄が両方とも表現される場合には〈whether A or B〉と whether を用いるのが正式で，〈if A or B〉とはしないのが普通である。もし if A or B とすればそれは〈口語体〉である。

> They don't know yet **whether** they will be hanged **or** shot.
> （彼等は絞首刑になるか銃殺刑になるかどうかをまだ知らない）

また，or not は whether の直後に付けることはできるが，if の直後には付けられない。

Please tell me **whether or not** [× **if or not**] you agree.

（どうか承知するかしないかおっしゃって下さい）

もちろん Please tell me **if** you agree **or not**. の形は可能である。

14　形容詞節

形容詞節については関係詞のところで述べたので第 14 章を参照すること。

15　副詞節

副詞節は普通主節の（述語）動詞を修飾・限定する。

(1)〈時〉を表す副詞節

単純接続詞としては after, as, before, once, since, till, until, when, whenever, while, など。群接続詞としては as soon as, by the time, every [each] time, next time, the moment [instant, minute] など。相関接続詞としては hardly ~ before ..., no sooner ~ than ..., scarcely ~ when ... などがある。

She was ill in bed **when** *he came.*

（彼が来た時，彼女は具合が悪くて床についていた）

When *it was snowing*, she was born.

（雪が降っている時，彼女は生まれた）

You must keep quiet **while** *she is practicing the piano.*

（彼女がピアノの練習をしている間は，あなたは静かにしていなければいけません）

＊while はある一定の時間の長さを持っている場合に用いる。

The telephone rang **as** *he was leaving.*

（彼がちょうど出かけようとしていたときに電話が鳴った）

＊as は「～している時」「～しながら」という意味で，when や while よりも同時性の強いことを表す。それは as soon as の後の as を見ても分かる。

It was not **until** *he lost his wife* that he appreciated her value.

（彼は妻を失って初めて妻のありがたみを知った）

＊It is not until ~ that ... は「～して初めて…する」という慣用表現。

The town has changed much **since** *I lived here.*

（私がここに住むようになってから町はずいぶん変わった）

It has been three years **since** *she left school.*

（彼女が学校を出てから３年になる）

＊It is three years ... と現在時制を用いるのは〈英〉。また，since
は「〜だから」という〈理由〉を示す副詞節にも用いられるので
注意すること。

Let's finish the work **by the time** *the boss gets back.*

（社長が帰って来るまでに仕事を終っておこう）

The moment [as soon as] *he opened the door*, a fierce dog jumped
upon him. （ドアを開けたとたんにどう猛な犬が彼に襲いかかってきた）

The spy had **no sooner** [**No sooner** had the spy] seen me **than** he
ran off.

（スパイは私を見るやいなや逃げ去った）

＊主節が過去完了形になることと，No sooner が文頭に出ると主語
と助動詞が倒置されることに注意。

Scarcely [Hardly] had I said the word **when [before]** they burst
into laughter. （私がその言葉を発するやいなや彼等はどっと笑った）

＊no sooner 〜 than ... の＊印の説明に同じ。

(2) 〈原因・理由〉を表す副詞節

単純接続詞としては as, because, since, that など。群接続詞には now
(that), seeing (that) などがある。

The traffic was congested **because** *there happened to be an accident.* （🔊▶80

（たまたま事故が発生したために交通が渋滞した）

because は〈直接的な原因・理由〉を表す。聞き手に新情報となる原
因・理由を述べるために話し手の関心は because 節にある。そのため
主節の後に来ることが多い。しかし前に来ることもある。

Because *I had a cold*, I didn't go to the assembly.

（風邪を引いていたために集会に行けなかった）

You should**n't** despise people **because** *they are poor.*

（貧しいからといって人々を軽蔑してはいけない）

＊主節に否定語句がある時は「…だからといって（〜ではない）」とい
う意味になる。

Since [Seeing (that)] *you are here*, you had better lend her a hand.

（君はここにいるんだから，彼女に手を貸してやる方がいい）

＊as, seeing (that), since は話し手・聞き手ともすでに事実として知

っている自明のこと〔既知の情報〕を述べる。そのため文頭に置かれることが多い。

As *we had nothing else to do*, we watched television.

（私達は他に何もすることがなかったので，テレビを見た）

as は〈理由〉を表す語の中で最も弱い，間接的・補足的〈理由〉を表す。それは接続詞としての as が他にも〈時〉〈譲歩〉〈様態〉などさまざまな意味を表すところからもわかる。

I sometimes have a quarrel with her. It is not **that** *I don't love her*.

（私は時々彼女と言い争うことがある。それは彼女を愛していないからではない）

＊〈理由〉を表す that については P.417 ⚠ ③参照のこと。

Now (that) you have left school, you must try to support yourself.　（(▶81

（もう学校を出たんだから自活するようにしなければいけない）

＊接続詞の now (that) は「もう［今や］〜だから」という意味で，〈理由〉に時間の要素が含まれている。これも自明の理由を述べるので普通文頭に置かれる。

(3)〈目的〉を表す副詞節

普通〈目的〉を表す最も一般的な方法は不定詞である。単純形の接続詞で〈目的〉を表す語は that 〜 may (can) を除いてないと考えてよい。あるのは **for fear (that) 〜 may [should]…, in case 〜, in order that 〜 may [shall]…, lest 〜 should…, so (that) 〜 can [will, may, etc.]…** などの相関接続詞である。

He spoke very slowly **so that** we **could** understand him.

（彼は我々が理解できるように実にゆっくりと話した）

＊節中の助動詞に can, could, will, would が来る場合は〈口語体〉である。

His father left him an enormous fortune **that** he **might** live in comfort for the rest of his life.

（彼の父は彼が一生安楽に暮らせるように莫大な財産を残した）

＊**that 〜 may** や **so that 〜 may** は形式ばった〈文章体〉のときに用いる。

He trained the players very hard **in order that** they **might** win the　（(▶82 championship.（彼は選手たちが優勝するためにきびしく鍛えた）

＊in order that 〜 may … は口語でも用いるが，どちらかと言えば〈文章体〉。

He left his house early **lest** he **should** miss the first train.

（一番列車に遅れないように早く家を出た）

＊lest ~ should ... は今日ではほとんど用いられない古風な言い方。〈口語体〉
では ... **so that** he **would not** miss the first train となる。

We hid ourselves behind a large rock **for fear (that)** we **might** be found.

（私達は見つからないように大きな岩の後に隠れた）

＊これも従属節中に should，might を用いると〈文章体〉。would を
用いれば〈口語体〉となる。

You had better take an umbrella **in case** it (should) rain.

（雨が降るといけないから傘を持って行った方がよい）

＊in case ~ は「～するといけないから，～の場合に備えて」という意
味。〈英〉の用法で〈口語体〉。

〔注意〕in case は〈米〉では if の意味で用いられる。

(4)〈結果・程度〉を表す副詞節

すべて相関接続詞である。

(a) so ＋形容詞／副詞＋ (that) ... :「あまり～なので…，…ほど～」

　The stone is **so** *heavy* **(that)** I cannot move it.

　＝ The stone is too heavy for me to move.

　（その石はあまりに重いので私は動かすことができない／私が動かせないほ
　どその石は重い）

　He ran **so** *fast* **(that)** I couldn't catch up with him.

　（彼はあまり速く走ったので僕は追いつけなかった／僕が追いつけないほど
　彼は速く走った）

〔注意〕① ..., so that ~ :「…の結果」
　　　We climbed higher, so that we could get a better view.
　　　（私達は一段と高いところに登ったので一段とよい見晴らしができた）
　　　＊この場合 so that の前にコンマがあるのが普通である。
　　② so that が〈結果〉を表すのか，〈目的〉を表すのかという判断の基準は次
　　　のようにすればよい。
　　　(a)〈結果〉の場合
　　　　1．so that の前にコンマがある。（会話では短い休止がある）
　　　　2．結果節中に原則として can，could 以外の法助動詞がない。
　　　　3．結果節中にはすでに起きた事柄が述べられる。
　　　(b)〈目的〉の場合

1．so that の前にコンマがない。
2．目的節中には can, could 以外の法助動詞がある。
3．目的節中にはこれから実現しようとする事柄が述べられる。

(b) such ＋（形容詞＋名詞）＋ that ... :「とても〜なので…」

It was **such a beautiful weather (that)** we went on a picnic.

（とてもうららかな天気だったので，私達はピクニックに出かけた）

The story gave her **such a deep impression (that)** she cried.　🔊▶83

（その物語は彼女にとても深い感動を与えたので，彼女は涙を流した）

〔注意〕such that：such の後に〈形容詞＋名詞〉がない場合がある。その場合は
　　　　such ＝ so great と解釈する。

　　　　His exertion was **such that** all the people began to look up to him.
　　　　（彼の尽力は大変なものだったので，人々は皆彼を尊敬しだした）

(5) 〈条件〉を表す副詞節

単純接続詞としては if, unless, 群接続詞としては as [so] long as,
assume (that), assuming (that), provided (that), providing (that),
suppose (that), supposing (that) などがある。

(a) if :「もし 〜 ならば」

〈条件〉を表す最も代表的な語。〈条件〉にも事実とは反対のありえ
ないことを考える「仮定の条件」――つまり叙想法［仮定法］の動
詞を用いるもの ――と，事実としてありうることを前提にした「単
なる条件」――つまり叙実法［直説法］（P.135 01 参照）の動詞を
用いるものの２種類がある。「仮定の条件」の場合，叙想法の動詞は
実際には叙想法過去・過去完了の２つしかないが，「単なる条件」の
場合，叙実法の動詞はさまざまな時制がくる。

　If I **were** you, I would not do so.　〈仮定の条件〉

　（もし僕が君だったら，そんなことをしないだろう）

　＊事実と反対のことを条件にしている。「僕が君になる」ことはあ
　　り得ない。

　If he **comes**, I will go there with him.　〈単なる条件〉

　（もし彼が来れば彼と一緒にそこへ行きます）

　＊「彼が来る」ことがあり得るという前提に立っての条件。

〈仮定の条件〉についてはすでに述べたので第９章を参照のこと。以下
では〈単なる条件〉の例を挙げる。

　If he *is* still *sleeping*, go and wake him up.　〈現在進行形〉

（もし彼がまだ眠っているなら，起こしに行きなさい）

If you *have finished* your homework, you can go out to play.

（宿題を終ってしまったら外へ遊びに行っていいよ）〈現在完了形〉

If I *said* so, I didn't mean to.　〈過去形〉

（もし，そう言ったとしても，そんなつもりじゃなかったんだ）

（b）unless：「もし…しなければ」「…でない限り」

普通 if ~ not ... で書きかえることができるが，書きかえられない場合もある。なぜなら unless は if 節中の（述語）動詞だけを否定するのではなく except that ...「…でない限り」という意味であるからnot が節全体を否定することになるのである。具体的に例を挙げて説明すると，

「彼が今晩来なければうれしいのだが」という日本文を英文に直すと，

I'll be glad **if** he does**n't** come this evening.

と if ~ not ... で言える。もしこれを unless を用いて，

I'll be glad **unless** he comes this evening.（×）

= I'll be glad except that he comes this evening.（×）

となり「彼が今晩来るということを除いて（ということでない限り）うれしい」という意味不明の文になってしまうからである。

unless は if ~ not ... よりも〈文章体〉であるし，普通〈仮定の条件〉の場合には用いない。

I won't be able to join in the antarctic expedition party **unless** my parents allow me to.

（両親が許してくれなければ，南極探検隊に参加できません）

（c）suppose ／ supposing (that)：「仮に～ならば」「～だとしたら（どうだろう）」

if とほぼ同じであるが，あり得るかあり得ないかに関係なく，ある事柄を純粋に仮定して，その結果を考える時に用いる。〈仮定の条件〉にも用いる。

Suppose you *are elected* President, what will you do?

（仮に大統領に選ばれたら，何をしますか）

Supposing your father *knew* how you're behaving here, what would he think?　〈仮定の条件〉

（お父さんが君がここでどんな行いをしているか知ったら，どう思うだろう）

＊suppose / supposing の条件節の後は疑問文になるのが普通である。

(d) provided / providing (that)：「…という条件で」
条件節の条件のもとでしか，主節の事柄が起こらないという特定の条件を表す。if よりも〈文語体〉である。

Provided [Providing] (that) my expenses are paid, I will accompany you.

（費用を出してもらえるなら，あなたに同行します）

(e) as [so] long as：「…しさえすれば」「…である限り」
if only, provided [providing] (that) と同じである。as long as の方がよく用いられる。

You can go out **as long as** you're back before dark.

（暗くならないうちに帰って来さえすれば外出してもいい）

The world always will be the same, **so long as** men are men. （♪▶84

（人間が人間である限り，世の中は相変らずだろう）

〔注意〕①**as long as** が〈米〉では **since**「…だから」の意味を表すことがある。

As long as (= *Since*) you're going, I'll go, too.
（君が行くのだから僕も行く）

②また **as long as** は **while**「…する間は」という意味になることもある。
I'll remember it **as long as** I live.
（生きている間は忘れません）

(f) on [upon] condition (that)：「…という条件で」

I'll do it **on condition (that)** you help me.

（君が手伝ってくれるならそれをしよう）

(6)〈譲歩〉を表す副詞節
単純接続詞では although, as, though, while など。群接続詞としては for all (that), even if [though], no matter what [who, when, where, etc.] など。相関接続詞として whether ~ or ..., whether ~ or not ... などがある。

(a) though / although：[…だけれども]
though は〈口語体〉でよく用いられる。although は〈文章体〉に用いるのが普通だが〈口語体〉にも使われる。文頭に来る場合は although の方がよく用いられる。

Though he has a strong body, he idles about every day.

（彼は強い体を持っているけれど，毎日ぶらぶら暮らしている）

Although the dam was broken by a heavy rain, the houses near here were not submerged.

(ダムが豪雨で壊れたけれど，この近くの家々は水没しなかった)

〔注意〕 *as though*「まるで〜のように」, *even though*「たとえ 〜 でも」, *what though* ...?「たとえ〜だって何だ」の場合と，形容詞・副詞・名詞などが先行する場合には although は用いられない。

  Even though (although ×) I lose my whole fortune, I will not ask a favor of him.（たとえ全財産を失おうとも，彼の世話にはならない）

(b) 形容詞／副詞／名詞／動詞＋ as [though] ＋主語＋動詞：

「…だけれども」

〈文章体〉で譲歩の意味を強調する。譲歩の意味をはっきりさせたい時には though も用いる。**名詞の場合は冠詞を付けない。**

Young **as** he is (=Though he is young), he knows better than ordinary men. 〈形容詞〉

(若いけれど，彼は普通の大人より分別がある)

Much **as** I admire his courage, I cannot think he acted wisely.   ((▶85

〈副詞〉

(彼の勇気は素晴らしいと思うが，賢い行動をしたとは思わない)

Woman **as** she was (= Though she was a woman), she decided to bear the hardship. 〈名詞〉

(女ながらもその辛苦に耐えて行こうと彼女は決心した)

＊今日ではこの名詞を文頭に出す用法は，ほとんど用いられない。

Try **as** I would, I could not persuade her parents. 〈動詞〉

(どんなにやってみても，彼女の両親を説得することができなかった)

(c) while：「〜とはいえ」「〜，一方…」

While (= Although) I admit her strong points, I can see her weak.

(私は彼女の長所を認めるものの弱点も目につく)

(d) if, even if, even though：「たとえ〜でも」

This villa is very comfortable **if** it is a little old.

(少し古くなってはいるが，この別荘はとても快適だ)

Even if you don't like him, you should be kind to him.

(たとえ彼が気に入らなくても親切にしてやるべきだ)

I wouldn't marry you **even though** you were the last man on earth.

(たとえあなたがこの世でただ一人の男でも，私はあなたと結婚はしないでし

ょう)

　　＊even if より even though の方が〈文章体〉

(e) no matter what (who, when, where, etc.)：「たとえ〜でも」

　　この形式の方が，複合関係詞〈関係詞 + -ever〉を用いる場合より，〈口語体〉としてよく用いられる。

　　　　We must do it, **no matter what [= whatever]** happens.

　　　　(何が起ころうとも我々はそれをしなければならない)

　　　　No matter how [= However] hard he works, he will never succeed.

　　　　(どんなに一生懸命働いても，彼は決して成功しないだろう)

　　　　No matter where [= Wherever] he goes, he will not live in peace. 《▶86

　　　　(どこへ行こうとも彼は安らかに暮らせないだろう)

　　　　No matter who [= Whoever] calls me, tell him I am out.

　　　　(誰が訪ねて来ても，私は留守だと言ってくれ)

　　　　You'll be welcome, **no matter when [= whenever]** you come.

　　　　(いつ来ても君を歓迎するよ)

【注】この形式の譲歩節中に助動詞 may を用いるのは古い〈文章体〉である。

　　　　No matter where [=Wherever] he **may** go, ...

(f) whether A or B：「ＡであろうとＢであろうと」

　　　Whether you go there *by bus* **or** *by train*, it makes little difference.

　　　(そこへバスで行っても列車で行っても，ほとんど変わりはない)」

　　　She must do it, **whether** she likes it **or not**.

　　　(彼女はいやがおうでもそれをしなくてはならない)

〔注意〕whether 〜 or not で，whether 以下の譲歩節が長くなる場合には，or not を whether の直後に移動させるのが普通である。

　　　Whether or not she thinks it better to refuse his proposal, you must do your best to change her mind. (彼女が彼の求婚を断る方がいいと思っていようがいまいが，君は彼女の考えを変えるように最善を尽くさなければいけない)

(7)〈様態〉を表す副詞節

単純接続詞では as, like, 群接続詞では as if, as though などがある。

(a) as：「〜するように」「〜のままに」・like：「〜のように」

　　　Do it **as** I tell you. (私の言う通りにそれをしなさい)

　　　Do in Rome **as** the Romans do.

　　　(ローマではローマ人がするようにしなさい → 郷に入っては郷に従え［諺］)

427

Take things **as** they are.

（物事はすべてあるがままに受け入れなさい）

As he predicted, the Giants lost the game.

（彼が予測した通り，ジャイアンツは負けた）

◆ like は as の〈口語体〉である。しかし〈米〉では少しずつ〈文章体〉にも用いられるようになってきている。

Swing your bat **like** I do. （バットを僕がするように振りなさい）

◆ as it is [was]・as they are [were] の慣用表現

<u>文［節］頭にくるとき</u>：「ところが実際は（〜でない［なかった］）」

叙想法（仮定法）の文の後に続くような場合

Of course I would pay you if I could. But **as it is**, I cannot.

（もちろん，できたらお支払いするのですが，実のところお支払いできないのです）

＊過去の実情を述べる時には as it was となる。

Of course I would have paid you if I could. But **as it was**, I couldn't.

（もちろん，できたらお支払いしたでしょうが，実のところお支払いできなかったのです）

<u>文［節］中のとき</u>：「現に，この通り，実際」

The law, **as it is**, is severe on this kind of people.

（現にその法律はこの種の人々には手厳しい）

<u>文尾にくるとき</u>：「あるがままに」

You should learn to see the world **as it is**.

（世の中をあるがままに見るようにしなければいけない）

Don't put back the books in their places. Leave them **as they are**.

（本をもとの場所へしまわないで，そのままにしておいて下さい）

◆関係代名詞的な用法：「〜のように」「…だが」

As might have been expected, his sons were all spoiled.

（予想されていたかも知れないことだが，彼の息子達は皆甘やかされて駄目になった）

＊as は his sons were all spoiled という主節全体を先行詞としている。

He comes to me when he is in need of money, **as** is very often the case. ◀▶**87**

（彼は金に困ると私の所へやって来る，いつものことだが）

＊as は先行する主節全体を先行詞としている。

(b)　as if, as though：「まるで〜かのように」
　どちらも節中には叙想法（仮定法）の動詞が来る。as though は
〈文章体〉。
◆従属節が主節の動詞と同じ〈時〉を表す場合は叙想法過去になる。
She looks **as if** she *were* ill.
（彼女はまるで病気のように見える）
She looked **as if** she *were* ill.
（彼女はまるで病気のように見えた）
＊〈口語体〉では as if 節中の主語が単数の場合は were でなく was が
よく用いられる。
She looks as if she **was** ill.
◆従属節が主節の動詞より古い〈時〉を表す場合は叙想法過去完了にな
る。
He looks **as if** he *had seen* an angel.
（彼はまるで天使にでも会ったように見える）
He looked **as if** he *had seen* an angel.
（彼はまるで天使にでも会ったように見えた）

〔注意〕〈口語体〉では話し手が as if 節中に叙実法（直説法）現在の動詞を用いるこ
　　　とがある。それは話し手が as if 節中の事柄がほとんど真実であるかのように
　　　感じているからである。
　　　　　It looks **as if** it **is** going to rain.
　　　　　（どうやら雨になりそうだ）

(8)〈範囲・限定〉の副詞節
　単純接続詞としては as, that など，群接続詞としては **as [so] far as**,
as [so] long as, **insofar as**, **in that** などがある。
(a)　as：「…の限りでは」
　The battle, **as** I recall it, was fierce and exhausting.
　　（その戦闘は，私の覚えている限りでは，猛烈で精根尽きはてるものだった）
(b)　that：「〜の限りでは（…ない）」
　否定文の後に置かれる。(...not [never] [no] など) **that I know of**
「私の知る限りでは（…ない）」という成句で用いられる。
　There have never been quarrels between them, **that** *I know of*.
　　（私の知る限りでは，彼等の間で口論のあったためしがない）
　"Is there any such book?" ——"*Not* **that** *I know of*."

429

（「そのような本がありますか」——「私の知る限りではありませんね」）

(c) as [so] long as：「…する限り」

You can stay with us **as long as** you like.

（好きなだけ長く私達のところに泊っていいよ）

As long as I live, I won't starve you.

（私が生きている限り，お前にひもじい思いはさせない）

【注】so long as は「…しさえすれば」「…する限りは」という条件を表す意味の時に用いられることが多い。

You may stay here **so long as** you keep quiet.
（静かにしていさえすればここにいてもよろしい）

(d) as [so] far as：「…する限り（では）」

As [So] far as the eye can reach, a vast wood spreads out like a green carpet.

（見渡す限り広大な森が緑の絨<ruby>毯<rt>じゅうたん</rt></ruby>のように広がっている）

There is no problem, **so [as] far as** he is concerned.

（彼に関する限り，何の問題もありません）

(e) insofar as：「…する限りにおいて」

Insofar as her education was concerned, they spared no expense.

（彼女の教育に関する限りでは，彼等は出費をいとわなかった）

＊in so far as と表記される時もある。

That's the truth, **in so far as** I know it.

（私の知る限りでは，それは本当だ）

(f) in that：「…という点で」

Men differ from brutes **in that** they can think and speak.

（人はものを考え，また言うことができる点で畜生とは異なる）

He is fortunate **in that** both his wife and children are excellent.

（彼は奥さんも子供もともにすばらしいという点で恵まれている）

(9) 〈比例〉の副詞節

単純接続詞としては as，群接続詞としては according as，in proportion as などがある。

(a) as：「…につれて」

He became more obstinate **as** he grew older.

（彼は年を取るにつれて頑固になった）

As we go up higher, the temperature gets lower.

（高く上るにつれて，温度は低くなる）

(b) according as, in proportion as：「…にしたがって」

We see things differently **according as** we are rich or poor.　《▶88

（金持ちか貧乏かで，ものの見方が変わる）

【注】according to ~ は群前置詞

A man will not always be generous **in proportion as** he becomes rich.

（人間は必ずしも金ができるにつれて大らかになるものではない）

(10) 〈比較〉の副詞節

これらについては既に述べたので第 18 章を参照すること。

～○～○～○～ 役に立つことわざ ～○～○～○～

★　A sound mind in a sound body.
　　（健全な精神は健全な身体に宿る）
★　Fools rush in where angels fear to tread.　《▶89
　　（君子危うきに近寄らず）
　　←〔愚か者は天使が恐れて踏みこまない所へ飛び込んでいく〕
★　It never rains but it pours.
　　（降れば土砂降り）←〔土砂降りにならなければ決して雨は降らない〕
　　注意：必ずしも悪いことだけを指すものではない。
★　There is no smoke without fire.
　　（火のない所に煙は立たぬ）
　　←〔噂には必ず何らかの根拠があるものだ〕
★　Doing nothing is doing ill.
　　（小人閑居して不善を為す）
　　←〔何もしないことは結局悪いことをしているのだ〕

練習問題 23

A 次の各文の（　　）内の適当な1語を選びなさい。

(1) You must do it, (if, whether, though) you like it or not.

(2) (Since, Although, As) it was very cold, he didn't light the fire.

(3) It is true that she is old, (or, for, but) she is still very energetic.

(4) I have not seen her (when, if, since) she went to Singapore.

(5) (As many as, As far as, As long as) the eye could reach, there was nothing to be seen but water.

(6) I had hardly arrived at Sapporo Station (before, after, since) it began to snow.

(7) Strike the iron (if, while, though) it is hot.

(8) He spoke very slowly (as, when, that) we might understand him.

(9) Some people will get obstinate (while, as soon as, as) they grow older.

(10) It was not (when, since, until) last night that I heard the news.

B 次の各文の（　　）内に適当な1語を入れなさい。

(1) She is neither tall (　　) short, but of middle height.

(2) Stop smoking, (　　) you will die of lung cancer.

(3) He couldn't attend the conference (　　) he was seriously ill.

(4) (　　) we got tired from walking, we decided to take a rest by a river.

(5) It will not be long (　　) winter comes.

(6) I should have been glad (　　) I had seen her.

(7) You can stay here as (　　) as you like.

(8) It is five years (　　) her mother died.

(9) We do not know the value of health (　　) we lose it.

(10) The rumor (　　) he made a great fortune spread among us.

C 次の各文を英語に直しなさい。

(1) 彼の失礼な態度（rudeness）にあまりにも驚いたので私は一瞬何も言えなかった。

(2) ほかに何もすることがなかったので，私たちはトランプをした。

(3) たとえ気に入らなくても，君はすぐにそれをしなければならない。

(4) もう彼は健康を回復したんだから，彼を連れて登山に行ける。

(5) 彼が罰せられなければならないのは，とても行状が悪かったからです。

D 次の各文の（　　）内に，各選択肢の中から最も適当なものを選び，その番号を書きなさい。

(1) The weather was getting worse and worse (　　) the day went on.
　　① as　　　　② for　　　　③ that　　　　④ unless

(2) We informed the manager (　　) we were unwilling to help.
　　① as　　　　② if　　　　③ that　　　　④ when

(3) Now (　　) he is ill, we shall have to do the work.
　　① for　　　　② though　　　　③ that　　　　④ even if

(4) (　　) she believes you is hard to believe.
　　① What　　　② That　　　③ Whatever　　④ Whenever

(5) Young men today are unlike our generation (　　) they express their likes and dislikes.
　　① how　　　② regarding　　　③ in what　　　④ in that
　　⑤ as regards

(6) He must have had some accident on the way, (　　) he would have been here by now.
　　① and　　　② before　　　③ if　　　　④ or

(7) You can borrow three books (　　) condition that you bring them back.
　　① at　　　② with　　　③ by　　　④ on　　　⑤ for

24 呼 応 (Concord)

> 文中において，文法上お互いに関連しあう 2 つの要素が，**人称・数・性・格**について決められた語形上の特徴を示すことを呼応 (concord) という。この章ではそのうち特に重要な**主語と述語動詞との呼応**をあつかう。

01 呼応の原則

述語動詞（P.16, 02 参照）は**人称と数**についてその主語に呼応する。

I like baseball.	［1人称・単数の主語］
（私は野球が好きだ）	
He likes baseball.	［3人称・単数の主語］
（彼は野球が好きだ）	
Owls hunt at night.	［3人称・複数の主語］
（ふくろうは夜えさをあさる）	
The owl hunts poorly.	［3人称・単数の主語］
（そのふくろうはえさを取るのが下手だ）	

次に述語動詞が人称・数について特別な形を持つ場合を示しておく。

(1) be 動詞

数	人称	主語	現在形	過去形
単数	1人称	I	am	was
	2人称	you	are	were
	3人称	he, she, it	is	was
複数	1人称	we	are	were
	2人称	you	are	were
	3人称	they	are	were

＊2人称・単数は昔は thou という形であったのが，現在の英語では，本来複数の you を転用するようになった。その結果 2 人称は単数も

複数も同じ形となった。

(2) have 動詞

　３人称・単数・現在形だけが has で，残りの現在形はすべて have，過去形はすべて had。

(3) 一般動詞

　３人称・単数・現在だけ語尾に -s または -es を付ける。残りの現在形はすべて動詞の原形。過去形はそれぞれの動詞が規則変化か不規則変化によって変わる。各動詞の活用形で調べること。

02 注意すべき呼応

(1) 複数主語の単数扱い

〈A and B〉で同一人（物）や１つのまとまった存在・概念を表す場合

The **novelist and governor** *is* jogging in the park. 〈同一人〉

（その作家兼知事が公園をジョギングしています）

cf. The **novelist** and **the governor** *are* jogging in the park.

（その作家と知事は公園をジョギングしています）〈別人〉

A **watch and chain** *was* given to her as a memento.

（鎖つきの時計が形見として彼女に渡された）〈一個の存在〉

Slow and steady *wins* the race. 〈１つの概念〉［諺］

（ゆっくりでも着実にやる者が競争に勝つ）

(2) 〈A and B〉に each，every，no などが付く場合

Each **boy and (each) girl** *wishes* to see him.

（どの少年や少女も彼に会いたがる）

Every **man, woman, and child** *was* forced to work.

（すべての男も女も子供も強制的に働かされた）

No **sentence and no word** *is* to be neglected.

（どの文もどの語もなおざりにされるべきではない）

03 語形は複数でも意味上は単数の場合

国名・書名・学問の名など

The United States of America *consists* of various races.

（アメリカ合衆国はさまざまな人種で成り立っている）

Sons and Lovers by Lawrence *is* a work full of local colors.

（ロレンスの『息子と恋人』は地方色豊かな作品です）

Economics is my favorite study.

（経済学は私の大好きな学問です）

04 〈数詞＋時間・距離・重量・金額の単位〉

2つ以上の数詞が時間・距離・重量・金額などの単位を表す名詞の前につ
いても，それが**全体で1つのまとまりとして考えられている**場合は単数扱
いとなる。

A hundred years *is* a wink when compared to the long history of the
universe.（長い宇宙の歴史に比べれば，100年もほんの一瞬に過ぎない）

Five miles *is* not easy for a child to walk.

（5マイルというのは子供が歩くには簡単じょないよ）

Ten pounds *is* the target of her dieting.

（10ポンドが彼女の減量の目標だ）

Another five years *has* been lost in prison.

（さらに5年間が拘置所で失われた）

05 どちらか片方の名詞と呼応する場合

24
呼
応

(1) 主語が or, nor で結合されている時は，それらの後の（代）名詞に
呼応する。

Either Mary **or I *am*** to blame.

（メアリーか私のどちらかが責められるべきです）

Neither John **nor his brothers *have*** arrived at the hotel yet.

（ジョンも彼の兄弟もまだホテルに来ていない）

(2) 〈not only A but (also) B〉は B に呼応する

Not only he **but (also) I have** caught cold.

（彼ばかりか私も風邪を引いた）

Not only the bridges **but (also) the railroad *was*** exploded.

（橋ばかりか鉄道も爆破された）

(3) 〈A as well as B〉，〈A with B〉は普通 A に呼応する

The teacher **as well as** *the students **was*** deeply impressed by the movie.

（学生と同様に先生もその映画に深い感銘を受けた）

Mr. William **with** *his wife **is*** expected to be here this evening.

（ウイリアム氏は夫人同伴で今晩ここに来られることになっている）

〔注意〕〈口語体〉では with が and のように感じられて，複数扱いになる時もある。
　　　　The father with *his son* ***were*** killed in the traffic accident.
　　　　（その父は息子と一緒に交通事故で死んだ）

06 集合名詞は単数扱い，衆多名詞は複数扱い

His family is large. 〈集合名詞〉

（彼の家族は大世帯だ）

The family *are* all well. 〈衆多名詞〉

（その家族は皆健康だ）

The large crowd *was* gathering into the square. 〈集合名詞〉

（大群衆が広場に集まりつつあった）

The crowd *were* enormously enthusiastic. 〈衆多名詞〉

（群集は［一人一人が］異常に熱狂した）

〔注意〕集合名詞が複数形の場合はもちろん複数扱いである。
　　　　In our town, **three families** were chosen so as to enter into the game.
　　　　（私たちの町ではその競技に参加するために3家族が選ばれた）

07 単数・複数どちらでもよい呼応

（1）**足し算・掛け算**：単数扱いが普通であるが，複数扱いの時もある

Two and two **makes [make]** four.

（2足す2は4である）［2 + 2 = 4］

Five times four **is [are]** twenty.

（5掛ける4は20である）［5 × 4 = 20］

＊5 × 4 = 20であって，4 × 5ではない。また，times を省いた時は複数形で受けるのが普通。

Five fours **are** twenty.

（2）**引き算・割り算**：原則として単数扱いである

Three from eight **leaves [is]** five.

（8引く3は5である）［8 − 3 = 5］

Fifteen divided by five **equals [is]** three.

（15割る5は3である）［15 ÷ 5 = 3］

＊Five into fifteen goes three times. という言い方もある。

(3) 〈a number of ＋ 複数名詞〉は複数扱い

a number of ＋複数名詞は（a)「幾らかの（some)」という意味と，(b)「多くの（many)」という意味の2つがある。もちろん，どちらも複数扱いになる。

> **A number of** students **are** playing truant.
>
> （何人かの学生がずる休みをしている）
>
> **A number of** bees **are** flying around in the flower garden.
>
> （たくさんの蜜蜂が花畑を飛びまわっている）

〔注意〕【〈the number of ＋複数名詞〉は常に単数扱い】
　　　　a number of は形容詞の働きをしているから主語は複数名詞になる。それで動詞は複数扱いになる。一方〈the number of〉では of ＋複数名詞が形容詞の働きになり，the number が主語になる。それで単数扱いになる。要するに The number of ～ は常に「～の数」という意味で単数扱いになるということである。

(4) no one は単数扱い，none は複数扱い

どちらも「誰も～ない」と同じ意味だが，none は〈文章体〉で，普通複数扱いにする。

> **No one knows** her name.
>
> （誰も彼女の名前を知らない）
>
> **None** but fools **have** ever believed it.
>
> （馬鹿でなければそれを信じた者はいない）
>
> ＊but ＝ except

〔注意〕ただし，〈none of ＋名詞〉の場合は名詞が単数であれば単数扱い，複数であれば複数扱いになる。

> **None of** his *money* **was** wasted.
>
> （彼のお金はまったく浪費されなかった）
>
> **None of** her *friends* **have** been to Paris.
>
> （彼女の友人たちは誰もパリに行ったことがなかった）

(5) all [half, most, part, the rest] of ＋名詞の場合

名詞が複数の時は複数扱い，量を表す単数の時は単数扱いになる。

> **All of** the *girls* **are** beautifully clothed.
>
> （女の子たちは皆きれいに着飾っている）
>
> **All of** the *gasoline* **has** been exhausted.
>
> （ガソリンは全部使い果たしてしまった）

{
Most of the *passengers* **were** injured.

（乗客の大部分は負傷した）

Most of his *money* **was** spent on gambling.

（彼のお金の大部分は賭け事に使われた）
}

{
The rest of the *boys* **are** throwing a baseball.

（残りの少年たちはキャッチボールをしている）

The rest of the *water* **was** scattered on the road.

（残りの水は道路に撒かれた）
}

(6) either, neither の場合

正式にはどちらも単数扱いであるが，〈口語体〉では複数扱いにするのが普通。

Either of them **is [are]** sure to come.

（彼等のどちらかは必ず来ます）

Neither of them **is [are]** at home.

（彼等はどちらも家にいない）

(7) 〈many a ＋名詞〉は単数扱い：「あまたの」〈文章体〉

Many a little **makes** a mickle.

（ちりも積もれば山となる）［諺］

＊mickle ＝ たくさん，多量

(8) news, means の場合

news は普通単数扱い。means「方法・手段」は単数・複数どちらにも扱われる。

Is there any good **news**?（何かいいニュースはないかい）

There **are [is]** no **means** of knowing what is happening there.

（そこで何が起こっているのか知る手段がない）

439

練習問題 24

A 次の各文の（　　）内の適当な1語を選びなさい。

(1) Each boy and girl in that country (wish, wishes) to be a member of the Olympic team.

(2) She suggested that we (take, took) a fifteen-minute coffee break.

(3) The committee (has, have) decided to send the report to the government.

(4) A hundred dollars (is, are) more than I can pay.

(5) Either of these books (is, are) very interesting.

(6) Lots of money (was, were) stolen from the safe last night.

(7) Fish and chips (is, are) very popular in Norway.

(8) Early to bed and early to rise (makes, make) a man healthy, wealthy, and wise.

(9) Not only you but also I (am, are) thirsty.

(10) He as well as I (knows, know) English very well.

B 次の各文の（　　）に適当な1語を入れなさい。

(1) I like you and Bill because (　　) are honest.

(2) John with his wife (　　) coming toward us.（現在時制）

(3) The writer and politician (　　) published a new book.

(4) It is you that (　　) wrong.

(5) A number of students (　　) absent from school yesterday.

C 次の各文に誤りがあれば正しなさい。

(1) About four-fifths of the pupils goes to universities.

(2) Bread and butter are his favorite breakfast.

(3) John and I am good friends.

(4) One of his favorite words were "liberty."

(5) Most of the schoolgirls seems to know his secret.

(6) Half of the watermelon is bad.

(7) All that glitters are not gold.

(8) None of them was present at the funeral.

(9) Twenty dollars are too much for this book.

(10) No one denies the fact that she is more kind than clever.

D 次の各文の（　　）内に，各選択肢から最も適当なものを選び，その番号を書きなさい。

(1) Mary, as well as her brothers, (　) busy planning picnic.
   ① is　　　　② are

(2) Neither houses nor a church (　) enough to make a community.
   ① are　　　② is

(3) A number of boys (　) playing in the park.
   ① was　　　② were

(4) Early to bed and early to rise (　) a man healthy, wealthy, and wise.
   ① make　　② makes

(5) Three-fourths of the earth's surface (　) of water.
   ① consist　② consists

(6) More than half of the sheep in the pasture (　) found to be infected with the disease.
   ① were　　② was

25 時制の一致と話法

> I thought (that) he was honest.
> （私は彼は正直だ［である］と思った）
> He said (that) it would rain tomorrow.
> （彼は明日雨になるだろうと言った）

上の英文では主節の動詞が過去の場合は従属節の動詞も過去になっている。しかしそれに対応する日本文では従属節はそれぞれ現在時制と未来時制のままで英語のような変化を示さない。英語に見られる主節の動詞が過去時制になると，それに応じて従属節の動詞も過去時制や過去完了時制に変えなければならないという規則を時制の一致（Sequence of Tenses）という。主節の動詞が，現在時制・現在進行形・現在完了形のような現在形と未来時制の場合にはこの規則は関係ない。

また，自分を含めて人の言葉や考えを伝える方法を話法（Narration）というが，話法は時制の一致と強く結びついているので，この章ではまとめてあつかうことにする。

Ⅰ．時制の一致

01 時制の一致の原則

（1）主節の動詞が現在・現在完了・未来の場合

　時制の一致は起こらず，従属節の動詞の時制は自由である。

		she works hard.	［現在］
		she is working hard.	［現在進行］
［現　　在］He says		she has worked hard.	［現在完了］
［現在完了］He has said	(that)	she has been working hard.	［現在完了進行］
［未　　来］He will say		she worked hard.	［過去］
		she was working hard.	［過去進行］
		she had worked hard.	［過去完了］
		she had been working hard.	［過去完了進行］

【注】時制の一致が起きるのは，主として名詞節であって，形容詞節や副詞節の動
　　詞の時制は普通自由である。

(2) 主節の動詞が過去の場合

　(a) 従属節が名詞節のとき

　　名詞節の動詞は過去か過去完了になる。

　　　┌ 現在 │ He says (that) she *works* hard.
　　　│　↓　　　　　　　　↓
　　　└ 過去 │ He **said** (that) she **worked** hard.

　　　┌ 現在 │ He says (that) she *is working* hard.
　　　│　↓　　　　　　　　↓
　　　└ 過去 │ He **said** (that) she **was working** hard.

　　　┌ 現在 │ He says (that) she *has worked* hard.
　　　│　↓　　　　　　　　↓
　　　└ 過去 │ He **said** (that) she **had worked** hard.

　　　┌ 現在 │ He says (that) she *worked* hard.
　　　│　↓　　　　　　　　↓
　　　└ 過去 │ He **said** (that) she **had worked** hard.

　　　┌ 現在 │ He says (that) she *was working* hard.
　　　│　↓　　　　　　　　↓
　　　└ 過去 │ He **said** (that) she **had been working** hard.

$\left\{\begin{array}{l}\boxed{現在}\ \text{He says (that) she } \textit{had worked}\text{ hard.}\\ \qquad\downarrow \qquad\qquad\qquad\qquad\downarrow\\ \boxed{過去}\ \text{He } \textbf{said}\text{ (that) she } \textbf{had worked}\text{ hard.}\end{array}\right.$

＊過去完了より古い時制はないので，過去完了進行形の場合も含めて，これらは結果として変化なしとなる。

$\left\{\begin{array}{l}\boxed{現在}\ \text{He says (that) she } \textit{will work}\text{ hard.}\\ \qquad\downarrow \qquad\qquad\qquad\qquad\downarrow\\ \boxed{過去}\ \text{He } \textbf{said}\text{ (that) she } \textbf{would work}\text{ hard.}\end{array}\right.$

＊must, need, ought to にはいわゆる過去形がないので従属節でもそのまま用いてもよいし，あるいはそれらの代用形を用いてもよい（**P.121**, 13、**P.122**, **15**【注】参照）

(b) 従属節が副詞節のとき

原則として自由である。発話の時の状況や意味にしたがって副詞節の動詞の時制が決まる。

> I **can**'t go out for a drink because I **have spent** my pocket money.
> （小遣いを使ってしまったので飲みに行けない）
>
> I **could**n't go out for a drink because I **had spent** my pocket money.（小遣いを使ってしまったので飲みに行けなかった）

He *was* more diligent $\left\{\begin{array}{l}\text{than he } \textbf{is}\text{ now.} \quad\cdots\cdots\cdots\cdots\text{①}\\ \text{than John } \textbf{was.} \quad\cdots\cdots\cdots\cdots\text{②}\\ \text{than he } \textbf{had been}\text{ before.} \quad\cdots\cdots\text{③}\end{array}\right.$

> （彼は［①現在よりも］［②ジョンよりも］［③以前よりも］勤勉だった）

(c) 従属節が形容詞節のとき

副詞節の場合と同じように原則として自由である。状況や意味によって自然に時制が決まる。

> It *was* the last otter that **is** never **seen** in Japan today.
> （それは今日の日本では決して見られない最後のカワウソだった）

It was the biggest octopus that $\left\{\begin{array}{l}\text{I've ever seen.} \quad\cdots\cdots\cdots\cdots\text{①}\\ \text{I ever } \textbf{saw.} \quad\cdots\cdots\cdots\cdots\text{②}\\ \text{I } \textbf{had}\text{ ever } \textbf{seen.}\quad\cdots\cdots\cdots\cdots\text{③}\end{array}\right.$

> （それは［①②これまで］［③それまで］見たこともない大きなタコだった）
>
> ＊①は現在完了，②は過去と時制は違うが実質的な意味は同じである。③はあまり用いられない。

02　時制の一致の例外

普遍の真理・現在の習慣や事実は時制の一致を当てはめても，当てはめなくてもよい。しかし一般的に言って，きちんとした文章では例外とする方が多い。歴史上の事実や叙想法は必ず例外となる。

(1)　普遍の真理

They *were taught* at school that ten by ten **is** a hundred.

　（彼等は 10 × 10 は 100 だと学校で教えられた）

We *learned* at school that the earth **is** [**was**] round.

　（私達は学校で地球は丸いということを学んだ）

Primitives believed that the earth **was** flat.

　（原始人達は地球は平たいと信じていた）

＊この場合は真実とは違うので必ず was となる。

(2)　現在の習慣や事実

He *said* that he **attends** [**attended**] a night school.

　（彼は夜学に通っていると言った）

She *knew* that Osaka **is** [**was**] the second largest city in Japan.

　（大阪は日本で 2 番目に大きい都市だということを彼女は知っていた）

(3)　歴史上の事実

時制の一致の法則の例外で，どんなに古いことでも必ず**過去形のまま**で，**過去完了形にしない**。

They *learned* that Columbus **discovered** America in 1492.

　（彼等はコロンブスは 1492 年にアメリカを発見したということを学んだ）

〔注意〕歴史上の事実でなくても，文脈で出来事の前後関係がわかるときには過去完了形にしないこともある。

　　　　John *said* he **was** very surprised when he found her dead.
　　　　（ジョンは彼女が死んでいるのを知った時とても驚いたと言った）

(4)　叙想法の場合

叙想（仮定）法は叙実（直説）法とは時制の仕組みが別なので，**叙実法の時制の一致**という規則は適用されない。

(a)　叙想法過去

I *wish* I **were** a millionaire.

I *wished* I **were** a millionaire.

　（大金持ちだったらよい［よかった］のに）

445

(b) 叙想法過去完了

I *wish* I **had been born** in Paris.

    ↓   ↓

I *wished* I **had been born** in Paris.

（パリで生まれていたらよい［よかった］のに）

(c) 叙想法現在

We *suggest* that John **attend** the meeting.

    ↓   ↓

We *suggested* that John **attend** the meeting.

（私達はジョンがその会議に出席するよう提案する［した］）

〔注意〕単なる条件（P.423, 15 (5) (a) 参照）の場合は，01 (2) (b) と話法の規定
に従うことになる。

He *says* that if it rains tomorrow he won't go on a picnic.

〈当日伝達〉

He *said* that if it **rained** the next day he **would**n't go on a picnic.

〈翌々日以後の伝達〉

(5) 比較を表す副詞節の場合
01 (2) (b) の例文通り動詞の時制は自由である。

Ⅱ. 話　法

他人や自分の言ったこと，思ったことを話し相手に伝える方法を話法という。

03　話法の種類

発話者の言葉をそのまま伝える場合を直接話法（direct narration），発話
内容を自分の立場からの言葉に直して伝える場合を間接話法（indirect
narration）という。

He says, "**You** look pale." 〈直接話法〉

（「君は顔色が悪いよ」と彼が言う）

He says (that) **I** look pale. 〈間接話法〉

（僕は顔色が悪いと彼が言う）

上の英文で話を伝える（say, tell, ask, inquire, etc.）などの動詞を**伝
達動詞**，伝えられる内容を**被伝達部**，主節の〈主語＋伝達動詞〉を**伝達節**
という。

04　話法の転換

直接話法とそれを間接話法に転換する場合の原則を次に示すことにする。

直　接　話　法	間　接　話　法
①普通, 被伝達文に引用符（" "）を付ける ②伝達動詞と被伝達部との間にコンマ（ , ）を付ける ③被伝達文は大文字で始める ④引用符内にピリオド（ . ）, 疑問符（?）, 感嘆符（!）を入れる	①適当な伝達動詞に変える ②伝達節と被伝達文との間に適当な接続詞を入れる ③被伝達文中の人称代名詞を話し手の立場から変える ④時制の一致を行う ⑤被伝達文中の指示代名詞・指示形容詞・「時・場所」の副詞（句）を話し手の立場から適当なものに変える

◆代表的な伝達動詞

平　叙　文	say (to), tell, answer, report, etc.
疑　問　文	ask, inquire, demand, etc.
命　令　文	tell, order, advise, ask, etc.
感　嘆　文	exclaim, cry, sigh, etc.
祈　願　文	pray, express, etc.

05　話法の転換

（1）平叙文の場合

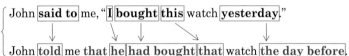

John **said to** me, "**I** **bought** **this** watch **yesterday**."

John **told** me that **he** **had bought** **that** watch **the day before**.

　（ジョンは私に「僕は昨日この腕時計を買った」と言った）〈直接話法〉

　（ジョンは私に彼はその前の日にその腕時計を買ったと言った）〈間接話法〉

①伝達動詞 say to を tell に変える。（ただし, 伝達動詞が say だけの場合は変えなくてもよいが, 普通は tell に変える）

②被伝達文の前に接続詞 that を置く。（ただし,〈口語体〉の時はこの that は省略されることが多い）

③被伝達文中の人称代名詞を話し手の立場から変える。（上の例文では I が he になる）

④被伝達文中の動詞の時制を一致させる。（上の例文では bought が had bought になる）

⑤時の副詞 yesterday は the day before になる。

(2) 疑問詞のある疑問文の場合

John **said to** me, "When **will** **you** leave ?"

John **asked** me when **I** **would** leave.

（ジョンは私に「あなたはいつ出発するのですか」と言った）〈直接話法〉

（ジョンは私にいつ出発するのですかと尋ねた）〈間接話法〉

①伝達動詞を ask に変える。

②被伝達文を間接疑問文（P.227 第13章Ⅳ参照），つまり〈疑問詞＋主語＋動詞〉という平叙文の語順に変える。この場合は疑問詞が接続詞の働きをかねることになる。

③被伝達文中の人称代名詞 you を I に変える。

④被伝達文中の動詞の時制を一致させる。will は would に変わる。

◆ will と shall のあつかい

普通〈口語体〉のとき［単純未来］では，〈英〉・〈米〉のどちらも will ['ll] を用いるから間接話法でもそのまま変えずに will, ['ll] を用いればよい（もちろん時制の一致の場合は would, ['d] になる）。ただし，〈英〉の場合は間接話法で主語の人称代名詞が変わったために，［単純未来］が［意志未来］に誤解されたり，［意志未来］が［単純未来］に誤解される心配がでてくる時には will [would] を shall [should] に変える必要がある。

He said, "You *will* soon be better."

（「あなたはじきによくなるでしょう。」と彼は言った）

He said (that) I **should** soon be better.　［単純未来］〈英〉

（私はじきによくなるでしょうと彼は言った）

＊〈米〉であれば would でよい。

John said, "I *shall* be late for the meeting."

（「僕は会議に遅れるだろう。」とジョンは言った）

John said (that) he **would** be late for the meeting.

（彼は会議に遅れるだろうとジョンは言った）[単純未来]〈英〉

＊should にすると〈英〉では[意志未来]と誤解される。

2・3 人称の[意志未来]（**P.67**, **13** 参照）を表す shall は時制を一致させる必要がある場合は変えずに should を用いる。

> I *said to* my daughter, "*You* **shall** be rewarded if *you are* patient."
> （「辛抱強くしていたらご褒美をあげるよ」と私は娘に言いました）
> I **told** my daughter **that she should** be rewarded if **she was** patient.
> （辛抱強くしていたらご褒美をあげるよと私は娘に言いました）

（3）疑問詞のない疑問文の場合

伝達動詞は（2）と同じく ask, inquire, wonder などを用いる。被伝達文の前に if または whether を接続詞としてもちいる（if の方がよく用いられる）。その他は平叙文の場合と同じである。

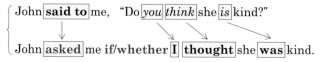

> John **said to** me, "Do *you* *think* she *is* kind?"
> John **asked** me if/whether **I** **thought** she **was** kind.
> （彼女は親切だと思いますかとジョンは私に尋ねた）

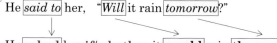

> He *said to* her, "*Will* it rain *tomorrow*?"
> He **asked** her if/whether it **would** rain **the next day**.
> （次の日は雨が降るでしょうかと彼は彼女に尋ねた）

> The visitor *said to himself*, "*Are* they all not at home?"
> （「彼等は皆留守なのかな？」とその訪問者は思った）
> The visitor **wondered** if/whether they **were** all not at home.

（4）命令文の場合

被伝達文の内容が**命令・依頼・忠告・勧誘**のどれかによって伝達動詞は違ってくる。

> **命令**：command, order, tell
> **依頼**：ask, beg, request
> **忠告**：advise
> **勧誘**：propose, suggest

次に，被伝達文は命令・依頼・忠告の場合は to 不定詞に，勧誘の Let's の場合は that 節になる。

(a) 命令を表す場合

He **said to** me, "Put the room in order."
He **told** me **to** put the room in order.

（部屋をかたづけなさいと彼は私に言いつけた）

He **said to** them, "Don't be noisy."
He **ordered** them not **to** be noisy.

（騒がしくしないようにと彼は彼等に命じた）

＊否定の命令文の場合は to 不定詞の前に not または never を置く。

(b) 依頼を表す場合

He **said to** me, "Will you pass me the salt?"
He **asked** me **to** pass **him** the salt.

（塩をまわしてもらえますかと彼は私に頼んだ）

She **said to** him, "Lend **me** as much money as you can, please."
She **begged** him **to** lend **her** as much money as **he** could.

（できるだけ多くのお金を貸してちょうだいと彼女は彼に頼んだ）

(c) 忠告を表す場合

He **said to** me, "Don't waste **your** time."
He **advised** me not **to** waste **my** time.

（時間を浪費するなと彼は私に忠告した）

The doctor **said**, "Don't eat too much fat."
The doctor **advised me** not **to** eat too much fat. 《▶91

（あまり脂肪分を取り過ぎないようにと医者は私に勧めた）

(d) 勧誘を表す場合

Let's ～「～しよう」と勧誘を表す命令文の場合

John **said to** Mary, "Let's learn Japanese."
John **proposed to** Mary **that they (should)** learn Japanese.

（日本語を勉強しようとジョンはメアリーに提案した）

He **said to** me, "Let's go to the movies."
He **suggested** (to me) **that we (should)** go to the movies.

（彼は私に映画を見に行こうと提案した）

(5) 感嘆文の場合

はっきり決まった形はないが，伝達動詞としては **complain，cry (out)，exclaim，shout，sigh** などを伝達文の内容に応じて用いる。感嘆文で

用いられている **how**，**what** に接続詞の役割も持たせて使ってもよい
し，**very** や **really** などの強意の副詞を用いて平叙文として表現するこ
ともできる。また伝達動詞に **in anger**（怒って），**with a sigh**（ため息
をついて），**with delight**（喜んで），**with regret**（後悔して），**gladly**（喜
んで），**joyfully**（嬉しそうに），**regretfully**（残念そうに），**sadly**（悲しそ
うに）などの副詞を伝達動詞と組み合わせて感嘆文の内容を示すことも
できる。

> He **said**, "How foolish I have been!"
> He **cried (out)** *how foolish* he had been.

　（ああ，僕は何て馬鹿だったんだろうと彼は叫んだ）

> He **said**, "What a blunder you made!"
> He **exclaimed (in anger)** what a blunder **I had made**.

　（君は何てヘマをやったんだと彼は［怒って］叫んだ）

> He **said**, "**Hurray! I have** passed!"
> He **exclaimed with delight that he had** passed.

　（万歳！合格したと彼は喜んで叫んだ）

> She **said**, "**How** happy **I am**."
> She **said that she** was **very** happy.

　（彼女はとても幸福だと言った）

(6) 祈願文の場合

　感嘆文の場合と同じように一定の決まった形はない。伝達動詞は
express，pray，wish などが用いられる。被伝達文は that 節になるこ
とが多い。

> He **said to** me, "**May** God bless **you!**"
> He **prayed that** God **might** bless **me**.

　（私に神の祝福がありますようにと彼は祈った）

> He **said**, "**May** she lead a happy life!"
> He **expressed his wish that** she **might** lead a happy life.

　（彼女が幸福な暮らしをするようにと彼は願った）

06 指示代名詞・指示形容詞と「時・場所」の副詞（句）の転換

被伝達文中の this や that などの指示代名詞，あるいは I や you などの人
称代名詞は話し手の立場によって変化するし，「時・場所」を表す副詞（句）
は発話された同じ日，同じ場所で伝達するか，違った日，違った場所で伝

達するかによっても変わってくる。その点をよく心得て変換すればよい。
次に話法の転換の際に起こる基本的な変化を示しておく。

直　接　話　法	間　接　話　法
this (これ, この)	that (あれ, あの)
these (これら, これらの)	those (それら, それらの)
here (ここに)	there (そこに)
now (今)	then (その時)
today (今日)	that day (その日)
tonight (今夜)	that night (その夜)
tomorrow (明日)	the following day (その翌日)
yesterday (昨日)	the day before (その前日)
this week [month, etc.]　(今週 [今月, など])	that week [month, etc.]　(その週 [月, など])
next week [month, etc.]　(来週 [来月, など])	the following week [month, etc.]　(その次の週 [月, など])
last week [month, etc.]　(先週 [先月, など])	the week [month, etc.] before　the previous week [month, etc.]　(その前の週 [月, など])
a week [month, etc.]　((今から) 1週間 [1ヶ月,　など] 前) ago	a week [month, etc.]　((その時から) 1週間 [1ヶ月, など]　before

07　重文・複文の転換

(1)　重文の転換

被伝達文が2つ以上の等位節から成る場合，and, but, or (nor) の等位
接続詞の後に that をくり返す。ただし，最初の that は省略されること
が多い。これは構文を明らかにするためである。

> He said, "*I have* plenty of money **and** *I don't* have to work."
> He said **(that)** *he had* plenty of money **and that** *he didn't* have to work.
>
> （彼は金持ちだから働く必要はないと言った）

> She said, "He *is* a millionaire but *is* not happy."
> She said **(that)** he *was* a millionaire **but that** he *was* not happy.
>
> （彼は大金持ちだが幸福ではないと彼女は言った）

〔注意〕①等位接続詞が for の場合は that は用いず，そのまま for で続ける。

> He said, "She may be ill, *for* she looks very pale."
> He said (that) she might be ill, **for** she looked very pale.

（彼女は病気かも知れない，だってとても顔色が悪いからと彼は言った）

②〈命令文＋ and (or)〉の場合も for の場合と同じように that は付けない。

> He said to me, "*Lend* a hand to me in digging a hole *and* I'll treat you to a drink."
> He told me to lend a hand to him in digging a hole **and** he'd treat me to a drink.

（穴を掘るのに手を貸してくれたら一杯おごるよと彼は私に言った）

(2) 複文の場合

被伝達文中に名詞節があるときは，普通時制の一致が行われるが，副詞節のときは時制の一致が行われないことが多い。

(a) 名詞節の場合

> He said, "It is certain that you **will** succeed."
> He said (that) it was certain that I **would** [should] succeed.

（僕が成功することは確かだと彼は言った）

(b) 副詞節の場合

> He said, "Why **didn't** you help her when she **was** in trouble?"
> He asked why I **hadn't helped** her when she **was** in trouble.　　(◀▶**92**

（彼女が困っているのになぜ助けてやらなかったのかと彼は言った）

＊she **had been** in trouble とはしない。それは副詞節の事柄が，発話したとき（つまり said と同じとき）のことを表しているからである。過去における現在（P.66, 11）参照。

08　2つ（以上）の種類の違う文の転換

被伝達文が平叙文と疑問文のように種類の違う2つ（以上）の文から成るような場合には，それぞれの文に応じた伝達動詞や接続詞を用いることになる。

(1) 平叙文＋疑問詞のある疑問文

> He said, "I must go to the bank. What time is it now?"
> He **said** (that) he must [had to] go to the bank **and asked what** time it was then.
>
> 　（「銀行に行かなくちゃいけない。今何時だ。」と彼は言った）

(2) 平叙文＋疑問詞のない疑問文

He said to me, "I'm very hungry. Is there anything to eat?"

He **told** me **that** he was very hungry **and asked if** there was something to eat.

（「とてもお腹がへった。何か食べ物はない？」と彼は私に言った）

(3) 平叙文＋命令文

His mother said to him, "Your face and hands are very dirty. Go and wash them."

His mother **told** him **that** his face and hands were very dirty **and required** him **to go** and wash them.

（「顔も手もとても汚いわ。洗いに行きなさい。」と彼の母は彼に言った）

(4) 命令文＋平叙文

Mother says to me, "Don't spend too much money. It is second in importance to life."

Mother **advises** me not **to** spend too much money **and tells** me **that** it is second in importance to life.

（「お金を使い過ぎてはいけません。それは生命の次に大事だからよ。」と母は私に言います）

(5) 感嘆文＋平叙文

She said, "How beautiful these flowers are! I want to make a picture of them."

She **exclaimed** how beautiful those flowers were **and said (that)** she wanted to make a picture of them.

（「この花々は何てきれいなんでしょう！絵に描きたいわ。」と彼女は言った）

(6) 疑問文＋命令文

He said to me, "Where did you carry the address book? Fetch it at once."

He **asked** me where I had carried the address book **and told** me to fetch it at once.

（「住所録をどこに持って行ったんだ。すぐに持ってきてくれ。」と彼は私に言った）

09　混合話法

表現上の効果の面から直接話法と間接話法とが混じり合っている場合がある。その場合伝達文がまったく欠けているものを描出話法という。

(1) 描出話法

間接話法のように人称・時制は変化するが，その他は直接話法と同じなので一見地の文のような印象を受ける。

There rose slowly to his feet the landlord. *Celebrations*, he said. ***We** **were** celebrating **this** peace. Now, what **did** celebration mean?*

（地主はゆっくりと立ち上がった。お祝いかと彼は言った。我々はこの平穏を祝っている。ところで，お祝いとはどういうことなんだ）

＊ゴシック体の were, did は直接話法にすると，それぞれ are, does となる。We 以下は直前に he said があるため省かれている。また this は直接話法のままである。

(2) 混合話法

直接話法と同じようにコンマ，引用符は用いるものの，その他の点では間接話法と同じもの。

He said that, "his mother was seriously ill."　［混合話法］

（彼の母は重病だと彼は言った）

＊引用文中の his が小文字である点に注意。

He said, "My mother is seriously ill."　　　　　［直接話法］

He said that his mother was seriously ill.　　　［間接話法］

練習問題 25

A 次の各文を間接話法の文に変えなさい。

(1) He said to me, "I will go fishing tomorrow."

(2) She said to me, "I shall be late at the office."

(3) He said, "If I were you, I wouldn't say such a thing."

(4) She said to me, "I wish I had been born abroad."

(5) He said to me, "How long have you been in Japan?"

(6) She said to me, "Where do you live?"

(7) "Do you want to drink some coffee?", said my mother to me.

(8) He said to me, "Close the gate at once."

(9) She said to me, "Please don't make such a noise."

(10) He said to us, "Let's play ping-pong."

(11) She said, "How naughty I have been!"

(12) He said to me, "I don't have to work, for I have plenty of money."

(13) She said to me, "I wouldn't resign if I were in your place."

B 次の各文を直接話法の文に変えなさい。

(1) I told her that I was going to visit the Niagara Falls the next day.

(2) She asked me if I had been to Naples before.

(3) She said if she had worked harder she would have passed the entrance exam.

(4) He asked me where I had seen her the previous day.

(5) She exclaimed with delight that those necklaces were wonderful.

(6) He told me not to waste my time.

(7) She said that it would rain, for the sky was being rapidly covered with black clouds.

C 次の各文に誤りがあれば正しなさい。

(1) The teacher told us that the moon went around the earth.

(2) He said he wishes he were a little taller.

(3) She said that "I shall be late for school."

(4) He said to me, "Which you like better?"

(5) He asked him to be kind enough to show him the way.

(6) She asked me where I had been on the previous night.

(7) She said to him, "Will you come and dine with me that evening?"

D 次の各文の話法を転換しなさい。

(1) My father said to us, "Let's go to the zoo."

(2) He exclaimed with delight that those flowers were pretty.

(3) He said to me, "Please give me something to eat. I have eaten nothing since yesterday."

(4) Stephen told me not to use my teacup.

(5) Mother said to me, "Who do you think is visiting us tomorrow?"

(6) They advised me to see him then and ask if he was going to stay there that night.

(7) He said that if he had known my address, he would have written to me.

26 倒置・省略・強調

I. 倒　置

〈主語＋（助）動詞〉の語順が〈（助）動詞＋主語〉の順になることを倒置（inversion）という。語句を強調するための一時的な倒置と文法上規則的に行われる倒置とがある。

01 強調による倒置

(1)〈否定語句＋（助）動詞＋主語〉

否定語句を強調するために文頭に出すと必ず倒置が起こる。一般的に〈文章体〉である。

No sooner had I entered the room than my wife burst out crying.
（私が部屋に入るやいなや，妻はわっと泣き出した）

Little did I dream that I should marry her.
（彼女と結婚するなんて夢にも思わなかった）

＊平叙文が助動詞を伴わない一般動詞だけの場合は do を借りてきて助動詞とする。

Hardly had he left home when he was shot to death.
（彼は家を出たとたんに射殺された）

Never have I seen such a terrible disaster.
（こんなひどい災害を一度も見たことがない）

Not only did he lose his home but also lost his family. 93
（彼は家を失っただけでなく家族も失った）

Not a word **did** he say.　（一言も彼はしゃべらなかった）

(2) 副詞語句＋動詞＋主語

場所や運動の方向を表す副詞語句が強調のため文頭に出ると，倒置されることが多い。常に倒置されるということではない。また主語が人称代名詞のときは倒置は起きない。

Over the green fields there rose a grey hill.

（緑の畑のむこうに，灰色の丘が盛り上がっていた）

(a) 感嘆符が付く場合

主語が発話の場面に登場したり，退場したりする時。〈口語体〉である。

　　Here comes the train!（さあ列車が来たぞ）

　　There goes the principal!（そら，あそこを校長先生が行くよ）

　　So saying, **away went** her sweetheart!

　　（そう言って，彼女の恋人は行ってしまった）

(b) 感嘆符が付かない普通の強調

この表現法は文末を新情報として伝えることになるので主語には文強勢が置かれる。

　　Down came the ceiling.（天井が落ちてきた）

　　＊主語が人称代名詞であれば Down it came. となる。

　　Out went the fire.（火が消えた）

　　At the foot of the hill stood an old church.

　　（丘の麓に古い教会があった）

　　Under the tree were sitting a young couple.

　　（木の下に若い男女が座っていた）

(c) 補語の形容詞が強調のため文頭に出るとき

主語が名詞の時は倒置されるが，代名詞の時は倒置されない。

　　So shocking was the news that she fainted.

　　（その知らせはあまりにもショッキングだったので，彼女は気絶した）

　　More impressive is her confession.

　　（[それよりも]もっと印象的なのは彼女の告白だ ← 彼女の告白は[それより]もっと印象的だ）

　　Such was his surprise that he couldn't speak.

　　（彼の驚きは大変なものだったので，彼は口がきけなかった）

　　Unhappy he is who cannot love his family.

　　（家族を愛せない人は不幸である）

　　＊主語が人称代名詞のとき。

(d) neither, nor, so が文頭に出るとき

neither, nor は先行する否定文と，so は先行する肯定文と関連して，前者は「…もまた～でない」，後者は「…もまたそうである」という意味になるとき，常に倒置され，主語は人称代名詞を含めて新情報として強勢が置かれる。

I can't speak German. —— **Nor [Neither] can I**[ái].

（私はドイツ語を話せません —— 私もです）

I am exhausted. —— **So am I**[ái].

（私はヘトヘトに疲れた —— 私もです）

〔注意〕目的語が強調のため文頭に出る場合は，倒置が起こる場合と起こらない場合がある。

　　①**倒置が起こる場合**：目的語に否定語が付いているとき

　　　　Not a single error did I find in his translation.

　　　　（彼の翻訳には１つの間違いもなかった）

　　②**倒置が起きない場合**

　　　　強調で文頭に出しても，否定語が付いていないため〈主語＋（助）動詞〉のままである。

　　　　Her kindness I *appreciate* most.

　　　　（彼女のやさしさを私は最も高く評価する）

02　文法上の倒置

（1）疑問文

Are you a French?（あなたはフランス人ですか）

Does she hate him?（彼女は彼を嫌っていますか）

What **shall I** do?（私は何をしましょうか）

＊ただし，疑問詞が主語の場合は倒置が起こらない。

<u>Who came</u> here?（誰がここに来たのか）
　S　　V

（2）祈願文

May he succeed!（彼が成功しますように）

（3）if の省略

Were I a bird, I would fly to you.

（もし私が鳥だったらあなたの所に飛んで行くのに）

Had it not been for your love, he would have killed himself.

（あなたの愛がなかったら彼は自殺をしていただろう）

（4）there [here] ＋ V ＋ S

There **are a few books** on the desk.

（机の上に本が２・３冊ある）

Here **comes the bus**!

（そら，バスが来た）

(5) 直接話法の伝達部

伝達部が文頭にある時は倒置はまず起きない。伝達部が2つに分かれた引用文の間に来る時，または文末に来る時に起きる。伝達部の主語が人称代名詞の場合は〈主語＋動詞〉と平叙文の語順になる方が多いが，**人称代名詞以外の（代）名詞である場合は**〈**動詞＋主語**〉という倒置になることが多い。

"Take care, Mary!" **answered Jane**.

（「メアリー，気をつけるのよ」とジェーンは答えた）

"That is quite possible," **said John**.

（「それは大いにあり得ることだな」とジョンは言った）

"Well, he wishes to see you," **said I**.　（まれ）

（「あのね，あの方はあなたに会いたがっておられるんです」と私は言った）

"There's a letter for you, Mrs. William," **I said**.　（普通）

（「ウィリアム奥様，お手紙でございますよ」と私は言った）

"But why have I not heard of him before?" **asked Linton**, "why didn't mamma and he live together, as other people do?"

（「けれど，どうして以前に彼のことを聞かなかったのかなあ。どうしてほかの人達のようにママと彼は一緒に暮らさなかったの」と，リントンは尋ねた）

(6) 感嘆文の中での倒置

普通感嘆文は〈主語＋動詞〉の順で倒置は起きないが，動詞が be 動詞で主語がやや長い場合やリズムの関係で倒置が行われることがある。この場合は主語に強勢が置かれる。

How wonderful **is this educational innovation**!

（この教育改革は何と素晴らしいことだろう）

How happy **is a mother** who has such a daughter!

（あんな娘を持つ母親はどんなに幸せだろう）

(7) 譲歩を表す命令文において

〈動詞＋ as ＋主語＋助動詞〉〈動詞＋ what ＋主語＋助動詞〉という語順になる。

Try as **she** would, she could not surpass her mother.　((▶94

（どんなにやってみても彼女は母親を越えられないだろう）

Say what **you** will, I will go my own way.

（君が何と言おうとも僕は自分の思い通りにする）

(8) 比較

(a) 〈the ＋比較級 ...,　the ＋比較級〉

後の方の the ＋比較級の節で，主語がやや長い場合に倒置が起きる。

> The more civilization advances, the more **declines our physical ability**.
>
> （文明が進めば進むほど，我々の肉体的能力はますます衰える）

(b) as,　than の節の中で

as [so] ... as ～の同等比較の後の as に導かれる節，または優等［劣等］比較の比較級 ... than ～の than 以下の節で，主語に比べて（助）動詞が短く，軽く感じられる時に，リズムの関係で起きることがある。常に起きるということではない。

> He is very friendly **as are most Americans**.
>
> （大抵のアメリカ人がそうであるように，彼はとても愛想がよい）
>
> In those days Marco Polo visited far more countries **than did any other man**.
>
> （当時，マルコ・ポーロは他の誰よりも多くの国を訪れた）

上に述べたAとBとの区別なしに，〈倒置〉が起きるのは「if の省略に疑問が存在するなら比較的譲歩を強調して祈願・感嘆せよと said John」と覚える。「疑問」は〈疑問文〉，「存在」は〈There is ...,　Here is ... などの存在文〉，「比較的」は〈the ＋比較級と as,　than の後〉である。「強調」はすでに説明したように幾つかあるが大体〈否定に形・副（敬服）しよう〉と覚えておけばよい。neither,　nor は否定に含め，「しよう」は so のことである。「祈願・感嘆」は言うまでもなく〈祈願文・感嘆文〉のことであり，最後の〈said John〉は伝達部で名詞が主語の場合である。

II.　省　略

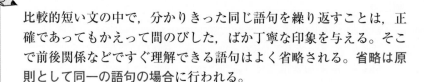

比較的短い文の中で，分かりきった同じ語句を繰り返すことは，正確であってもかえって間のびした，ばか丁寧な印象を与える。そこで前後関係などですぐ理解できる語句はよく省略される。省略は原則として同一の語句の場合に行われる。

03 同一語句の省略

(1) 助動詞の後の本動詞

後の方の本動詞はよく省略される。

Read as clearly as you **can** (*read*).

（できるだけはっきりと読みなさい）

Have you finished? —— Yes, I **have** (*finished*).

（「もう終りましたか」——「ええ，終りました」）

(2) to 不定詞での繰り返し

先行の動詞を to 不定詞で繰り返すとき。

You need not go if you don't want **to** (go).

（行きたくなければ行かなくてもよい）

I'm afraid I can't join the club. —— But you promised **to** (*join the club*). （「そのクラブには入れないと思います」——「でもあなたは入ると約束しました」）

(3) 形容詞の後の名詞

What kind of girls do you like? —— Well, **gentle** and **wise** (*girls*).

（「どういう風な女の子が好きだい」——「そうだな，おとなしくて賢いのだね」）

(4) and, but, or の後で

She woke up early **and** (*she*) went out for a walk.

（彼女は朝早く目をさまして散歩に出かけた）

They all went **but** I didn't (*go*).

（彼等は皆行ったが，私は行かなかった）

I don't know whether people will buy it **or** not (*buy it*).

（人がそれを買うかどうか分からない）

04 主語＋ be 動詞の省略

主として副詞節の主語が主節の主語と同一の場合に起きる。省略される動詞は普通 be 動詞である。**簡略化された節**という。

When (**she was**) a girl of six, she was taken seriously ill.

（6歳の少女の時，彼女は大病にかかった）

She seldom went out, unless (**she was**) obliged to [go out].

（やむを得ない時以外は彼女はめったに外出しなかった）

He was sleeping as if (he were) a dead man.

（彼はまるで死人のように眠っていた）

〔注意〕① if possible（もしできるなら），if necessary（必要なら）などの慣用表現の場合は，省略されている主語は主節の主語ではなく it である。また if any（もしあれば）の場合は動詞は〈there + be 動詞〉になる。

You may come, if (**it is**) possible.

（来れるなら来ていいよ）

I'll help you, if (**it is**) necessary.

（必要なら手を貸しましょう）

Correct errors, if (**there are**) any (errors).

（誤りがあれば訂正しなさい）

② 〈疑問詞 + to 不定詞〉（P.342, 22 参照）も〈主語 + be 動詞〉の省略と考えてよい。

I don't know *what* (**I am**) to say.

（私はどう言えばよいのか分からない）

05　他の慣用的な省略

慣用的な省略はいろいろと多いが，ここでは代表的なものを2・3挙げることにする。

(1) What [How] about ~?：「～はどうですか；～をどう思いますか」提案・勧誘として用いられる。

What about selling me the car?

= What *do you think* about selling me the car?

（その車を私に売ってはどうかね）

How about going on a hike?　〈口語体〉

= How *do you say* [*think*] about going on a hike?

（ハイキングに行くのはどうだろう）

〔注意〕What about …? は〈提案〉〈勧誘〉のほか〈非難〉にも用いられることがある。

What about the ten pounds I lent you?

（君に貸した 10 ポンドはどうしたかね）

(2) what if [though] ＋主語＋動詞 ~?：「～したらどうなるだろう」，
「～したってかまうものか」

ある事柄，特に望ましくない事柄が「起きたらどうなるだろう」という〈心配・不安〉を表す場合と，「～したってかまうものか」という〈開き直り・反発〉を表す場合とがある。

What (*would happen*) **if** he was going to die?

（彼が死んだらどうなるだろう）

What (*does it matter*) **if** [**though**] we are amateurs?

（しろうとだってかまうものか）

上に述べた例の他にも，関係詞の省略，〈関係代名詞＋ be 動詞〉の省略，接続詞 that の省略，比較構文での従属節の（助）動詞の省略，代名詞の主語の省略などは特に説明をしなくても前後関係で分かるはずである。省略というものは基本的に分かり切っているから省略されるのであるから，英語の常識があればよいので，あまり神経質になる必要はない。

Ⅲ. 強　調

文中の1語または句（数語のまとまり）の意味を特に強めることを**強調**（Emphasis）という。強意語を用いたり，語順の変更や倒置を用いたり，さまざまな方法がある。

06　強調構文 It is ~ that ... を用いる場合：「…なのは～だ」

文中の主語・目的語の（代）名詞と時・場所を表す副詞語句「～」の部分が強調される。強調される語は当然強勢を受ける。（P.192, 05 (5) 参照）

It was I **that** met John in the park yesterday. 〈主語〉

（昨日公園でジョンに会ったのは私だった）

It was John that I met in the park yesterday. 〈目的語〉

（昨日私が公園で会ったのはジョンだった）

It was in the park that I met John yesterday. 〈副詞句〉 ◀》▶95

（昨日私がジョンに会ったのは公園だった）

It was yesterday that I met John in the park. 〈副詞〉

（私が公園でジョンに会ったのは昨日だった）

〔**注意**〕強調される語が人の場合は that だけでなく who も用いられる。

　　　　It was *Mr. Augustine* **who** published the book.

　　　　（その本を出版したのはオーガスティン先生だった）

07　助動詞 do を用いる場合

平叙文で，助動詞の do を（述語）動詞の前に置いて，その内容が真実であ

ることを強調する。強く [dúː]，過去であれば [díd] と発音する。その後の本動詞は常に原形である。

> She **does** *love* her children.
>
> （彼女は本当に子供達を愛している）
>
> That's what you **did** *say*.
>
> （君は確かにそう言ったじゃないか）

命令文や Let's の前にこの do を付けるときは，相手に強く〈要求〉することを表す。命令文の場合は be 動詞でもこの do を用いる。日本語の「ぜひ，本当に」などに相当する。

> **Do** *have* some more wine.（ぜひもう少しワインを飲んで下さい）
>
> **Do** *be* quick.（さあ，急いで下さい）
>
> **Do** *let's* go fishing!（ねえー，魚釣りに行こうよ）

08 強意語を用いる場合

very のように形容詞・副詞を強調する時に用いられる語を強意語（intensifier）という。very の他に，fairly, pretty, quite, rather などは「かなり」という意味になり，amazingly, astonishingly, remarkably, surprisingly などは「驚くほど」，awfully, extremely, frightfully, terribly などは「ひどく」，absolutely, completely, totally, utterly, wholly などは「まったく，すっかり」という意味で用いられる。いずれも〈口語体〉である。

> I was doing **quite** *well* at the time.
>
> （その時は私はかなりうまくやっていた）
>
> She cooks **terribly** *well*.
>
> （彼女は料理がとてもうまい）
>
> Mary is **absolutely** *right*.
>
> （メアリーはまったく正しい）

09 比較級・最上級の強調

（1）比較級の強調

比較級を強調する時は，**even, far, much, still** などを用いる。〈口語体〉では **a lot** も用いる。

> This new engine is **far** *better* than the old one.
>
> （この新しいエンジンは古いのよりずっといい）

John runs **much** *faster* than Bill.

（ジョンはビルよりずっと速く走る）

The apples this year are **still** *bigger* than those last year.

（今年のリンゴは去年のよりずっと大きい）

You can sing **a lot** *better* than she.　〈口語体〉

（君は彼女よりずっとうまく歌える）

(2) 最上級の強調

　最上級を強調する時は，far，much，by far などを用いる。

This camera is **far** (= **by far**) *the best*.

（このカメラはずば抜けて最上だ）

He is **much** *the best* fielder in the league.　《▶96

（彼はリーグの中で断然うまい内野手だ）

10　否定の強調

否定語句 + at all，by any means，in the least という形で〈否定〉を強調する場合がある。

I *don't* know her **at all**.

（私は彼女を全然知らない）

She does *not* look forty **by any means**.

（彼女はとても 40 歳には見えない）

I *never* **in the least** expected to find him in the library.

（彼を図書館で見つけようとはまったく予想しなかった）

11　疑問詞の強調

疑問詞のすぐ後に ever，on earth，in the world などを付ける。

What **ever** do you mean?

（いったい何のことを言っているの）

＊whatever と 1 語で表現されることもある。一般に女性がよく用いるとされている。

How **on earth** did that happen?

（いったいどうしてそんなことが起きたのか）

＊一般に簡単に答えられなかったり，はっきりした答えがないような場合に用いる。

Where **in the world** were you when I was struggling for my life?

（私が命がけで頑張っているときに，いったい君はどこにいたのだ）

＊一般に〈驚き〉〈怒り〉〈絶望〉を表すときに用いる。

12 再帰代名詞による強調

再帰代名詞には再帰用法と強調用法があることはすでに述べた。強調の場合には強調する語の直後に置く時と，離して置く時の2通りがある。

I did it **myself**. （私は自分自身でそれをやった）

The President **himself** is on a visit to Rome.

（大統領自身はローマに滞在中です）

She is *politeness* **itself**.

（彼女は礼儀正しさそのものである → 彼女は飛びっきり礼儀正しい）

13 同一語句の反復による強調

and を用いて同一語句を繰り返し，それによってその語を強調することがある。

He *worked* **and** *worked* all day long.

（彼は一日中働きに働いた）

She kept on playing the piano for *hours* **and** *hours*.

（彼女は何時間もピアノを弾き続けた）

She talked *on* **and** *on*.

（彼女はどんどん話し続けた）

以上の他にも語順倒置による強調や感嘆文による強調などがあるが，それぞれすでに扱ったところを参照されたい。

〜○〜○〜○〜○ 役に立つことわざ 〜○〜○〜○〜○

★ Bad money drives out good.

（悪貨は良貨を駆逐する）

← 〔世の中は悪い人間が善良な人間を追い払って好き放題のことをする〕

★ Out of sight, out of mind.

（去る者は日々に疎し）← 〔目に見えないものは忘れられる〕

★ A rose by any other name would smell as sweet.

（バラはどんな名で呼ぼうとも，やはりよい香りがする）

← 〔大事なことは実体であって，名前や肩書きではない〕

練習問題 26

A 与えられた書き出しで，各組の上の文を倒置文にしなさい。

(1) He not only lost his fame but also his wife.
Not only ＿＿＿＿＿＿＿＿＿＿＿＿＿＿＿＿＿ .

(2) I have never heard such a terrible sound.
Never ＿＿＿＿＿＿＿＿＿＿＿＿＿＿＿＿＿ .

(3) I little thought that she would come to see me.
Little ＿＿＿＿＿＿＿＿＿＿＿＿＿＿＿＿＿ .

(4) She had no sooner made an end of her speech than withdrew.
No sooner ＿＿＿＿＿＿＿＿＿＿＿＿＿＿＿＿＿ .

(5) If it had not been for your advice, I should not have succeeded.
Had ＿＿＿＿＿＿＿＿＿＿＿＿＿＿＿＿＿ .

(6) She did not shed a drop of tear.
Not a ＿＿＿＿＿＿＿＿＿＿＿ .

B 次の各文の省略されている語を指摘しなさい。

(1) We were good friends when in college.
(2) Won't you both come and dine with us?
　　── We should like to.
(3) Call on me if possible.
(4) What a strange woman!
(5) No wonder she's late.
(6) You speak Japanese as well or better than Mary.
(7) John is a man of character, but not of fortune.
(8) What is the language spoken in Australia?

C 次の各文に誤りがあれば正しなさい。

(1) Mary is taller than him.

(2) It is them who love us that punish us most.

(3) She did came but soon went back.

(4) At no time I have ever thought of such a thing.

(5) This new road is far better than the old one.

(6) Where on the world did you find the rare dragonfly?

(7) Does be careful. The snow-covered road is very slippery.

D 次の各文の（　　　）内に，各選択肢から最も適当なものを選んでその番号を書きなさい。

(1) A: Is it possible for them to get there by Monday morning?

　B: (　) There's always a lot of traffic over the weekend.

　① Why not ?　　② Yes, it is.　　③ I think it possible.

　④ I'm afraid not.

(2) A: Actually, I never thought you'd be accepted by Yale University.

　B: (　)

　① Either did I.　② I didn't, too.　③ Neither did I.

　④ So did I.

(3) Only after entering the bank (　) John realize that he was in danger.

　① had　　　　② is　　　　③ do　　　　④ did

(4) (　) was the force of the explosion that all the windows were broken to pieces.

　① So　　　　② Such　　　　③ Great　　　　④ The same

(5) They might live in peace and quiet (　) it not for a small but constant trouble with neighbors.

　① is　　　　② does　　　　③ and　　　　④ were

(6) Living (　) he is in that secluded place, he has few visitors.

　① where　　　② as　　　③ now　　　④ you know

470

27 文の転換

文を構造の面から分類すると，単文・複文・重文・混文という４つの種類に分けられることはすでに述べた（**P.39, 03** 参照）。あるまとまった意味を表すのにさまざまな表現の仕方があることは誰でも知っていることだろう。例えば「太陽がなければあらゆる生物は生きられないだろう」と言うとき，

① **Without the sun**, all living things could not live.　　　　［単文］

② **If it were not for the sun**, all living things could not live.

［複文］

と同じ意味を単文でも複文でも言い表すことができる。このように意味内容を変えずに，文の構造だけを変えることを**文の転換**という。文を転換すると意味は変わらなくても，口語的な表現か文語的な表現かというような文体上の違い，あるいは気取りや率直さなどのニュアンスの違いが生まれてくる。一般的に言って重文・複文を単文にするという短縮化が進むほど〈文章体〉になり，その反対は〈口語体〉になると言えよう。

01　複文 → 単文 ［名詞節の場合］

(1) 不定詞を用いて

(a)〈S ＋ V ＋ that 節〉→〈S ＋ V ＋ O ＋ to 不定詞〉

I expect *that he will advance in life.*

→ I expect *him to advance in life.*

（私は彼が出世すると思っています）

(b)〈S ＋ V ＋ O ＋ that 節〉→〈S ＋ V ＋ O ＋ to 不定詞〉

Mary persuaded him *that he (should) change his job.*

Mary persuaded *him to change his job.*

（メアリーは彼が仕事を変えるように説得した）

(c) 〈S ＋ V ＋ that 節〉 → 〈S ＋ V ＋ to 不定詞〉

He has decided *that he will adopt the orphan.*

→ He has decided *to adopt the orphan.*

（彼はその孤児を養子にすることに決めた）

(d) 〈It seems that ＋ S~〉 → 〈S seems to ~〉

It seems **that John lost his whole fortune.**

→ *John* seems **to have lost his whole fortune.**

（ジョンは全財産を失ったようだ）

(e) 〈It is ~ that S ...〉 → 〈It is ~ for ＋ O ＋ to ...〉

O は S を目的格にしたもの。

It is impossible **that she** *should run as fast as you.*

→ It is impossible for **her** *to run as fast as you.*

（彼女が君と同じくらい速く走るなんてあり得ない）

(2) 動名詞を用いて

(a) 〈S ＋ V ＋ that 節〉 → 〈S ＋ V ＋ -ing〉

She denied **that she knew anything about his disappearance.**

→ She denied *knowing anything about his disappearance.*

（彼女は彼がゆくえをくらましたことについて何も知らないと言った）

(b) 〈S ＋ V ＋ that 節〉 → 〈S ＋ V ＋前置詞＋ -ing〉

He insisted **that he would swim in the dangerous waters.**

→ He insisted *on swimming in the dangerous waters.*

（彼はその危険な水域で泳ぐと言ってきかなかった）

(c) 〈名詞＋ that 節（同格節）〉 → 〈名詞＋ of ＋ -ing〉

There is no chance **that she may come home alive.**

→ There is no chance *of her coming home alive.*

（彼女が生きて帰って来る見込はない）

(3) 〈S ＋ V ＋ that ~〉 → 〈S ＋ V ＋ O（＋ to be）~〉

We consider *that he is innocent.*

→ We consider *him (to be) innocent.*（私達は彼は無実だと思う）

＊（to be）を用いると形式ばった表現となる。

He believes *that he is a maestro.*

→ He believes *himself (to be) a maestro.*

（彼は自分が大音楽家だと信じている）

(4)　〈疑問詞＋ S ＋ should~〉 → 〈疑問詞＋ to 不定詞〉

Will you tell me *what I should say*?

→ Will you tell me *what to say*?

（何を言えばよいのか教えてくれますか）

I want to know *how I should work this boat*.

→ I want to know *how to work this boat*.

（この船の操作の仕方を知りたいんです）

02　複文 → 単文［形容詞節の場合］

(1)　to 不定詞を用いて

He is the most reliable person *that always helps me in my need*.

→ He is the most reliable person *always to help me in my need*.

（彼はまさかの時にいつも私を助けてくれる最も信頼のできる人です）

There is no reason *why we should oppose ourselves to his plan*.

→ There is no reason *for us to oppose ourselves to his plan*.

（彼の計画に私たちが反対する理由はない）

We have a lot of things *that we must deal with*.

→ We have a lot of things *to deal with*.

（私達には処理しなければならないたくさんのことがあります）

(2)　分詞を用いて：〈名詞＋関係代名詞＋動詞〉 → 〈名詞＋分詞〉

  (a)　現在分詞

    Do you know the girl *who is sitting on the bench*?

    → Do you know the girl *sitting on the bench*?

    （ベンチに座っている少女を知っていますか）

  (b)　過去分詞

    She opened the package *that had been sent from London by him*.

    → She opened the package *sent from London by him*.

    （彼女は彼がロンドンから送った小包を開けた）

  (c)　前置詞＋動名詞を用いて

    She gava me a sweater *which she herself knitted*.

    → She gava me a sweater *of her own knitting*.

    （彼女は自分が編んだセーターを私にくれた）

    I don't understand the reason *why you said that*.

    → I don't understand the reason *for your having said that*.

（どうして君がそんなことを言ったのかその理由が分からない）

(d) 形容詞節 → 前置詞＋名詞

She despises those men *who have no guts.*

→ She despises those men *without any guts.*

（彼女は根性のないような男を軽蔑している）

The boy *who has blue eyes and blond hairs* is my son.

→ The boy *with blue eyes and blond hairs* is my son.

（青い目をした金髪の少年は私の息子です）

Do you see a lady *who is wearing a white garment*?

→ Do you see a lady *in white*?

（白衣のご婦人が見えるでしょう）

03　複文 → 単文［副詞節の場合］

（1）to 不定詞を用いて

(a) 目的を表す副詞節

He got up early *so that he could catch the first train.*

→ He got up early [*in order, so as*] *to catch the first train.*

（彼は一番列車に乗るために早く起きた）

(b) 結果・程度を表す副詞節

I was *so tired that I fell asleep soon after supper.*

→ I was *tired enough to fall asleep soon after supper.*

（とても疲れていたので夕食後すぐに寝入ってしまった）

He was *so exhausted that he couldn't bring himself to do anything.* （((▶97

→ He was *too exhausted to bring himself to do anything.*

（彼はへとへとになっていたので何をする気にもならなかった）

(c) 原因・理由を表す副詞節

She was glad *when she heard the news.*

→ She was glad *to hear the news.*

（彼女はその知らせを聞いて喜んだ）

Are you mad *that you should say such a thing*?

→ Are you mad *to say such a thing*?

（そんなことを言うとは気でも狂っているのか）

(d) 時を表す副詞節

When I awoke one morning, *I found myself famous.*

→ I awoke one morning *to find myself famous.*

（ある朝目が覚めると有名になっていた）

(e) 条件・仮定を表す副詞節

If you turn left at the second corner, you'll find the factory.

→ *To turn left at the second corner*, you'll find the factory.

（2番目の角で左に曲がるとその工場があります）

(2) 分詞を用いて

(a) 譲歩を表す副詞節

Although I admit what you say, I still can't agree to your plan.

→ *Admitting what you say*, I still can't agree to your plan.

（あなたの言うことは認めるとしても，私はそれでもあなたの計画に賛成できない）

(b) 原因・理由を表す副詞節

Because he got a large sum of money, he planned to travel all over the world.

→ *Getting a large sum of money*, he planned to travel all over the world.

（大金を手に入れたので，彼は世界中を旅行する計画を立てた）

As he lives far from the town, he has few visitors.

→ *Living far from the town*, he has few visitors.

（町から遠く離れた所に住んでいるので，彼を訪れる人はほとんどいない）

(c) 時を表す副詞節

After she had done washing, she went out to market.

→ *Having done washing*, she went out to market.

（洗濯をすませてから，彼女は市場に出かけた）

(d) 条件・仮定を表す副詞節

If you start early in the morning, you'll arrive there by the evening.

→ *Starting early in the morning*, you'll arrive there by the evening.

（朝早く出発すれば夕方までにはそこに着くでしょう）

(3) 動名詞を用いて

(a) 原因・理由を表す副詞節

He lost his position *because he neglected his duties.*

→ He lost his position *through his neglecting his duties.*

（務めをおろそかにしたために，彼は職を失った）

(b) 目的を表す副詞節

She took a taxi *in case she should be attacked by a bag-snatcher.*

→ She took a taxi *for fear of being attacked by a bag-snatcher.*

（引ったくりに襲われないように彼女はタクシーを拾った）

He studied very hard *so that he might be a great scholar.*

→ He studied very hard *for the purpose of being a great scholar.*

（彼は大学者になろうとして猛烈に勉強した）

(c) 時を表す副詞節

As soon as he arrived at New York, he went straight to the Empire State Building.

→ *On arriving at New York*, he went straight to the Empire State Building.

（ニューヨークに着くとすぐに彼はエンパイアステートビルディングに直行した）

(4) 〈前置詞＋名詞〉を用いて

(a) 原因・理由を表す副詞節

As it rained heavily, the bridge was carried away.

→ *Because of [Owing to, On account of] a heavy rain*, the bridge was carried away.

（大雨のために橋は流された）

(b) 結果を表す副詞節

The son was rescued from the burning house, *so that his parents were very glad.*

→ The son was rescued from the burning house, *to his parents' great joy.*

（両親がとても喜んだことには，息子は燃えている家から救出された）

(c) 譲歩を表す副詞節

Although he worked hard, he failed in the entrance exam.

→ *In spite of his hard work*, he failed in the entrance exam.

（一生懸命勉強したにもかかわらず，彼は入学試験に失敗した）

(d) 時を表す副詞節

She went abroad for studying *when she was seventeen years old.*

→ She went abroad for studying *at the age of seventeen.*

（彼女は 17 歳の時に留学した）

(e) 条件・仮定を表す副詞節

If it had not been for her assistance, he would have never received the prize.

→ *But for* [*Without*] *her assistance*, he would have never received the prize.

（彼女の助力がなかったら，彼は決してその賞をもらわなかっただろう）

(f) 制限・範囲を表す副詞節

As far as I know, she is faithful to her parents.

→ *To* (*the best of*) *my knowledge*, she is faithful to her parents.

（私の知る限りでは彼女は親孝行です）

04　重文 → 単文

重文は2つの節を等位接続詞で結び付けたものであるから，どちらかの節を句に変えればよいことになる。

(1) 不定詞を用いて

He did a great deal for her *but he lost her love.*

He did a great deal for her, *only to lose her love.*

（彼は随分彼女に尽くしたが，彼女の愛を失っただけだった）

I awoke *and found myself transformed to a big beetle.*

I awoke *to find myself transformed to a big beetle.*

（目が覚めると私は自分が大きなカブト虫に変身しているのに気がついた）

I intended to buy a pleasure boat, *but I couldn't.*

I *intended to have bought* a pleasure boat.

（私はレジャー用ボートを買うつもりだったが，買えなかった）

The ice on this lake is quite thick, *so even a car can run across it.*

The ice on this lake is thick *enough for a car to run across it.*

（この湖の氷はとても厚いので車でも渡れる）

(2) 分詞構文を用いて

Your train starts at eight-thirty *and it arrives in Washington at eleven.*

→ Your train starts at eight-thirty, *arriving in Washington at eleven.*

（あなたの乗る列車は8時30分に出発して，11時にワシントンに着きます）

I live in a great city, so I sometimes have an unusual fit of nerves.

→ *Living in a great city*, I sometimes have an unusual fit of nerves.

（大都市に住んでいるので，時々異常に神経が高ぶる時があります）

(3) 〈前置詞＋名詞〉を用いて

It was heavily snowing, but she had to go to hospital.

→ *In spite of a heavy snow*, she had to go to hospital.

（激しく雪が降っていたけれど，彼女は病院に行かざるを得なかった）

He *not only works in the office but* coaches basketball on Saturday.　（((▶98

→ *Besides working in the office*, he coaches basketball on Saturday.

（会社で働くだけではなくて，彼は土曜日にバスケットボールの実地指導をしている）

She has a number of faults but she is a great woman.

→ *For all her faults*, she is a great woman.

（色々欠点はあるけれど彼女は偉大な女性です）

05　重文 → 複文

原則として等位接続詞をよく似た意味の従属接続詞に変えればよい。

(1) and, so の場合

She had a headache, **so** she took an aspirin.

→ **As** she had a headache, she took an aspirin.

（頭痛がしたので，彼女はアスピリンを1錠飲んだ）

The rainy season sets in and frogs croak noisily.

→ *When the rainy season sets in*, frogs croak noisily.

（梅雨に入ると蛙がやかましく鳴く）

(2) but の場合

He lives alone in the wood **but** he never feels lonely.

→ **Although** he lives alone in the wood, he never feels lonely.

（彼は森の中で一人で暮らしているけれど，決して淋しいと思わない）

She tried very hard but the door would not open.

→ *However hard she tried*, the door would not open.

（彼女は一生懸命やってみたが，ドアはどうしても開かなかった）

(3) or の場合

You must work hard, **or** you will fail.

→ **If** you don't work hard, you will fail.

（一生懸命勉強しなければ失敗するだろう）

(4) 〈命令文＋ and〉の場合

Go straight down, **and** you'll find the pillar box on the left side of the street.

→ **If** you go straight down, you'll find the pillar box on the left side of the street.

（真直ぐ行けば通りの左側に郵便ポストがあります）

(5) 〈命令文＋ or〉の場合

Take this medicine, **or** you won't feel better.

→ **If** you don't take this medicine, you won't feel better.

（この薬を飲まないと，気分がよくならないよ）

~◦~◦~◦~◦~ 役に立つことわざ ~◦~◦~◦~◦~

★　Good wine needs no bush.　《▶99

　（良酒は看板を必要とせず）

★　Truth is stranger than fiction.

　（事実は小説よりも奇なり）

★　An Englishman's house is his castle.

　（イギリス人の家は城である）

★　There is no royal road to learning.　《▶100

　（学問に王道なし）←〔学問に楽な道はない〕

練習問題 27

A 次の各文を単文にしなさい。

(1) She is not ashamed that her father was very poor when she was young.

(2) When he heard the news, he was deeply grieved.

(3) She is a woman doctor whom people can respect.

(4) It is not likely that Mary forgot to telephone him.

(5) If there were no freedom of speech, we should have no progress in democracy.

(6) We are certain that he is not guilty.

(7) Mr. Smith is the best man that can give me excellent advice.

(8) Though he had been asked to help her, he wholly ignored it.

(9) If you take the 9 o'clock train, you can get there by lunchtime.

(10) There was an automobile accident because the road was narrow.

B 次の各文を複文にしなさい。

(1) In spite of the heavy rain, they decided to go out for a drink.

(2) To my knowledge, she has never been to Europe.

(3) The missing boy returned home safe and sound, to his parents' great joy.

(4) On reaching Paris, he went straight to the lawyer's.

(5) Look at the chubby baby sleeping in the crib.

(6) The way to start the apparatus is to press the button.

(7) Mary persuaded him to consult the doctor.

(8) Do you mind my shutting the window?

(9) His wealth enabled him to get the position.

(10) You're crazy to say such a thing to the boss.

C 次の各組の文の内容が同じになるように，下線部に適当な語句を入れなさい。

(1) Saying is different from doing.
　　Saying is one thing and doing _____ .

(2) She is said to have been a nurse during the war.
　　It _____ .

(3) I regret having offended my teacher.
　　I regret that _____ .

(4) A wise man would not do such a thing.
　　_____ , he would not do such a thing.

(5) She not only writes a good poem but also paints well.
　　Besides _____ .

D 次の各文の書き換えとして，最も適当なものを選び，その番号を書きなさい。

(1) It is impossible to tell if he is trustworthy.
　① He cannot say if we are worthy of trust.
　② We have no way of knowing if we can trust him.
　③ He cannot trust us if we don't tell him.
　④ Even if he is trustworthy, it's possible that we can't tell him.

(2) The students climbed to the top of the mountain in about five hours.
　① More than five hours brought the students to the top of the mountain.
　② The students reached the top of the mountain for about five hours.
　③ The top of the mountain had been conquered by the students by about five hours.
　④ It took the students about five hours to climb to the top of the mountain.

(3) To our great disappointment, we failed to carry out our intention.

(→ 重文に)

① We failed to carry out our intention, and we were greatly disappointed.

② Our failure ended in carrying out our intention and it caused us to disappoint ourselves greatly.

③ We were greatly disappointed and it made us fail to carry out our intention.

④ Our failure and great disappointment did not bring the success in carrying out our intention.

(4) Tom is as tall as any other boy in the class.

① No other boy in the class is shorter than Tom.

② Tom is the tallest boy in the class.

③ Any other boy in the class is not taller than Tom.

(5) I am sorry Ted is not diligent.

① I wish Ted were diligent.

② I want Ted will be diligent.

③ How I wish Ted had been diligent.

第1章 8品詞　練習問題1

A. (1) work：名詞, well：副詞 (2) well：名詞［井戸という意味］ (3) five：形容詞, to：前置詞 (4) No：形容詞, because：（従属）接続詞, (5) after：前置詞, fast：名詞［断食という意味］ (6) fast：形容詞, after：（従属）接続詞 (7) up：副詞, fast：副詞 (8) walk：名詞, up：副詞 (9) hardly：副詞, when：（従属）接続詞 (10) Why：間投詞［そりゃ］, there：副詞

B. (1) それはただの夢に過ぎない。(but：前置詞)
(2) 彼はほんの冗談でそう言ったのだ。(but：副詞)
(3) 彼女は雪のために外出しなかった。(because of：「～のために」という前置詞句)
(4) ジョンはその本がやさしいということがわかった。(easyは形容詞)
(5) ジョンはその本をかんたんに見つけた。(easilyは副詞)
(6) 彼らは食事をとりに［食堂へ］入った。(inは副詞で「～の中へ」という意味)
(7) 猫は籠の中にいた。(inは前置詞)
(8) 彼は夜遅くまで起きていた。(lateは副詞でsatを限定)
(9) 彼女は学校に遅れた。(lateは‘遅刻した’という意味の形容詞でsheを限定)
(10) メアリーは遅くまで起きていた。(lateは名詞でtillの目的語)

C. (1) 人々は彼を市長に選んだ。(2) 私は彼女が歌うのを一度も聞いたことがない。([注] herはheardの目的語であるが, 知覚動詞＋目的語＋原形不定詞の場合はsing の意味上の主語になるのでがとなる。p.54, 09参照)
(3) 私が彼女を訪問したとき, 彼女は本を読んでいました。(4) 私はこの2冊の本のうちの1冊を君にあげる。(5) 玄関に誰かがいます。(6) 誰がその部屋の鍵を欲しがったのか。(7) 私には彼らは何としあわせに見えたことか。(8) 彼女は手紙を受取るとすぐにそれを開封した。(9) 彼女は叔母さんにちなんでキャサリンと名付けられた。(10) 私は彼に何をしているかを（と）尋ねた。([注] what he was doing はask（人にものを問う）の直接目的語であるから本来はをであるが, この場合はとの方が自然である。このようにまず原則をしっかり守って, その上で日本語としてより自然な訳をすればよい)

D. (1) attended at → attend（またはattending）(2) is she → she is (3) it → one（itは my umbrellaを指す。失ったそのものを買うことはできない。one = an umbrella）(4) apologize → apologize to (5) pleasant → pleased, succeeded → succeeded in (6) Comparing → Compared (7) as large house → as large a house（p.327(6)(b)を見よ）

第2章 文とその構成要素　練習問題2

A. (1) He：主語, rose：動詞, asked：動詞, question：目的語 (2) I：主語, met：動詞, man：目的語 (3) secretary：主語, writes：動詞, letters：目的語 (4) general：主語, may become：動詞, figure：（主格）補語 (5) He：主語, handed：動詞, her：（間接）目的語, letter：（直接）目的語 (6) They：主語, named：動詞, ship：目的語, 'Queen Mary'：（目的格）補語 (7) They：主語, found：動詞, place：目的語, village：（目的

483

格）補語　(8) food：主語（［注］the legs of the table［テーブルの脚］のように普通of＋名詞は形容詞の働きをし，前の名詞を修飾・限定するのであるが，kind，sort，typeなどの名詞がof＋名詞の前にくると［食物の適切な種類］ではなく，［適切な種類の食物］となって修飾関係が逆になる），is：動詞，important：（主格）補語　(9) He：主語，succeeded：動詞　(10) water：主語，was：動詞（［注］There is ...，Here is ...，のような存在文では動詞が先に来て，主語はその後に来る）(11) I：主語，have seen：動詞，sight：目的語

B. (1) 形容詞句でhouseを修飾・限定　(2) 副詞句でwalkを修飾・限定　(3) 副詞句でI以下の文全体を修飾・限定　(4) 名詞句で主語　(5) 名詞句で主語　(6) 名詞句でmindの目的語　(7) 副詞句でranを修飾・限定　(8) 名詞句でwantの目的語　(9) 形容詞句でvaseを修飾・限定　(10) 副詞句でlaughed at（〜 をあざ笑う）を修飾・限定

C. (1) 名詞節でknowの目的語　(2) 副詞節でcould not startを修飾・限定　(3) 副詞節でran awayを修飾・限定　(4) 形容詞節でproblemを修飾・限定　(5) 副詞節で 'll go and seeを修飾・限定　(6) 名詞節でtellの目的語　(7) 名詞節でunderstandの目的語　(8) 副詞節でMakeを修飾・限定　(9) 形容詞節でmanを修飾・限定　(10) 副詞節でsoを修飾・限定

D. (1) I rose next morning to find myself in a spacious room.
   (2) There is no hope of his winning the race.
   (3) She is not ashamed of (her) having been very poor in her youth.
   (4) In spite of my assistance, he has failed.
   (5) She was unable to go abroad because the war began.
   　（She could not go ··· も不可能ではないが，叙想法とまぎらわしい点があるので，unableを使う方がよい）

第3章 文型と文の種類　練習問題3

A. (1) 感嘆文であるからis he！→ he is！(3) grantは授与動詞であるから目的語を2つ取る。よってhappy → happiness (5) Did you see the movie, didn't you ? → You saw the movie, didn't you ?

B. (1) 4 (2) 3 (3) 5 (4) 2 (5) 4 (6) 5 (7) 1 (8) 1 (9) 2 (10) 2

C. (1) (a) 不完全自動詞：彼の顔は急に真青になった。(b) 完全他動詞：その男は急に角を<ruby>角<rt>かど</rt></ruby>をまがった。(2) (a) 完全自動詞：この気持いい天候は長くもたなかった。(b) 完全他動詞：その紳士は彼女の手をしっかり握った。(3) (a) 完全他動詞：彼は息子が海辺にいるのを見つけた・ (b) 不完全他動詞：彼は息子が海辺で無事であるのを知った。(4) (a) 完全他動詞：私たちはもうこれ以上あの女に我慢できない。(b) 完全自動詞：その古い教会は緑の丘の上にある。(5) (a) 不完全他動詞：厚い外套のおかげでその老人は暖かくしておられる（← 厚い外套はその老人を暖かく保つ）。(b) 完全自動詞：これらの果物は暑い天候では長もちしない。(6) (a) 不完全他動詞：私は列車の中で財布を盗まれた。(b) 完全他動詞：私は

公園で昼食を食べた。(7)（a）不完全自動詞：彼はその酔っぱらいに腹を立てた。(b）完全他動詞：彼は百貨店に仕事を得た。(8)（a）不完全他動詞：5年田舎にいてこれまでになく彼は鈍感になった。(b）完全他動詞：私たちはとてもたくさんのものをレザーで作った。(9)（a）完全他動詞：彼の父はボストンで女学校を経営していた。(b）完全自動詞：その泥棒はとても速く逃げたので私たちは捕まえられなかった。(10)（a）授与動詞：牛乳は私の体にとてもよかった。(b）完全自動詞：こういう仕事は私にはだめだ。

D. (1) 3 (2) 4 (3) 5 (4) 1 (5) 2 (6) 1 (7) 1

第4章 句と節　練習問題4

A. (1) 単文 (2) 複文 (3) 重文 (4) 複文 (5) 混文 (6) 単文 (7) 複文 (8) 複文 (9) 複文 (10) 複文

B. (1) 形容詞節 (2) 名詞節 (3) 名詞節（that以下はfactと同格である）(4) 名詞節 (5) 副詞節 (6) 形容詞節 (7) 名詞節 (8) 副詞節 (9) 副詞節 (10) 副詞節（by the timeは全体で「〜の時までに」という意味の従属接続詞）

C. (1) on my telling him my plans (2)with his hands in his pockets (3)Her knock not being answered (4)us not to leave that room (5)accustomed to living in towns (6)for you to work hard (7)at her daughter's visiting such a place

第5章 動詞と動詞の活用　練習問題5

A. (1) pushed, pushed, pushing, pushes (2) applied, applied, applying, applies (3) stopped, stopped, stopping, stops (4) compelled, compelled, compelling, compels (5) preferred, preferred, preferring, prefers (6) picnicked, picnicked, picnicking, picnics (7) brought, brought, bringing, brings (8) fed, fed, feeding, feeds (9) bound, bound, binding, binds (10) chose, chosen, choosing, chooses

B. (1) a (2) c (3) b (4) e (5) d (6) e (7) c (8) e (9) a (10) a

C. (1) carried → carry（OとCの間には文章関係がある）(2) are → is (3) hanged → hung (4) layed → lay (5) win → wins（一つのまとまった概念）(6) understand → understood (7) was → were (8) binded → bound（be bound to 〜 で '〜する義務がある' という意味）(9) lead → leads
(10) 誤りなし

D. (1) ② (2) ③ (3) ②（talkは本来自動詞であるが 'talk＋O＋out of［into］＋事柄' のような場合は他動詞となり「説得する」という意味になる。したがってこの文は「私たちは彼の母にその決定をあきらめるように説得できなかった」ということになる。(4) ②（whateverは '一体何が' という意味の強意疑問詞）(5) ② (6) ④ (7) ③

A. (1) gets (2) will visit （whether以下は名詞節）(3) went （叙想法過去）(4) saw (5) have finished （未来完了代用の現在完了）(6) comes （時を表す副詞節では未来形は現在形で代用する）(7) had (8) will rain （if以下は名詞節）(9) is （if以下は副詞節）(10) will be making

B. (1) 誤りなし (2) have you been → were you (3) will succeed → succeed （if以下は副詞節）(4) 誤りなし（'地球は平たい'というのは真理でないから）(5) have → had (6) is belonging → belongs （状態動詞であるから）(7) were → had been (8) is → has been （状態の継続）(9) 誤りなし (10) will → shall （話者の意志を表す）

C. (1) have passed, came (2) would happen (3) shall (4) saw (5) doing

D. (1) War no longer solves any problems.
   (2) He was jumping up and down.
   (3) When the police arrived, the thieves had run away.
   (4) Watch it! That pile of boxes is going to fall.
   (5) This time next week we shall (will) be sailing across the North Sea.

E. (1) ② (2) ② (3) ③ (4) ② (5) ④ (6) ③ (7) ② （現在のある兆候に基づいた未来の予測）

A. (1) By whom will the orphans be looked after?
       Who will the orphans be looked after by?
   (2) He was sometimes seen to walk in the park (by them).
   (3) It is said that he is a courageous man.
   (4) All the windows should be kept shut.
   (5) His letter will have been written by noon.
   (6) I was spoken to in the street by a foreigner.
   (7) A fierce battle was being fought by them.
   (8) The midwife was sent for at once.
   (9) The wounded were taken great care of by Mary. または Great care was taken of the wounded by Mary.
   (10) Let the gate be closed at once. ［文語］

B. (1) His uncle has bought a new motorbike for John.
   (2) His mother made him clean his room.
   (3) They sell tabacco at that store.
   (4) You must not speak Japanese in this class.

(5) You believed her to be the criminal または They believed that she was the criminal.

C. (1) at (2) in (3) with (4) of (5) in (take in ～, ～ をだます, 欺<ruby>欺<rt>あざむ</rt></ruby>く〈口語体〉という意味)

D. (1) Her house was struck by lightning.（能動態でもよい）
(2) His son was run over by a truck.
(3) He is absorbed in the study of apes.
(4) She has not been heard of (by us) since. または We have not heard of her since.
(5) The gate was already closed at 9 p.m. yesterday.

E. (1) ② (2) ③ (3) ② (4) ② (5) ③ (6) ①（' steal ＋ 人 ＋ of ＋ 物 ' という表現はなく、' 人 ＋ be robbed ＋ of ＋ 物 ' で「人が物を盗まれる」という意味になる。）(7) ④

第 8 章 助動詞　練習問題 8

A. (1) will (2) should (3) must (4) can (5) may, mustn't (6) Can
(7) shall (8) will write（when以下は名詞節）(9) have passed, died
(10) rather

B. (1) will (2) may（またはwill）(3) can (4) had (5) shall (6) will
(7) dare (8) would（またはwill）(9) should (10) will

C. (1) is → has been (2) shallを取る (3) will → shall (4) climb → have climbed (5) willを取る (6) 're (never) going to → 'll (never) regret
(7) get → have got (8) 誤りなし

D. (1) You will feel better after (taking) this medicine.
(2) No one shall escape!
(3) She can't be young. She must be over forty.
(4) Could you tell me the way to the museum?
(5) I used to consult Dr. Yamada whenever I was ill.

E. (1) ③ (2) ④ (3) ④ (4) ③ (5) ② (6) ① (7) ④

第 9 章 ［叙］法　練習問題 9

A. (1) were, would (2) resign (3) Had（ifの省略による倒置）
(4) were（叙想法は〈時制の一致〉とは無関係）(5) were (6) had been
(7) Without (8) it (9) bless（古風な祈願文）(10)were to（純粋な仮定）

B. (1) would rain → rains（叙想法ではない）. または、would → should

(2) pays → should pay　(3) 誤りなし　(4) be not → Don't be　(5) to を取る

C. (1) and　(2) could　(3) had followed, should be　(4) If, were
　　(5) Had, been ; But

D. (1) If I had worked (studied) hard in my youth, I should (would) live a happy life now.
　　(2) We should (would) start climbing, even if it should rain.
　　(3) If it were not for air, no creature could live .
　　(4) John should (would) solve (settle) the problem with ease.
　　(5) He speaks as if he had been President.

E. (1) ④　(2) ③　(3) ④　(4) ④　(5) ③　(6) ③　(7) ④

第10章 否　定　練習問題 10

A. (1) not → no　(2) hardly → scarcely　(3) Anybody didn't buy →
Nobody bought　(4) on → in　(5) Little we dreamed → Little did we dream
(6) didn't get → got　(7) 誤りなし（if 節の中では any 〜 not…で全部否定を表すことがで
きる）

B. (1) scarcely　(2) without　(3) but　(4) by　(5) from　(6) to　(7) only

C. (1) ジョンは決してそんなことを言う人ではないだろう。
　　(2) 同情を感じない人は誰もいなかった。
　　(3) とても暗かったので，私たちには何も見えなかった。
　　(4) 冬に山を登る時には，いくら注意してもし過ぎることはない。
　　(5) 月に行くことはもはや夢ではない。
　　(6) 私はあなたほどジャズが好きではない。

D. (1) ②　(2) ③　(3) ②　(4) ③　(5) ③　(6) ④　(7) ③

第11章 名　詞　練習問題 11

A. (1) churches　(2) countries　(3) monkeys　(4) wives　(5) tombs
　　(6) Chinese　(7) salmon　(8) pianos　(9) women doctors　(10) lookers-on
　　(11) crises　(12) roofs　(13) heroes　(14) radios　(15) oxen
　　(16) phenomena　(17) mice　(18) months　(19) glasses　(20) beliefs

B. (1) leaf　(2) oasis　(3) shoe　(4) goose　(5) news　(6) bamboo
　　(7) spy　(8) city　(9) criterion　(10) datum

C. (1) cow　(2) heroine　(3) aunt　(4) hen　(5) lord　(6) actress

(7) tigress (8) lass (9) niece (10) lioness (11) queen
(12) waitress (13) landlady (14) mistress (15) widower

D. (1) uncle → uncle's (2) Mary's → Mary（2人共有のピアノ）
(3) the house's roof → the roof of the house (4) 誤りなし（群属格）
(5) ladie's → lady's (6) hand → hands（相互複数）(7) sheeps → sheep
(8) are → is（Mathematics は -sが付いていても学問の名称で単数扱い）
(9) teen → teens（10代という意味でありthirteen ～ nineteenを含むから）
(10) dozens → dozen

E. (1) lass (2) niece (3) mare (4) hen (5) duchess (6) mistress
(7) woman-servant または maidservant

F. (1) ③ (2) ④（布地という意味）(3) ②（some informationは '情報・知識' という意味で
抽象名詞）(4) ② (5) ① (6) ①（percentは「' 100（cent）' につき」という意味だから複
数形にはならない）(7) ③（quarters：分母は序数）

第12章 代名詞　練習問題 12

A. (1) All (2) that (3) herself (4) mine (5) hers (6) Any (7) one
(8) one, another (9) it（to obey 以下を指す形式目的語）(10) any, some

B. (1) one または, such (2) that（and thatで 'しかも' という意味）(3) something (4)
some（'ある, 何らかの' という意味）(5) one (6) herself（come to oneselfで '我にかえる'
という意味」(7) other (8) herself（beside oneselfで '我を忘れる' という意味）(9) much
(10) his（eachは何人称の代名詞か）

C. (1) a (bread) → some (bread) (2) Theを取り Most とする（most of ～ 'ほとんどの ～' の
意味）(3) that → those (4) Aを取り, Liar とする（この型の譲歩節の場合, 名詞が節頭に
くると冠詞を省く）(5) her → hers
(6) himself → itself (7) I → me (8) 誤りなし (9) takes → take, his → their (10) at
→ by（by oneself）

D. (1) Not a few people wanted to climb the top of the mountain.
(2) The ferryboat starts from here every thirty minutes (or every half　an hour).
(3) The safe contained nothing but old papers. or There was nothing but old papers in
the safe.
(4) She began opening the parcels (or packages) one after another (or one by one).
(5) You must find it out for yourself.

E. (1) 壺にはほとんど砂糖がない。
(2) 彼女はかなり多くのドレスをもっている。

(3) お金を使うということと，お金をかせぐということとはまったく別だ。
　　（お金を使うのは簡単だが，お金をかせぐのは大変なことだ）
(4) どちらが欲しいんですか。 ── どちらも欲しくありません。
(5) そのほかのことなら何でもしよう。
(6) 映画に行くというのはどう。

F. (1) His that composition → That composition of his　(2) Pork's price → The price of
pork，than beef → than that of beef　(3) our company's boss → the boss of our company
(4) her sister's friend → a friend of her sister's　(5) That suit of him → That suit of his

G. (1) ②　(2) ④　(poetryは集合的に '詩' という意味，poemは '個々の詩' という意味)　(3)
③　(oneはa＋名詞を指すから)　(4) ②　(「～ のこととなると」という意味。it は漠然とした
事情を指す。ここでは「ことが」とか「話題が」という意味)　(5) ②　(6) ④　(7) ①

第13章 疑問詞　練習問題 13

A. (1) what　(whatはforの目的語，「何のために」)　(2) How　(3) what
(4) where　(5) where　(6) how　(7) what

B. (1) if → whether または if she is married or not　(2) Do you think what
→ What do you think　(3) what → how　(4) if → whether　(補語になるときは if は用いら
れない)　(5) When do you know → Do you know when　(Yes／No 疑問だから)　(6) 誤りな
し　(7) If → Whether　(ifに導かれる名詞節は主語にはできない)

C. (1) What is the weather in California like?
(2) I don't know what has become of the old woman.
(3) Why don't you bring him along here?
(4) What may happen, I will do my duty.
(5) Do you know if [whether] the museum is open on Monday?
(6) Where do you think she was teaching English three years ago?

D. (1) ③　(2) ③　(3) ①　(4) ③　(5) ②　(6) ③

第14章 関係詞　練習問題 14

A. (1) whom　(2) as　(3) who　(4) who　(5) that　(6) whoever　(7) but
(8) what　(9) when　(10) why

B. (1) which　(thatには継続用法はない)　(2) whose　(3) whom　(the man は
believedの目的語)　(4) that　(同種ではなく同一)　(5) whom　(withの目的語)　(6) which
(前の節全体を先行詞にしている)　(7) what　(what is worseは ' さらに悪いことには ' とい
う慣用表現)　(8) where　(' ～ するところに ' という　(to the place) whereという意味)　(9)

how（'どうして ～ であるか'という意味の関係副詞，名詞節を導く）(10) where（'場合，事例'のような抽象的な意味の先行詞でもwhereは用いられる）

C. (1) that → what (2) complains → complain（先行詞はoneでなく those men）(3) did not know → knew（関係代名詞butはthat … notですでに notを含んでいる）(4) which → when（先行詞はThe dayでそれが関係詞節で'その日'という副詞の働きをするから）(5) than → that（先行詞が最上級の形容詞などの強い限定的な意味をもつときはthatを用いるのが普通）(6) which → in (which) または where (7) in which → for which または why (8) howを取るかhowの代わりにthatにするかどちらか。the way howという表現はない）(9) whomever → whoever（前の前置詞にとらわれてはいけない。関係詞節の中の関係で考える。(to) anyone who ～ の意味）(10) that → what

D. (1) The village is now very different from what it was fifteen years ago.
  (2) Wherever (No matter where) she goes (may go), she will be loved by people.
  (3) You may (can) invite whomever (anybody whom) you trust.
  (4) Not a day passed by that she did not repent of what she had done.
  (5) However rich (No matter how rich) a nation is (may be), it always has something that must be imported.

E. (1) but (2) which（前の文全体が先行詞）(3) who (4) What (5) where
  (6) Whatever (7) why

第15章 形容詞　練習問題15

A. (1) any (2) alone (3) imaginable (4) used (5) last (6) drunk
  (7) few (8) as large as (9) has (10) hundred

B. (1) proud (2) enough (3) wrong (4) heavily (5) last

C. (1) the deepest → deepest（同一物での最上級）(2) more clever → cleverer (3) no → any (4) illness → ill (5) healthily → healthy（補語は形容詞）

D. (1) joyful (or joyous)，pleasant，interesting，monotonous，anxious
  (2) courageous，concerned，tragic (or tragical)，honorable，glorious
  (3) earthly，solar，wide，long，circular

E. (1) the (2) the (3) a (4) a（～ 家の人）(5) the（単位を表す）(6) an（種類を表す）
  (7) a（'或る'という意味）(8) a（'同じ，同一の'という意味）(9) the（the＋形容詞 → 抽象名詞'超自然的現象'）(10) a

F. (1) He is certain to win the victory in the tournament.
  (2) I am ready to do anything for her.

(3) The train at platform 3 is bound for Aomori.

(4) The five children ran away to the wood like so many monkeys.

(5) They were surrounded by thousands of the natives.

G. (1) ① (2) ② (3) ② (4) ① (5) ① (be apt to で '～ しがちである' という意味) (6) ③
(7) ④

第16章 限定詞（冠詞など）練習問題 16

A. (1) an (2) his (3) × (4) a (5) those (6) the (7) either (8) × (9) the (10) Any

B. (1) the (2) any (3) that (4) a (5) an (6) the (7) The、the (8) any, (9) much

C. (1) a few→little (2) a→the (3) than の後に that of を入れる (4) 誤り無し
(5) not→none (6) bread の前に the を付ける (7) a を取る (8) a を man の前に移す
(9) 前の a も、後ろの a も取る

D. (1) What sort of college did you go to ?
(2) The church is within five minutes' ride by taxi from the station.
(3) My father is critically ill with cancer.
(4) Keep the change, driver.
(5) I just cannot bring myself to eat pork.

E. (1) 私は美術に関するほんをかなりたくさん持っています。
(2) 彼にあんなひどい扱いをしたことを、君はいつか後悔するだろう。
(3) ジョンは許された1日10本のタバコの最後の分をすった。
(4) 十人十色。2人の人間は同じ考え方をすることはない。
(5) トーマス・フック先生は自宅兼校舎を郊外に持っていた。

F. (1) a (2) the (3) that (4) Those (5) either

第17章 副 詞 練習問題 17

A. (1) already (2) so (3) hardly (4) sweet (5) Little (6) much (7) up (8) likely (be
likely to ～ で '～ しそうである' という意味) (9) rarely ('頻度' を表す) (10) true (hold
true で '真である，本当で通る' という意味)

B. (1) worse (2) to (ラテン比較級) (3) largest (4) any
(5) of (原級 (make use of ～ で '～ を利用 (使用) する' という意味)
(6) the (7) least (not ～ in the least は '少しも ～ しない' という意味) (8) best (love
well で '心から愛する' という意味) (9) none (none the less は 'それにもかかわらず' と
いう意味) (10) more ('むしろ' という意味)

C. (1) than → better than　(2) than → than that of　(3) girls → girl（any other＋単数名詞）
　　(4) large → as large　(5) 誤りなし　(6) latest → last
　　(7) later → latter　(8) any → any other　(9) like → like better
　　(10) than → than that of

D. (1) とても学識のある人がそう信じている。／もっとも学識のある人がそう信じている。／大ていの学識のある人はそう信じている。
　　(2) 彼女よりも彼の方が私を愛している。／彼は彼女の方より私を愛している。
　　(3) 彼女はほんの子供だ。／君と同様彼女も子供ではない。

E. (1) ③　(2) ①　(3) ③　(4) ③　(5) ①　(6) ②　(7) ③

第18章 比　較　練習問題18

A. (1) as　(2) any　(3) less　(4) so（または，as）　(5) the　(6) rather
　　(7) more,　more

B. (1) girls → girl　(2) thanの前にbetterを入れる　(3) the deepest → deepest（同一物の中での比較）　(4) more → the more　(5) far → all　(6) large → as large　(7) 誤りなし

C. (1) This is the very best picture I have been seeking (or looking for).
　　(2) He is not so much a scholar as a writer.
　　(3) The Shinano River is longer than any other river in Japan.
　　(4) The higher we go up (climb), the colder it becomes.
　　(5) He has many faults, but I love him none the less.
　　(6) I have not more than 10 dollars.

D. (1) ②　(2) ④　(3) ②　(4) ②　(5) ④　(6) ②　(7) ①

第19章 不定詞　練習問題19

A. (1) b　(2) d　(3) c　(4) a　(5) e　(6) d　(7) b　(8) c

B. (1) too　(2) enough　(3) of　(4) never　(5) for

C. (1) how to　(2) enough to　(3) for　(4) too, for　(5) To, with

D. (1) to clean → cleaning　(2) to not → not to　(3) to me → for me
　　(4) steal → to steal　(5) to you → with you　(6) the paperの後にwithを付ける　(7) never → only　(8) paint → to paint　(9) 誤りなし
　　(10) to return → return

E. (1) People often complain that they are too busy to read.
   (2) I was so absent-minded as to make such a mistake.
   (3) To do him justice, he was a good-natured man.
   (4) She is old enough to know better than to do that.
   (5) You don't have to take a bath, if you don't want to.

F. (1) ②　(2)　A：②　B：③　(3) ③　(prohibit はto不定詞を目的語にとらない)　(4) ①
   (explainは目的語を2つとらない。explain ～ to［a person］という形になる)　(5) ②　(6)
   ②　(疑似分裂文の場合 be動詞の補語となる不定詞は原形不定詞と to不定詞のどちらでもよ
   い)　(7) ①

第20章 分　詞　練習問題 20

A. (1) Not　(2) being　(3) Seen　(4) permitting　(5) herself understood
   (6) shutting　(7) mended　(8) floating　(9) exciting　(10) taking

B. (1) I ran all the way and arrived just in time.
   (2) As she felt very cold, she shut all the windows.
   (3) When it was seen from a distance, it looked like an ape.
   (4) As the last bus had gone, we had to walk home.
   (5) If you turn to the left, you'll find the museum on the right.
   (6) Although I admit what you say, I still don't agree with you.
   (7) If [When] I take all things into consideration, I can say that he was a man of
       character.

C. (1) to wait → waiting　(2) wash → washed　(3) writing → written
   (4) drowned → drowning　(5) Comparing → Compared
   (6) Having not →　Not having　(7) Waving → I waving or Although I waved

D. (1) ④　(2) ①　(3) ①　(4) ①　(5) ④　(6) ③

第21章 動名詞　練習問題 21

A. (1) saying　(2) giving　(3) left　(4) moving　(5) having said　(6) laugh　(7) going　(8)
   visiting

B. (1) no　(2) like　(3) use　(4) to　(5) being　(6) On　(7) up (または over)

C. (1) no, telling　(2) my, not, attending　(3) of, having, been

D. (1) ①「(ある目的で) 考えてみる」という意味の (considerは to不定詞を目的語にとらな
   い)　(2) ③ (suggestは to不定詞や原形不定詞を目的語にとらない)　(3) ②　(4) ③　(5) ③

(feel like 〜ingで‘〜したい気になる’という意味)（6）④ （7）③

第22章 前置詞　練習問題 22

A. （1）without （2）on （3）to （4）from （5）of （6）of （7）of （8）in （9）of （10）of

B. （1）without （2）in （3）into （4）to, on （またはupon）（5）of
（6）in, behind （7）in （またはwithin）（8）at （9）between （10）of

C. （1）of → about （2）mean → means （3）about → for （4）to → into
（5）from → after （6）誤りなし （7）between → among

D. （1）② （2）③ （3）② （4）② （5）③ （6）② （‘時間単位で’という意味）（7）③

第23章 接続詞と節　練習問題 23

A. （1）whether （2）Although （3）but （4）since （5）As far as （6）before
（7）while （8）that （9）as （‘〜するにつれて’という意味）（10）until

B. （1）nor （2）or （3）because （4）As （5）before （6）if （7）long
（8）since （9）tillまたはuntil （10）that （同格節を導く）

C. （1）I was so much surprised at his rudeness that I could say nothing for an instant.
（2）As we had nothing else to do, we played cards.
（3）Even if you do not like it, you must do it at once.
（4）Now that he has recovered his health, we can accompany him for mountain climbing.
（5）It is because he has behaved badly that he must be punished.

D. （1）① （‘〜するにつれて’という意味）（2）③ （3）③ （‘now that 〜’で「（今や）〜だから」という意味）（4）② （5）④ （6）④ （‘さもなければ’という意味）（7）④ （‘on condition that 〜’は「〜という条件で」という意味）

第24章 呼　応　練習問題 24

A. （1）wishes （2）take （3）has （4）is （5）is （6）was （ofの後のmoneyは物質名詞）（7）is （両方で一種の食物の名）（8）makes （「早寝早起き」で1つの概念）（9）am （not only A but also BのときはBの方に動詞を一致させる）
（10）knows （A as well as B のときはAの方に一致させる）

B. （1）you （youと共に用いられるとBillはyouに吸収される）
（2）is （ただし〈口語〉であればareも可能）（3）has （4）are （5）were

C. (1) goes → go (2) are → is (3) am → are (4) were → was
(5) seems → seem (6) 誤りなし (7) are → is（glittersと3・単・現になっていることに注意）(8) was → were（noneは普通複数扱い）(9) are → is (10) 誤りなし

D. (1) ①（'as well as her brothers' は挿入句で主語ではない）(2) ②
(3) ②（'a number of ～' は「多くの，幾らかの」という複数の意味）
(4) ②（「早寝早起きをする」という一つのまとまった概念になる）
(5) ②（「地表の4分の3」という一つのまとまり）
(6) ①

第25章 時制の一致と話法　練習問題 25

A. (1) He told me that he would go fishing the next day.
(2) She told me that she would be late at the office.
(3) He said that if he were me, he wouldn't say such a thing.
(4) She told me that she wished she had been born abroad.
(5) He asked me how long I had been in Japan.
(6) She asked me where I live.
(7) My mother asked me if I wanted to drink some coffee.
(8) He told me to close the gate at once.
(9) She asked me not to make such a noise.
(10) He suggested to us that we should play Ping-Pong.
(11) She cried with regret how naughty she had been.
(12) He told me that he didn't have to work, for he had plenty of money.
(13) She told me that she wouldn't resign if she were in my place.

B. (1) I said to her, "I am going to visit the Niagara Falls tomorrow."
(2) She said to me, "Have you been to Naples before?"
(3) She said, "If I had worked harder, I should have passed the entrance exam."
(4) He said to me, "Where did you see her yesterday?"
(5) She said, "How wonderful these necklaces are!"
(6) He said to me, "Don't waste your time."
(7) She said, "It will rain, for the sky is being rapidly covered with black clouds."

C. (1) went → goes（普遍の真理）(2) wishes → wished (3) thatを取りsaidの後にコンマを付ける (4) you → do you (5) 誤りなし (6) 誤りなし
(7) that → this

D. (1) My father suggested to us that we should go to the zoo.
(2) He said, "How pretty these flowers are!"
(3) He asked me to give him something to eat, adding that he had eaten nothing since the day before.

(4) Stephen said to me, "Don't use your teacup."

(5) Mother asked me who I thought was visiting us the next day.

(6) They said to me, "You had better see him now and ask if he is going to stay here tonight."

(7) He said, "If I had known your address, I would have written to you."

第26章 倒置・省略・強調　練習問題 26

A. (1) Not only did he lose his fame but also his wife.

(2) Never have I heard such a terrible sound.

(3) Little did I think that she would come to see me.

(4) No sooner had she made an end of her speech than withdrew.

(5) Had it not been for your advice, I should not have succeeded.

(6) Not a drop of tear did she shed.

B. (1) when (we were) in college　(2) to (come and dine with you)　(3) if (it is) possible　(4) ⋯ woman (she is) !　(5) (It's) no wonder　(6) Mary (speaks Japanese)　(7) ⋯ but (John is) not (a man) of fortune

(8) language (that is) spoken

C. (1) him → he　(2) them → those または they　(3) came → come　(4) I have → have I　(5) 誤りなし　(6) on → in　(7) Does → Do

D. (1) ④　(2) ③　(3) ④　(4) ②　(5) ④　(6) ②

第27章 文の転換　練習問題 27

A. (1) She is not ashamed of her father's having been very poor in her youth.

(2) On hearing the news, he was deeply grieved.

(3) She is a respectable woman doctor.

(4) Mary is not likely to have forgotten to telephone him.

(5) Without [But for] freedom of speech, we should have no progress in democracy.

(6) We are certain of his not being guilty.

(7) Mr. Smith is the best man to give me excellent advice.

(8) (Having been) Asked to help her, he wholly ignored it.

(9) To take the 9 o'clock train, you can get there by lunchtime.

(10) There was an automobile accident because of the narrow road.

B. (1) Although it was raining heavily, they decided to go out for a drink.

(2) As far as I know, she has never been to Europe.

(3) The missing child returned home safe and sound, so that his parents were very glad.

(4) As soon as he reached Paris, he went straight to the lawyer's.

(5) Look at the chubby baby that is sleeping in the crib.

(6) The way you should start the apparatus is to press the button.

(7) Mary persuaded that he (should) consult the doctor.

(8) Do you mind if I shut the window?

(9) Because he was wealthy, he was able to get the position.

(10) You're crazy that you should say such a thing to the boss.

C. (1) another (2) is said that she was a nurse during the war
(3) I have offended my teacher (4) If he were a wise man
(5) writing a good poem, she paints well

D. (1) ② (2) ④ (3) ① (4) ② (5) ①

主要参考図書

◎ 辞 書

Collins COBUILD English Dictionary, Cambridge Dictionary of American English, Comprehensive Dictionary of Colloquial English, Longman Dictionary, Oxford Advanced Learner's Dictionary, The American Heritage Dictionary,The Oxford English Dictionary, The Randam House Dictionary of the English Language, Webster's New Twentieth Century Dictionary, Webster's Third New International Dictionary,

◎ 参考書・語法辞典

Biber, D.et al.　*Longman Grammar of Spoken and Written English*
[Longman]

Bollinger, D.L.　*Meaning and Form*　[Longman]

Bryant, M.M.　*Current American Usage*　[Funk & Wagnalls]

Close, R.A.　*A Reference Grammar of Students of English*　[Longman]

Curme, G.O.　*Syntax*　[Maruzen]

Declerck, R.A.　*A Comprehensive Descriptive Grammar of English*
[KAITAKUSHA]

Evans, B. & C.　*A Dictionary of Contemporary American Usage*　[R.H.]

Hornby, A.S.　*Guide to Patterns and Usage in English*[2]　[OUP]

Huddleston, R.　*Introduction to the Grammar of English*　[Cambridge]

Jespersen, O.　*A Modern English Grammar*　[George Allen & Unwin]

Kruisinga, E.　*A Handbook of Present-Day English*[4]　[KEMINKEN ZOON]

Leech, G.N.　*Meaning and the English Verb*[2]　[Longman]

Leech, G.N. & J. Svartvik　*A Communicative Grammar of English*
[Longman]

Morris, W. & M.　*Harper Dictionary of Contemporary Usage*[2]　[Harper]

Palmer, F.R.　*The English Verb*　[Longman]

Poutsma, H.　*A Grammar of Late Modern English*　[Noord-hoff]

Quirk, R.et al.　*A Comprehensive English Grammar*[2]　[OUP]

Schibsbye, K.　*A Modern English Grammar*　[OUP]

Swan, M.　*Practical English Usage*　[OUP]

Thomson, A.J. & A.V. Martinet　*A Practical English Grammar*[4]　[OUP]

Visser, F.T.　*An Historical Syntax of the English Language*　[Brill]

Zandvoort, R.W.　*A Handbook of English Grammar*　[Longman]

石橋 (他)：「英語語法大事典」「続英語語法大事典」「同第3集」(大修館)

石橋 (他)：「現代英語学辞典」(成美堂)

市河三喜 (他)：「新英語学辞典」(研究社)

大塚 高信 (他)：「新英文法辞典」(三省堂)「英文法シリーズ」(研究社)

井上義昌：「英米語用法事典」(開拓社)

小西 友七：「英語基本動詞辞典」(研究社)「英語前置詞活用辞典」(大修館)

安井 稔 (編)：「現代英文法事典」(大修館書店)

索　引

　英語の語句は最初のアルファベット文字、日本語はヘボン式ローマ字に置き換えた最初のアルファベット文字に従って分類してある。また、文法上の主要な項目は文字、ページ共各章のシンボルカラーで示し、下位項目はその中に含めて黒色で示している。しかし、便宜上、下位項目も独立的に扱っている場合が多い。

〔A〕

a few と few ⟶ 代名詞　212
A is no more B than C is (D)
　　　⟶ 比較　328
A is no less B than C is (D) ⟶ 比較　328
A is not more ～ than B ⟶ 比較　328
A is not less ～ than B ⟶ 比較　329
a ＋序数詞 ⟶ 数詞　265
a little と little ⟶ 代名詞　214
and を用いた慣用表現 ⟶ 接続詞　412
any （肯定文中の）⟶ 代名詞　212
as(so)＋原級＋as ⟶ 比較　321
as＋原級＋as any ⟶ 比較　327
as＋原級＋as ever ⟶ 比較　327
as＋原級＋as one can ⟶ 比較　327
as＋原級＋as possible ⟶ 比較　327
as＋原級＋as（同じ原級）＋can be　327

〔B〕

倍数の表現 ⟶ 比較　321
buy型の受動態 ⟶ （受動）態　93
be （助動詞の）⟶ 助動詞　106
be動詞＋名詞用法の不定詞
　　　⟶ 不定詞　348
be going to ～ ⟶ 未来時制　70
be ＋ － ing ⟶ 未来時制　71
be ＋ no ＋名詞 ⟶ 形容詞　280
be ＋ to 不定詞 ⟶ 不定詞　337
部分否定 ⟶ 否定　150
文　16
文否定 ⟶ 否定　149

ぶらさがり分詞 （懸垂分詞）
　　　⟶ 分詞　370
文の転換　471
　―複文 ⟶ 単文　471
　―重文 ⟶ 単文　477
　―重文 ⟶ 複文　478
文法上の倒置 ⟶ 倒置　460
分離不定詞 ⟶ 不定詞　348
分詞　359
　―形容詞用法　360
　―連体（限定）用法　360
　　―前置される場合　361
　　―後置される場合　361
　―-ed が（述語）動詞か分詞の形容詞
　　　用法か　361
　―叙述用法　362
　―準主格補語　363
　―現在分詞の慣用表現　364
　―分詞構文　365
　　―分詞構文の意味上の主語　365
　　―独立分詞構文　366,370
　　―分詞構文の表す＜時＞　366
　　―受動態の分詞構文　367
　　―分詞構文の用法　367
　―附帯状況　369
　―ぶらさがり分詞 （懸垂分詞）　370
　―独立分詞構文の慣用表現　370
　―接続詞＋分詞　371
物質名詞 ⟶ 名詞　164
文修飾の副詞 （文全体の修飾）
　　　⟶ 副詞　295

文章関係（Nexus）—→ 形容詞　　258
描出話法　—→ 話法　　　　　455
文の要素　　　　　　　　　　23
　—主要素　　　　　　　　　23
　—従要素　　　　　　　　　23
　—独立要素　　　　　　　　24
　　　　　　〔C〕
can の意味・用法　—→ 法助動詞　110
could の意味・用法　—→ 法助動詞　111
come to ～　—→ 不定詞　　344
知覚動詞　—→ 動詞　　　　54
抽象名詞　—→ 名詞　　　　164
直接目的語　—→ 目的語　　18
直接話法　—→ 話法　　　　446
　　　　　　〔D〕
代名詞　　　　　　　　　　187
　—人称代名詞　　　　　　187
　—人称代名詞の特殊用法　　189
　—we の特別用法　　　　　190
　—it の特別用法　　　　　190
　—形式主語の it　　　　　191
　—形式目的語の it　　　　192
　—it is ～ that …の強調構文　192
　—強意用法　　　　　　　193
　—代名詞の所有格 + own の用法　194
　—指示代名詞　　　　　　195
　　—代名詞用法　　　　　195
　　—形容詞用法　　　　　196
　—不定代名詞　　　　　　200
　　—一般の「人」を表す one　206
　—none = no + 物質名詞（抽象名詞）
　　の場合　　　　　　　　206
　—none of + 複数（代）名詞　207
　—some と any　　　　　　210
　—some + 可算名詞の単数形「ある～」
　　　　　　　　　　　　　210
　—some：「かなりの～」「相当な～」
　　　　　　　　　　　　　211
　—疑問文・条件文中（if 節中）の some

　　　　　　　　　　　　　211
　—否定文・疑問文・条件文の any

　　　　　　　　　　　　　211
　—肯定文中の any　　　　212
　—a few と few　　　　　213
　—a little と little　　　　214
　—many と much　　　　215
代名詞句　—→ 句　　　　　37
代動詞　—→ 助動詞　　　　109
代不定詞　—→ 不定詞　　　348
男性形と女性形　—→ 性　　184
大過去　—→ 完了形　　　81,82
dare の意味・用法　—→ 法助動詞　130
伝達動詞　—→ 話法　　　　446
伝達節　—→ 話法　　　　　446
電話番号の読み方　—→ 数詞　268
同一語句の省略　—→ 省略　463
同一語句の反復による強調　—→ 強調

　　　　　　　　　　　　　468
同格　—→ 格　　　　　　　182
動作受動態　—→ （受動）態　90
動詞の活用　—→ 動詞　　　55
動詞の種類　　　　　　　　44
動詞句　—→ 句　　　　　　37
同族目的語を取る動詞　—→ 動詞　48
do（助動詞の）　—→ 助動詞　107
動名詞　　　　　　　　　　374
　—動名詞の特徴　　　　　374
　—名詞用法　　　　　　　375
　—動名詞の意味上の主語　376
　—動名詞の表す＜時＞　　378
　—動名詞の態　　　　　　379
　—形容詞用法　　　　　　379
　—分詞との意味上の違い　380
　—分詞との発音上の違い　380
　—動名詞と不定詞の名詞用法　380
　—不定詞の名詞用法の特徴　380
　—動名詞の特徴　　　　　381
　—動詞の目的語としての動名詞と

　　不定詞　　　　　　　　　　　382
　　―動名詞の慣用表現　　　　　386
動詞　　　　　　　　　　　　　　44
独立分詞構文 ―→ 分詞　　　　　370
独立不定詞 ―→ 不定詞　　　　　341
独立所有格 ―→ 格　　　　　　　181
　　　　　　〔E〕
-ed が（述語）動詞か分詞の形容詞用法
　　か　―→　分詞　　　　　　　361
　　　　　　〔F〕
fail to ～ ―→ 不定詞　　　　　　344
不可算名詞の可算名詞への転用
　　　　　　―→ 名詞　　　　　165
不規則動詞 ―→ 動詞　　　　　　56
不規則複数 ―→ 数　　　　　　　171
複文 ―→ 構造面から見た文の種類　40
複合動詞 ―→ 動詞　　　　　　　46
複合動詞の受動態 ―→（受動）態　97
複合関係代名詞と複合関係副詞
　　　　　　―→ 関係詞　　　　248
複合関係形容詞 ―→ 関係詞　　　251
副詞　　　　　　　　　　　　　294
　　―副詞の働き　　　　　　　294
　　―文全体を修飾（全文修飾の副詞）
　　　　　　　　　　　　295,296
　　―副詞の種類　　　　　　　296
　　―副詞の形態　　　　　　　297
　　―形容詞と同形の副詞　　　297
　　―単純形副詞（flat adverb）　297
　　―前置詞と同形の副詞　　　298
　　―副詞的目的格　　　　　　299
　　―副詞の位置　　　　　　　300
　　―注意すべき副詞　　　　　303
　　―部分否定　　　　　　150,309
副詞句　　　　　　　　　　　　37
副詞節　　　　　　　　　　　　419
　　―＜時＞を表す副詞節　　　419
　　―＜原因・理由＞を表す副詞節　420
　　―＜目的＞を表す副詞節　　421

　　―＜結果・程度＞を表す副詞節　422
　　―＜条件＞を表す副詞節　　423
　　―＜譲歩＞を表す副詞節　　425
　　―＜様態＞を表す副詞節　　427
　　―＜範位・限定＞の副詞節　429
　　―＜比例＞の副詞節　　　　430
　　―＜比較＞の副詞節　　314,431
副詞的目的格 ―→ 格　　　　　　176
複数 ―→ 数　　　　　　　　　　167
複数代表 ―→ 名詞　　　　　　　160
副詞相当語句　　　　　　　　　12
附帯状況 ―→ 分詞　　　　　　　369
普通名詞の特殊な用法 ―→ 名詞　160
不定詞　　　　　　　　　　　　332
　　―to 不定詞　　　　　　　　332
　　―to 不定詞の形　　　　　　333
　　―to 不定詞の否定　　　　　333
　　―名詞用法　　　　　　　　333
　　―形容詞用法　　　　　　　335
　　―the first（名詞）＋ to不定詞　336
　　―the last（名詞）＋ to不定詞　336
　　―副詞的関係になる場合　　336
　　―同格的関係になる場合　　336
　　―be ＋ to不定詞　　　　　　337
　　―条件節中の be ＋ to不定詞　339
　　―副詞用法　　　　　　　　339
　　―独立不定詞　　　　　　　341
　　―疑問詞 ＋ to不定詞　　　　342
　　―to不定詞の副詞用法の慣用表現　343
　　―形容詞／副詞 ＋ enough ＋ to～　343
　　―so ＋ 形容詞／副詞 ＋ as ＋ to～　343
　　―in order to ～，so as to～　344
　　―come to ～，get to～　　　344
　　―fail to ～　　　　　　　　344
　　―不定詞の意味上の主語　　344
　　―不定詞が表す＜時＞　　　346
　　　―単純不定詞が表す＜時＞　346
　　　―完了不定詞が表す＜時＞　347
　　―代不定詞　　　　　　　　348

502

―be動詞＋名詞用法の不定詞　348
―擬似分裂文　355
―help(know)＋目的語＋(to)〜　349
―to不定詞とthat節の関係　349
―原形不定詞　350
　―助動詞＋原形不定詞　350
　―使役動詞の目的語の後に来る場合
　　　351
　―知覚動詞の目的語の後に来る場合
　　　351
　―原形不定詞の慣用表現　352
　―had better(not)＋原形不定詞
　　　353
不定代表　⟶ 名詞　160
不定代名詞　⟶ 代名詞　200
不定冠詞を付ける固有名詞　⟶ 名詞
　　　164
不定数量形容詞　⟶ 形容詞　259
〔G〕
外来語の複数　⟶ 数　172
願望を表す叙想（仮定）法
　　　⟶ （叙）法　140
擬似分裂文　⟶ 不定詞　349
擬似関係代名詞　⟶ 関係詞　243
疑問文　29
―疑問詞で始まらない疑問文
(Yes/No Question)　29
―特殊疑問文(Special Question)　29
―選択疑問文　30
―付加疑問文　30
―特殊な付加疑問文　31
疑問文・条件文（if節）中のsome
　　　⟶ 代名詞　211
疑問文の受動態　⟶ （受動）態　95
疑問詞＋to不定詞　⟶ 不定詞　342
give型の受動態　⟶ （受動）態　93
疑問詞　220
―疑問詞の一般的特徴　220
―疑問詞の強調　221

―疑問詞＋to不定詞　221
―疑問代名詞　222
　―who, whose, whom　222
　―which　224
―疑問副詞　224
　―when　224
　―where　225
　―why　225
　―how　226
―間接疑問（附属疑問）　227
―if, whether が導く疑問詞の
　ない間接疑問文　228
―疑問詞の位置の移動　229
群前置詞　⟶ 前置詞　394
群属格　⟶ 格　178
原形不定詞　⟶ 不定詞　350
原形不定詞の慣用表現　⟶ 不定詞
　　　353
原級　⟶ 比較　314
原級による比較表現　⟶ 比較　321
原級・比較級による最上級表現
　　　⟶ 比較　326
現在時制　62
―現在時制の用法　62
―未来の代用　63
―歴史的現在　64
―現在完了の代用　65
現在分詞の慣用表現　⟶ 分詞　364
現在完了形　⟶ （現在）完了　77
現在進行形　⟶ 進行形　73
＜原因・理由＞を表す副詞節
　　　⟶ 副詞節　420
5文型　27
語否定　⟶ 否定　149
語形は複数でも意味上は単数の場合
　　　⟶ 呼応　435
〔H〕
had better(not)＋原形不定詞
　　　⟶ 不定詞　353

have（助動詞の） ⟶ 助動詞　　　107

have got = have ⟶ 助動詞　　　107

have + O + 過去分詞 ⟶ 使役動詞　48

have + O + 原形不定詞 ⟶ 使役動詞　51

have + O + 現在分詞 ⟶ 使役動詞　52

have it coming ⟶ 使役動詞　　52

have + O + 過去分詞 = 完了形 + O

　　　　　　　⟶ 使役動詞　　53

＜範位：限定＞の副詞節

　　　　　　　⟶ 副詞節　　429

比較　　　　　　　　　　　　314

　―原級　　　　　　　　　　314

　―比較級　　　　　　　　　314

　―最上級　　　　　　　　　314

　―比較級と最上級の作り方　314

　―原級による比較表現　　　320

　―倍数の表現　　　　　　　321

　―比較級 + than～　　　　　322

　―優勢比較　　　　　　　　322

　―more + 原級 X + than + 原級 Y　323

　―less～than...　　　　　　323

　―劣勢比較　　　　　　　　323

　―絶対比較級　　　　　　　323

　―the + 比較級 + ～，the + 比較級 + …

　　　　　　　　　　　　　　323

　―比較級 + and + 比較級　　324

　the + 比較級 + of the two　324

　(all) the + 比較級 + 理由を表す語句～

　　　　　　　　　　　　　　324

　―orで終わるラテン語から来た比較級

　　　　　　　　　　　　　　322

　―最上級を用いる比較構文　324

　―the を用いない最上級　　325

　―絶対最上級　　　　　　　325

　―原級・比較級による最上級表現　326

　　―nothing(nobody) + is

　　⎰比較級 + than　　　⎱ A　326
　　⎱as (so) + 原級 + as)⎰

　―比較級 + than anything (anybody)

else　　　　　　　　　　327

―最上級とほぼ等しい原級比較構文

　　　　　　　　　　　327

　―as + 原級 + as any　　327

　―as + 原級 + as ever　　327

　―as + 原級 + as one can　327

　―as + 原級 + as possible　327

　―as + 原級 + as +（同じ原級）+

　can be　　　　　　　327

―no more than 型の比較級　327

　―no more than A　　　327

　―no less than A　　　　327

　―not more than A　　　328

　―not less than A　　　328

　―A is no more B than C is (D)　328

　―A is no less B than C is (D)　328

　―A is not more ～ than B　328

　―A is not less ～ than B　329

比較級・最上級の強調 ⟶ 強調　466

〈比較〉の副詞節 ⟶ 副詞節　　430

〈比例〉の副詞節 ⟶ 副詞節　　431

品詞　　　　　　　　　　　10

非制限的用法（関係詞の）⟶ 関係詞

　　　　　　　　　　　236,247

否定　　　　　　　　　　　149

　―文否定　　　　　　　149

　―語否定　　　　　　　149

　―全体否定　　　　　　150

　―部分否定　　　　　　150

　―二重否定　　　　　　151

　―否定語句の位置　　　151

平叙文　　　　　　　　　28

how ⟶ 疑問詞　　　　226

how ⟶ 関係詞　　　　246

however + 形容詞／副詞...(may)～

　　　　　⟶ 関係詞　250

help(know) + 目的語 + (to)～

　　　　　⟶ 不定詞　349

help + someone + to不定詞（原形不定

詞）　──→ 使役動詞　　　　　　53
（叙）法　　　　　　　　　　　135
　─叙実法（直説法）　　　　　135
　─叙想法（仮定法）　　　　　136
　─叙想法の種類　　　　　　　137
　　─叙想法（仮定法）過去　　137
　　─条件節　　　　　　　　　138
　　─叙想法（仮定法）過去完了　139
　　─叙想法（仮定法）現在　　139
　─願望を表す叙想法　　　　　140
　─if節に相当する表現　　　　141
　─条件節だけで願望を表す場合　143
　─叙想法現在で願望を表す場合
　　（祈願文）　　　　　　　　143
法助動詞　　　　　　　　　　　109
　─can の意味・用法　　　　　110
　─could の意味・用法　　　　111
　─may の意味・用法　　　　　113
　─可能性のcan と may の相違　114
　─might の意味・用法　　　　116
　─mustの意味・用法　　　　　118
　─have to　　　　　　　　　120
　─過去現在動詞　　　　　　　121
　─ought toの意味・用法　　　121
　─needの意味・用法　　　　　123
　─willの意味・用法　　　　　123
　─would の意味・用法　　　　124
　─shall の意味・用法　　　　126
　─shouldの意味・用法　　　　126
　─dareの意味・用法　　　　　130
　─used to の意味・用法　　　130
　　　　　　〔I〕
ifと or　──→ 名詞節　　　　　418
if節に相当する表現　──→ （叙）法　141
if, whether が導く疑問詞のない間接疑問
　　──→ 疑問詞　　　　　　　228
-ing形の付け方　──→ 動詞　　57
in order to ～, so as to～　──→ 不定詞
　　　　　　　　　　　　　　　344

一般の「人」を表すone　──→ 代名詞
　　　　　　　　　　　　　　　206
itの特別用法　──→ 代名詞　　190
It is ～ that ... の強調構文　──→ 代名詞
　　　　　　　　　　　　　　　192
　　　　　　〔J〕
自動詞　──→ 動詞　　　　　　44
自動詞と他動詞　──→ 動詞　　44
時間の読み方　──→ 数詞　　　267
時制の一致　　　　　　　　　　442
　─時制の一致の原則　　　　　442
　─時制の一致の例外　　　　　445
受動態　　　　　　　　　　　　88
　─byの省略　　　　　　　　　89
　─動作受動態　　　　　　　　90
　─状態受動態　　　　　　　　91
　─受動態が使われる場合　　　91
　─give型の受動態　　　　　　93
　─buy 型の受動態　　　　　　93
　─疑問文の受動態　　　　　　95
　─命令文の受動態　　　　　　97
　─複合動詞の受動態　　　　　97
　─特殊な受動表現　　　　　　98
　─日本語能動・自動←→英語受動の
　　表現　　　　　　　　　　　98
　─受動態にしない動詞　　　　100
準動詞　　　　　　　　　　　　332
準主格補語　──→ 補語　　　　20
準目的格補語　──→ 補語　　　20
述部　　　　　　　　　　　　　16
述語動詞　　　　　　　　　　　16
重文　──→ 構造上の文の種類　40
従属接続詞　──→ 接続詞　409,416
従要素　──→ 文の要素　　　　23
助動詞　　　　　　　　　　　　104
　─助動詞の一般的特徴　　　　104
　─（助動詞）be　　　　　　　106
　─特殊な完了形　　　　　　　106
　─（助動詞）have　　　　　　107

―have got ＝ have　　　　107
―（助動詞）do　　　　　107
―代動詞　　　　　　　　109
助動詞＋原形不定詞　━→ 不定詞　350
叙実法（直説法）　━→（叙）法　135
叙実法（直説法）現在時制の未来用法
　　　　　　　━→ 未来時制　72
叙想法（仮定法）　━→（叙）法　136
条件節　━→（叙）法　　　138
＜条件＞を表す副詞節　━→ 副詞節　423
条件節中のbe ＋ to不定詞　━→ 不定詞
　　　　　　　　　　　　339
譲歩を示す副詞節を導く場合（関係詞が）
　　　　　　　━→ 関係詞　249
＜譲歩＞を表す副詞節　━→ 副詞節　425
譲歩節以外の複合関係詞の用法
　　　　　　　━→ 関係詞　250
〔K〕
過去時制　　　　　　　　65
―過去完了の代用　　　　66
―過去における現在　　　66
過去現在動詞　━→ 法助動詞　121
過去進行形　━→ 進行形　73,77
格（case）　　　　　　　173
―主格　　　　　　　　　173
―目的格　　　　　　　　174
―副詞的目的格　　　　　176
―同格の目的格　　　　　177
―所有格の作り方　　　　177
―群属格　　　　　　　　178
―無生物名詞の所有関係　179
―独立所有格　　　　　　181
―二重所有格　　　　　　181
―同格　　　　　　　　　182
関係詞　　　　　　　　　233
―関係代名詞　　　　　　235
―制限的用法　　　　　　236
―非制限的用法　　　　　236
―二重限定　　　　　　　237

―関係代名詞の人称・数　237
―one of ＋ 複数名詞が先行詞の
　場合　　　　　　　　　237
―関係代名詞の格　　　　238
―which の注意すべき用法　239
―that の注意すべき用法　239
―what の用法　　　　　240
―anything that ～の意味になる
　場合　　　　　　　　　241
―副詞節になる場合　　　241
―関係代名詞か疑問代名詞か　242
―関係代名詞の省略　　　242
―擬似関係代名詞　　　　243
―関係副詞　　　　　　　245
―関係副詞の用法　　　　245
―when　　　　　　　　245
―where　　　　　　　　246
―why　　　　　　　　　246
―how　　　　　　　　　246
―先行詞が省略される場合　246
―非制限的〔継続的〕用法　247
―複合関係代名詞と複合関係副詞　248
―譲歩を示す副詞節を導く場合　249
―however ＋ 形容詞〔副詞〕... may ～
　　　　　　　　　　　　250
―譲歩節以外の複合関係副詞の用法
　　　　　　　　　　　　250
―複合関係形容詞　　　　251
完了形　　　　　　　　　77
―現在完了形と過去形との違い　79
―現在完了形における禁止事項　80
―過去完了の用法　　　　81
―過去完了　　　　　　　81
―大過去　　　　　　　　81,82
―未来完了　　　　　　　83
―完了進行形　　　　　　84
可能性のcan と may の相違
　　　　　　　━→ 法助動詞　114
間接疑問（附属疑問）━→ 疑問詞　227

間接目的語　→ 目的語　　　　18
間接話法　→ 話法　　　　446
数の読み方　→ 数詞　　　　265
感嘆文　　　　34
間投詞句　→ 句　　　　38
祈願文　　　　34
金額の読み方　→ 数詞　　　　268
規則動詞　→ 動詞　　　　55
規則複数　→ 数　　　　168
句（Phrase）　　　　37
　—名詞句　　　　37
　—形容詞句　　　　37
　—副詞句　　　　37
　—代名詞句　　　　37
　—動詞句　　　　37
　—前置詞句　　　　37
　—接続詞句　　　　38
　—間投詞句　　　　38
句動詞（複合動詞）　→ 動詞　　　　46
形容詞　　　　254
　—形容詞の種類　　　　254
　—形容詞相当語句　　　　254
　—形容詞の用法　　　　255
　　—限定用法　　　　255
　　—名詞の後に付ける場合　　　　256
　　—叙述用法　　　　258
　—be＋形容詞＋前置詞　　　　258
　—文章関係(Nexus)　　　　258
　—the＋形容詞の名詞用法　　　　259
　—数量形容詞　　　　259
　—不定数量形容詞　　　　259
　—manyの用法　　　　260
　—muchの用法　　　　261
　—be＋no＋名詞　　　　264
形容詞句　→ 句　　　　37
形容詞節　→ 関係詞　　　　233,419
形容詞／副詞＋enough＋to〜
　　　　→ 不定詞　　　　343
＜結果・程度＞を表す副詞節　　　　422

強意複数　→ 数　　　　173
強意用法（代名詞の）　→ 代名詞　　　　193
懸垂分詞（ぶらさがり分詞）　→ 分詞
　　　　370
強調　　　　465
　—強調構文It is 〜 that …を用いる
　　場合　　　　465
　—助動詞doを用いる場合　　　　465
　—強意語を用いる場合　　　　466
　—比較級・最上級の強調　　　　466
　　—比較級の強調　　　　466
　　—最上級の強調　　　　467
　—否定の強調　　　　467
　—疑問詞の強調　　　　467
　—再帰代名詞による強調　　　　468
　—同一語句の反復による強調　　　　468
混文　→ 構造上の文の種類　　　　41
混合話法　→　　　　455
呼応　　　　434
　—呼応の原則　　　　434
　—注意すべき呼応　　　　435
　—語形は複数でも意味上は単数の場合
　　　　435
　—どちらか片方の名詞と呼応する場合
　　　　436
固有名詞　→ 名詞　　　　162
know＋目的語＋(to)……のとき
　　　　→ 不定詞　　　　349
〔L〕
less〜than …　→ 比較　　　　323
let ：let＋O＋原形不定詞
　　　　→ 使役動詞　　　　49
〔M〕
make ：make＋O＋原形不定詞
　　　　→ 使役動詞　　　　49
manyとmuch　→ 代名詞　　　　215
may の意味・用法　→ 法助動詞　　　　113
might の意味・用法　→ 法助動詞　　　　116
mustの意味・用法　→ 法助動詞　　　　118

未来時制　66
　―単純未来　66
　―意志未来　67
　―主語の意志　69
　―be going to 〜　70
　―be ＋-ing　71
　―will/shall be ＋-ing　72
　―叙実法（直説法）現在時制の
　　未来用法　72
未来完了　―→ 完了形　83
未来の代用　―→ 現在時制　63
未来進行形　―→ 進行形　73,77
無生物名詞の所有関係　―→ 格　179
命令文　32
　―1人称・3人称に対する命令文　32
　―命令文の否定　33
命令文の受動態　―→（受動）態　97
名詞　158
　―名詞の種類　158
　―普通名詞の特殊な用法　160
　―種類全体を指す用法　160
　　―複数代表　160
　　―不定代表　160
　　―定代表　160
　―the ＋単数普通名詞　―→ 抽象名詞　161
　―集合名詞　161
　―固有名詞　162
　―定冠詞を付ける固有名詞　163
　―不定冠詞を付ける固有名詞　164
　―物質名詞　164
　―抽象名詞　165
　―不可算名詞の可算名詞への転用　165
名詞句　―→ 句　37
名詞節　―→ 節　38,416
名詞相当語句　―→ 相当語句　12
目的語　17
　―直接目的語　18
　―間接目的語　18

目的格　―→ 格　174
＜目的＞を表す副詞節　―→ 副詞節　421
more ＋原級 X ＋ than ＋原級 Y
　　　　　　　―→ 比較　322
〔N〕
need の意味・用法　―→ 法助動詞　123
二重限定（関係詞の）　―→ 関係詞　251
二重否定　―→ 否定　151
日本語能動・自動←→英語受動の表現
　　　　　―→（受動）態　98
二重所有格　―→ 格　181
年号の読み方　―→ 数詞　267
人称代名詞　―→ 代名詞　187
人称代名詞の特殊用法　―→ 代名詞　189
能動態　―→（受動）態　88
能動態で受動・可能の意味を表す動詞
　　　　　―→ 動詞　48
need　―→ 法助動詞　123
no mere than 型の比較級　―→ 比較　327
　―no more than A　327
　―no less than A　327
　―not more than A　328
　―not less than A　328
　―A is no more B than C is (D)　328
　―A is no less B than C is (D)　328
　―A is not more 〜 than B　328
　―A is not less 〜 than B　329
nothing(nobody) ＋ is
　｛比較級 ＋ than／as(so) ＋原級 ＋ as｝A　326
no(other) ＋名詞 ＋ is
　｛比較級 ＋ than／as(so) ＋原級 ＋ as｝A　326
〔O〕
温度の読み方　―→ 数詞　268
one of ＋複数名詞が先行詞の場合
　　　　　―→ 関係詞　237
-or で終わるラテン語から来た比較級
　　　　　―→ 比較　324

主な前置詞の基本的意味 ⟶ 前置詞 396

〔R〕

歴史的現在 ⟶ 現在時制 64
連体（限定）用法（分詞の）⟶ 分詞 360
限定用法（形容詞の）⟶ 形容詞 255
劣勢比較 ⟶ 比較 323

〔S〕

再帰代名詞 ⟶ 代名詞 193
再帰代名詞による強調 ⟶ 強調 468
再帰動詞 ⟶ 動詞 48
最上級 ⟶ 比較 314
3基本時制 61
　―現在時制 62
　―過去時制 65
　―未来時制 66
3・単・現の-(e)sの付け方 58
使役動詞 48
　―let：let＋O＋原形不定詞 49
　―make：make＋O＋原形不定詞 49
　―have：have＋O＋過去分詞 49
　　　　：have＋O＋原形不定詞 51
　　　　：have＋O＋現在分詞 52
　　　　：have it coming 52
　―get　：get＋someone＋to不定詞 53
　―help　：help someone＋to不定詞（原形不定詞）53
指示代名詞 ⟶ 代名詞 195
進行形 73
　―現在進行形 73
　―過去進行形 73,77
　―未来進行形 73,77
　―瞬間動詞の進行形 74
　―推移動詞の進行形 75
　―動詞に焦点を当てた感情移入用法 75
　―進行形にならない動詞 75
数 167
　―単数 167

―複数 167
　―規則複数の作り方 168
　―不規則複数の作り方 171
　―外来語の複数 172
　―強意複数 173
　―相互複数 173
数詞 264
　―a＋序数詞 265
　―数の読み方 265
　―年号の読み方 267
　―時間の読み方 267
　―電話番号の読み方 268
　―温度の読み方 268
　―金額の読み方 268
　―身長・体重の表現 268
　―数計算 269
数量形容詞 ⟶ 形容詞 259
性（Gender）183
　―男性形と女性形 184
節（Clause）38
　―名詞節 38
　―形容詞節 39
　―副詞節 39
接続詞 408
　―接続詞の種類 408
　―等位接続詞 408,411
　―従属接続詞 409,416
　―単純接続詞 410
　―接続詞句（群接続詞）410
　―相関接続詞 410
　―andを用いた慣用表現 412
接続詞＋分詞 371
選択疑問文 ⟶ 疑問文 30
相互複数 ⟶ 数 173
shallの意味・用法 ⟶ 法助動詞 126
shouldの意味・用法 ⟶ 法助動詞 127
so as to〜 ⟶ 不定詞 339
someとany ⟶ 代名詞 210
someと可算名詞の単数形「ある〜」210

some：「かなりの〜」「相当な」　　211
so＋形容詞／副詞＋as＋to〜
　　　　　　　　—→ 不定詞　　343
主　語　　16
主語の意志　—→ 未来時制　　69
主　部　　16
主格　—→ 格　　173
主格補語　—→ 補語　　19
主要素　—→ 文の要素　　23
修飾語　　21
集合名詞　—→ 名詞　　161
所有格の作り方　—→ 格　　177
種類全体を指す用法　—→ 名詞　　160
省　略　　462
　　—同一語句の省略　　463
　　—主語＋be動詞の省略　　463
　　—他の慣用的な省略　　464
焦点（文末焦点）　　18
相互複数　　173
〔T〕
他動詞　—→ 動詞　　44
単文　—→ 構造上の文の種類　　39
単純不定詞が表す＜時＞　—→ 不定詞
　　　　　　　　　　　　346
単純形副詞　—→ 副詞　　297
単純接続詞　—→ 接続詞　　410
単純未来　—→ 未来時制　　66
単数　—→ 数　　167
to不定詞　—→ 不定詞　　332
to不定詞の副詞用法の慣用表現
　　　　　　　　—→ 不定詞　　343
to不定詞とthat節の関係　　349
定代表　—→ 名詞　　160,280
定動詞　—→ 不定詞　　332
定冠詞を付ける固有名詞　—→ 名詞　　163
＜時＞を表す副詞節　—→ 副詞節　　419
特殊疑問文　—→ 疑問文　　29
特殊な付加疑問文　—→ 疑問文　　31
特殊な受動表現　—→（受動）態　　98
等位接続詞　—→ 接続詞　　408,411

倒　置　　458
　　—強調による倒置　　458
　　—副詞語句＋動詞＋主語　　458
　　—文法上の倒置　　460
thatの注意すべき用法　—→ 関係詞　　239
the＋単数名詞→抽象名詞　—→ 名詞　　161
the＋形容詞の名詞用法　—→ 形容詞　　259
the＋比較級＋〜，the＋比較級＋…
　　　　　　　　—→ 比較　　323
the＋比較級＋of the two　—→ 比較　　324
(all) the＋比較級＋理由を表す語句
　　　　　　　　—→ 比較　　324
the first（名詞）＋to不定詞
　　　　　　　　—→ 不定詞　　336
the last（名詞）＋to不定詞
　　　　　　　　—→ 不定詞　　336
theを用いない最上級　—→ 比較　　325
〔U〕
used toの意味・用法　　130
〔W〕
話　法　　446
　　—直接話法　　446
　　—間接話法　　446
　　—伝達動詞　　446
　　—被伝達部　　446
　　—伝達節　　446
　　—話法の転換　　447
　　—重文・複文の転換　　452
　　—2つ（以上）の種類の違う文の転換
　　　　　　　　　　　　453
　　—混合話法　　455
　　—描出話法　　455
whatの用法　—→ 関係詞　　240
willの意味・用法　—→ 法助動詞　　123
will/shall be＋-ing　—→ 未来時制　　77
weの特別用法　—→ 代名詞　　190
which　—→ 疑問詞　　224
whichの注意すべき用法　—→ 関係詞　　239
who,whose,whom　—→ 疑問詞　　222
when　—→ 疑問詞　　224

where ⟶ 疑問詞　　　　　225
whether と if ⟶ 名詞節　　417

〔Y〕

Yes/no Question ⟶ 疑問文　　29
優勢比較 ⟶ 比較　　　　322
＜様態＞を表す副詞節 ⟶ 副詞節　427

〔Z〕

全文修飾の副詞 ⟶ 副詞　　295
前置詞　　　　　　　　　　391
　—前置詞の用法　　　　391
　—形容詞句としての用法　391
　—副詞句としての用法　　392
　—前置詞の目的語　　　392
　—前置詞句　　　　　　394
　—群前置詞　　　　　　394
　—前置詞の位置　　　　395
　—主な前置詞の基本的意味　396
前置詞と同形の副詞　　　　298
絶対比較級 ⟶ 比較　　　323
絶対最上級 ⟶ 比較　　　325
全体否定 ⟶ 否定　　　　150

著者紹介
とよなが　あきら
豊永　彰

1930年兵庫県に生れる。1961年関西大学大学院英語・英米文学修士課程修
了。大阪府立東住吉高等学校・高津高等学校（定時制）教諭を経て，1970年
関西大学文学部専任講師，1980年教授，2000年同大学定年退職，名誉教授。

■主要論文・著書
論文：Hyper-correctional use of verbal-s（研究社「英語青年」第131巻第
3号），「There ＋ be ＋〔the ＋ NP〕...」構文について（研究社「英語青年」
第134巻第2号）。
著書：『英米文学の鑑賞』（共著），創元社（1975），『英語・英米文学への讃歌』
（共著），英宝社（1994），『アメリカの文学方言』金星堂（1998）。

英文法 ビフォー&アフター【改訂新版】

2023年2月13日　1刷

著　者――豊永　彰
© Akira Toyonaga, 2023

発行者――南雲一範

発行所――株式会社 **南雲堂**

〒162-0801 東京都新宿区山吹町361番地
電　話　（03）3268-2384（営業部）
　　　　（03）3268-2387（編集部）
FAX　（03）3260-5425（営業部）
振替口座　00160-0-46863
印刷所／株式会社 啓文堂　　製本所／有限会社 松村製本所

Printed in Japan　〈検印省略〉

ISBN 978-4-523-25164-4　C7082 〈G-164〉
南雲堂ホームページ　https://www.nanun-do.co.jp